Aprender Photoshop CC con 100 ejercicios prácticos

Aprender Photoshop CC con 100 ejercicios prácticos

marcombo
ediciones técnicas

Aprender Photoshop CC con 100 ejercicios prácticos

Primera edición, 2014

Gran Via de les Corts Catalanes, 594
08007 Barcelona
www.marcombo.com

En coedición con:

C/ Pitágoras 1139 - Colonia del Valle
03100 - México D.F. (México)
www.alfaomega.com.mx

Diseño de la cubierta: NDENU DISSENY GRÀFIC

ISBN por Marcombo: 978-84-267-2089-4

ISBN por Alfaomega: 978-607-707-923-1

D.L.: B-21374-2013
Printed in Spain

Presentación

APRENDER PHOTOSHOP CC CON 100 EJERCICIOS PRÁCTICOS

100 ejercicios prácticos resueltos que conforman un recorrido por las principales funciones del programa. Si bien es imposible recoger en las páginas de este libro todas las prestaciones de Photoshop CC, hemos escogido las más interesantes y utilizadas. Una vez realizados los 100 ejercicios que componen este manual, el lector será capaz de manejar con soltura el programa y llevar a cabo todos aquellos retoques que se realizan normalmente con imágenes y fotografías, tanto en el ámbito profesional como en el particular.

LA FORMA DE APRENDER

Nuestra experiencia en el ámbito de la enseñanza nos ha llevado a diseñar este tipo de manual, en el que cada una de las funciones se ejercita mediante la realización de un ejercicio práctico. Dicho ejercicio se halla explicado paso a paso y pulsación a pulsación, a fin de no dejar ninguna duda en su proceso de ejecución. Además, lo hemos ilustrado con imágenes descriptivas de los pasos más importantes o de los resultados que deberían obtenerse y con recuadros IMPORTANTE que ofrecen información complementaria sobre cada uno de los temas tratados en los ejercicios.

Gracias a este sistema se garantiza que una vez realizados los 100 ejercicios que componen el manual, el usuario será capaz de desenvolverse cómodamente con las herramientas de Photoshop CC y sacar el máximo partido de sus múltiples prestaciones.

LOS ARCHIVOS NECESARIOS

En caso de que desee utilizar los archivos de ejemplo de este libro puede descargarlos desde la zona de descargas de la página de Marcombo (www.marcombo.com) y desde la página específica de este libro.

A QUIÉN VA DIRIGIDO EL MANUAL

Si se inicia usted en la práctica y el trabajo con Photoshop, encontrará en estas páginas un completo recorrido por sus principales funciones. Pero si es usted un experto en el programa, le resultará también muy útil para consultar determinados aspectos más avanzados o novedosos respecto a versiones anteriores y repasar funciones específicas que podrá localizar en el índice.

Cada ejercicio está tratado de forma independiente, por lo que no es necesario que los realice por orden (aunque así se lo recomendamos, puesto que hemos intentado agrupar aquellos ejercicios con temática común). De este modo, si necesita realizar una consulta puntual, podrá dirigirse al ejercicio en el que se trata el tema y llevarlo a cabo sobre su propio documento de Photoshop.

PHOTOSHOP CC

La edición de imágenes es una tarea cada vez más frecuente entre los apasionados del diseño y los fotógrafos en general, por lo que la última versión de Photoshop, la CC, incorpora nuevas herramientas y utilidades que permiten abarcar la práctica totalidad de entornos en los que puede trabajar la imagen digital: diseño web, multimedia, arte, ilustración, tratamiento científico-médico de la imagen, etc.

Sin duda, Photoshop es uno de los programas de retoque y edición fotográficos más utilizados y respetados por profesionales y aprendices de la edición de imagen digital. Sus principales posibilidades son tratadas en este completo manual.

Photoshop CC, con múltiples novedades más que interesantes, le permite sacar el máximo rendimiento del programa para conseguir unos resultados espectaculares, de máxima calidad y de aspecto completamente profesional.

Cómo funcionan los libros **"Aprender..."**

El título de cada ejercicio expresa sin lugar a dudas en qué consiste éste. De esta forma, si le interesa, puede acceder directamente a la acción que desea aprender o refrescar.

Los ejercicios se han escrito sistemáticamente paso a paso, para que nunca se pierda durante su realización.

El número a la derecha de la página le indica claramente en qué ejercicio se encuentra en todo momento.

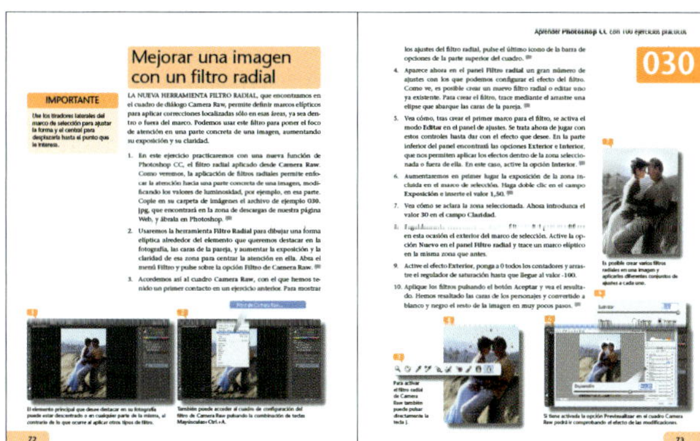

Los recuadros Importante incluyen acciones que deben hacerse para asegurarse de que realiza el ejercicio correctamente y también contienen información que es interesante que aprenda porque le facilitarán su trabajo con el programa.

En la parte inferior de todas las páginas puede seguir el ejercicio de forma gráfica y paso a paso. Los números de los pies de foto le remiten a entradas en el cuerpo de texto.

Índice

Índice

Conocer la interfaz de Photoshop CC

PHOTOSHOP CC NO PRESENTA CAMBIOS destacables en su interfaz respecto a versiones anteriors, ya que las principales novedades de esta versión se encuentran en las posibilidades que ofrece el trabajo en la nube y a la mejora de algunas de sus herramientas más conocidas. En la parte superior de la ventana se sitúa la Barra de menús y debajo, la Barra de opciones, cuyo contenido se ajusta a la herramienta seleccionada. Dispuesto verticalmente a la izquierda de la pantalla encontramos el panel Herramientas. El resto de paneles aparecen en la parte derecha y pueden ocultarse y distribuirse por el área de trabajo modificando su posición y tamaño.

IMPORTANTE

El panel **Herramientas** puede mostrar sus iconos distribuidos en una columna (opción activada por defecto) o en dos con un simple clic en la doble punta de flecha que aparece en su cabecera.

1. En este primer ejercicio realizaremos un pequeño paseo por la interfaz de Photoshop CC. Tenga en cuenta que la primera vez que acceda al programa, y en el caso de que cuente con una versión anterior de Photoshop instalada en su equipo, tiene la posibilidad de migrar los ajustes predefinidos de interfaz de dicha versión a la nueva. Si no desea realizar la migración al arrancar Photoshop, podrá llevar a cabo esta operación en cualquier momento usando la opción **Migrar ajustes preestablecidos** incluida en el comando **Ajustes preestablecidos** del menú **Edición**. 1
2. La interfaz de Photoshop CC es prácticamente idéntica a la de su versión precedente, Photoshop CS6. 2 El selector de espa-

2

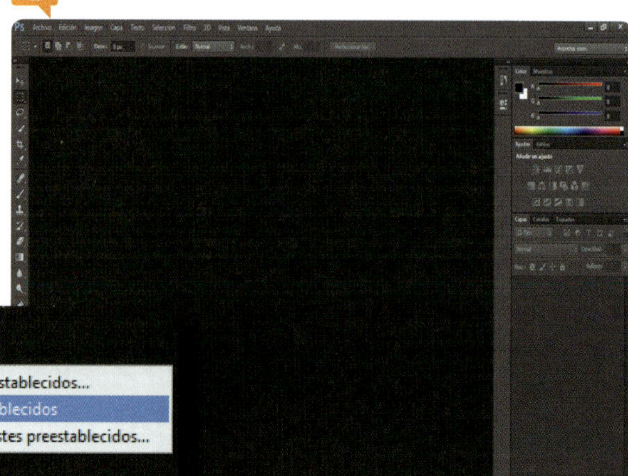

Desde el cuadro de preferencias del programa es posible cambiar el tema de color de la interfaz.

1

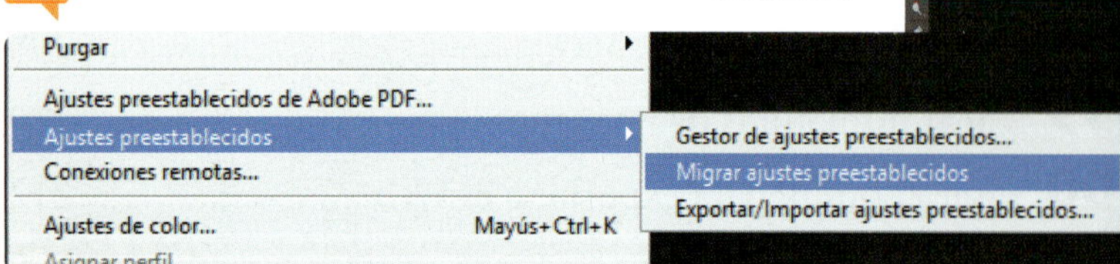

001

cio de trabajo, que por defecto muestra activado el espacio de trabajo **Aspectos esenciales**, se ubica encima del área de paneles, en el extremo derecho de la **Barra de opciones**. Pulse en el selector para comprobar las opciones disponibles. [3]

3. Como ve, es posible mostrar el aspecto básico del espacio de trabajo así como hacer que queden resaltadas las novedades de esta versión. Además, en función del tipo de trabajo que vaya a llevar a cabo, podrá elegir entre distintos espacios de trabajo. Tenga en cuenta que dispone de estas mismas opciones en el comando **Espacio de trabajo** del menú **Ventana**. Mantenga seleccionada la opción **Aspectos esenciales** pulsando sobre ella.
4. En la parte derecha del área de trabajo se muestran por defecto tres grupos de paneles. El primero de los grupos contiene dos pestañas, **Color** y **Muestras**. [4] Desde este panel se pueden asignar distintos tipos de relleno y muestras. Para contraer estos paneles, pulse el botón con doble punta de flecha que aparece en el extremo derecho de su **Barra de título**.
5. El segundo grupo de paneles es el de ajustes y estilos, denominado **Ajustes**. Repita la operación para volver a mostrar los paneles en modo expandido. [5]
6. El tercer grupo de paneles, **Capas**, **Canales** y **Trazados**, se ocupa de gestionar las capas, los canales y los trazados. A la izquierda de la zona de paneles puede ver dos pequeños iconos; el primero abre el panel **Historia** y el segundo, el panel **Propiedades**. [6] También puede expandir y contraer estos paneles usando el botón de doble punta de flecha o haciendo doble clic sobre su cabecera.

IMPORTANTE

En la categoría **Interfaz** del cuadro de preferencias de Photoshop CC puede cambiar el efecto para el borde de la pantalla en los diferentes modos de visualización.

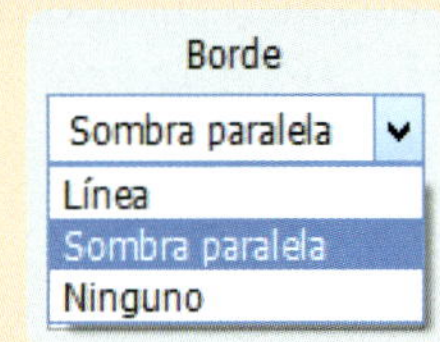

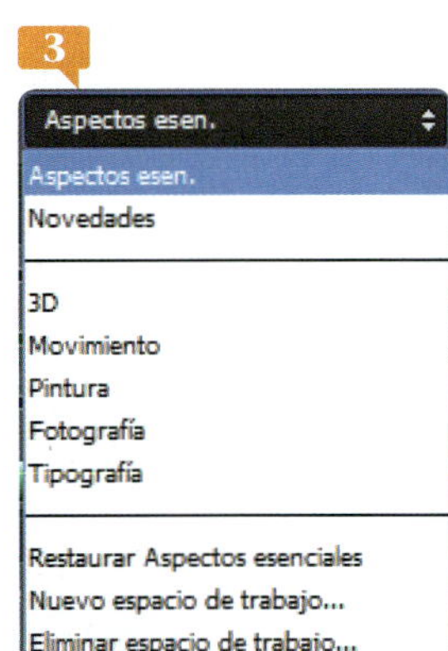

Administrar los paneles de la interfaz

IMPORTANTE

En la parte inferior del panel **Herramientas** se encuentra el comando que permite alternar el modo de visualización de la pantalla del programa, acción que también es posible llevar a cabo mediante la pulsación de la tecla **F**.

PUEDE AUMENTAR AL MÁXIMO EL ESPACIO de la pantalla manteniendo accesibles las herramientas más habituales si organiza adecuadamente los paneles. Éstos pueden distribuirse manualmente por el área de trabajo y convertirse en paneles flotantes independientes que podrán arrastrarse y colocarse en cualquier punto del área de trabajo. Los paneles activos aparecen marcados en el menú Ventana. Si desea ocultarlos todos a la vez, deberá pulsar la tecla Tabulador.

1. En este ejercicio aprenderá a manipular los paneles de Photoshop, de manera que pueda disponer de ellos según sus necesidades y el tipo de trabajo que esté llevando a cabo. En primer lugar, ocultaremos parcialmente uno de los grupos predeterminados. Haga doble clic sobre la pestaña del panel **Color**. 1
2. Automáticamente, la información contenida en el grupo al que pertenece ha quedado oculta, manteniéndose visibles sólo las pestañas. 2 Esta práctica se utiliza sobre todo cuando se desea ganar espacio en el área de trabajo de forma temporal en aquellos casos en que hay demasiados paneles abiertos. Para volver a visualizar el contenido del panel **Color**, haga clic en su pestaña.

1

2

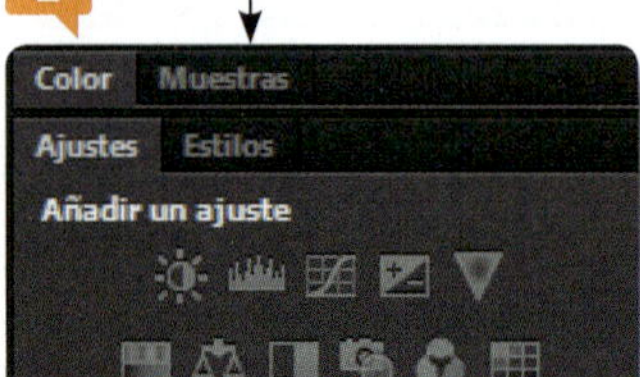

3

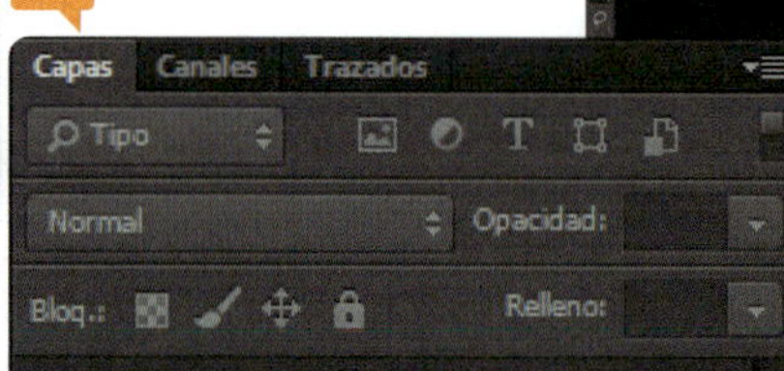

La combinación de teclas **Mayúsculas+Tabulador** oculta todos los paneles excepto el panel Herramientas y la Barra de opciones.

4

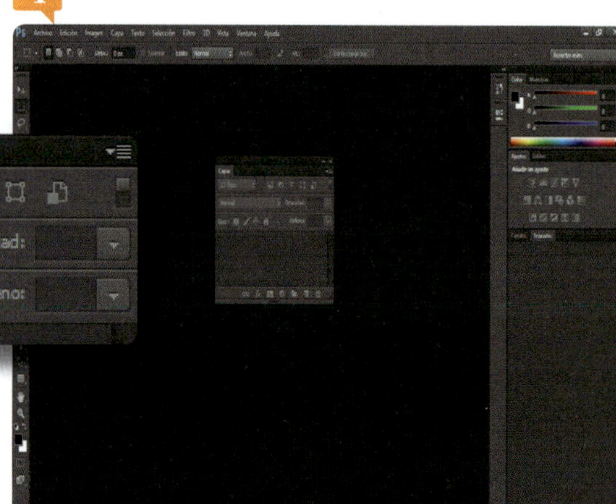

002

3. Los paneles no son elementos fijos, sino que pueden distribuirse por el área de trabajo de modo que queden situados en el lugar que a usted más le convenga. Pulse sobre la pestaña del panel **Capas** [3] y, sin soltar el botón del ratón, arrástrelo hasta el centro del área de trabajo. [4]
4. De este modo el panel queda convertido en flotante y dispone de su propio menú de opciones y de un botón de cierre. Para colocarlo en su ubicación original vuelva a arrastrarlo hasta ese punto. [5] (Verá que aparece un marco azul para indicar el grupo de paneles en que se anclará al liberar el botón del ratón.)
5. Tenga en cuenta que también puede cambiar el orden en que se muestran los paneles en sus grupos arrastrando sus pestañas. Por ejemplo, pulse en la pestaña del panel **Color** y arrástrela hasta situarla a la derecha del panel **Muestras**. [6]
6. Por último, para cerrar ese grupo de paneles, haga clic en el botón de opciones y pulse en la opción **Cerrar grupo de fichas**. [7]
7. ¿Cómo volvemos a mostrar cualquiera de estos paneles o grupos de paneles? El menú **Ventana** dispone del acceso a todos y cada uno de los paneles de la aplicación, así es que despliéguelo y pulse sobre la opción **Color**. [8]

En la categoría **Interfaz** del cuadro de preferencias encontramos también dos opciones de configuración de los paneles de iconos, la que permite contraerlos automáticamente y la que permite mostrar automáticamente los ocultos.

6

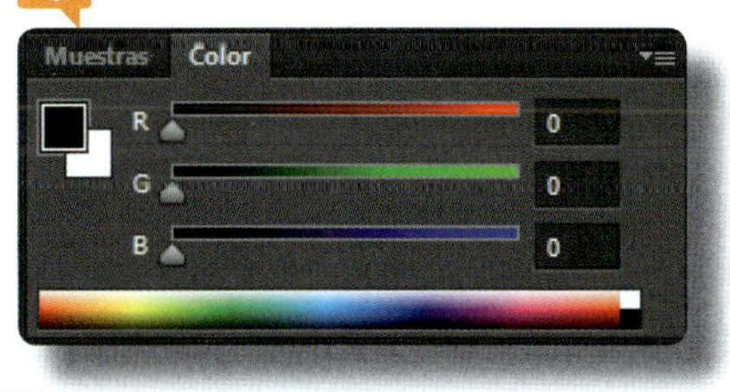

5

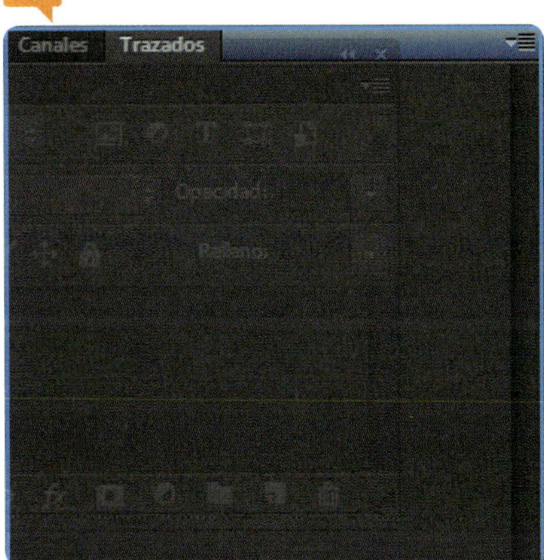

7

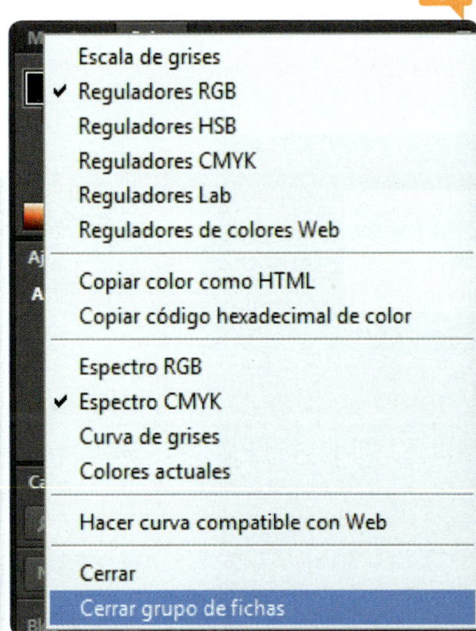

8

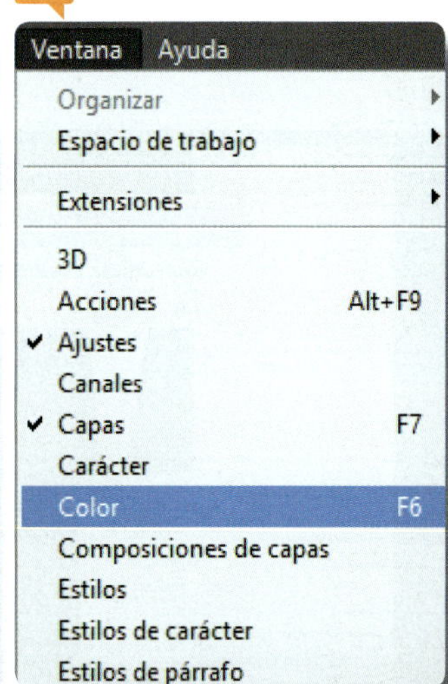

Personalizar el área de trabajo

IMPORTANTE

Cuando usted guarda una configuración del área de trabajo, Photoshop almacena la disposición y la ubicación de las paletas y también las propiedades y el tipo de configuración de cada una de las herramientas, los menús y los atajos de teclado.

LA PERSONALIZACIÓN DEL ÁREA DE TRABAJO DE PHOTOSHOP CC incluye la posibilidad de recuperar el color de la interfaz del programa para adoptar un aspecto de versiones anteriores. Además, Photoshop permite reconfigurar las herramientas disponibles en el área de trabajo y guardar una disposición determinada de las mismas.

1. En este ejercicio aprenderá a personalizar el área de trabajo y a guardar esa personalización para disponer de ella cuando quiera. Empezaremos accediendo al cuadro de preferencias desde el cual podemos cambiar el tema de color de la interfaz. Despliegue el menú **Edición**, haga clic en el comando **Preferencias** y elija de la lista que se despliega la categoría **Interfaz.** 1
2. Aparece el cuadro de preferencias mostrando el contenido de la categoría **Interfaz**, en cuya sección **Apariencia** es posible realizar los cambios indicados. 2 Como ve, dispone de un tono todavía más oscuro y de dos más claros. Aplique los diferentes tonos y mantenga el que prefiera pulsando el botón **OK** del cuadro de preferencias.
3. A continuación, realizaremos un sencillo cambio en la interfaz del programa para mostrarle cómo guardar y recuperar un espacio de trabajo personalizado. Pulse en el botón de opciones del panel **Color** y elija la opción **Cerrar grupo de fichas**.

1

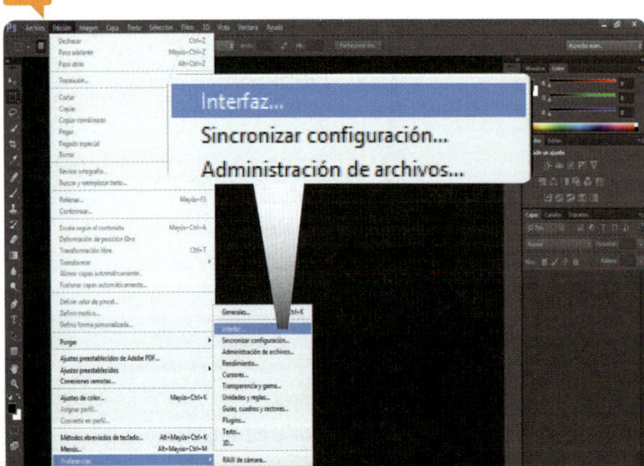

2

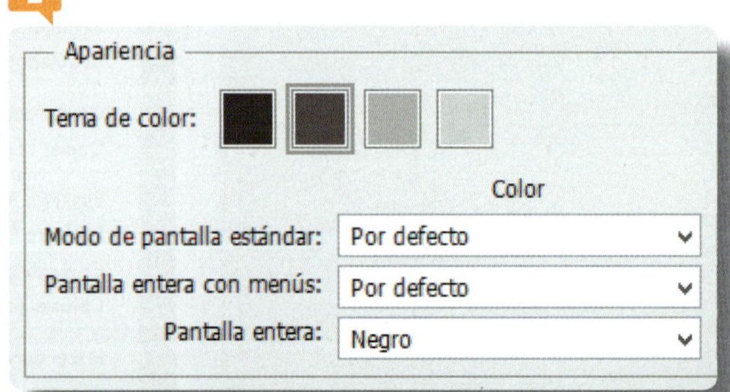

003

4. Seguidamente, mostraremos los iconos del panel **Herramientas** en dos columnas. Haga clic sobre la doble punta de flecha que aparece en su cabecera.
5. Para guardar este área de trabajo, despliegue el menú **Ventana**, pulse sobre la opción **Espacio de trabajo** y seleccione la opción **Nuevo espacio de trabajo.** 3
6. En el cuadro de diálogo **Nuevo espacio de trabajo** debe escribir el nombre con el que desea guardar el estado actual del área de trabajo. Escriba, por ejemplo, el término **Prueba** en el campo **Nombre.** 4
7. Una vez asignado el nombre, podemos indicar si deseamos que el programa recuerde la disposición de los atajos de teclado y de los menús. Las ubicaciones de panel se almacenarán automáticamente con el nuevo espacio de trabajo. Active las dos opciones del apartado **Capturar** y pulse el botón **Guardar**.
8. El programa ha guardado la configuración actual del área de trabajo, tal y como puede ver en el selector de área de trabajo. 5 Ahora le mostraremos cómo eliminarlo. Puede eliminar cualquiera de los espacios de trabajo excepto el que se encuentra activo. Cambie el espacio actual al predeterminado **Aspectos esenciales**, despliegue el selector de espacios y haga clic sobre el comando **Eliminar espacio de trabajo.** 6
9. En el cuadro de diálogo del mismo nombre debe elegir la disposición que desea eliminar. En esta ocasión, mantenga el espacio **Prueba**, pulse el botón **Eliminar** 7 y, a continuación, haga clic sobre el botón **Sí** en el cuadro de confirmación.

IMPORTANTE

Es posible recuperar los espacios de trabajo predeterminados eliminados usando el botón **Restaurar espacios de trabajo por defecto**, incluido en la categoría **Interfaz** del cuadro **Preferencias.**

Restaurar espacios de trabajo por defecto

6

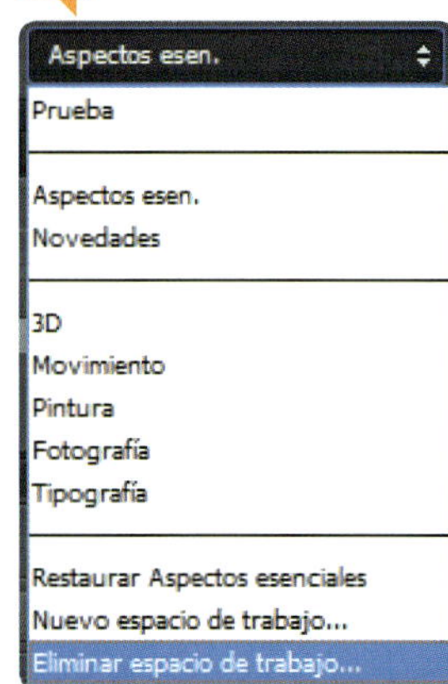

3

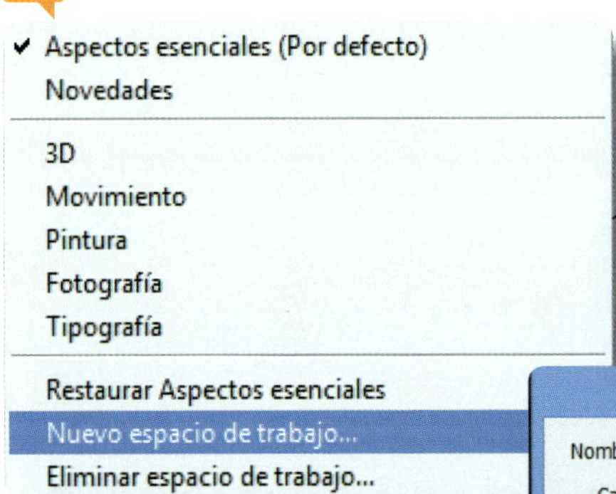

7

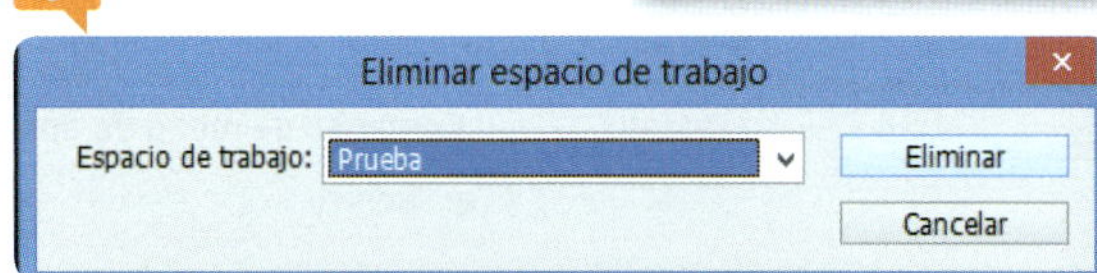

4

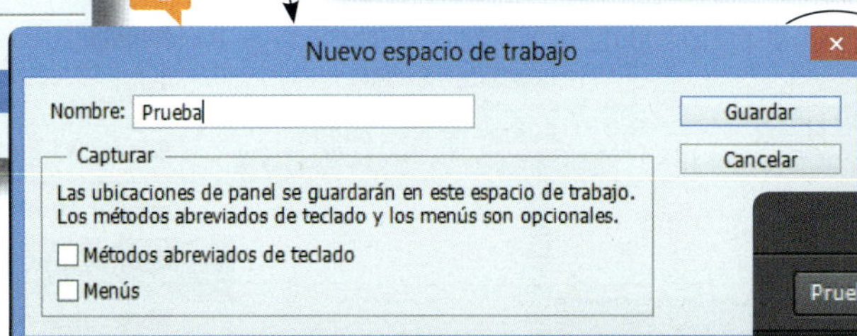

5

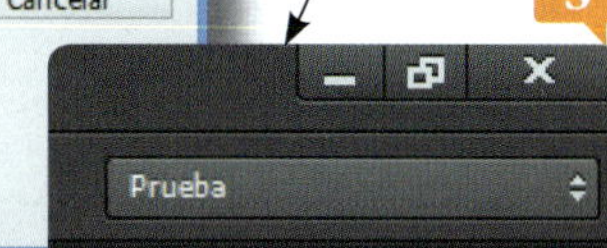

Le recomendamos que asigne siempre nombres que pueda identificar fácilmente cuando deba recuperar un área de trabajo en concreto.

Personalizar los menús de la aplicación

IMPORTANTE

Cuando trabaje con el cuadro **Métodos abreviados de teclado y menús** para configurar su espacio de trabajo observe que en la parte superior del mismo, en el campo **Definir**, se indica que la configuración predeterminada de Photoshop ha sido modificada.

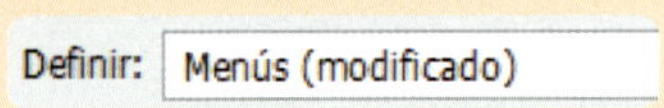

SIGUIENDO CON LA PERSONALIZACIÓN del entorno de trabajo, Photoshop permite al usuario adaptar a sus necesidades cada uno de los menús del programa. Desde la opción Métodos abreviados de teclado y menús contenida en el comando Espacio de trabajo del menú Ventana, el usuario accede a un cuadro de diálogo desde el cual podrá llevar a cabo dicha personalización.

1. Abra el menú **Ventana**, pulse en el comando **Espacio de trabajo** y elija la opción **Métodos abreviados de teclado y menús.** [1]
2. El cuadro **Métodos abreviados de teclado y menús** se abre mostrando el contenido de la pestaña **Menús.** La información que contiene esta ficha se refiere a la disposición original de Photoshop y a los comandos de los menús. En el cuadro central se listan los menús, en cuyo interior se encuentran sus comandos. Pulse en la punta de flecha que precede al nombre del menú **Archivo.** [2]
3. Los menús aparecen en esta lista en el orden en que se presentan en el programa. Junto a cada comando se muestra el icono de un ojo, en la columna **Visibilidad**. Pulsando sobre este icono podrá ocultar o mostrar comandos en cada menú. Haga clic sobre el correspondiente al comando de menú **Abrir como.** [3]

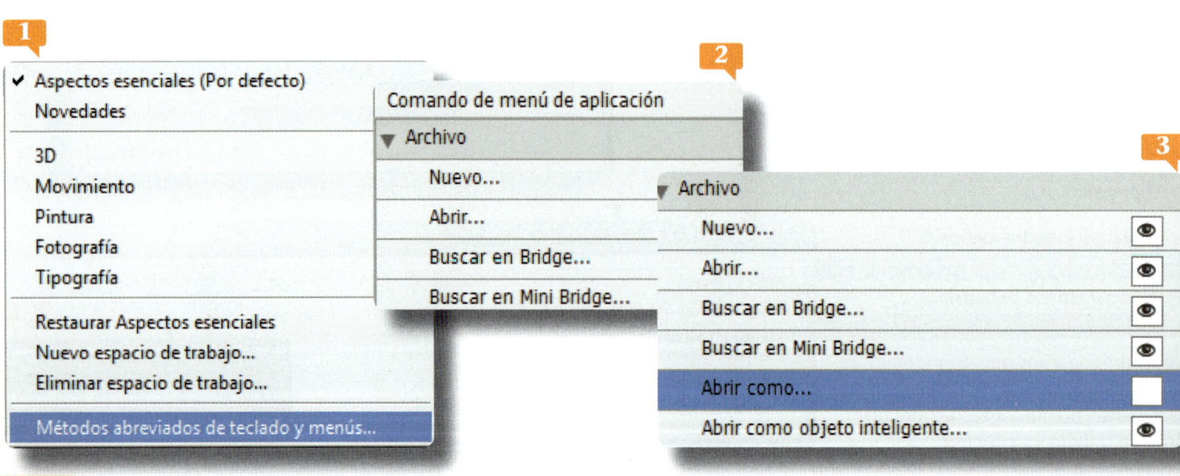

004

4. A partir de ahora este comando del menú **Archivo** no se mostrará. Otra de las interesantes posibilidades de personalización de los menús es la que permite resaltar con distintos colores las opciones que usemos con más frecuencia. Pulse sobre la punta de flecha que precede al menú **Archivo** para ocultar su contenido y haga clic sobre la del menú **Edición**.
5. A la derecha de la columna **Visibilidad**, se muestra la columna **Color**. Haga clic sobre la palabra **Ninguno** de la columna **Color** correspondiente al comando **Paso adelante** y, en la pequeña paleta de colores que se despliega, pulse sobre el color **Naranja**. [4]
6. Antes de terminar guardaremos esta modificación, pero antes veremos qué otros aspectos puede configurar desde este cuadro. Pulse el botón de punta de flecha del campo **Menú para**.
7. Este cuadro contiene una opción, **Menús de paneles**, que le permitirá realizar las mismas modificaciones que hemos visto para los comandos de los menús, aunque sobre las opciones contenidas en los paneles. Haga clic sobre el primero de los iconos situados a la derecha del campo **Definir**. [5]
8. Se abre el cuadro de diálogo **Guardar como**, mostrando el contenido de la carpeta de Photoshop **Menu Customization**, donde se encuentran almacenadas todas las configuraciones del área de trabajo referentes a los menús. Escriba la palabra **Menús** en el campo **Nombre** y pulse el botón **Guardar**. [6]
9. Pulse el botón **OK** y compruebe en el programa que la opción **Abrir como** no se muestra en el menú **Archivo** [7] y que la opción **Paso adelante** del menú **Edición** está resaltada con el color elegido. [8]

7

8

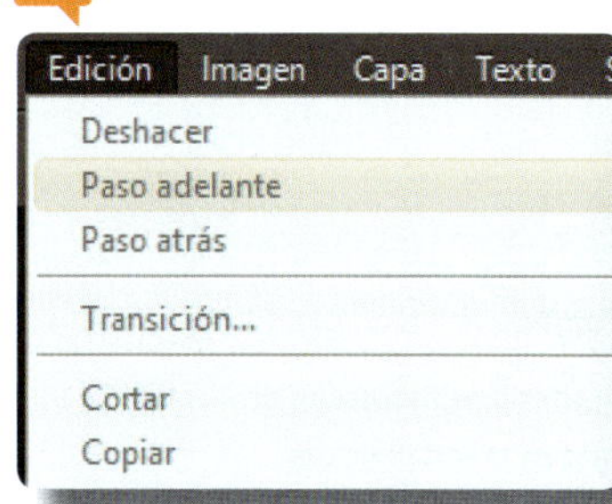

4

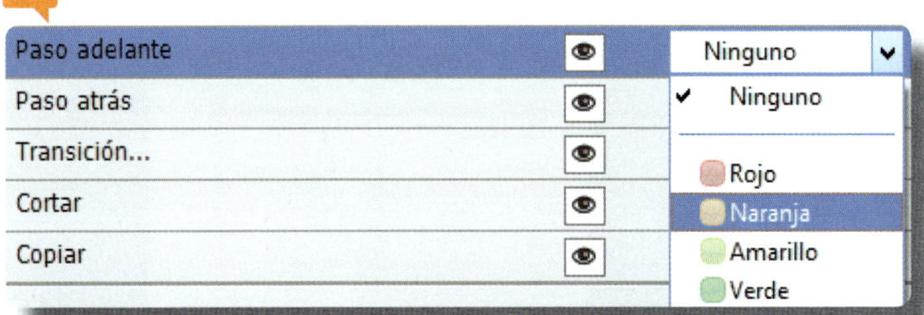

6

5

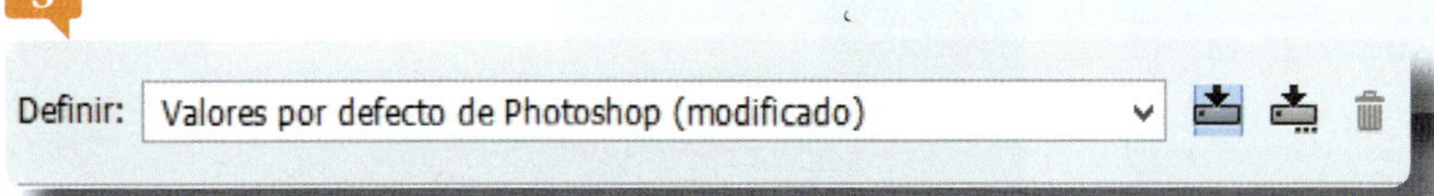

Crear y modificar atajos de teclado

IMPORTANTE

Los **métodos abreviados de una sola tecla** permiten editar gráficos en movimiento en capas de vídeo de manera extremadamente eficaz.

LOS ATAJOS DE TECLADO, O MÉTODOS ABREVIADOS de teclado, son combinaciones de teclas que permiten realizar acciones que normalmente se llevan a cabo desde un comando de menú. Los atajos de teclado son una forma directa de trabajar y pueden ser gestionados desde la ficha Métodos abreviados de teclado del cuadro Métodos abreviados de teclado y menús.

1. Acceda esta vez al cuadro **Métodos abreviados de teclado y menús** usando la opción **Métodos abreviados de teclado** del menú **Edición.** 1
2. En primer lugar, haga clic en el icono **Crear un conjunto nuevo basado en el conjunto actual de métodos abreviados**, el segundo a la derecha del campo **Definir.** 2
3. Se abre así el cuadro **Guardar como** mostrando seleccionada por defecto la carpeta de Photoshop **Keyboard Shortcuts**, donde almacenaremos una copia de los valores por defecto. (Este archivo tendrá la extensión .KYS.) Pulse el botón **Guardar**.
4. El programa presenta atajos de teclado predeterminados, que suelen coincidir con los de la mayoría de las aplicaciones. Así, para crear un nuevo documento en blanco, se utiliza la combinación **Ctrl + N** o para copiar elementos se pulsa **Ctrl + C**. Desde esta ficha es posible cambiar estas combinaciones si alguna de ellas le resulta muy complicada o imposible de recordar.

1

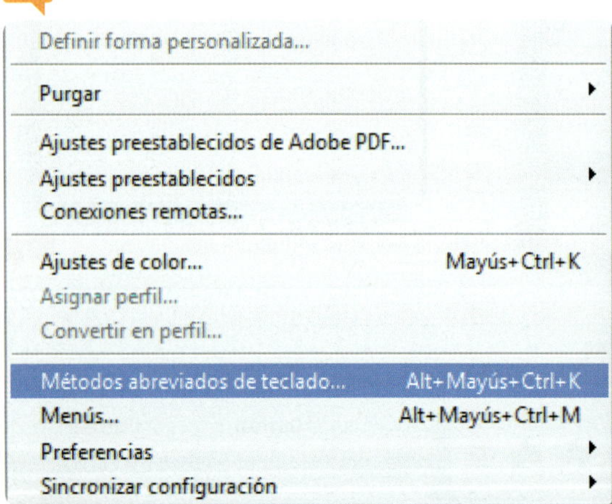

2

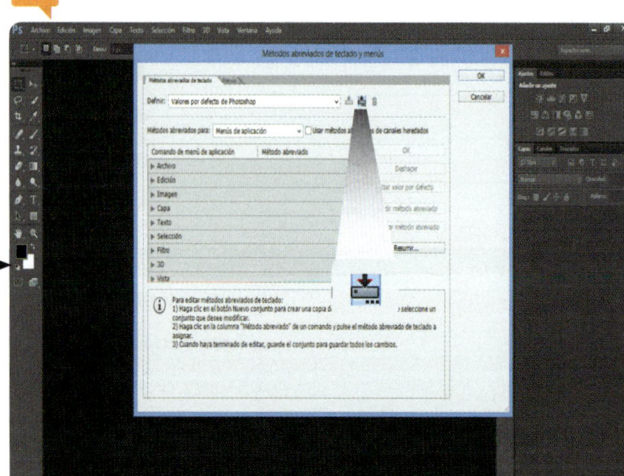

005

Debe tener en cuenta que un mismo atajo de teclado no puede usarse para dos acciones distintas. Ahora se trata de buscar el comando de menú al que queremos asignar un método abreviado de teclado. Haga clic en la flecha que precede al menú **Edición**, pulse en la parte inferior de la **Barra de desplazamiento vertical** y seleccione el comando **Revisar ortografía**.

5. Como puede ver, esta opción no dispone de ningún método abreviado asignado. Veamos qué ocurre si elegimos uno que ya corresponde a otra acción. Pulse, por ejemplo, la tecla **F6** para que se inserte en el campo de texto de la columna **Método abreviado**.
6. El programa le informa de que este atajo de teclado ya está asignado a la función **Color** del menú **Ventana**. [3] Pruebe ahora con la combinación **Alt+F6** y pulse **Retorno**. [4]
7. Photoshop no lanza ningún mensaje de advertencia, por lo que deducimos que la combinación está libre. Puede añadir nuevas combinaciones para la misma acción usando el botón **Añadir método abreviado** y eliminar la asignada usando el botón **Eliminar método abreviado.** Pulse ese botón. [5]
8. Como ve, la función **Revisar ortografía** no dispone ahora de ningún método abreviado de teclado, por lo que deberá ejecutarse obligatoriamente desde el menú **Edición**. Para recuperar los valores por defecto de Photoshop, pulse en el icono que muestra una papelera. [6]
9. Pulse el botón **Sí** para confirmar la acción [7] y después, cierre el cuadro de diálogo pulsando el botón **OK**.

IMPORTANTE

Puede acceder al cuadro **Métodos abreviados de teclado y menús** desde el menú **Edición** o desde el submenú **Espacios de trabajo** del menú **Ventana.** Antes de modificar los atajos de teclado, haga una copia del espacio de trabajo predeterminado usando el icono que muestra un disquete y una flecha.

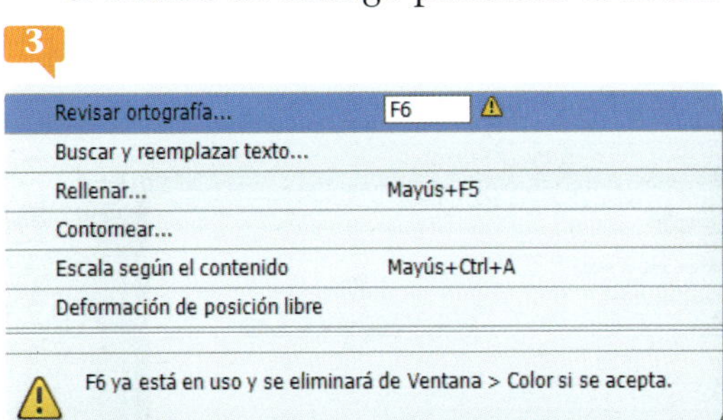

Si asignamos una **combinación de teclas** que ya está en uso a otra acción, ésta se eliminará de la primera para aplicarse a la segunda.

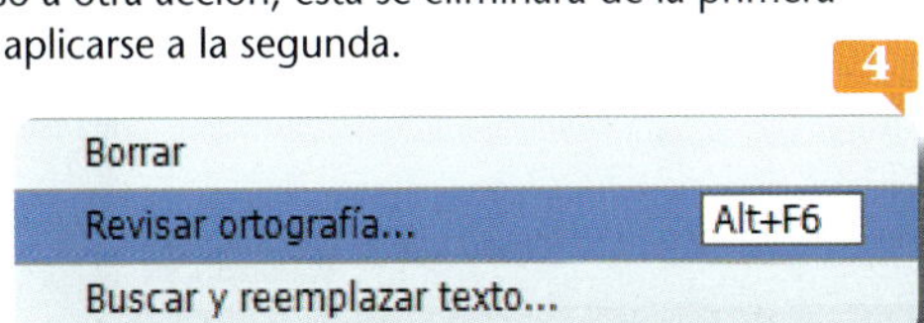

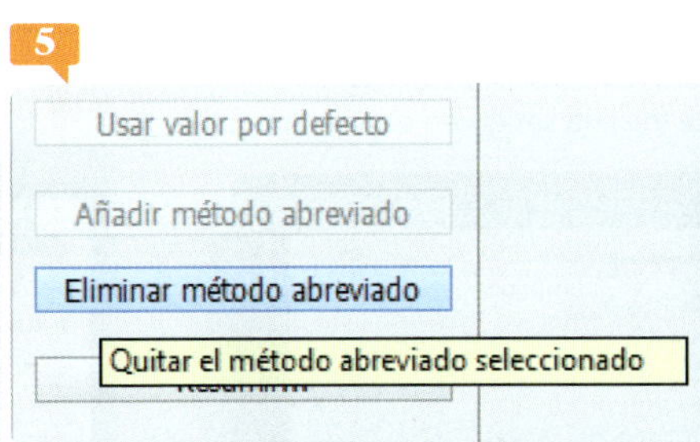

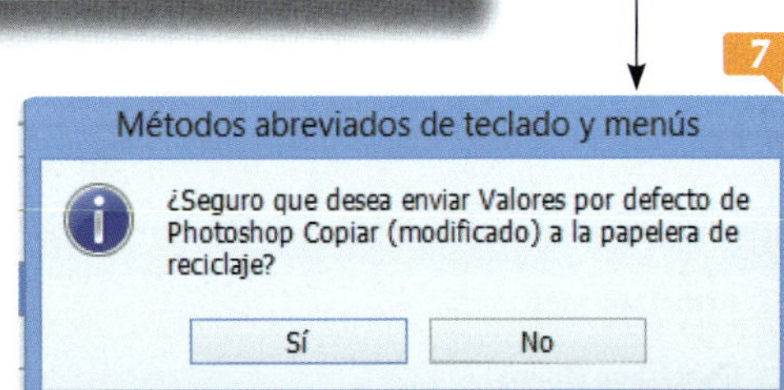

Sincronizar ajustes en Photoshop CC

IMPORTANTE

Sólo para la versión en inglés de Photoshop CC, está disponible en el menú Archivo una opción que le permite cargar directamente desde el programa sus imágenes creativas como proyectos en curso en **Behance**, una plataforma en línea que permite mostrar y compartir trabajos creativos.

CUANDO SE DEBE GESTIONAR Y SINCRONIZAR las preferencias de un programa en varios ordenadores, el proceso puede ser lento y complejo y pueden producirse errores. Photoshop CC presenta una nueva función de sincronización de la configuración a través de la cuenta de usuario en Creative Cloud. Esta opción permite mantener los ajustes sincronizados entre varios ordenadores, ya que se carga en la cuenta de creative cloud y se descarga y se aplica en el otro equipo.

1. La nueva función **Sincronizar configuración** proporciona la libertad de trabajar desde cualquier ubicación con la seguridad de que el entorno es el que hemos personalizado. El primer paso que se debe realizar para sincronizar los ajustes en Photoshop CC es iniciar sesión con la cuenta de Adobe. Abra el menú **Ayuda** y pulse en la opción **Iniciar sesión**. 1
2. En el cuadro **Adobe Photoshop CC** pulse el botón **Iniciar sesión**.
3. Introduzca los datos de su cuenta de Adobe en el cuadro de inicio de sesión y pulse de nuevo el botón **Iniciar sesión**. 2
4. Compruebe que, al iniciar sesión, aparece la opción **Cerrar sesión** en el menú **Ventana**. Antes de proceder con la sincro-

1 Para trabajar con las opciones en la nube de Photoshop CC deberá disponer de un **ID de Adobe** con el que iniciará sesión en el programa.

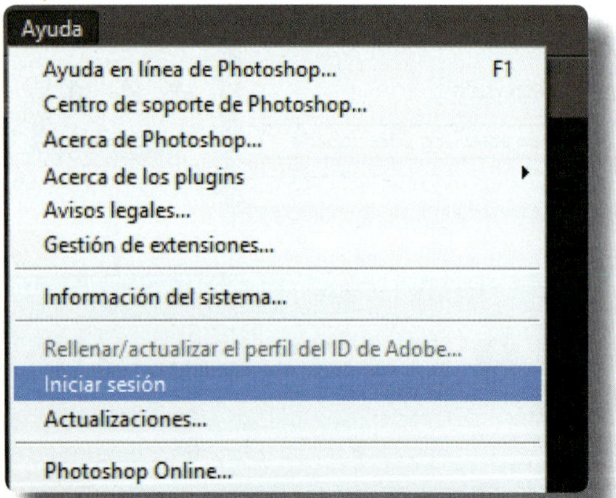

2 Desde el cuadro de inicio de sesión también puede registrar un nuevo ID de Adobe.

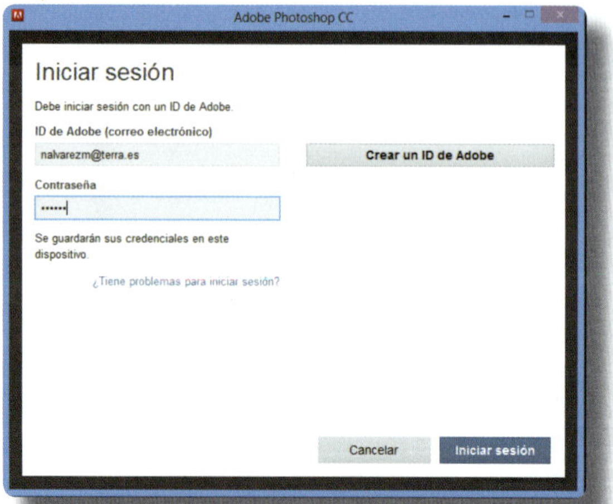

nización de los ajustes de Photoshop, accederemos a las opciones de configuración de esta operación. Despliegue el menú **Edición**, pulse en la opción **Sincronizar configuración** y elija **Gestionar opciones de sincronización**.

5. Se abre de este modo el cuadro **Preferencias** mostrando la nueva categoría **Sincronizar configuración**, desde la que podemos determinar qué características de la configuración de Photoshop CC queremos sincronizar. En el apartado **ID de Adobe** podrá comprobar también que ha iniciado sesión y podrá ver cuándo se produjo la última sincronización. Supongamos que únicamente queremos sincronizar las preferencias. Desactive todas las opciones del apartado **Sincronizar configuración** excepto **Preferencias** y pulse el botón **OK**.
6. Una vez configuradas las opciones para la sincronización, abra el menú **Edición**, pulse sobre la opción **Sincronizar configuración** y elija **Sincronizar configuración ahora**.

Una vez llevada a cabo la sincronización, las opciones de sincronización cambian en el menú **Edición**. Compruebe para acabar este ejercicio que ahora se muestra nuestra ID de Adobe como opción de menú que incluye un submenú con las herramientas de sincronización y gestión de la misma, la fecha y hora de la última sincronización y la administración de la cuenta de Creative Cloud en línea.

006

IMPORTANTE

Para borrar la configuración en Creative Cloud, operación que no afecta a la configuración en sus ordenadores, sino que sólo la elimina de la nube, debe iniciar sesión en Creative Cloud y elegir la opción **Mi configuración de aplicaciones** desde el menú de cuenta. Después deberá seleccionar la opción **Borrar configuración** para eliminar la configuración de la aplicación o la opción **Borrar todo** para eliminar la configuración de todas las aplicaciones.

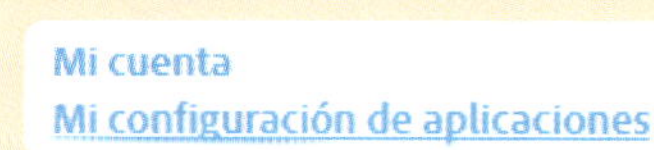

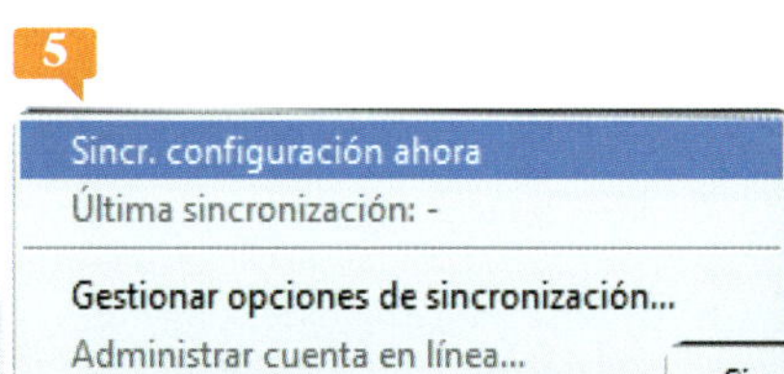

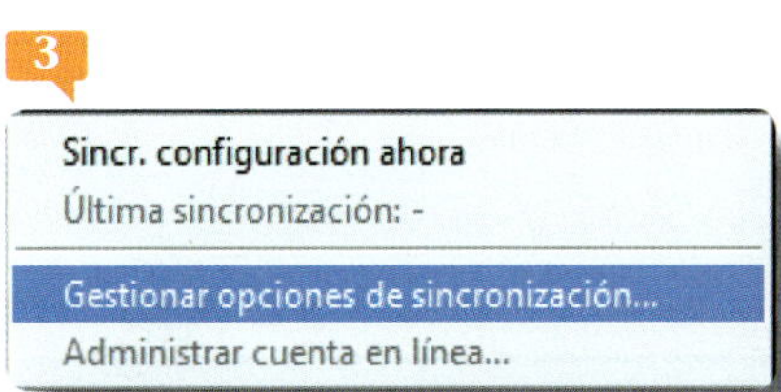

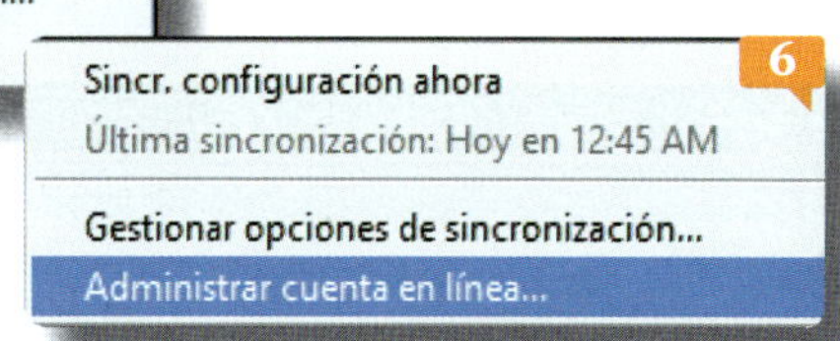

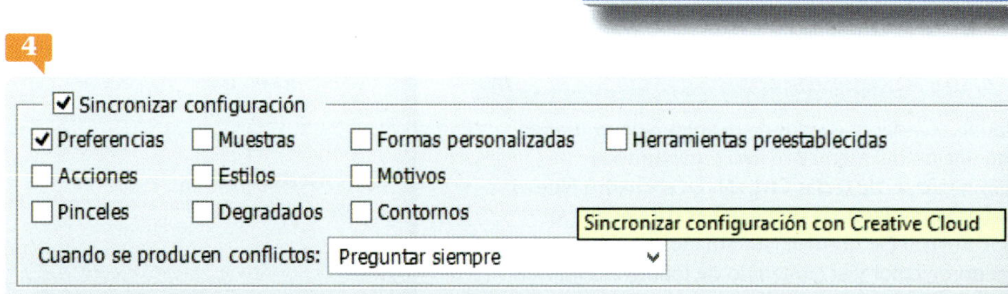

También podemos acceder directamente a esta categoría del cuadro de preferencias seleccionándola en el comando **Preferencias** del menú **Edición**.

Crear, abrir y guardar archivos

IMPORTANTE

Las imágenes cargadas en el área de trabajo pueden ser recuperadas, una vez cerradas, desde la lista **Abrir recientes** del menú **Archivo**, siempre y cuando su uso sea relativamente cercano.

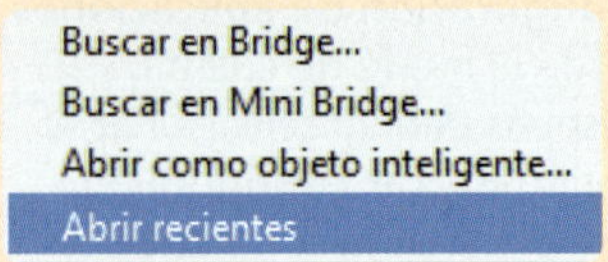

LOS DOCUMENTOS NUEVOS DE PHOTOSHOP, también denominados lienzos, muestran unas medidas y un color de fondo predeterminados que pueden ser personalizados por el usuario. Las acciones que permiten crear un documento nuevo y abrir un archivo se llevan a cabo a través de las opciones del menú Archivo, desde Adobe Bridge, o bien utilizando los conocidos atajos de teclado. Todo archivo creado en Photoshop debe guardarse para poder ser utilizado en posteriores ocasiones.

1. Para crear un lienzo en blanco, haga clic en el menú **Archivo** y seleccione la opción **Nuevo**. [1]
2. El cuadro de diálogo **Nuevo** muestra las opciones necesarias para especificar las dimensiones del nuevo archivo, la gama de colores que desea que tenga y, aunque se trate de un documento en blanco, con un fondo blanco, transparente o de color. Mantenga las opciones que aparecen por defecto y pulse el botón **OK**. [2]
3. El lienzo aparece dentro de una ventana con una pestaña en la que podrá visualizar las características principales del archivo que abrirá en él: el nombre del documento, el porcentaje de zoom y, entre paréntesis, el modo de color que, por defecto, es RGB. [3] Puesto que no utilizaremos por el momento el nuevo

1

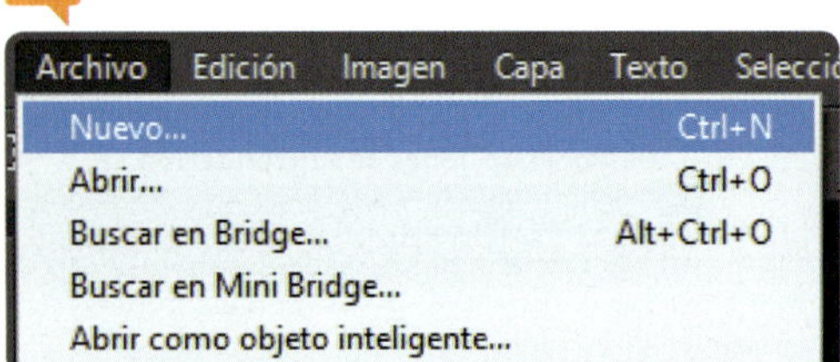

Puede acceder al cuadro de diálogo **Nuevo** usando esa opción del menú **Archivo** o pulsando la combinación de teclas **Ctrl.+N**. En el cuadro **Nuevo**, deberá establecer las propiedades para el nuevo documento (su nombre, su tamaño, su resolución, el modo de color y el contenido de fondo, además de otras opciones avanzadas.)

2

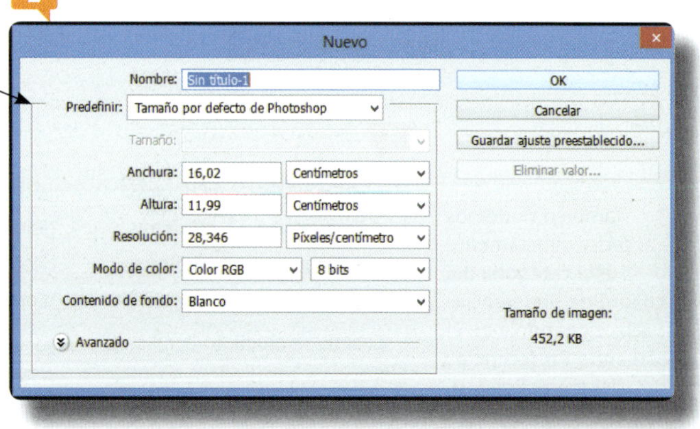

007

documento en blanco, pulse el botón de aspa de la pestaña del archivo para cerrarlo.

4. A continuación, accederemos a una de las imágenes almacenadas en el ordenador. Para cargar una imagen y mostrarla en el área de trabajo, podemos utilizar la opción **Abrir** del menú **Archivo** o pulsar la combinación de teclas **Ctrl.+O**. Ejecute la primera acción.
5. En el cuadro **Abrir**, localice y abra una carpeta en la que tenga almacenada alguna imagen, selecciónela **y** pulse **Abrir**.
6. La imagen se abre ahora en un lienzo independiente, preparada para ser retocada. [4] Imagine que desea almacenar esta imagen con el formato propio de Photoshop. Abra el menú **Archivo** y elija la opción **Guardar como**.
7. En el cuadro **Guardar como** debemos establecer un nombre y un formato para la imagen e indicar dónde queremos guardarla. Abra el campo **Tipo** y elija la opción **Photoshop PSD**. [5]
8. Localice y seleccione ahora la biblioteca de imágenes y pulse el botón **Guardar**.
9. Dispone así de una copia de la imagen en formato PSD, que es la que se encuentra abierta en estos momentos. Si realiza cambios en ella, debe usar la opción **Guardar** o pulsar la combinación **Ctrl.+S** periódicamente para que éstos queden almacenados. Del mismo modo, si ejecuta la orden de cerrar la imagen antes de almacenar los cambios, Photoshop lanza un mensaje en el que pide confirmación para guardarlos. Para acabar este ejercicio, cierre la imagen pulsando en el aspa de su pestaña.

IMPORTANTE

Si tiene varios documentos abiertos, puede cerrarlos de uno en uno, pulsando en el botón de aspa de su pestaña, o bien todos a la vez usando la opción **Cerrar todo** del menú **Archivo** o del menú contextual de las pestañas.

5

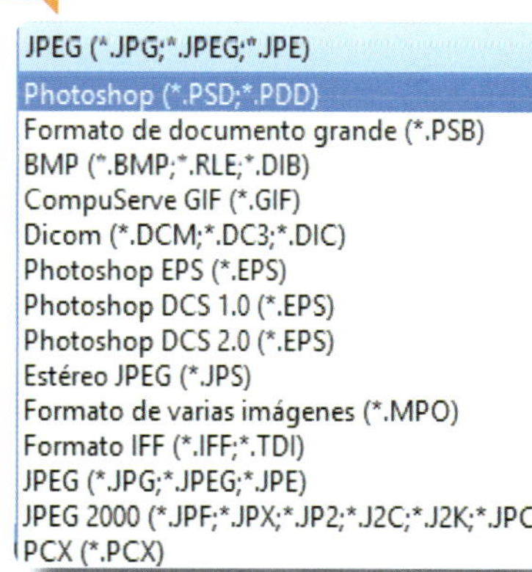

3

4

Cambiar el formato y el color de las imágenes

IMPORTANTE

Por defecto, Adobe Photoshop carga los archivos gráficos en el modo de **color RGB** y a **8 bits** por canal. Este modo asigna a cualquier píxel un valor de intensidad comprendido entre 0 (correspondiente al negro) y 255 (correspondiente al blanco) en cada componente RGB de una imagen en color.

PHOTOSHOP PERMITE CARGAR archivos gráficos de distintos formatos, desde los tradicionales JPEG, BMP o GIF, hasta los pertenecientes a otros programas, como PNG, propio de las imágenes creadas con Fireworks, o PDF, de Adobe Acrobat. El formato PSD es el propio de las imágenes creadas o manipuladas con Photoshop y, aunque su tamaño es importante, respeta todas las características y manipulaciones realizadas sobre las imágenes.

1. Empezamos el ejercicio con una imagen cualquiera abierta en Photoshop (puede usar si lo desea el archivo de ejemplo **008.jpg** que encontrará en la zona de descargas de nuestra página web.) Puesto que realizaremos varias modificaciones de color sobre ella, es importante que cree una copia de este archivo. Abra el menú **Archivo** y elija la opción **Guardar como**. [1]
2. Aparece el cuadro de diálogo **Guardar como**. Haga clic en el botón de punta de flecha del campo **Tipo** y seleccione el formato **Photoshop PSD**. [2]
3. Sitúese en la carpeta de imágenes de su equipo y pulse el botón **Guardar**.
4. Realizaremos algunas modificaciones en el color base de la imagen. Haga clic en el menú **Imagen** y pulse en la opción **Modo**. [3]

1

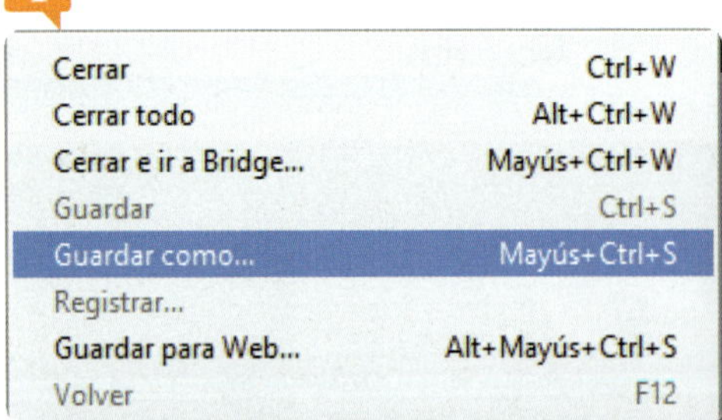

El comando **Guardar como** del menú **Archivo** abre el cuadro de diálogo del mismo nombre, en el que debemos establecer un nombre para el nuevo documento e indicar el formato con el que se va a almacenar la imagen.

2

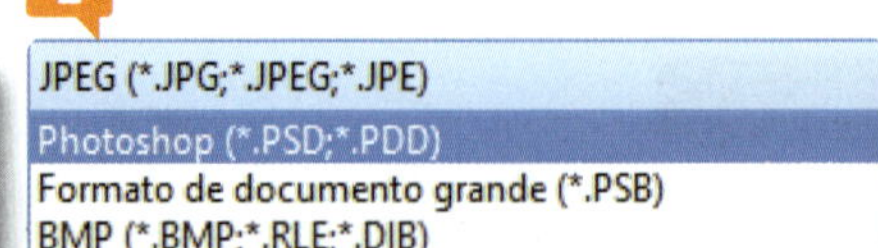

3

4

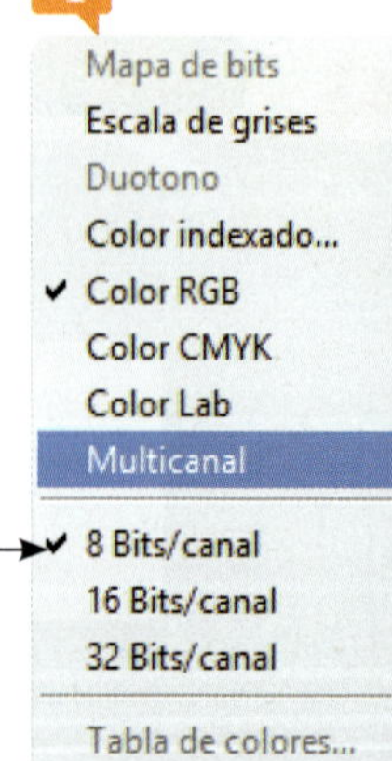

008

5. Para que todas las opciones disponibles de color estén activas, es conveniente disponer de imágenes con modo RGB y 8 Bits/Canal. Por norma general, el programa abrirá todos los archivos con esta configuración pero, si lo desea, usted mismo podrá modificar dichas opciones. Elija el modo de color **Multicanal**. 4
6. Observe sobre la imagen que el modo **Multicanal** realza los canales cálidos. Despliegue nuevamente el menú **Imagen**, pulse sobre la opción **Modo** y seleccione el modo **Color Lab**.
7. El modo seleccionado añade luminosidad extra a la imagen, 5 ya que se utiliza para trabajar con imágenes Photo CD, editar la luminancia y los valores de color de una imagen de forma independiente. Para devolver la imagen a su estado anterior, pulse la combinación de teclas **Ctrl.+Z**.
8. Por último cambiaremos la imagen a escala de grises. Antes, abra el menú **Imagen**, pulse sobre la opción **Modo** y elija la opción **Color RGB** para volver al estado original de la imagen.
9. Abra de nuevo el menú **Imagen**, haga clic en la opción **Modo** y seleccione el modo de color **Escala de grises**.
10. Puesto que la opción seleccionada eliminará los colores de la imagen, el programa solicita confirmación para continuar con el proceso. Pulse el botón **Descartar**. 6
11. Vea que la pestaña de la imagen va mostrando sus nuevos estados de color a medida que se cambian. 7 Para volver a disponer de la imagen con los colores originales, la cerraremos sin guardar los cambios. Pulse el botón de aspa de la pestaña de la imagen y en el cuadro de diálogo que aparece, pulse **No**.

5

6

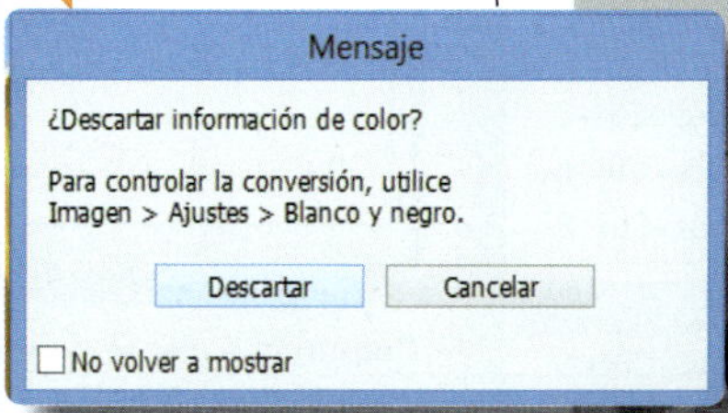

Al convertir una imagen en color a **escala de grises**, el programa le solicitará confirmación para descartar la información de color.

7

Modificar el tamaño de una imagen

IMPORTANTE

Para ver al instante detalles sobre el tamaño actual de una imagen, pulse sobre la información que aparece en la parte inferior del documento manteniendo presionado el botón del ratón.

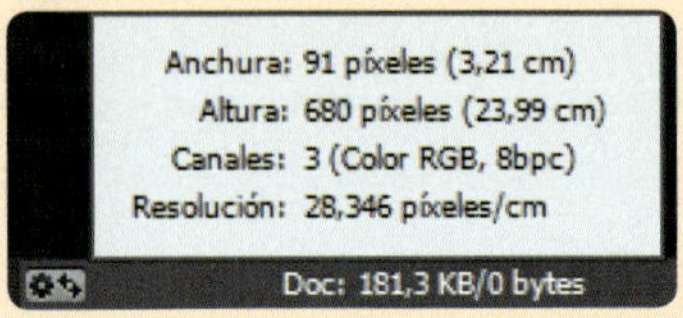

CUALQUIER PARÁMETRO ASIGNADO durante el proceso de creación de una nueva imagen puede ser modificado posteriormente, una vez la imagen se encuentra en el área de trabajo. Para cambiar su tamaño, el programa pone a su disposición un cuadro de diálogo exclusivo, denominado Tamaño de imagen, en el que es posible cambiar tanto los valores como las unidades de medida.

1. El objetivo de esta lección es modificar las dimensiones de un archivo en blanco creado con las características predeterminadas en Photoshop. Para empezar, abra el menú **Imagen** y elija la opción **Tamaño de imagen.** [1]
2. Se abre el renovado cuadro **Tamaño de imagen**. En Photoshop CC una ventana de previsualización muestra el resultado de los cambios realizados en la imagen antes de aplicarlos definitivamente. Además, la opción **Cambiar escala de estilos** se activa y desactiva en el icono de ajustes de este cuadro. [2] El tamaño de una imagen puede ser modificado según dos condiciones: las dimensiones de la imagen o el porcentaje respecto del tamaño actual. Para ver el porcentaje de tamaño actual, pulse el botón de punta de flecha del campo **Dimensiones** y elija la opción **Porcentaje.** [3]

1

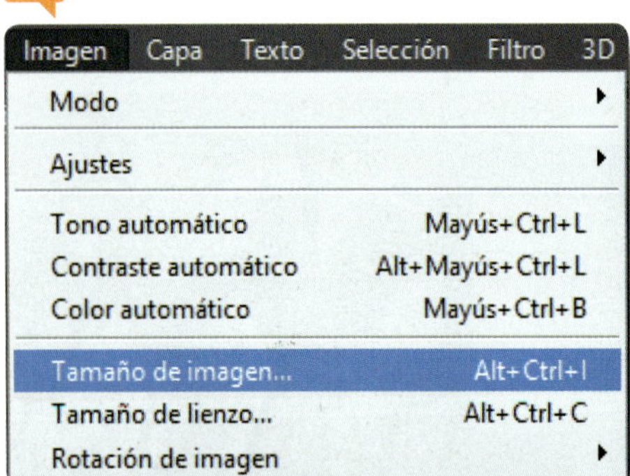

Abra el cuadro de diálogo **Tamaño de imagen** usando esa opción del menú **Imagen**. Después seleccione la opción **Porcentaje** en el apartado **Dimensiones**.

2

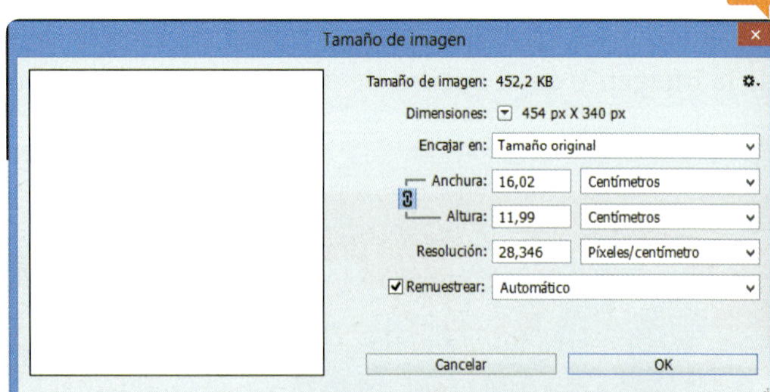

Compruebe que al cambiar el tamaño del cuadro **Tamaño de imagen**, se modifica también el tamaño de la nueva ventana de previsualización.

3

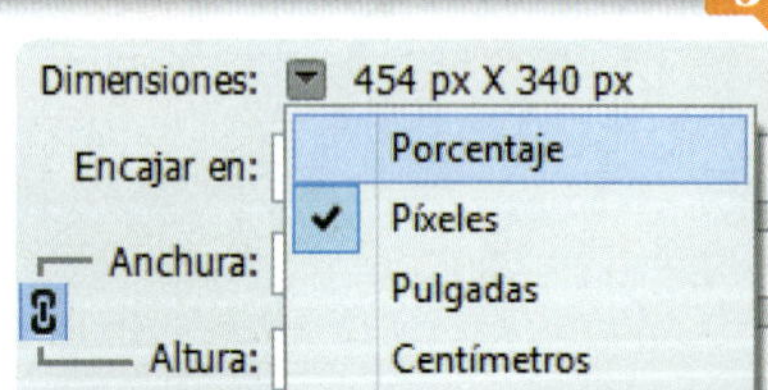

009

3. La imagen está fijada en una proporción del 100%. Despliegue el campo de unidades correspondiente a la anchura, elija la opción **Porcentaje** e inserte el valor **200** en el campo de texto.
4. El campo **Altura** ha cambiado a la vez que el campo **Anchura** debido a que el icono de restricción de proporción se encuentra activado. Observe cómo ha cambiado también el valor del campo **Dimensiones**. [4] Desactive el icono de restricción de proporción, que muestra un eslabón de cadena, para desactivar esa opción.
5. Seguidamente, modificaremos sólo la anchura de la imagen, sin que la altura se vea afectada. En el campo de texto correspondiente a la **Anchura** escriba el valor **20**. [5]
6. Observe el cambio en la nueva ventana de previsualización. Tenga en cuenta que puede cambiar el zoom de visualización de esta ventana usando los controles + y - que aparecen bajo la misma al situar sobre ella el puntero del ratón. [6] El campo **Resolución** contiene la resolución de pantalla que se adapta mejor al tamaño de la imagen para proporcionar la mejor calidad en cada momento. Puesto que dedicaremos otra lección al cambio de resolución de una imagen, acabaremos éste aplicando los cambios y comprobando el resultado final. Pulse el botón **OK**.
7. Vea cómo se ha modificado el tamaño del documento de ejemplo [7] y ciérrelo sin almacenar los cambios pulsando el botón de aspa de su pestaña.

4

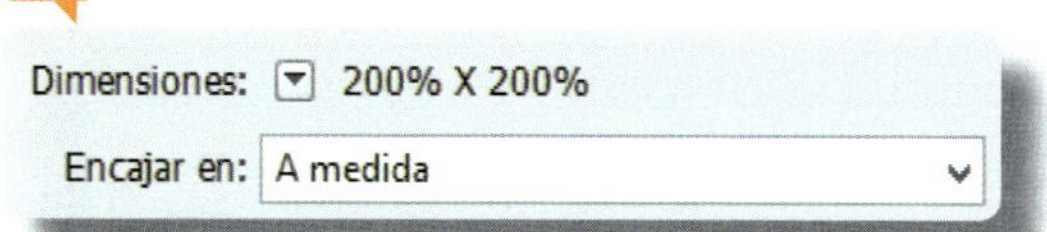

Al desactivar la opción **Restringir proporciones**, puede cambiar manualmente y de manera independiente la anchura y la altura de la imagen.

5

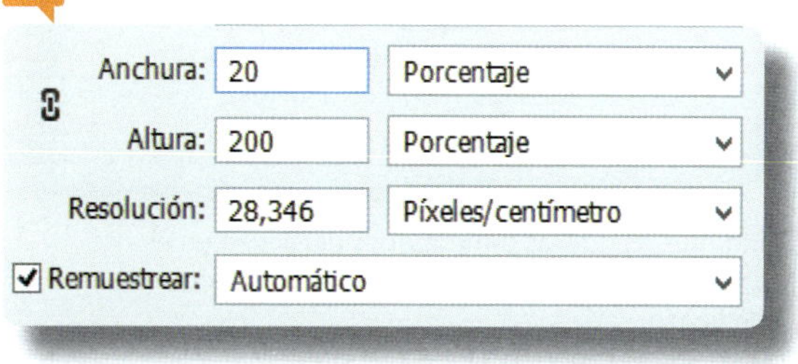

6

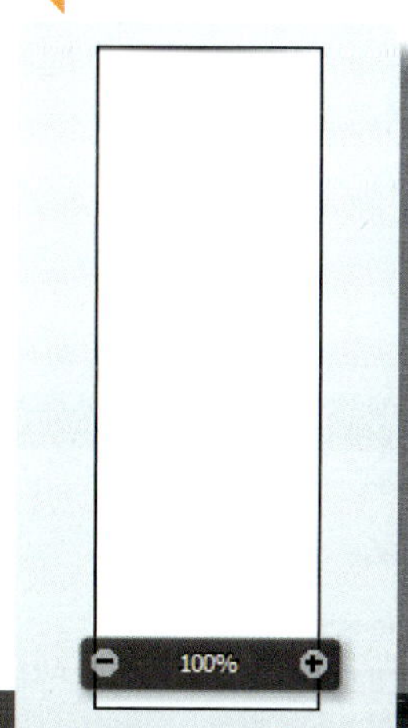

7

Modificar las dimensiones del lienzo

IMPORTANTE

En el cuadro Tamaño de lienzo, marque la opción **Relativo** e introduzca la cantidad que desea sumar o restar al tamaño del lienzo de la imagen actual. Introduzca un número positivo que añadir al lienzo y uno negativo que restar del mismo.

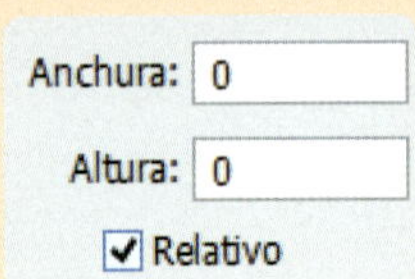

EL LIENZO ES EL ESPACIO DE TRABAJO en el que se ubica la imagen que será retocada y manipulada. La modificación del tamaño del lienzo no supone en ningún modo el cambio en el tamaño de la imagen. Photoshop pone a disposición del usuario el comando Tamaño de lienzo, que permite modificar las dimensiones del espacio de trabajo alrededor de la imagen. En el caso de que el tamaño del lienzo se aumente, éste aparece del mismo color que el fondo asignado a la imagen en el momento de su creación.

1. En este ejercicio vamos a cambiar las dimensiones del lienzo de un documento. Para empezar, abra en Photoshop la imagen de ejemplo **010.jpg**, que puede descargar desde nuestra página web y copiar en su carpeta de imágenes. Una vez la haya abierto, despliegue el menú **Imagen** y elija la opción **Tamaño de lienzo.** [1]
2. Aparece en pantalla el cuadro de diálogo **Tamaño de lienzo**. En la parte superior de dicho cuadro, puede consultar el tamaño actual del lienzo, la anchura y la altura. En el apartado **Tamaño nuevo**, introduciremos los nuevos valores. Haga doble clic en el campo **Anchura** y escriba el valor **120.** [2]

1

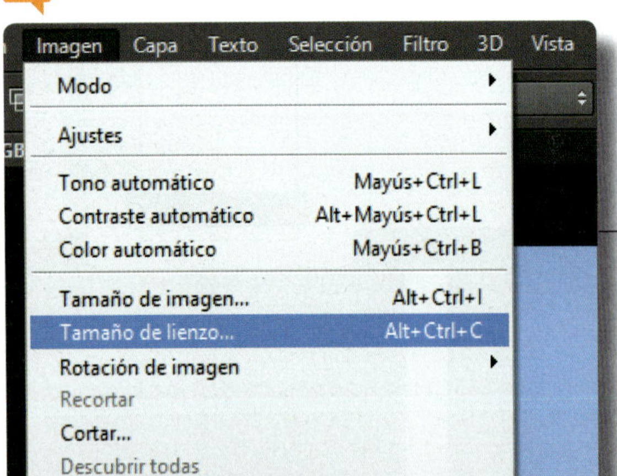

En el menú **Imagen** se encuentran las opciones necesarias para modificar el tamaño de una imagen y el **tamaño del lienzo** en el que está ubicada.

2

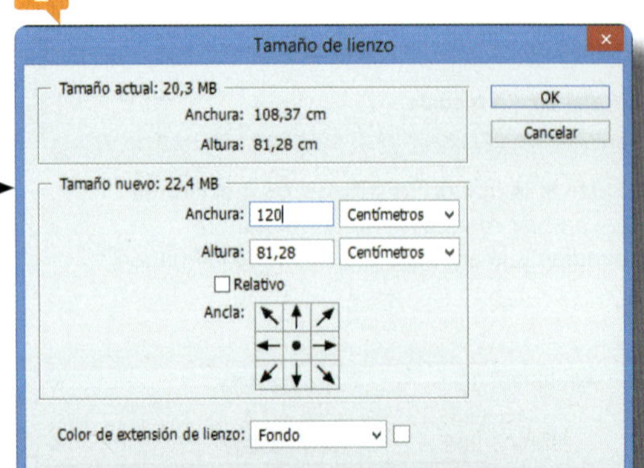

Indique las nuevas dimensiones del lienzo en el apartado **Tamaño nuevo** del cuadro Tamaño de lienzo.

010

3. En este caso, ajustándonos a las características de nuestra imagen de ejemplo, asignaremos un valor menor para la altura, por lo que haga doble clic en el campo **Altura** y escriba el valor **90**.
4. El esquema **Ancla**, situado en la parte inferior de los campos de dimensiones, permite indicar en qué punto del lienzo redimensionado deberá ubicarse la imagen existente. Por defecto, y según el esquema visual, la imagen se situaría en el centro del lienzo. Para modificar esta posición, simplemente debe pulsar en la flecha pertinente de la cuadrícula invisible. Hagamos una prueba. Haga clic en la flecha central hacia la derecha de este esquema. [3]
5. La imagen se situaría, en este caso, en la parte derecha del lienzo, dejando libre la parte izquierda. Definitivamente, indicaremos que deseamos situar la imagen en la parte superior izquierda. Haga clic en la cuadrícula superior izquierda del esquema **Ancla**. [4]
6. Vamos a aceptar el nuevo tamaño de lienzo, manteniendo seleccionado el color de fondo blanco para la extensión del lienzo. Haga clic en el botón **OK** y compruebe que, efectivamente, la imagen se sitúa en la esquina superior izquierda del lienzo y el trozo de lienzo que se ha añadido es de color blanco. [5]

3

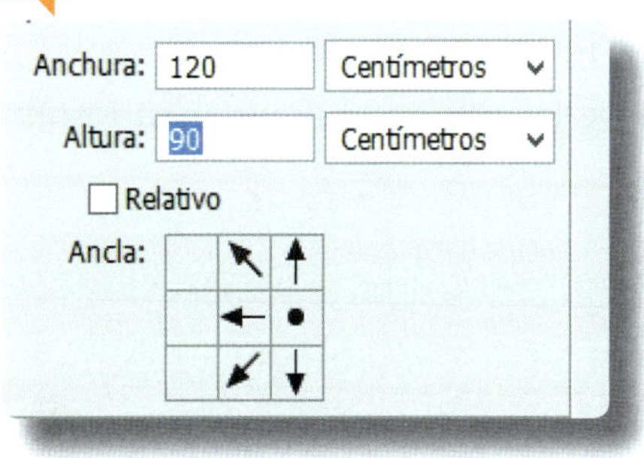

4

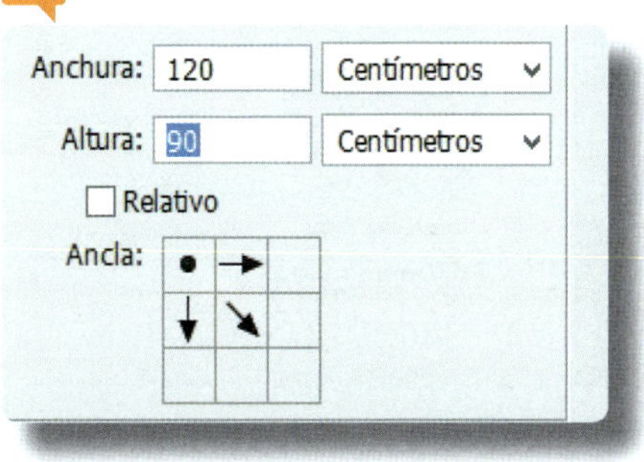

5

Podrá comprobar mejor cómo afecta a su documento el cambio de dimensiones de lienzo si tiene una imagen abierta en Photoshop. Tenga en cuenta que si las dimensiones del lienzo son más pequeñas que las de la imagen, el programa lanzará un mensaje de advertencia que informa de que la imagen se recortará.

Aumentar la resolución de una imagen

IMPORTANTE

Photoshop admite unas dimensiones máximas en píxeles de 300.000 por 300.000 píxeles por imagen, restricción que limita el tamaño y la resolución de impresión disponibles para una imagen.

LA PRECISIÓN DEL DETALLE EN LAS IMÁGENES de mapa de bits es lo que se conoce como resolución. La resolución de una imagen se mide en píxeles por pulgada (ppp) y puede ser modificada en el mejorado cuadro Tamaño de imagen. Por norma general, las imágenes con más resolución se imprimen con mejor calidad.

1. Al modificar la resolución de una imagen se debe tener en cuenta que las imágenes con más píxeles muestran mejor sus detalles, pero, a su vez, necesitan mayor espacio en disco para su almacenamiento y requieren más tiempo para su edición e impresión, lo que implica un aumento considerable de su tamaño. Seguimos utilizando en este ejercicio la imagen de ejemplo **010.jpg**. Acceda al cuadro **Tamaño de imagen** desde el menú **Imagen**.
2. El nuevo aumento de resolución inteligente nos permitirá mantener el detalle y la nitidez de la imagen en el caso de que queramos ampliarla para imprimirla. Active la restricción de proporción pulsando en el icono de cadena.
3. En el ejemplo, la imagen tiene una resolución de 72 ppp. [1] Haga doble clic en ese campo e inserte el valor **150**. [2]
4. A continuación elegiremos la opción de remuestreo que nos permitirá reducir el ruido de la imagen al ampliar su resolu-

1

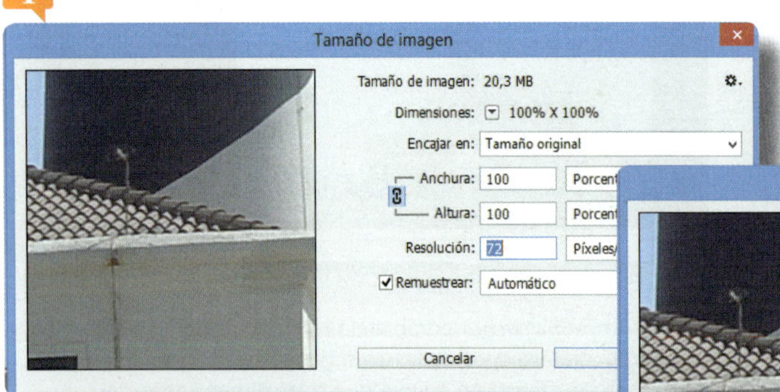

2

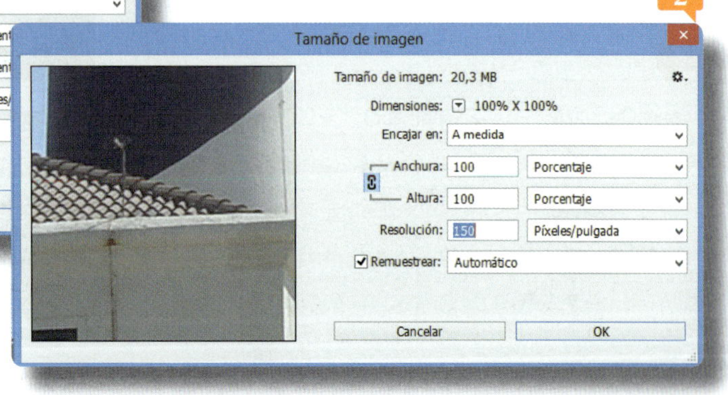

Recuerde que cuantos más píxeles por pulgada, mayor resolución.

011

ción. El remuestreo es la alteración de la cantidad de datos de imagen al modificar sus dimensiones en píxeles o su resolución, como en este caso. Cuando se disminuye la resolución, es decir, cuando se reduce el número de píxeles, se borra información de la imagen. Por el contrario, cuando se aumenta la resolución, se añaden nuevos píxeles. De manera predeterminada, al cambiar el tamaño o la resolución de una imagen, Photoshop aplica el método de remuestreo **Automático**. Si no desea que la cantidad de datos de imagen cambie al modificar la resolución, deberá deseleccionar la opción **Remuestrear**. En este ejemplo, mantenga activada esa opción, pulse en el botón de punta de flecha para desplegar la lista de opciones y elija **Conservar detalles (amplicación)**. [3]

5. Aparece el control **Reducir ruido**, con el que podemos mantener el detalle en los bordes y reducir el ruido que suele añadirse al crear amplicaciones. Arrastre hacia la derecha el regulador hasta alcanzar un valor aproximado de **35%**. [4]
6. Para aplicar el cambio de resolución, pulse el botón **OK**.
7. Y para acabar este sencillo ejercicio, en el que hemos conocido la nueva utilidad de Photoshop de reducción de ruido al ampliar una imagen, guarde el archivo resultante tras la modificación con el formato **PSD**. [5]

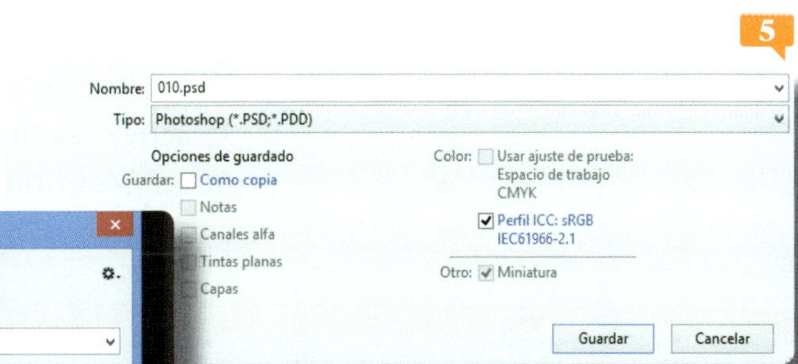

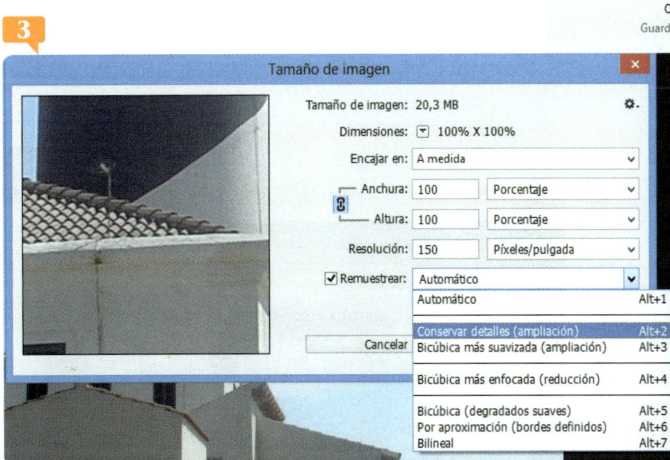

Es posible establecer el método de remuestreo que utilizará siempre por defecto Photoshop en la categoría **General** del cuadro de preferencias del programa.

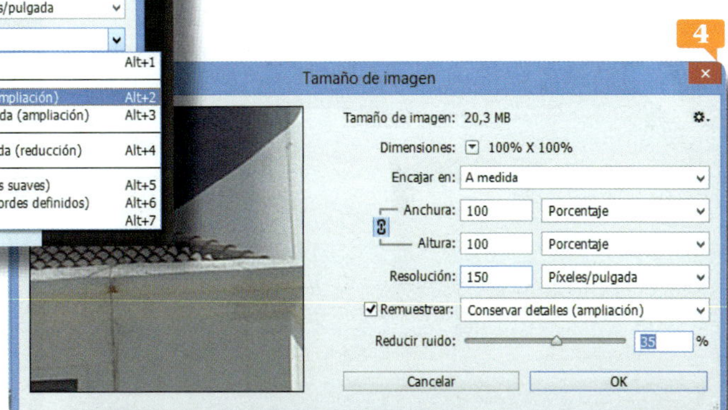

Recortar imágenes

IMPORTANTE

En el icono de ajustes de la **Barra de opciones** de la herramienta **Recortar** encontrará diferentes opciones de configuración de la herramienta, como la posibilidad de usar su modo clásico y de ajustar la opacidad automáticamente.

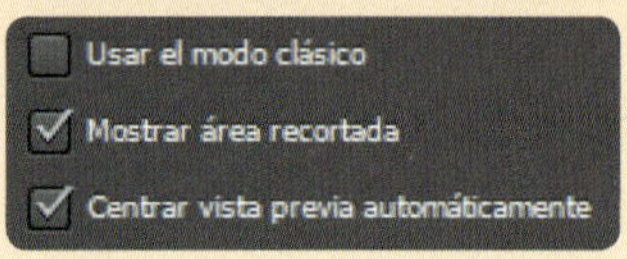

RECORTAR ES EL PROCESO DE ELIMINAR PARTES de una imagen para crear un enfoque o reforzar la composición. Photoshop dispone de varios métodos para recortar imágenes. Uno de ellos, el que describimos en este ejercicio, consiste en utilizar la herramienta y el comando Recortar; la primera de ellas la encontrará en el panel Herramientas y la segunda, en el menú Imagen. Otra forma de recortar imágenes es separando los píxeles transparentes circundantes o los píxeles del fondo del color que se especifique utilizando para ello el comando Cortar.

1. En este ejercicio le mostraremos cómo recortar una imagen para descartar aquellas partes o áreas de la misma que no nos interesa mantener. Llevaremos a cabo la práctica con un nuevo archivo de ejemplo, denominado **012.jpg**, que puede descargar desde nuestra página web y guardar en su carpeta de imágenes. Cuando disponga de ella, ábrala en el área de trabajo de Photoshop.
2. La herramienta **Recortar** ocupa la quinta posición en el panel **Herramientas**. Pulse sobre ella para activarla. [1]
3. Al activar la herramienta de recorte aparece un marco de líneas discontinuas alrededor de toda la imagen; [2] en versiones anteriores a Photoshop CS6 era el usuario quien debía trazar,

mediante la técnica de arrastre, este marco. La herramienta **Recortar** fue mejorada de forma general en esa versión añadiendo nuevos comandos y funciones. Ahora se trata de redimensionar el marco de recorte o situar la parte de la imagen que deseamos mantener dentro del mismo. En este caso, haga clic sobre el tirador central del lado izquierdo del marco y arrástrelo hacia la derecha hasta que alcance el borde izquierdo del cuadro de la imagen. [3]

4. Los dos campos vacíos situados en la barra de opciones de la herramienta **Recortar** permiten especificar las dimensiones exactas del marco de recorte, mientras que el campo situado a la izquierda de éstos, que contiene el término **Proporción**, permite elegir entre distintos porcentajes de aspecto predefinidos para el marco. [4] El comando **Enderezar** permite enderezar una imagen torcida dibujando una línea recta que sirva de guía. Pulse sobre el icono **Enderezar**. [5]
5. Ahora trace una línea siguiendo el borde superior del marco de la imagen y vea cómo se endereza la imagen al liberar el botón del ratón.
6. El icono **Definir las opciones de superposición de la herramienta Recorte** permite cambiar el estilo las guías de recorte sobre la imagen. Pulse este icono y, tras comprobar todas las opciones disponibles, elija, por ejemplo, la denominada **Triángulo**. [6]
7. Pulse el icono **Aprobar operación de recorte**, que muestra un signo de verificación en la parte derecha del área de opciones para confirmar el recorte [7], pero cierre el documento sin almacenar los cambios.

6

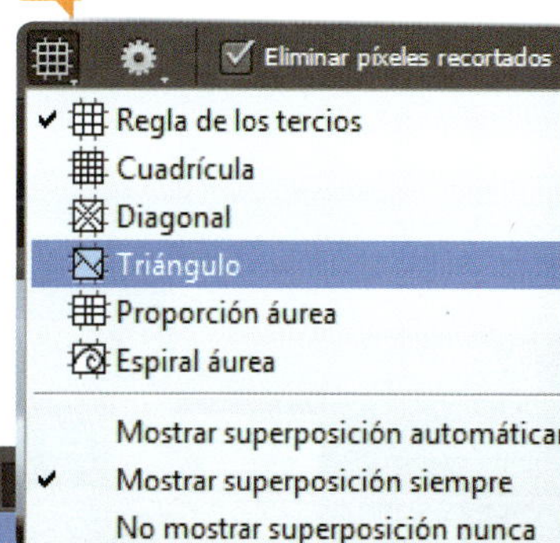

3

4

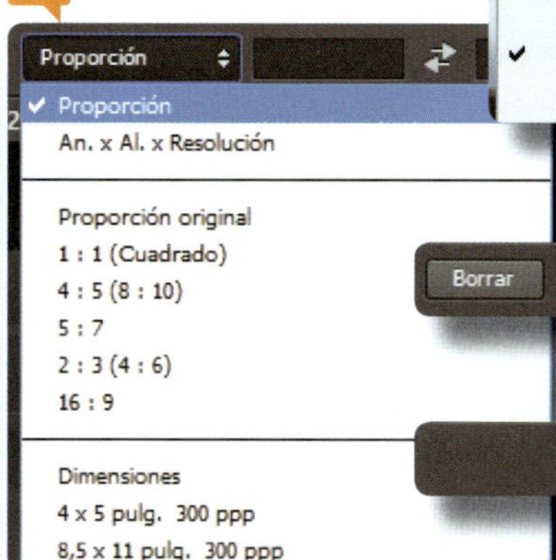

5

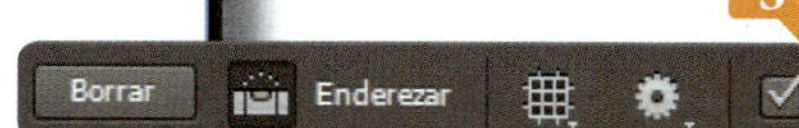

7

Enderezar una imagen con Camera Raw

EN PHOTOSHOP CC SE HA AÑADIDO Adobe Camera Raw como filtro. Una de las múltiples opciones de las que dispone este filtro consiste en la posibilidad de enderezar automáticamente el contenido de una imagen. Esta nueva herramienta de enderezamiento de imágenes corrige también la perspectiva y permite elegir entre cuatro ajustes: automático, nivel, vertical y completo.

1. En este ejercicio tendremos un primer contacto con el nuevo filtro **Camera Raw**, del cual usaremos la función **Enderezar**. Para realizarlo, puede utilizar de nuevo el archivo **012.jpg**. Despliegue el menú **Filtro** y pulse sobre la opción **Filtro de Camera Raw**. [1]
2. Se abre así el cuadro del filtro, que nos permite realizar muchos retoques que podríamos considerar avanzados. Pulse sobre el icono **Correcciones de lente**, el sexto de los situados en el panel de la derecha del cuadro. [2]
3. En el panel **Correcciones de lente**, active la pestaña **Manual**.
4. La función **Enderezar** permite elegir entre cuatro ajustes. El automático aplica correcciones de perspectiva equilibradas; el ajuste de nivel hace que las correcciones de perspectiva se ponderen hacia los detalles horizontales y en el ajuste vertical

IMPORTANTE

El filtro de **Camera Raw** permite aplicar ajustes de Camera Raw a más tipos de archivos como PNG, clips de vídeo, TIFF y JPEG, entre otros. Las imágenes procesadas pueden encontrarse en cualquier capa, y las modificaciones realizadas en los tipos de imagen no son destructivas.

1

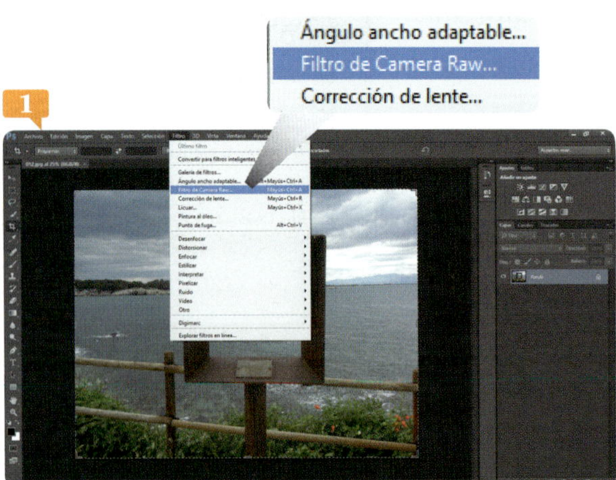

También puede acceder al filtro Camera Raw pulsando la combinación de teclas **Mayúsculas+Ctrl.+A**.

2

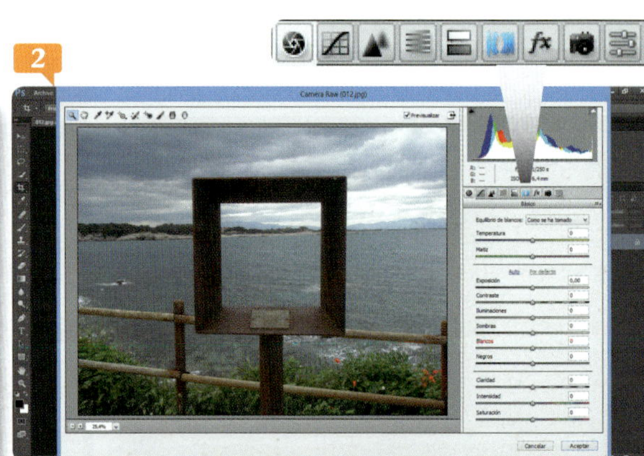

Los defectos de perspectiva pueden ser producidos por un objetivo incorrecto o el temblor de la cámara al tomar la foto.

013

éstas se ponderan hacia los detalles verticales. Por último, el ajuste completo combina las tres correcciones de perspectiva anteriores. Para comprobar cómo se endereza la imagen con una corrección de perspectiva equilibrada, pulse sobre el segundo icono del apartado **Enderezar**. 3

5. Siga comprobando cómo se aplican las correcciones pulsando sobre los siguientes modos: **Nivel**, **Vertical** y **Completo**. 4
6. Una vez enderezada la imagen con el método que más se ajuste a sus preferencias, puede utilizar los controles del apartado **Transformar** para seguir retocando la imagen hasta que tenga el aspecto que desee. En este ejemplo, mantendremos el modo **Completo** y aumentaremos la escala de la imagen. Haga doble clic en el campo **Escala** del apartado **Transformación** e inserte el valor **115**. 5
7. Gracias a la ventana de previsualización, puede ir comprobando el resultado de las modificaciones antes de aplicarlas definitivamente. También puede ayudarse de la cuadrícula para afinar los cambios. Para mostrarla, sólo debe activar la casilla **Mostrar cuadrícula**, ubicada en la parte inferior del panel de ajustes. Después podrá ajustar el tamaño de la misma usando el control deslizante. Para enderezar la imagen, pulse el botón **Aceptar**.
8. Compruebe el efecto conseguido y acabe el ejercicio cerrando el archivo tras almacenar los cambios realizados en él y establecer una calidad máxima.

IMPORTANTE

En la sección **Transformar** de la corrección de lente manual se ha añadido el ajuste **Aspecto**, que permite cambiar el aspecto de la imagen horizontal o verticalmente, según hacia donde se deslice el control.

5

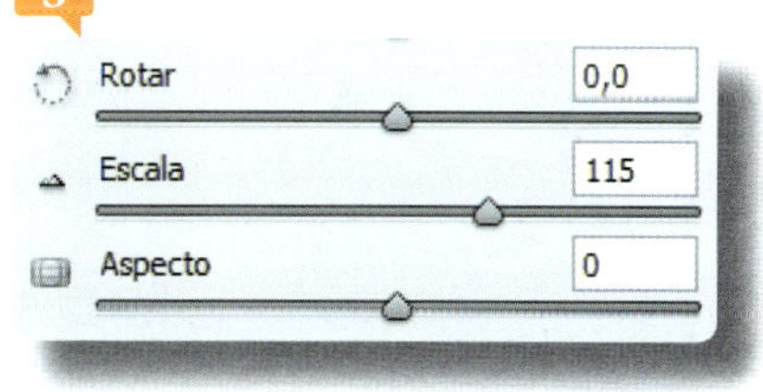

3

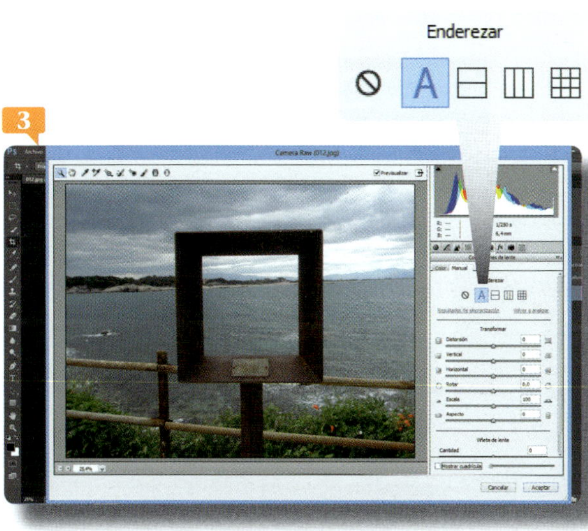

4

Recortar en perspectiva

IMPORTANTE

Desde la barra de opciones de la herramienta **Recorte con perspectiva** puede cambiar las unidades de medida que deben mostrar las dimensiones y la resolución de la imagen recortada.

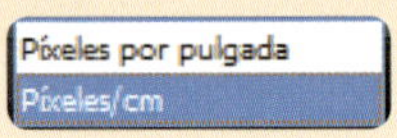

EN OCASIONES, AL TOMAR FOTOGRAFÍAS DE EDIFICIOS o monumentos muy altos, la perspectiva puede jugarnos una mala pesada y producir resultados inesperados y poco satisfactorios. Es para estos casos que los responsables de Adobe han añadido una función de recorte, denominada Recorte con perspectiva, mediante la cual, tras los pertinentes ajustes manuales, el programa se ocupa de corregir los problemas de perspectiva, realizando los cálculos oportunos para conseguir la mejor imagen.

1. Para llevar a cabo este ejercicio le recomendamos que descargue de nuestra página web el archivo de ejemplo **014.jpg**, aunque si lo desea puede utilizar una imagen propia del mismo estilo. Cuando disponga de la fotografía que desee utilizar, ábrala en el área de trabajo de Photoshop. 1
2. Más que corregir la imagen, le mostraremos qué efectos puede tener la aplicación de la herramienta **Recorte con perspectiva** en una imagen de este tipo. En el panel **Herramientas**, pulse sobre la punta de flecha de la herramienta **Recortar** y haga clic sobre la función indicada. 2
3. Una vez activada la herramienta, ¿cómo debemos proceder? Insertando los puntos necesarios para crear manualmente una cuadrícula en la que se basará el recorte en perspectiva. En esta ocasión, vamos a intentar recortar la imagen de manera

3

1

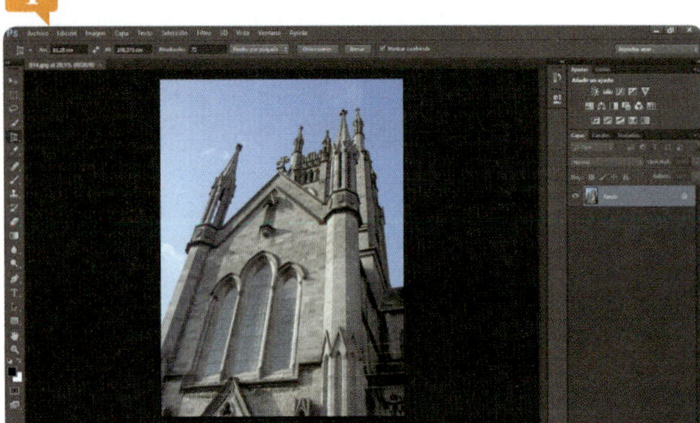

2

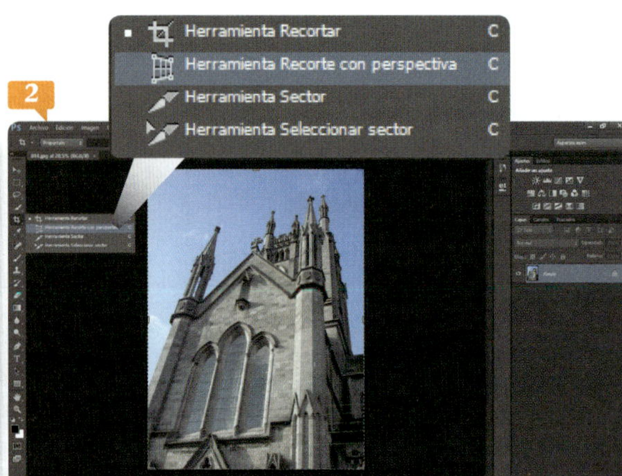

que se visualice la parte inferior de la fachada de esta iglesia sin perspectiva. Inserte mediante un clic un primer punto en la parte inferior izquierda del edificio y repita el clic en la parte inferior derecha. [3]

4. La anchura superior del marco de recorte debe ser aproximadamente la misma que la anchura superior del edificio. Sitúe el tercer punto de la cuadrícula de recorte sobre la torre de la derecha, como en la imagen, [4] e inserte el cuarto punto sobre la torre de la izquierda, como se indica en la imagen. [5]
5. Al insertar el cuarto punto, la cuadrícula aparece claramente, al tiempo que el resto de la imagen, la parte que quedará descartada tras el recorte, se muestra con un color tenue. Antes de proceder con el recorte, comprobaremos que las opciones incluidas en la barra de opciones de la herramienta **Recorte con perspectiva** son las mismas que mostraba la herramienta **Recortar** en versiones anteriores de la aplicación. Así, podemos indicar unas medidas exactas para el área de recorte y la resolución de la imagen resultante. Pulse el botón **Dimensiones**. [6]
6. De esta manera, la imagen resultante tendrá las mismas características en cuanto a medidas y resolución que la original. Para comprobar el resultado del recorte en perspectiva, pulse el botón de confirmación de la barra de opciones. [7]

014

IMPORTANTE

El comando **Borrar** de la barra de opciones de la herramienta **Recorte con perspectiva** permite eliminar los parámetros añadidos al utilizar el comando Dimensiones. Por su parte la opción **Mostrar cuadrícula** permite ocultar las divisiones de la cuadrícula de recorte, dejando sólo el marco.

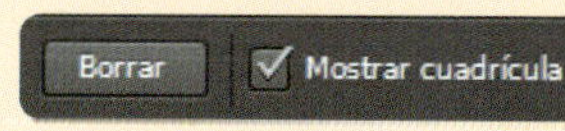

4

5

7

6

Al pulsar el botón **Dimensiones**, los campos relativos a la anchura, la altura y la resolución en la barra de opciones se completan automáticamente.

Aplicar escala basada en contenido

IMPORTANTE

Tenga en cuenta que la **escala basada en contenido** no se puede aplicar a capas de ajuste, o de máscara, a capas 3D o de vídeo, a varias capas simultáneamente ni a grupos de capas.

PHOTOSHOP OFRECE UNA INTERESANTE FUNCIÓN que permite aplicar una escala basándose en el contenido para recomponer automáticamente una imagen cuando se modifica su tamaño. Con esta función, las áreas más importantes se conservan mientras la imagen se adapta a sus nuevas dimensiones, de manera que no tendrá que perder tiempo en recortarla o retocarla.

1. En este ejercicio comprobaremos la diferencia que existe entre escalar una imagen basándonos en su contenido y escalarla normalmente. Para ello, utilizaremos la imagen **015.jpg** que puede descargar desde nuestra página web y almacenar en su carpeta de imágenes. Una vez disponga de ella, ábrala en Photoshop.
2. Para poder transformar una imagen compuesta de una sola capa de fondo [1] debe convertir esa capa en una normal para desbloquearla. Como trataremos las capas con detalle más adelante en este libro, no realizaremos explicación alguna acerca de esta acción. En el panel **Capas**, arrastre la capa actual **Fondo** hasta el segundo de los iconos empezando por la derecha situados en la parte inferior del panel; [2] después elimine la capa **Fondo** seleccionándola y pulsando la tecla **Suprimir**. [3]

1

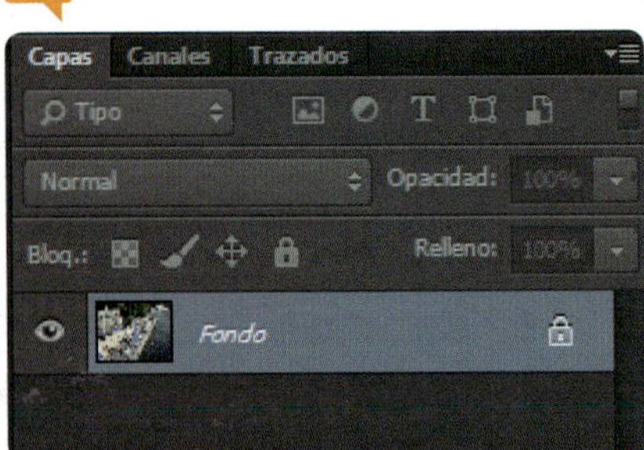

Si la imagen que va a escalar sólo tiene una capa y ésta es la fondo, deberá convertirla antes en una capa normal, para lo que puede usar la opción **Capa a partir de fondo** de su menú contextual.

2

3

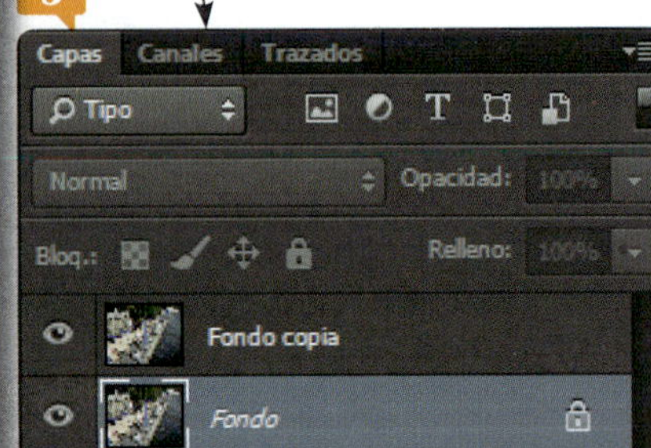

3. A continuación, abra el menú **Edición** y pulse sobre la opción **Escala según el contenido.** [4]
4. Aparecen en los márgenes de la imagen los tiradores que le permiten modificar su escala horizontal y vertical. Pulse sobre el tirador central del lado derecho y arrástrelo hacia la izquierda [5] hasta que la anchura de la imagen quede establecida en **90%**, aproximadamente (vea ese valor en la **Barra de opciones**.) [6]
5. Como ve, la imagen se va recomponiendo automáticamente a medida que va cambiando su anchura, manteniendo en perfecto estado y proporción sus áreas principales. Como siempre que se trabaja con herramientas de transformación, también es posible modificar la escala aplicando nuevos valores en la **Barra de opciones**. En este caso, además de los valores correspondientes a la altura, la anchura y la posición de la imagen, podemos definir el umbral para la escala basada en el contenido con el fin de reducir al máximo la distorsión, escoger un canal para especificar qué áreas proteger y activar la protección para los tonos de piel. Aplique la transformación pulsando el icono que muestra un signo de verificación en la **Barra de opciones.**
6. Para terminar este sencillo ejercicio, despliegue el menú **Archivo** y haga clic sobre el comando **Guardar.** [7]
7. En el cuadro de diálogo que aparece, guarde la imagen en formato de Photoshop (PSD).

015

IMPORTANTE

De manera predeterminada, la función **escala según el contenido** aplica una cantidad de **umbral** para evitar la distorsión del 100%, no selecciona ningún canal para especificar qué áreas se deben proteger y tiene desactivada la protección de los tonos de piel.

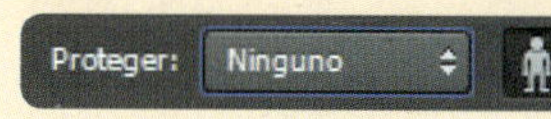

4

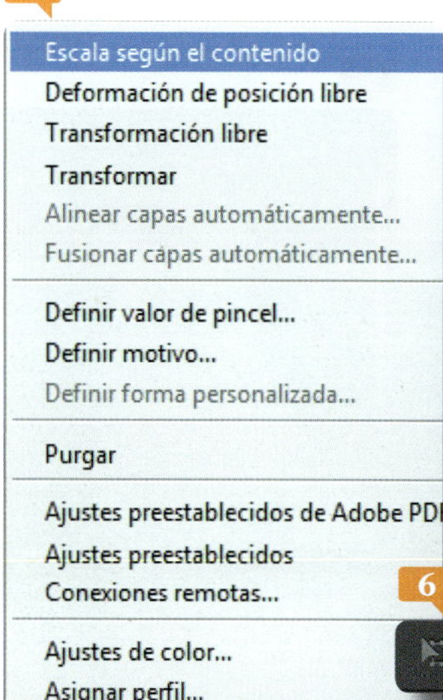

5

6

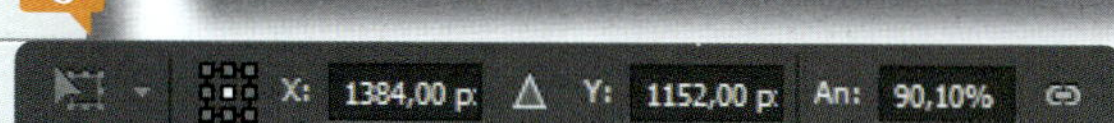

7

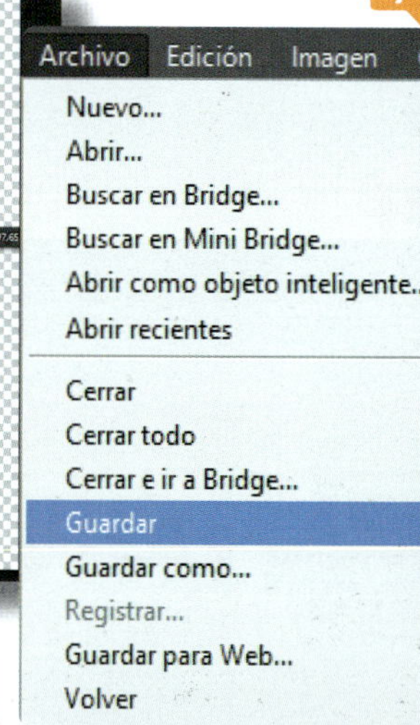

Ajustar los colores de una imagen

IMPORTANTE

Si lo que desea es realzar el brillo de una fotografía o aumentar el contraste entre los colores claros y oscuros, deberá dirigirse al ajuste **Brillo/contraste** y modificar en él las opciones existentes.

EL AJUSTE CURVAS DISPONE DE LAS OPCIONES necesarias para ajustar la iluminación, las sombras y los medios tonos de una imagen. El gráfico de este ajuste muestra una línea diagonal: en el extremo superior se muestra el grado de iluminación, en la parte central, los medios tonos y en la parte inferior, la cantidad de sombras. Por otro lado, el ajuste Equilibrio de color permite ajustar y corregir los colores de una imagen, realzando los colores rojos, azules o verdes o añadiendo cian, magenta o amarillo.

1. Para empezar modificaremos los niveles de sombras e iluminación de la imagen **016.jpg** con el ajuste **Curvas**. En el panel **Ajustes**, pulse en el tercero de los ajustes disponibles. [1]
2. Si realiza los ajustes de sus imágenes desde el panel **Ajustes** en lugar de desde el menú **Imagen/Ajustes**, irá creando nuevas capas de ajuste que se añadirán a la capa de fondo. [2] En el panel **Propiedades** se cargan las propiedades del ajuste aplicado. La parte superior del gráfico muestra el grado de iluminación, la central, los medios tonos y la inferior, la cantidad de sombra de la imagen. Los ejes horizontal y vertical representan los valores de intensidad originales de los píxeles. La línea diagonal representa el eje central gracias al cual podrá modificar de forma visual la cantidad de luz de la imagen. [3] Pulse en la parte

2

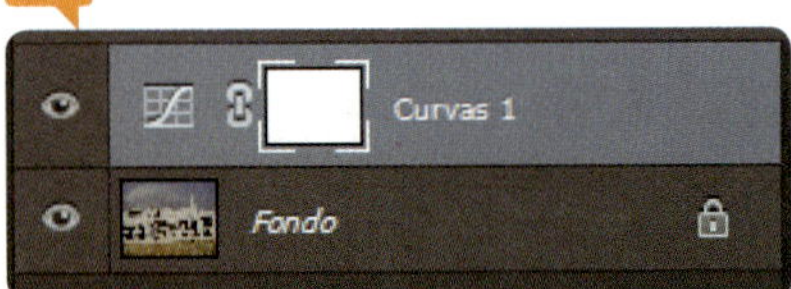

1

3

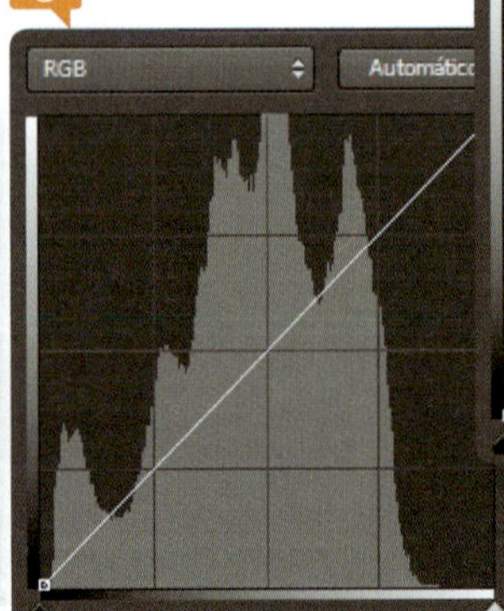

4

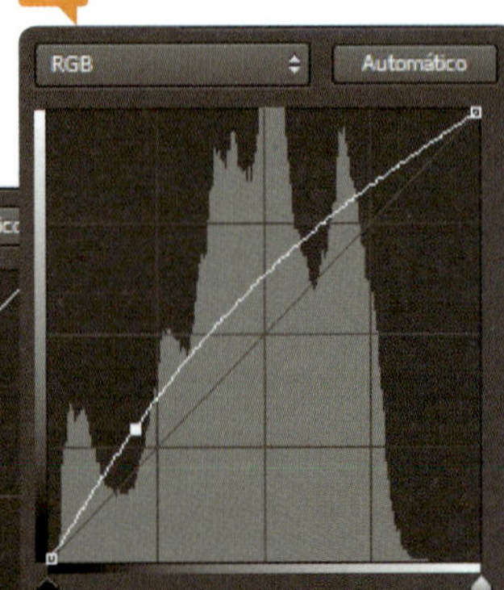

inferior derecha del tercer cuadro empezando por arriba de la primera columna. 4

3. La línea realiza una curva a partir del punto que acaba de indicar, al mismo tiempo que la imagen se ha aclarado. Para aclararla un poco más, haga clic en la parte superior izquierda del primer recuadro empezando por arriba de la última columna. 5
4. Seguidamente, modificaremos el color de la imagen a través del ajuste **Equilibrio de color**. En el panel **Ajustes**, pulse sobre el icono que muestra una balanza. 6
5. Ahora el panel **Propiedades** muestra los valores de los canales cian, magenta y amarillo, por un lado, y rojo, verde y azul, por el otro. Como ejemplo, arrastre hacia el canal rojo el primer regulador. 7
6. Para disminuir los tonos azules, arrastre hacia el amarillo el regulador **Amarillo-Azul**.
7. Puede realizar la misma operación de modo que sólo afecte a la parte iluminada del objeto activando la opción **Iluminaciones**. La gran ventaja de trabajar desde el panel de ajustes es que la edición de las imágenes es no destructiva, puesto que se lleva a cabo, como hemos dicho, por capas. Para finalizar el ejercicio le mostraremos cómo anular alguno de estos ajustes aplicados, por ejemplo, el relativo al equilibrio de color. Para ello, sencillamente, arrastre la capa de ajuste pertinente, la que muestra el texto **Equilibrio de color 1** hasta el icono situado en la parte inferior del panel de capas y que muestra una papelera.

016

IMPORTANTE

Photoshop ofrece una gran cantidad de curvas predeterminadas que puede aplicar para conseguir distintos efectos sobre una misma imagen. Como ejemplo, el ajuste **Negativo** crea un efecto de negativo sobre la fotografía.

5

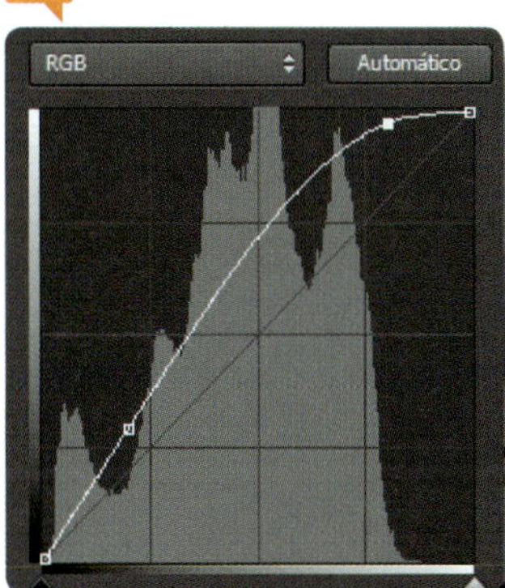

6

7

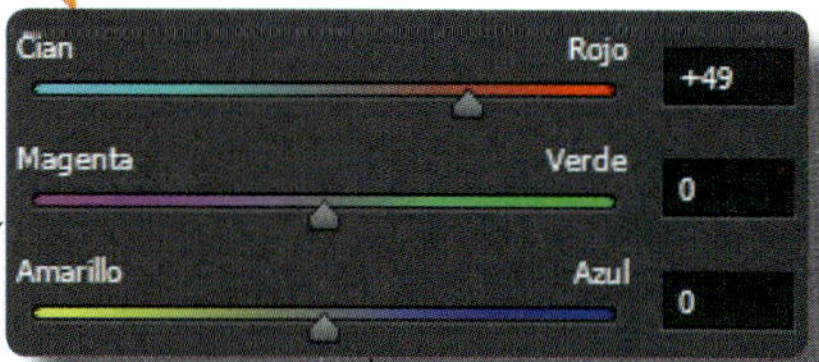

Ecualizar, mezclar y degradar colores

IMPORTANTE

Puede crear y guardar nuevos **degradados personalizados** desde el cuadro **Editor de degradado**, al que accederá si pulsa sobre la muestra de degradado en el panel Propiedades. En el editor, deberá establecer los colores que compondrán el degradado, la ubicación y la opacidad de las detenciones, etc.

LA ECUALIZACIÓN REORGANIZA LOS VALORES DE BRILLO de una imagen de forma automática. Al ejecutar la acción, el propio programa regula el brillo de la imagen en función de los colores existentes, redistribuyendo de manera uniforme los valores de píxeles intermedios a partir de la escala de grises. Por su parte, el mezclador de canales permite ajustar los colores de una imagen a partir de los colores primarios existentes. Respecto al degradado, Photoshop posee dieciséis tipos diferentes de degradado compuestos por distintos colores que es posible invertir.

1. Para llevar a cabo este ejercicio, utilice una imagen que muestre una gran variedad de colores vivos (puede usar la imagen **017.jpg** que encontrará en la zona de descargas de nuestra página web). En primer lugar, le mostraremos cómo ecualizar sus colores. Abra el menú **Imagen**, pulse sobre el comando **Ajustes** y seleccione la opción **Ecualizar**. [1]
2. Este comando reorganiza automáticamente los valores de brillo de la imagen actual. [2] Despliegue el menú **Edición** y pulse sobre la opción **Deshacer Ecualizar**.
3. Seguidamente le mostraremos cómo manipular los colores de una imagen por canales. En el panel **Ajustes**, haga clic sobre el penúltimo icono de la segunda fila. [3]

Recuerde que puede realizar más fácilmente cualquier tipo de ajuste desde el panel **Ajustes**, teniendo en cuenta que el programa añadirá sobre la capa **Fondo** capas de los ajustes seleccionados.

1

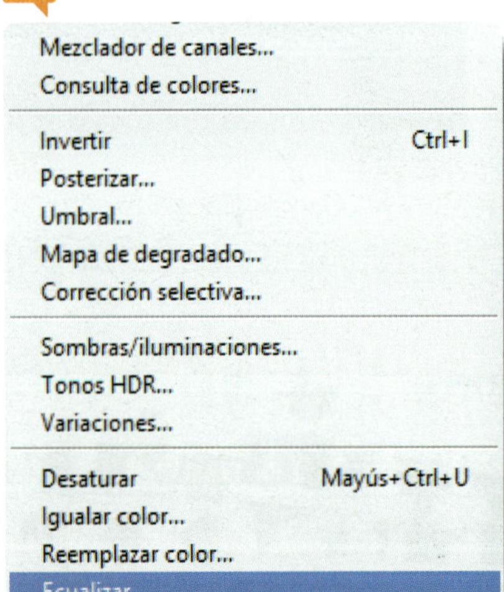

2

3

4. El mezclador de canales permite ajustar los colores utilizando los diferentes canales de los colores activos para crear imágenes de gran calidad en escala de grises, en tonos sepia o con otros matices, y realizar ajustes de color creativos. Haga doble clic en el campo **Verde** y teclee, por ejemplo, el valor **120**.
5. Los valores positivos reducen el canal, mientras que los valores negativos lo aumentan. Para aumentar el color azul, haga doble clic en su campo y teclee, por ejemplo, el valor **-150**.
6. Para recuperar el aspecto original de la imagen, elimine la capa de ajuste de mezclador de canales arrastrándola hasta la papelera de la parte inferior del panel **Capas**.
7. La última de las acciones que nos ocupa en esta lección es el degradado de colores. Haga clic en el último icono del panel **Ajustes**, correspondiente al ajuste **Mapa de degradado**.
8. Este ajuste dispone de las opciones necesarias para manipular el grado de degradado de determinados colores predeterminados por Photoshop. El degradado que aparece por defecto es la combinación de los colores que se encuentren seleccionados en estos momentos como color frontal y color de fondo. Active la opción **Invertir** en el panel **Propiedades**.
9. Haga clic en el botón de punta de flecha del cuadro de muestra del degradado actual y elija con un clic alguna de las muestras disponibles.
10. Acabe el ejercicio eliminando también esta capa de ajuste para recuperar el aspecto original de la imagen.

7

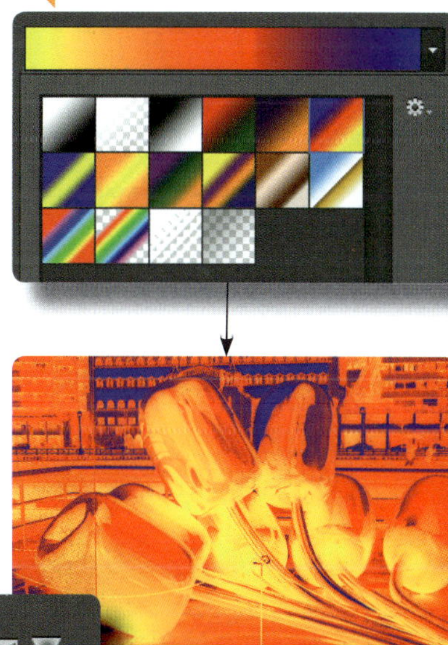

5

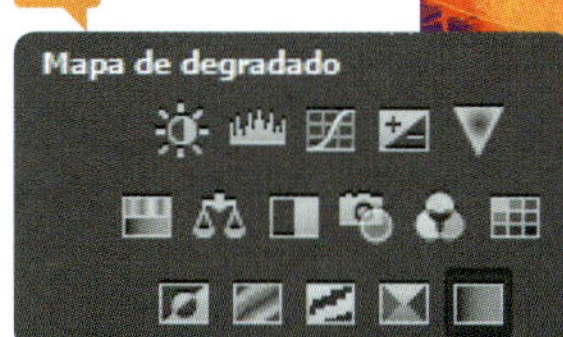

4

6

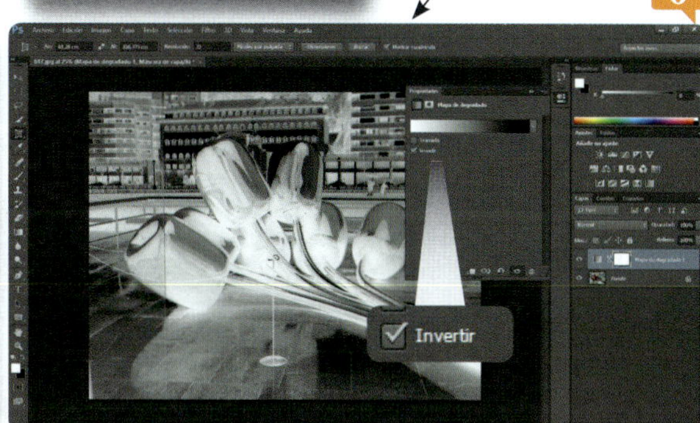

Convertir imágenes a blanco y negro

IMPORTANTE

Sepa que si convierte una imagen a blanco y negro utilizando el cuadro de diálogo **Blanco y negro** en vez del panel de ajustes, podrá modificar también directamente el tono y la saturación del matiz de color aplicado al efecto.

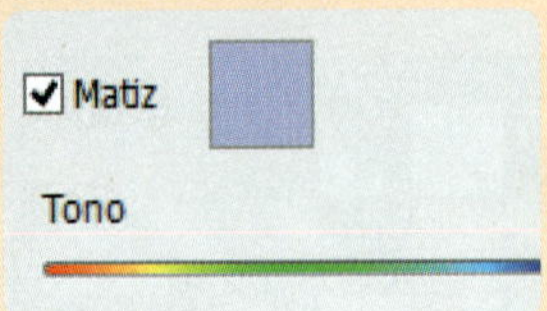

PHOTOSHOP OFRECE UNA HERRAMIENTA QUE PERMITE convertir fácilmente imágenes en color en sofisticadas imágenes en blanco y negro. Con la herramienta Blanco y negro es posible crear imágenes monocromas y ajustar las tintas y los valores tonales de manera rápida y sencilla. Además, ofrece una galería de ajustes preestablecidos que simulan filtros de color, de alto contraste, de densidad neutra y de infrarrojos y permite crear y guardar ajustes personalizados.

1. Modificando los reguladores de color que presenta el ajuste **Blanco y negro**, aplicaremos la tonalidad sepia a la imagen **017.jpg**, utilizada en el ejercicio anterior. Para empezar, haga clic en el tercer icono de la segunda fila del panel **Ajustes**, correspondiente a la mencionada función. [1]
2. El programa aplica unos valores predeterminados para convertir la imagen a blanco y negro. [2] Veamos alguno de los ajustes preestablecidos. Haga clic en el botón de punta de flecha del campo **Ajuste preestablecido** y seleccione, por ejemplo, el filtro amarillo. [3]
3. Observe cómo cambia el aspecto de la imagen y los valores de los colores. Pulse el botón **Automático** para volver al ajuste monocromo predeterminado.

1

Recuerde que los ajustes aplicados desde el panel Ajustes se añaden como **capa de ajuste**, que puede ocultarse o eliminarse para recuperar la imagen original.

2

3

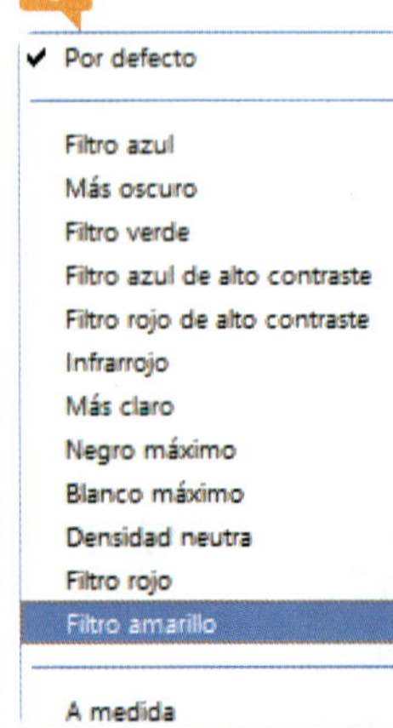

4. A continuación, como hemos dicho, modificaremos los reguladores de color y aplicaremos un matiz de color para dar un efecto sepia a la imagen. Escriba el valor **50** en el campo de porcentaje del regulador de los tonos rojos y el valor **120** en el campo de porcentaje del regulador de amarillos.
5. En el campo de porcentaje del regulador de verdes, introduzca el valor **90** y en el campo de porcentaje del regulador de cianes escriba **50**.
6. Haga doble clic en el campo de porcentaje del regulador de azules e inserte el valor **0** y, por último, haga doble clic en el campo de porcentaje del regulador de magentas y teclee el valor **0**.
7. Una vez modificados los colores, aplicaremos un matiz para obtener el virado a sepia. Haga clic en la casilla de verificación de la opción **Matiz** para activarla.
8. La imagen muestra así un tono sepia. Una vez obtenido el resultado deseado, guardaremos la configuración para poder utilizarla siempre que la necesitemos. Haga clic en el botón de opciones del panel **Propiedades** y pulse en la opción **Guardar ajuste preestablecido de blanco y negro.**
9. Como ve, los ajustes personalizados de blanco y negro se guardan por defecto en la carpeta **Black and White** de Photoshop y con la extensión .blw. En el campo **Nombre** del cuadro **Guardar como** escriba un nombre para identificar el ajuste y pulse el botón **Guardar**.
10. Para acabar este ejercicio, guarde una copia de la imagen con el nombre **Sepia**.

018

IMPORTANTE

La función **Blanco y negro**, incluida en el comando **Ajustes** del menú **Imagen** y también en el panel **Ajustes**, presenta seis reguladores de color RGB y CMY que pueden graduarse del -200 al 300%. Estos reguladores son graduables entre -200% y 300%; un total de 300 da un resultado igual de luminoso que el original.

4
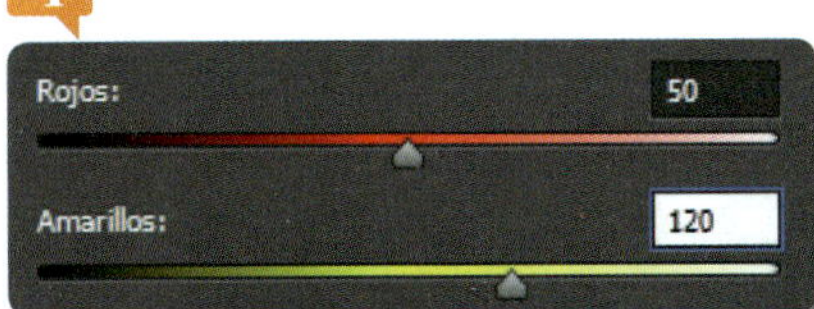

5
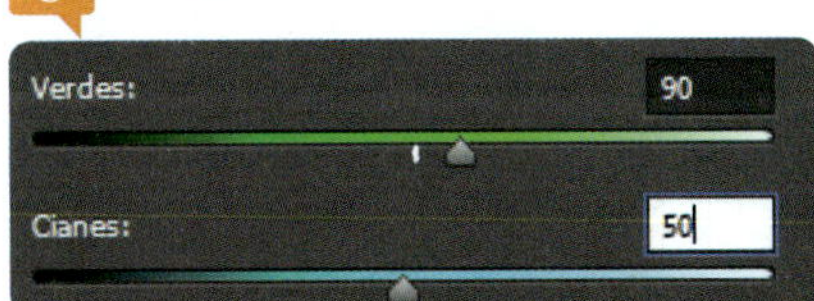

6
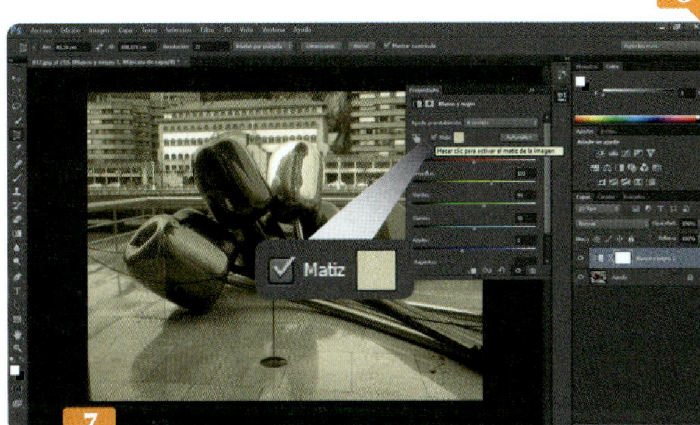

Para conseguir el conocido **tono sepia**, aplique un matiz anaranjado a su ajuste de blanco y negro.

7
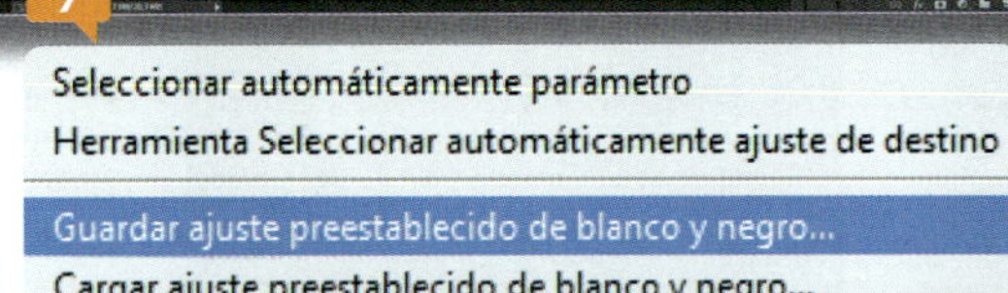

8

Crear selecciones

IMPORTANTE

Si mantiene pulsada la tecla **Mayúsculas** mientras crea el marco de selección, se crearán formas regulares, es decir, cuadrados y círculos, en función de la herramienta que esté utilizando.

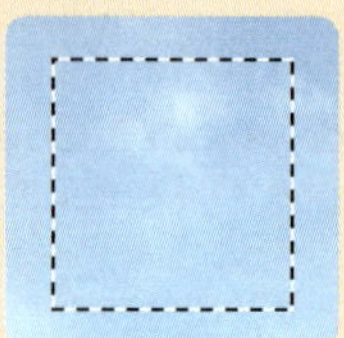

PARA SELECCIONAR PARTES CONCRETAS de una imagen trazando marcos rectangulares o circulares se utilizan las herramientas Marco rectangular y Marco elíptico. La herramienta Lazo, por su parte, permite trazar a mano alzada un área de selección marcando un punto de anclaje inicial y dibujando el área que deseamos seleccionar mediante el arrastre hasta ese punto. La herramienta Lazo poligonal sirve para trazar un área de selección insertando tantos puntos de anclaje como sea necesario y la herramienta Lazo magnético permite trazar un área de selección bordeando el elemento que queremos seleccionar. Photoshop inserta los puntos de anclaje oportunos en función del cambio de color del elemento.

1. En primer lugar, seleccionaremos una zona de la imagen para modificar, por ejemplo, sus colores. Puede usar la imagen de ejemplo **019.jpg**. Active la herramienta **Marco Rectangular**, la segunda del panel **Herramientas**.
2. La **Barra de opciones** muestra las características de esta herramienta. Manténgalas tal y como aparecen y, mediante el arrastre, trace un área de selección rectangular en la imagen.
3. La parte seleccionada puede ser tratada de forma independiente. Haga clic en la punta de flecha que aparece en la esquina de la doceava herramienta del panel **Herramientas**, elija la opción **Bote de pintura** y, para pintar la selección con el color frontal, pulse dentro de ella.

1

2

3

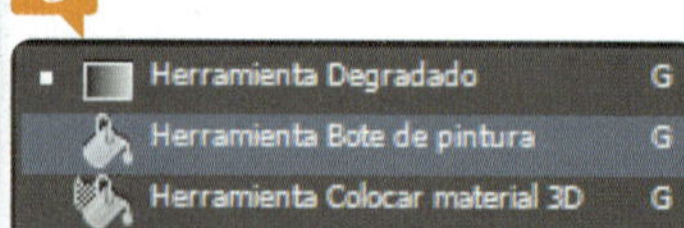

Puede trazar mediante el arrastre áreas de selección rectangulares o cuadradas usando la herramienta de selección **Marco rectangular**, que puede activar en el panel Herramientas pulsando la tecla **M**.

4

019

4. Para deseleccionar la parte de la imagen seleccionada, abra el menú **Selección** y elija la opción **Deseleccionar**.
5. En el panel **Herramientas**, haga clic en la punta de flecha que aparece en la esquina inferior derecha de la herramienta **Marco rectangular** y seleccione la herramienta **Marco elíptico.** 5
6. Trace, mediante el arrastre, un área de selección elíptica en cualquier punto de su imagen. 6
7. Ahora modificaremos algún aspecto de color de la selección. En el panel **Ajustes**, pulse sobre el primero de los ajustes, **Brillo/Contraste** y, en el panel de propiedades, haga clic en la parte derecha de la barra reguladora correspondiente al brillo.
8. Compruebe que únicamente se modifica la parte de la imagen contenida en la selección. Active ahora la herramienta **Lazo**, la tercera del panel **Herramientas** 7 y, mediante el arrastre, trace un área de selección en su imagen que deberá cerrar pulsando en el primer punto de anclaje. 8
9. Para quitar la selección pulse la combinación de teclas **Ctrl.+D**.
10. Haga clic en la punta de flecha que aparece en la herramienta **Lazo** y elija la herramienta **Lazo poligonal**. 9
11. Haga clic en cualquier punto de su imagen.
12. Esta herramienta permite aplicar diferentes puntos de anclaje de modo que no sea necesario realizar el trazado de selección a mano alzada. Cree su selección, cerrándola con una pulsación en el punto de anclaje inicial. 10
13. Para quitar la selección y acabar así el ejercicio, pulse la combinación **Ctrl.+D**.

IMPORTANTE

La herramienta **Lazo magnético** permite trazar un área de selección sin necesidad de insertar puntos de anclaje puesto que el propio programa los incluye automáticamente basándose en el color del área delimitada. Esta herramienta es muy útil para seleccionar objetos con bordes complejos en fondos de gran contraste. Para que Photoshop trace por sí solo el área de selección que le interesa, cree un primer punto de anclaje y pase de forma lenta el puntero del ratón por los bordes, sin pulsar el botón de ratón. Para cerrar la selección, deberá insertar un último punto de anclaje, que coincida con el primero.

5

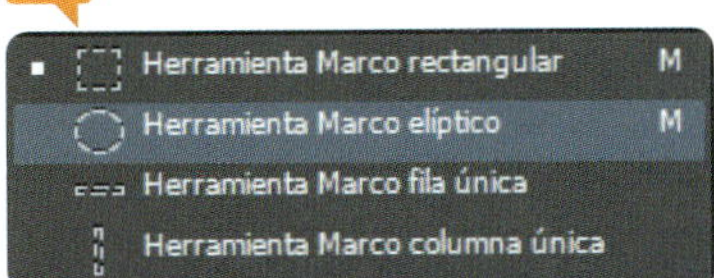

7

9

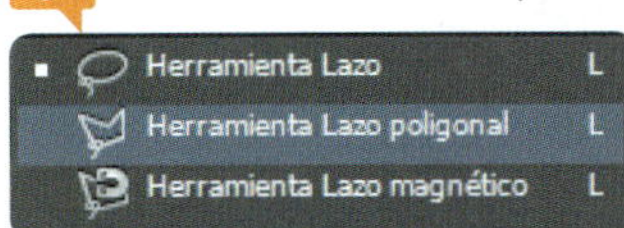

10

6

8

Seleccionar con la varita mágica

LA HERRAMIENTA VARITA MÁGICA permite seleccionar un área determinada de una imagen con una gama de colores similares en función de la tolerancia establecida. Esta herramienta, como cualquier otra de selección, permite combinar diferentes selecciones activando el comando Añadir a selección de la Barra de opciones. Para deseleccionar uno de los focos de selección añadidos, se puede activar el comando Restar de la selección. Además, existe un comando, Formar intersección con selección, que permite seleccionar sólo la parte común de dos áreas delimitadas.

1. Para realizar este ejercicio puede usar la imagen de ejemplo **020.jpg** que encontrará en la zona de descargas de nuestra página web. Pulse en la punta de flecha de la cuarta herramienta del panel **Herramientas** y elija la herramienta **Varita mágica**. 1
2. El puntero del ratón se convierte en una varita mágica. Cuanto mayor sea el nivel de tolerancia, más flexible será Photoshop en el momento de seleccionar las zonas por tonos y colores. Haga doble clic en el campo **Tolerancia** de la **Barra de opciones**, escriba el valor **50** y pulse la tecla **Retorno**. 2 (Lógicamente, en función de la imagen con la que esté trabajando, estos valores deberán ser diferentes para conseguir el resultado esperado.)
3. Desactive la opción **Contiguo** para que Photoshop seleccione zonas no contiguas y, si está usando la imagen **020.jpg**, pulse en cualquier punto de la zona roja de la valla. 3

IMPORTANTE

Tenga en cuenta que no podrá utilizar la varita mágica en imágenes en modo de mapa de bits ni en imágenes de 32 bits por canal. Al activar esa herramienta, el puntero adoptará la forma de una **señal de prohibición** para indicar que no se puede seleccionar con ella.

1

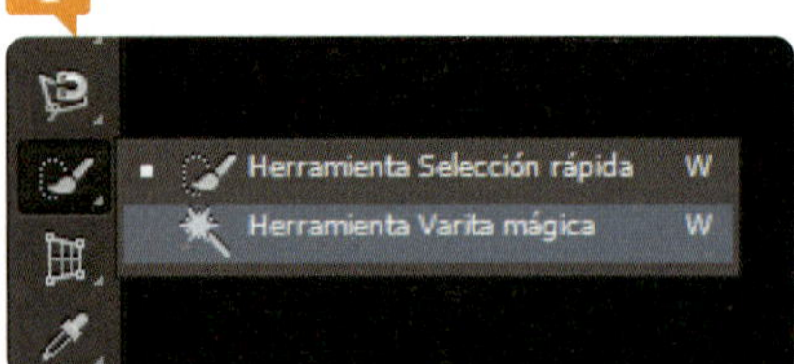

2

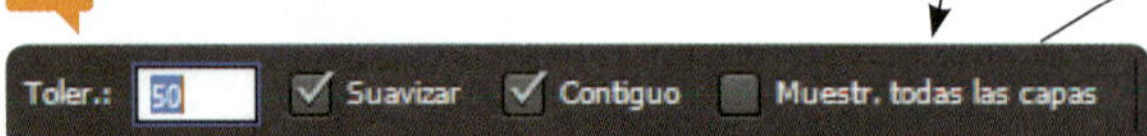

3

Active la herramienta **Varita mágica**, establezca sus propiedades (tolerancia, suavizado, etc.) en la Barra de opciones teniendo en cuenta las características de la imagen con la que está practicando y compruebe cómo se comporta pulsando en cualquier punto de la misma.

020

4. Photoshop, de forma automática, ha delimitado una zona de selección con colores afines al punto en que ha hecho clic. Para reducir el área de selección podemos llevar a cabo dos acciones: disminuir la tolerancia o restar el fragmento de la selección. Sin embargo, esta acción no siempre da el resultado esperado si la tolerancia sigue siendo demasiado alta. En este caso, pulse **Ctrl + D** para eliminar la selección actual.
5. A continuación, haga doble clic en el campo **Tolerancia** de la **Barra de opciones**, introduzca el valor **20** y pulse **Retorno**.
6. Compruebe cómo actúa ahora la herramienta pulsando en cualquier punto de la parte verde de la valla: sólo se seleccionan fragmentos de la misma. 4
7. Vuelva a asignar una tolerancia más alta para poder seleccionar toda la parte verde de la valla con menos clics.
8. Ahora oscureceremos la selección. En el panel **Ajustes**, pulse sobre el segundo icono, correspondiente al ajuste **Niveles**. 5
9. Puede ver en el panel de capas que se ha creado una capa de ajuste que afecta sólo a la selección. 6 Haga doble clic en el campo central de los niveles de entrada, correspondiente a los medios tonos, y escriba el valor **0,5**. 7
10. Imagine las posibilidades que ofrece esta herramienta en cuanto al retoque de fotografías. Terminaremos este ejercicio eliminando la capa de ajuste que acabamos de añadir. Pulse dos veces en el icono de papelera del panel **Capas** confirmando la acción en los dos cuadros que aparecen.

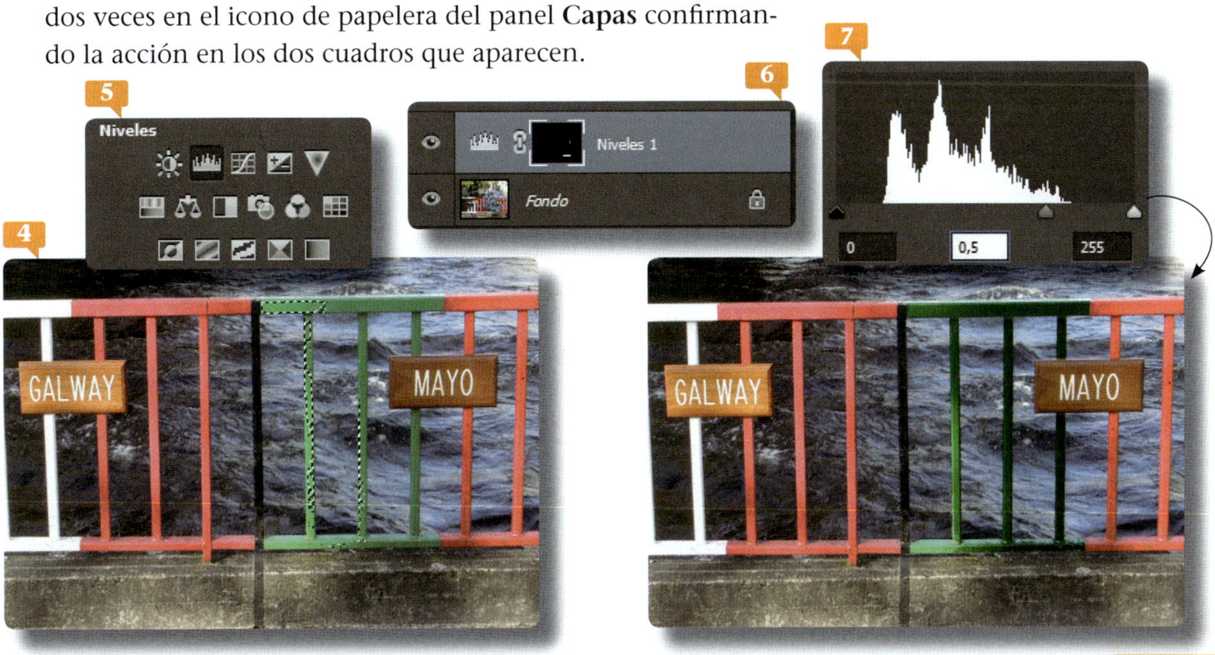

Añadir y restar selecciones

IMPORTANTE

Para volver a seleccionar la última selección realizada utilice la opción **Volver a seleccionar** del menú Seleccionar.

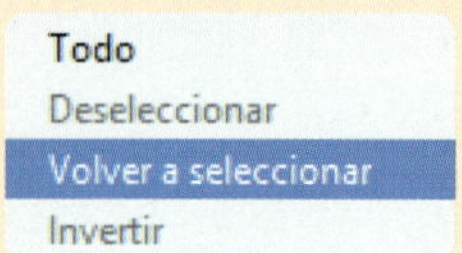

LA BARRA DE OPCIONES DE LA HERRAMIENTA Varita mágica dispone de tres comandos que permiten gestionar las selecciones realizadas con dicha herramienta: Añadir a selección, Restar de la selección y Formar intersección con selección. Aun cuando la tolerancia es muy alta puede ocurrir que el programa incluya en la delimitación partes de la imagen que no nos interesa seleccionar o, al contrario, que deje fuera de la selección algún fragmento que debería incluirse en ella. En esos casos, esos comandos permiten manipular las selecciones añadiendo o suprimiendo elementos.

1. Para realizar este ejercicio puede usar si lo desea la imagen **021.jpg** que encontrará en la zona de descargas de nuestra página web. Con la herramienta **Varita mágica** seleccionada y un valor de tolerancia de 50, [1] haga clic en una de las franjas amarillas del globo. [2]
2. Imagine que desea seleccionar todas las franjas de ese color. En la **Barra de opciones**, haga clic en el tercero de los iconos, correspondiente al comando **Añadir a selección**. [3]
3. A partir de ahora, cualquier parte de la imagen sobre la cual hagamos clic se añadirá a la selección actual. Compruébelo. [4]

1

3

2

4

021

4. Cuando necesite realizar modificaciones sobre selecciones, le recomendamos que utilice la herramienta **Zoom** para aumentar la visualización de la zona afectada y trabajar así con mayor precisión. Active ahora el ajuste **Brillo/contraste** en el panel **Ajustes** y desplace el deslizador del control de brillo hacia la derecha para aumentar este valor. [5]
5. Observe que en el panel de capas, la correspondiente a la capa de ajuste muestra únicamente el fragmento de la imagen seleccionado. [6] La acción contraria a la de añadir selecciones es, evidentemente, la de restarlas. Para mostrarle la aplicación del comando **Restar de la selección**, en primer lugar realizaremos una nueva selección sobre la imagen. Sitúese en la capa **Fondo** y, con la herramienta **Varita mágica**, pulse en cualquier franja del globo. [7]
6. Compruebe que la opción **Añadir a selección** sigue activada en la **Barra de opciones** y pulse en otra franja del mismo color. [8]
7. Lo que nos interesa ahora es eliminar parte de la selección. Haga clic sobre el comando **Restar de la selección** de la **Barra de opciones**, situado a continuación del que hemos utilizado anteriormente, [9] y haga clic sobre una de las selecciones.
8. Como siempre, podríamos aplicar color, suavizar o realizar cualquier otra acción sobre la zona seleccionada. Pulse la combinación de teclas **Ctrl.+D** para eliminar las selecciones y la combinación de teclas **Ctrl.+S** para guardar la imagen como .psd.

8

5

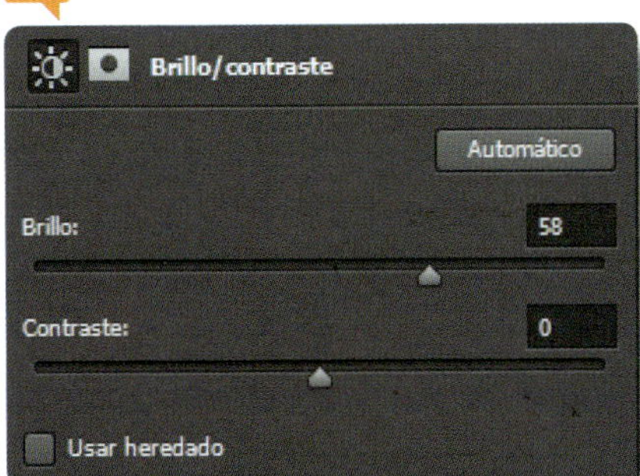

7

6

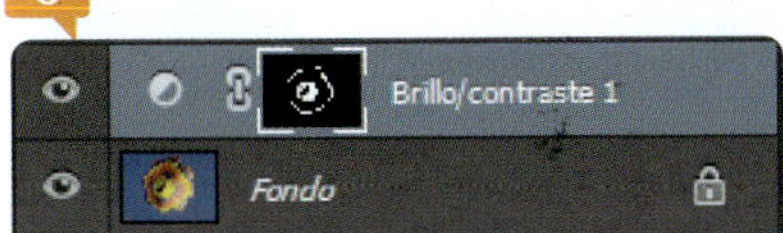

9

Seleccionar y pintar a la vez

LA HERRAMIENTA SELECCIÓN RÁPIDA PERMITE REALIZAR selecciones rápidamente. Se usa para pintar una selección con una punta de pincel redondeada configurable. Se trata de dibujar vagamente un área en la imagen mediante el arrastre tras lo cual la herramienta Selección rápida completará automáticamente la selección expandiéndose hacia fuera y siguiendo los bordes definidos de la imagen. Esta herramienta se complementa con la función Perfeccionar bordes, que permite realizar más ajustes en el límite de la selección para mejorar su calidad o ver la selección con distintos fondos o a modo de máscara para facilitar su edición.

1. Para realizar este ejercicio puede utilizar la imagen **022.jpg** que encontrará en la zona de descargas de nuestra página web. Para empezar, haga clic en la punta de flecha de la herramienta **Varita mágica** y elija la herramienta **Selección rápida**. [1]
2. Esta herramienta también dispone de las funciones **Selección nueva** (activada por defecto), **Añadir a selección** y **Restar de la selección**. Antes de utilizarla, reduciremos el tamaño del pincel. Puede hacerlo pulsando la tecla apóstrofo de su teclado o modificando el valor del tamaño del pincel. Pulse en el botón de punta de flecha del selector de pincel de la **Barra de opciones**.
3. Desde aquí es posible modificar las principales características del pincel, como su diámetro y su dureza. Haga doble clic en el campo **Tamaño**, escriba el valor **15** [2] y pulse **Retorno**.

IMPORTANTE

Puede aumentar o disminuir el tamaño de la punta del pincel sin necesidad de desplegar su cuadro de opciones pulsando las teclas de exclamación de apertura y de apóstrofo respectivamente.

1

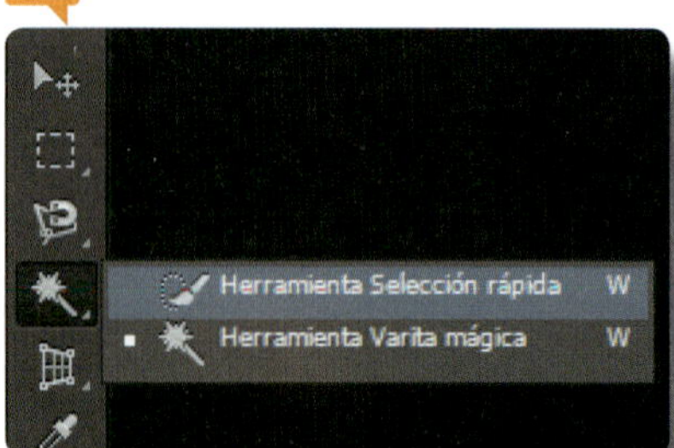

2

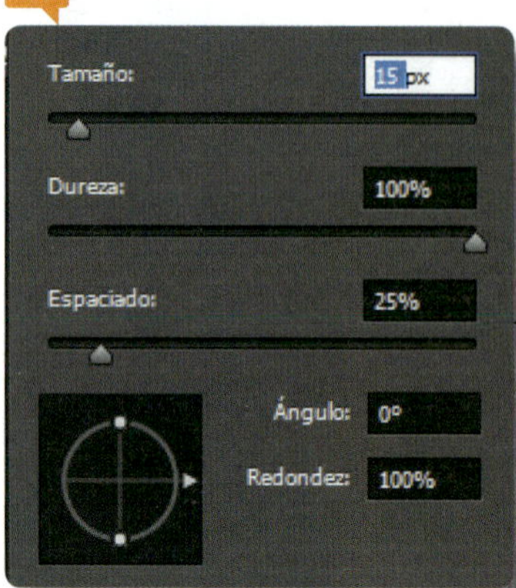

Especifique las **propiedades del pincel** con que trazará el área de selección en este cuadro de opciones.

3

4. Para crear la selección rápida, pulse en un pétalo de la flor y arrastre suavemente hasta que quede seleccionado entero.
5. Compruebe que, al pintar cerca de los bordes de una forma, el área de selección se extiende para seguir sus contornos. También puede crear el área de selección pulsando en varios puntos cercanos que se añadirán a la selección inicial. Active ahora la opción **Perfeccionar borde** de la **Barra de opciones**.
6. También puede acceder a este cuadro desde el menú **Seleccionar**. Para crear un límite de selección más exacto en zonas con transiciones suaves o detalles finos se debe aumentar el radio; por su parte, el contraste enfoca los bordes de la selección eliminando así los defectos borrosos y aportando nitidez. Haga doble clic en el campo **Contraste** y escriba el valor **80**.
7. El control **Suavizado** se utiliza para reducir las zonas irregulares del borde de la selección y suavizar el contorno y el control **Calar** crea una transición de bordes suaves entre la selección y los píxeles que la rodean. Por último, la opción **Desplazamiento de borde** permite reducir o aumentar el límite de la selección. Para expandir la selección, escriba el valor **50** en ese campo.
8. Puede comprobar en la imagen el efecto de las modificaciones antes de aplicarlas definitivamente. En el apartado **Modo de vista** dispone de distintas opciones que permiten cambiar el modo de visualización de la selección. Pulse el botón de flecha del campo **Vista** y elija, por ejemplo, la opción **Sobre negro**.
9. Sepa que puede recuperar el aspecto original de los bordes de selección activando la opción **Mostrar original**. Haga clic en el botón **OK** para guardar los ajustes de la selección y elimine la selección actual pulsando la combinación de teclas **Ctrl + D**.

022

IMPORTANTE

La opción **Muestrear todas las capas** de la Barra de opciones de la herramienta Selección rápida se debe activar cuando la imagen está formada por varias capas y se desea obtener una selección de todas ellas y no sólo de la que está seleccionada en estos momentos. Por su parte, la opción **Mejorar automáticamente** reduce la rugosidad y solidez del límite de la selección.

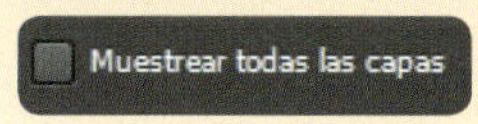

4

5

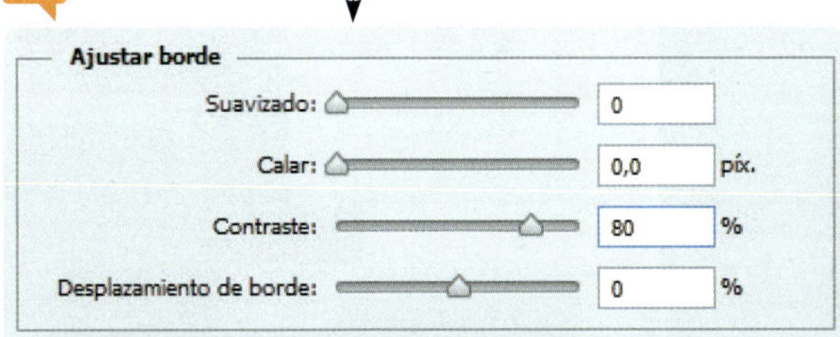

6

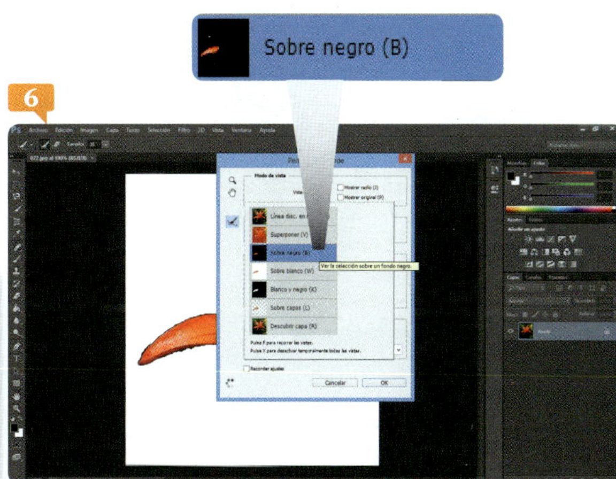

Seleccionar bordes con mayor precisión

IMPORTANTE

Puede ver **información sobre cada modo de vista** si coloca el puntero del ratón durante unos segundos en cada uno de ellos (siempre y cuando tenga activada la opción Información sobre herramientas en la categoría Interfaz del cuadro de preferencias de Photoshop).

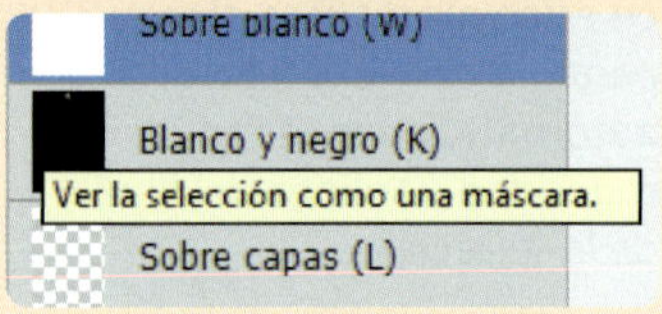

COMO SE HA VISTO EN EL EJERCICIO ANTERIOR, la herramienta Perfeccionar bordes, complementaria de la herramienta Selección rápida, mejora la calidad de los bordes de una selección y permite ver esa selección sobre distintos bordes para que su edición resulte más sencilla. El cuadro Perfeccionar borde cuenta con las herramientas Perfeccionar radio y Borrar perfeccionamientos, que permiten ajustar con mayor precisión bordes difíciles de seleccionar como el pelo.

1. En este ejercicio practicaremos nuevamente con la herramienta **Perfeccionar bordes** para facilitar la selección de bordes. Puede utilizar la imagen de ejemplo **023.jpg** que encontrará en la zona de descargas de nuestra página web y que puede almacenar en su carpeta de imágenes. Una vez la haya abierto en Photoshop, siga las indicaciones del ejercicio anterior para seleccionar con la herramienta **Selección rápida** todo el pelo del chico. [1]
2. Seguidamente, acceda al cuadro **Perfeccionar borde** pulsando el botón del mismo nombre de la **Barra de opciones**. [2]
3. En el cuadro **Perfeccionar borde**, pulse el botón de flecha del campo **Vista** y active la vista **Sobre blanco**. [3]

1

Para conseguir una buena selección deberá modificar el tamaño del pincel y jugar con las funciones **Añadir a la selección** y **Restar de la selección** de la Barra de opciones.

2

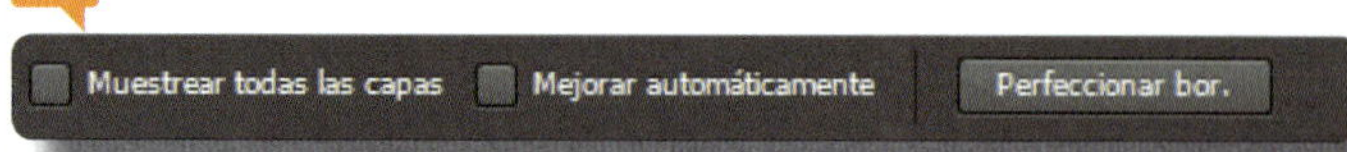

3

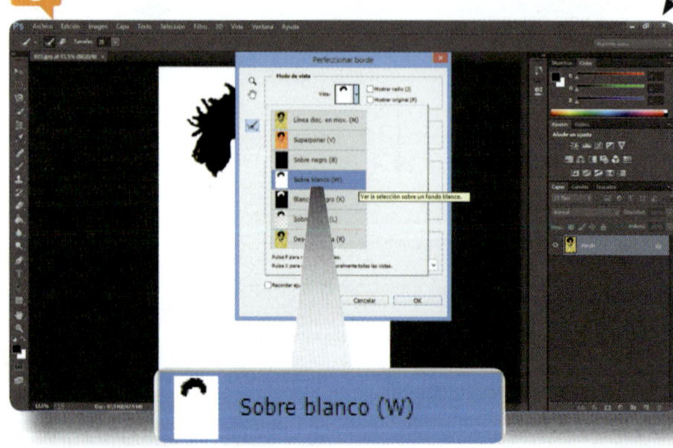

023

4. Aumente el zoom de visualización de la selección activando la herramienta **Zoom** del cuadro **Perfeccionar borde** y pulsando sobre el pelo (compruebe que está activada la función **Acercar** de esa herramienta.) [4]
5. Active ahora la función **Perfeccionar radio**, cuyo icono se muestra a la izquierda del apartado **Detección de borde**, aumente si es necesario el radio del pincel en la **Barra de opciones** y arrastre alrededor de la selección para añadir detalles precisos del pelo. [5]
6. Puede borrar las zonas que no hayan quedado bien definidas usando la nueva herramienta **Borrar perfeccionamientos**, que puede activar tanto en la **Barra de opciones** como en el cuadro **Perfeccionar borde**. Una vez la haya activado, arrastre el pincel por las zonas que está perfeccionando.
7. Active ahora la opción **Mostrar original** del cuadro **Perfeccionar borde** para comprobar la selección original y poder compararla con la actual.
8. Por último, pulse el botón de flecha del campo **Enviar a**, seleccione la opción **Nueva capa** [6] y pulse el botón **OK**.
9. De este modo se ha creado una nueva capa que contiene únicamente la selección que hemos realizado. [7] Pulse sobre el icono que precede al nombre de la capa **Fondo** para volver a mostrarla y finalizar aquí este ejercicio.

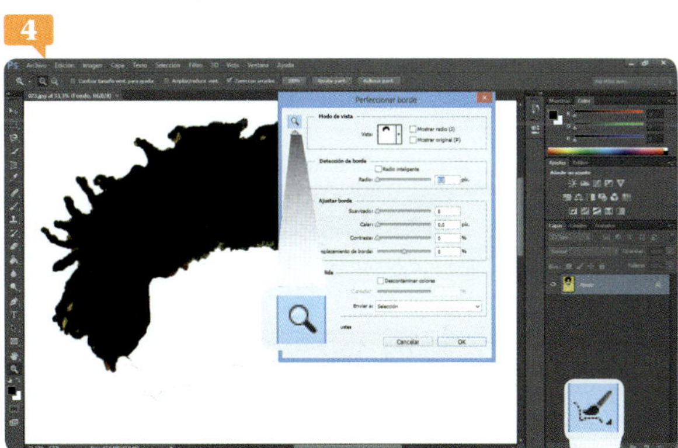

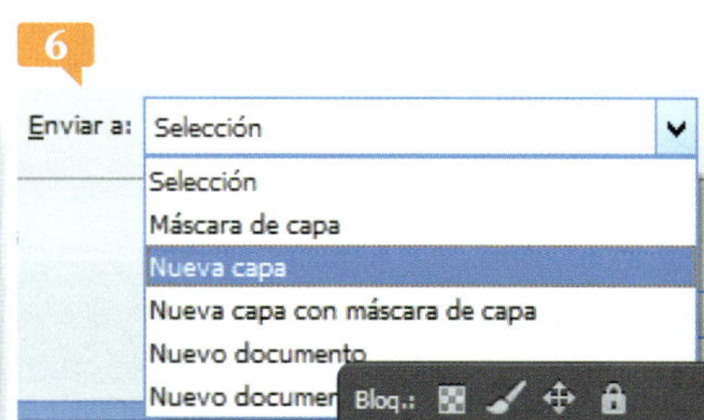

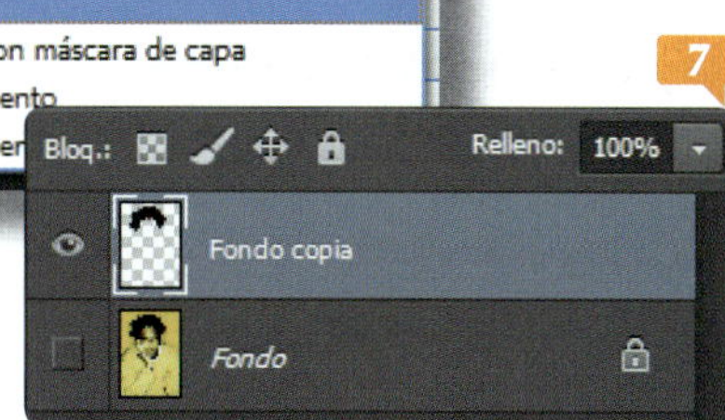

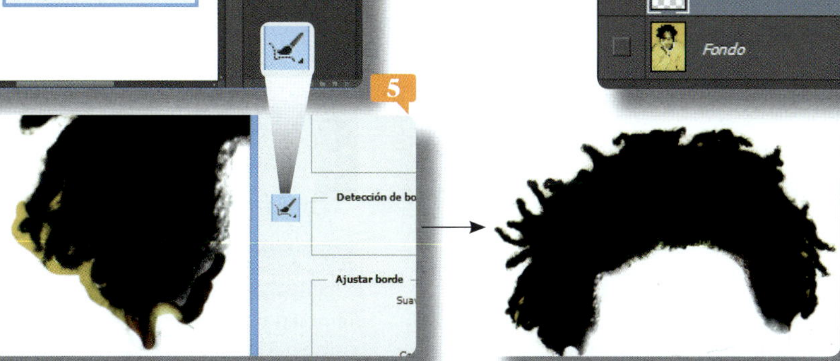

Rellenar según el contenido

PHOTOSHOP PERMITE QUITAR FÁCIL Y RÁPIDAMENTE elementos de una imagen para sustituirlos por contenido que se adapte a su fondo. Para llevar a cabo esta operación se puede usar la función Eliminar cuando se ha realizado una selección, o bien se puede emplear la herramienta Rellenar del menú Edición también con una selección hecha. En ambos casos, el cuadro Rellenar permite elegir la manera con que se debe rellenar esa selección.

1. En este ejercicio utilizaremos la imagen de ejemplo **024.jpg** que puede descargar desde nuestra página web y almacenar en su carpeta de imágenes. Una vez abierta la imagen, use una de las herramientas de selección estudiadas, ajustando adecuadamente el tamaño del pincel y jugando con los modos **Añadir a selección** y **Restar de la selección**, para seleccionar una de las barcas de la imagen. 1 (Para obtener un mejor resultado, seleccione una zona ligeramente mayor que el área que desea sustituir.)
2. Como hemos dicho en la introducción, tras realizar la selección puede pulsar la tecla **Suprimir** o bien usar la opción **Rellenar** del menú **Edición** para acceder al cuadro **Rellenar**. Lleve a cabo una de estas dos acciones. 2

IMPORTANTE

Para que el resultado obtenido al usar la función Rellenar según el contenido sea el adecuado, conviene que el fondo de la imagen sea bastante **uniforme** y que la selección sea correcta. Pruebe con otras imágenes y vea los diferentes resultados que se pueden obtener.

1

2

También puede acceder al cuadro **Rellenar** pulsando la combinación de teclas **Mayúsculas+F5**.

3. Se abre así el cuadro **Rellenar**, donde debemos elegir, en el campo **Usar**, con qué queremos rellenar la selección. Pulse el botón de punta de flecha de ese campo y, tras comprobar que también puede rellenar la selección con colores, con un motivo o con una instantánea definida en el panel **Historia**, elija la opción **Según el contenido**.
4. En el apartado **Fusión** puede establecer el modo de fusión, que controla la influencia de una herramienta de pintura o de edición sobre los píxeles de la imagen y la opacidad del relleno. En este caso, mantenga la opción **Normal** en el campo **Modo** y el porcentaje del **100%** en el campo **Opacidad** y pulse el botón **OK** para rellenar la selección según el fondo de la imagen.
5. ¿Qué le parece? En pocos segundos, la imagen se actualiza: el elemento desaparece y su espacio se rellena de modo uniforme con contenido de imagen muy similar al entorno. Pulse la combinación de teclas **Ctrl.+D** para quitar la selección y comprobar mejor el resultado.
6. El resultado es espectacular, aunque podríamos refinarlo todavía más eliminando zonas más oscuras del mar, procedentes de restos de la barca. Para ello, podemos utilizar la herramienta **Pincel corrector puntual**, por ejemplo. Como dedicaremos una lección posterior a esta herramienta, guarde por el momento los cambios en ésta.

024

IMPORTANTE

Debe tener en cuenta que el relleno según el contenido sintetiza de manera aleatoria un contenido de imagen similar, y que, en función de la imagen que utilice, los resultados pueden no ser del todo satisfactorios. Si es su caso, siga la ruta de menú Edición, **Paso atrás**, antes de quitar la selección, para recuperar el aspecto original de la imagen.

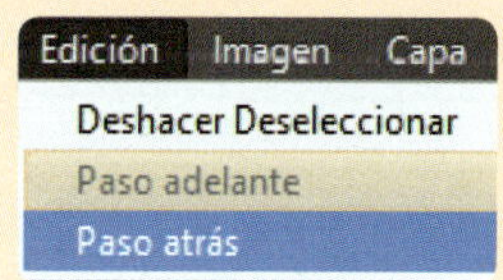

3

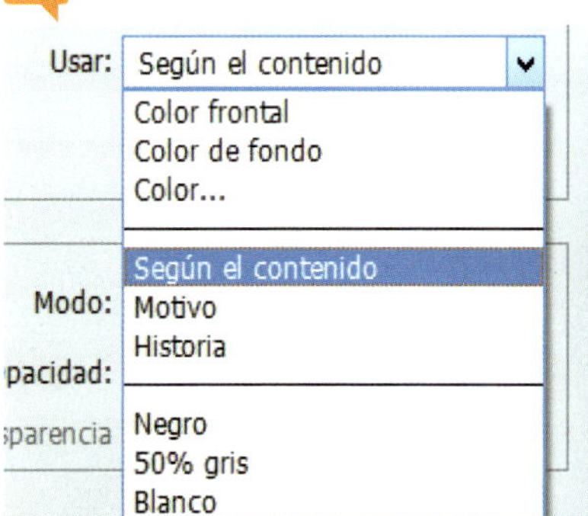

5

4

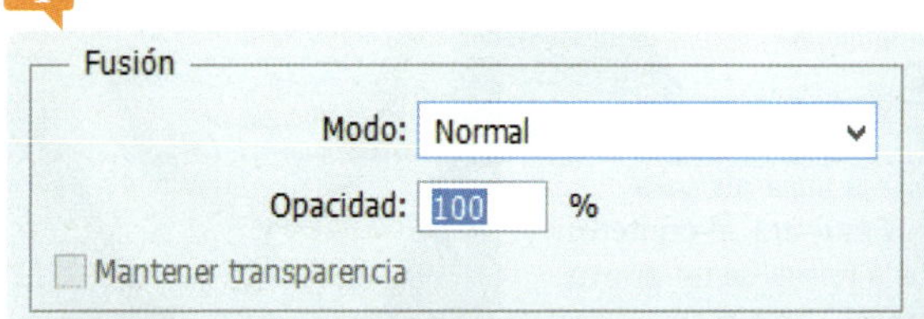

6

Tras usar la función **Rellenar según contenido**, puede pulir el resultado empleando las diferentes herramientas de corrección.

Corregir imperfecciones

PARA CORREGIR LAS IMPERFECCIONES DE UNA IMAGEN, Photoshop dispone de la herramienta Pincel corrector, que permite copiar partes de una imagen y añadirlas uniformemente haciendo coincidir la textura, la iluminación y el sombreado de los píxeles. Para corregir imperfecciones mayores, se recomienda usar la herramienta Tampón de clonar, que permite aplicar parte de una imagen idéntica sobre una zona determinada del lienzo.

1. Para realizar este ejercicio, puede descargar desde nuestra página web la imagen de ejemplo **025.jpg** y guardarla en su carpeta de imágenes. Haga clic en la punta de flecha de la herramienta **Pincel corrector puntual**, séptimo icono del panel **Herramientas**, y seleccione la herramienta **Pincel corrector.** [1]
2. En primer lugar, debe seleccionar la parte de la imagen que desea reproducir, es decir, tomar una muestra, y, seguidamente, aplicarla sobre la zona deseada. Para tomar la muestra, pulse a la izquierda del piercing de la lengua manteniendo presionada la tecla **Alt**. [2] (Si trabaja con la imagen de ejemplo, deberá establecer un pincel de unos 25 píxeles, aproximadamente.)
3. Una vez seleccionada la parte de la imagen que desea reproducir, pulse sobre el piercing de la lengua y vea cómo desaparece. [3]

IMPORTANTE

Photoshop ofrece una previsualización de los píxeles de origen en el cursor del pincel corrector y también del tampón de clonar. Puede ajustar el radio de acción del tampón y establecer que los bordes del área de selección sean difuminados o rectos.

1

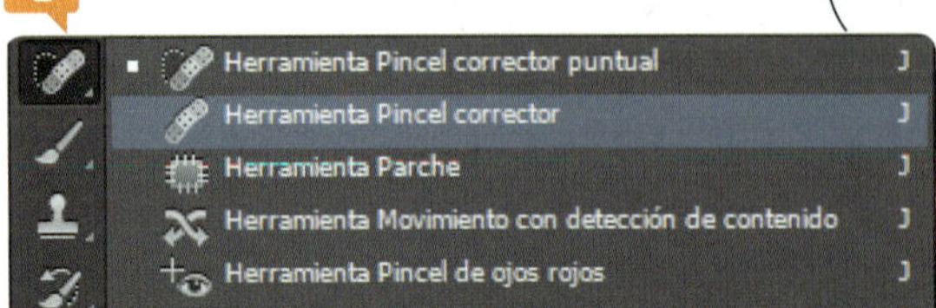

2

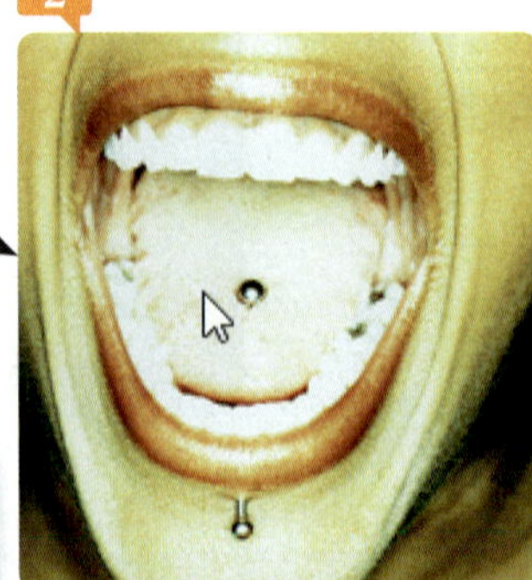

Al pulsar la tecla **Alt** para tomar la muestra, el puntero adopta la forma de un **punto de mira**.

3

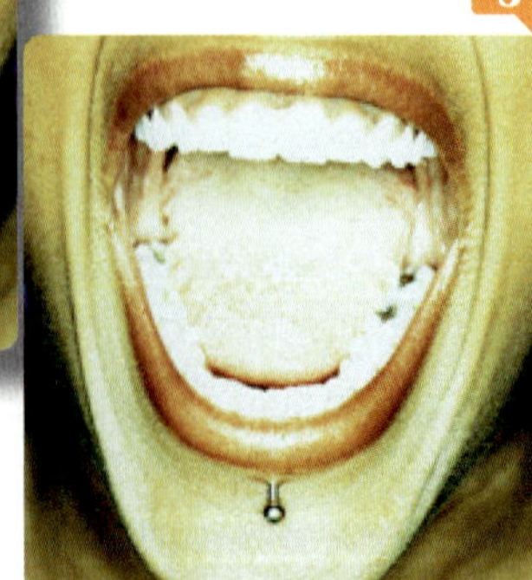

4. A continuación, utilizaremos el tampón de clonar para eliminar los empastes. Haga clic sobre la herramienta **Tampón de clonar**, noveno icono del panel **Herramientas**. [4]
5. Pulse el botón de flecha situado junto al tamaño del pincel en la **Barra de opciones** y establezca un tamaño de **25** píxeles, aproximadamente. [5]
6. Pulse la combinación **Alt.+clic** sobre una muela limpia de empaste (será la zona que clonará) y haga clic después en las muelas afectadas para colocar en ellas la copia. [6]
7. Desde la paleta **Origen de clonación**, es posible definir hasta cinco orígenes de muestras diferentes para el tampón de clonar y el pincel corrector. Haga clic en el menú **Ventana** y pulse sobre la opción **Origen de clonación**.
8. Esta paleta nos permite situar con precisión numérica las muestras tomadas así como modificar el ancho, el alto y el ángulo de rotación de la clonación e invertir la dirección de un origen de clonación. [7] Si desea que siempre se muestre la capa con el origen de la clonación, debe activar la opción **Mostrar superposición** en esta paleta y definir el grado de opacidad deseado. En este caso, oculte la paleta pulsando el botón con una doble punta de flecha de su cabecera.
9. La herramienta **Tampón de clonar** se utiliza frecuentemente para eliminar pequeñas impurezas de imágenes. Para terminar este ejercicio, guarde la imagen retocada con formato propio de Photoshop **.psd**.

025

IMPORTANTE

Como se verá más adelante, la herramienta **Pincel corrector puntual** funciona de manera similar, con la única diferencia de que no es necesario especificar un punto de muestra sino que muestrea automáticamente el área que rodea al punto que se retoca.

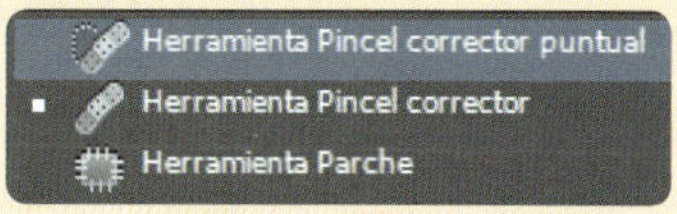

6

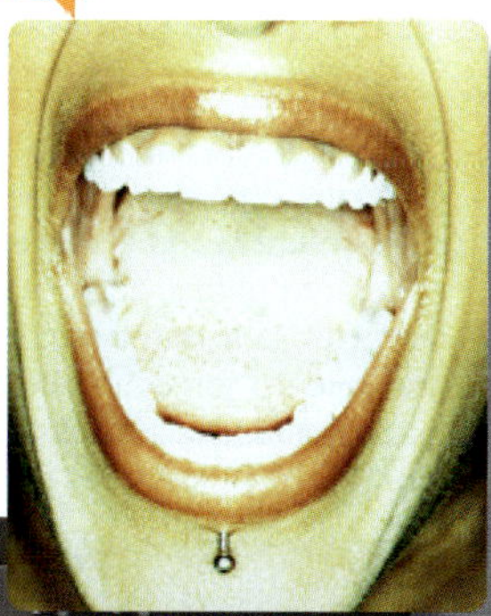

4

5

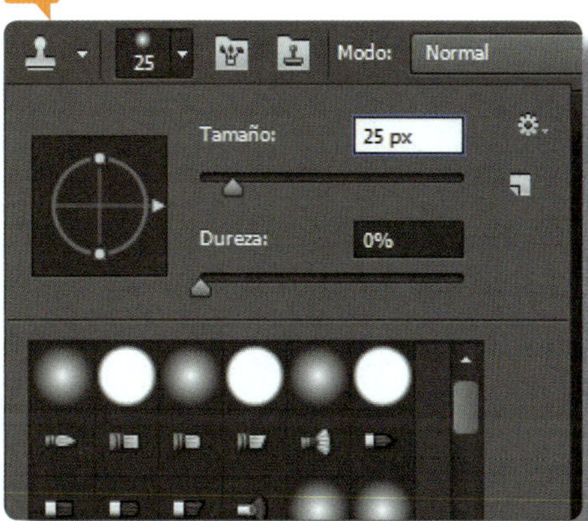

Al corregir imágenes es muy importante saber elegir el **diámetro** del pincel más adecuado para cada finalidad.

7

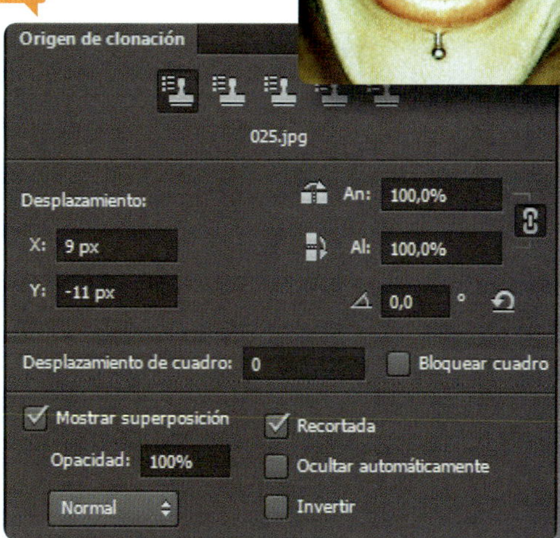

Poner parches sobre una imagen

IMPORTANTE

Tenga en cuenta que la herramienta **Parche** funciona con imágenes de 8 y 16 bits por canal. Para obtener los mejores resultados, seleccione áreas pequeñas con esta herramienta.

LA HERRAMIENTA PARCHE SE UTILIZA para corregir y reparar áreas de una imagen con píxeles de otra zona de la misma imagen. La gran virtud de esta herramienta es que, al pegar la zona tomada como muestra, ésta conserva la textura, la iluminación y el sombreado de la parte original de modo que, en muchas ocasiones, el "parche" aplicado puede quedar imperceptible. La herramienta Esponja también suele utilizarse mucho en Photoshop para realizar efectos artísticos aportando un efecto húmedo o suavizando bordes.

1. Si lo desea, puede usar la imagen de ejemplo **026.jpg** que encontrará en la zona de descargas de nuestra página web. Haga clic en la punta de flecha de la herramienta **Pincel corrector**, la séptima del panel **Herramientas** y elija la herramienta **Parche**. 1
2. Para aplicar la herramienta **Parche**, en primer lugar, debe seleccionar el espacio que desea retocar, es decir, sobre el cual desea aplicar el parche. A continuación, deberá trasladar la zona seleccionada hasta la parte de la imagen que desea aplicar como parche. La selección se debe realizar a mano alzada, mediante la técnica de arrastre. Cree un área de selección que abarque el segundo dado situado junto a las letras Bar de la imagen. 2

La herramienta **Parche** comparte espacio en el panel **Herramientas** con el pincel corrector puntual, el pincel corrector, la herramienta de movimiento con detección de contenido y el pincel de ojos rojos.

1

2

3. Para aplicar el parche debe arrastrar la selección hasta la zona que le interesa, comprobando que se encuentra activada la opción **Origen** en la **Barra de opciones**. También puede seleccionar un área para muestrear y arrastrarla hasta la zona a reparar con la opción **Destino** activada en las opciones. Asegúrese de que la opción **Transparente** de la **Barra de opciones** está desactivada.
4. Arrastre la selección hasta que el dado seleccionado desaparezca y libere el botón del ratón.
5. Para comprobar el resultado, despliegue el menú **Selección** y pulse sobre la opción **Deseleccionar**.
6. Seguidamente, volveremos a utilizar la herramienta **Parche** para borrar el otro dado. Con esa herramienta, trace un área de selección, del tamaño del otro dado, en la zona que acaba de retocar.
7. Active la opción **Destino** en la **Barra de opciones** de la herramienta y arrastre la selección hasta situarla sobre el segundo dado, de manera que éste también se oculte. Al liberar el botón del ratón, podrá ver el resultado.
8. Pulse la combinación de teclas **Ctrl.+D** para quitar la selección.
9. Para acabar el ejercicio, despliegue el menú **Archivo**, pulse sobre la opción **Guardar** y, manteniendo las opciones seleccionadas por defecto en el cuadro **Opciones JPEG**, guarde el archivo.

026

IMPORTANTE

Es importante saber que la herramienta **Parche** no se puede utilizar sobre imágenes de colores indexados, por lo que si el archivo con el que pretende trabajar es de este tipo, deberá cambiarlo usando la ruta de menú **Imagen/ Modo/ Color RGB**.

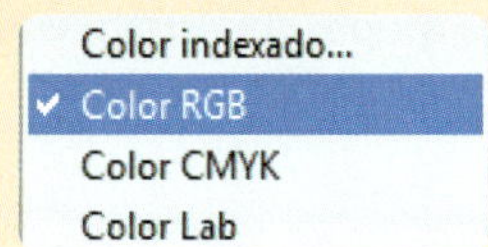

3

4

5

6

7

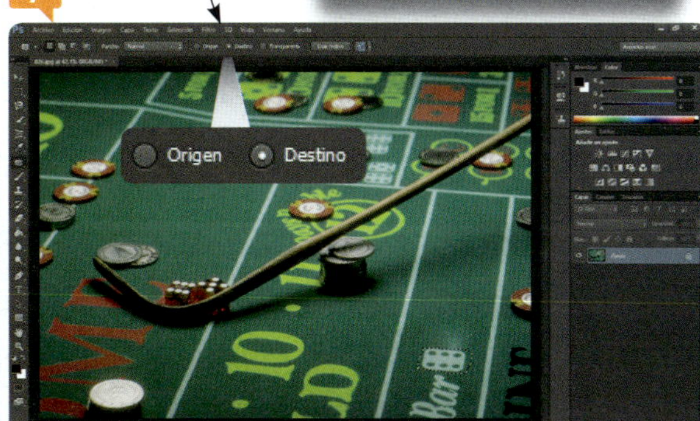

Cambiar de lugar un objeto

OTRA DE LAS SORPRENDENTES HERRAMIENTAS de Photoshop CC es la herramienta Movimiento con detección de contenido incluida en el conjunto de herramientas de pinceles correctores. Con esta herramienta es posible cambiar de lugar objetos en una imagen, así como duplicarlos en una misma capa. La herramienta Movimiento con detección de contenido está indicada especialmente para manipulaciones de elementos de mayor tamaño y sin importar el fondo sobre el cual se encuentra: la razón es que de forma inteligente esta herramienta elimina el fondo sobre el cual se encuentra el objeto delimitado.

IMPORTANTE

Todas las herramientas, así como la mayoría de los comandos y funciones del programa, pueden activarse desde el teclado. En el caso de las herramientas, dicha activación se lleva a cabo mediante la pulsación de la letra que se indica en cada uno de los grupos de herramientas.

1. Llevaremos a cabo la práctica con la herramienta **Movimiento con detección de contenido** sobre el archivo de ejemplo **027.jpg**, que puede descargar desde nuestra página web y guardar en su carpeta de imágenes, aunque es conveniente que vaya practicando con sus propias imágenes para comprobar los sorprendentes resultados que puede obtener. Cuando disponga de la imagen en cuestión, ábrala en el área de trabajo del programa.
2. La herramienta **Movimiento con detección de contenido** comparte espacio con el grupo de pinceles correctores, por lo que pulse en la punta de flecha de la herramienta **Parche** o la herramienta **Pincel corrector** y elija esa herramienta. 1

Herramienta Movimiento con detección de contenido

1

2

Para mejores resultados, es importante dejar un espacio entre el marco de selección y el elemento seleccionado.

027

3. La barra de opciones muestra ahora las funciones correspondientes a la herramienta **Movimiento con detección de contenido**. El primer grupo de cuatro son las que permiten gestionar la selección de elementos para su posterior manipulación: normal, añadir, restar y formar intersección. En este caso, trace una selección alrededor de la cesta de la izquierda, incluyendo el elemento que la mantiene colgada.
4. El comando **Modo** permite elegir entre dos opciones: **Mover**, para cambiar de posición el elemento seleccionado en la imagen, y **Extender**, para crear un duplicado. La característica especial que ofrece el uso de esta herramienta para la creación de duplicados es que éstos se sitúan siempre en la misma capa. En primer lugar desplazaremos ligeramente la selección. Para ello, haga clic sobre la misma y arrástrela hacia la parte derecha de la imagen, colocándola correctamente bajo el cable.
5. Al soltar el botón del ratón, el programa realiza una mezcla entre los elementos contenidos en la selección y los del área de destino, al tiempo que elimina la selección de su origen. El resultado es excelente. Lo que haremos a continuación será realizar un par de copias de este mismo elemento. Despliegue el campo **Modo** y haga clic sobre la opción **Extender**.
6. El campo **Adaptación** permite fijar el grado de coincidencia y fidelidad en el momento de realizar la mezcla. Despliegue este campo y elija la opción **Muy rígida**.
7. Ahora, pulse sobre la selección y arrastre hacia la derecha para crear un primer duplicado, repitiendo el proceso una vez más hasta contar hasta dos cestas más en la imagen.

6

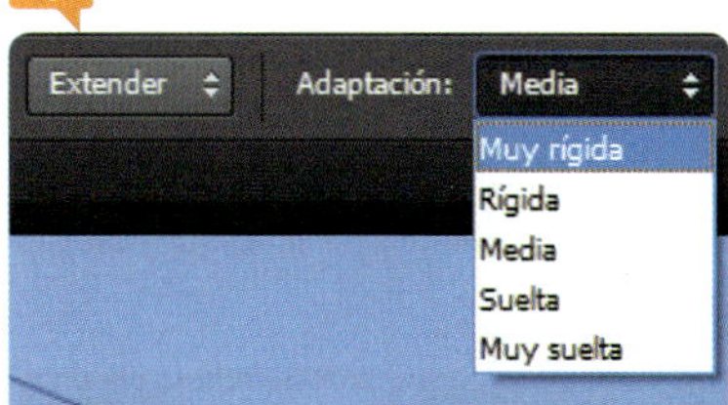

3

5

4

7

Mejorar la nitidez de una imagen

LA NUEVA FUNCIÓN DE PHOTOSHOP CC para estabilizar imágenes de cámara permite restablecer rápidamente la nitidez de las imágenes desenfocadas debido al movimiento de la cámara, ya sea por una velocidad de disparo insuficiente o por utilizar una distancia focal elevada. Este nuevo filtro, incluido en el grupo Enfocar, analizará la trayectoria del movimiento de la cámara e intentará corregir la nitidez.

1. En este ejercicio practicaremos con el nuevo filtro de enfoque Estabilizador de imagen, que nos ayudará a corregir fácil y rápidamente los efectos de desenfoque de nuestras imágenes. Para realizar la práctica, puede utilizar la imagen de ejemplo **028.jpg**, que está ligeramente desenfocada. Una vez haya abierto la imagen en Photoshop, despliegue el menú **Filtro**, pulse sobre la opción **Enfocar** y elija el filtro **Estabilizador de imagen**. [1]
2. Se abre el cuadro de opciones de esta nueva utilidad de Photoshop CC, a la vez que se aplica automáticamente una primera corrección con los ajustes predeterminados. [2] Puede ir comprobando el efecto de la aplicación del filtro activando y desactivando la opción **Previsualización**. En el apartado Configuración de trazo de desenfoque podemos especificar el tamaño del límite del trazo de desenfoque y el ruido de imagen de origen. También podemos determinar el porcentaje de sua-

IMPORTANTE

El filtro de estabilización de imagen resulta especialmente efectivo cuando se aplica sobre:

- Imágenes en interiores y exteriores tomadas con una lente con una distancia focal larga.
- Imágenes en interiores de una escena estática tomadas con una velocidad de obturación lenta y sin flash.

1

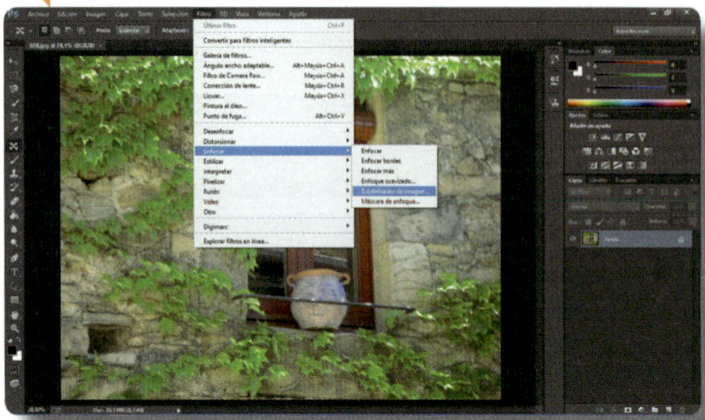

2

028

vizado y de supresión de defectos que queremos que aplique el filtro. Despliegue el menú de la opción **Ruido de origen** y seleccione la opción **Mediano**.

3. Puede comprobar que, cada vez que realizamos ajustes en la configuración del filtro, el programa vuelve a analizar la imagen (vea el cuadro **Detalle**) para aplicar nuevamente la corrección. Aumente ahora al **50%** el porcentaje de supresión de defectos graves.
4. Pulse en el botón de punta de flecha de la sección **Avanzado** para ver qué opciones esconde.
5. El software estabilizador de fotografías permite añadir regiones de estimación de trazos de desenfoque para que éstos se corrijan. Ajuste, usando los tiradores, el marco seleccionador que aparece sobre la previsualización de manera que quede seleccionada la ventana entera. De nuevo el programa analiza la imagen y aplica la corrección de desenfoque.
6. Usando el icono **Añadir trazo de desenfoque sugerido**, Photoshop resaltará una nueva región de la imagen adecuada para estimar el desenfoque y el trazo de desenfoque correspondiente. En la sección **Detalle**, por su parte, podemos ver zonas ampliadas de nuestra imagen para comprobar mejor los defectos del desenfoque y configurar en consecuencia el filtro. Puede desplazarse por esta sección y aumentar el zoom de visualización si lo necesita. Siga practicando con esta nueva función de Photoshop, aplique el filtro una vez consiga que el enfoque de la imagen haya mejorado notablemente y guarde los cambios realizados.

3

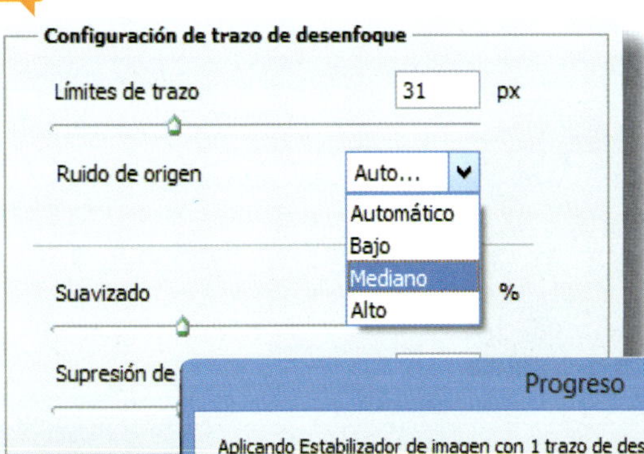

5

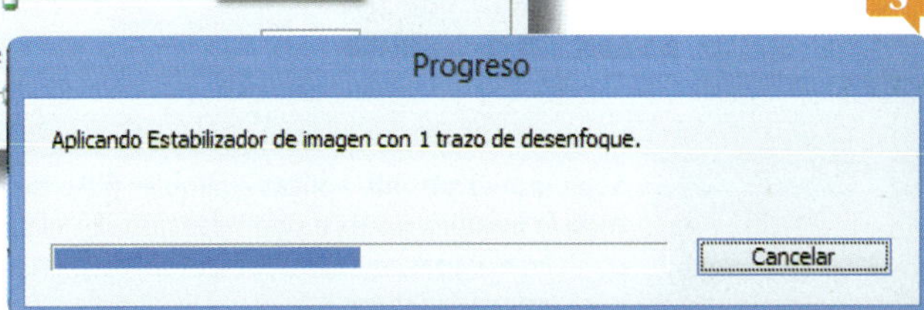

4

Puesto que distintas regiones de la imagen pueden tener desenfoques con formas diferentes, es posible añadir varias regiones de estimación de trazos, que se irán mostrando en la sección **Avanzado** y que pueden eliminarse usando el icono de papelera.

Usar el mejorado enfoque de imágenes

EL MOTOR DE ENFOQUE SUAVIZADO es otra de las novedades que presenta esta versión de Photoshop. Como se ha visto en el ejercicio anterior, el enfoque mejora la definición de los bordes de una imagen. Lógicamente, la cantidad de enfoque necesaria varía en función de la calidad de la cámara o del escáner, pero se debe tener en cuenta que una imagen muy desenfocada no podrá ser corregida mediante la aplicación de filtros de enfoque.

1. En este ejercicio practicaremos con el nuevo filtro de enfoque suavizado de Photoshop CC, que ofrece ajustes de enfoque que no están disponibles en el filtro **Máscara de enfoque**. Para realizar el ejercicio puede utilizar nuestra imagen de ejemplo **029.jpg**, que encontrará, como siempre, en nuestra página web. Empiece desplegando el menú **Filtro**, pulsando en la opción **Enfocar** y eligiendo **Enfoque suavizado.** [1]
2. En el mejorado cuadro **Enfoque suavizado**, es posible definir el algoritmo de enfoque o controlar la cantidad y otras características de enfoque en las áreas de sombras e iluminaciones. Active la opción **Previsualizar** para ir comprobando el efecto de las modificaciones y ajuste al 33% el zoom de visualización en la ventana de detalle. [2]

1

2

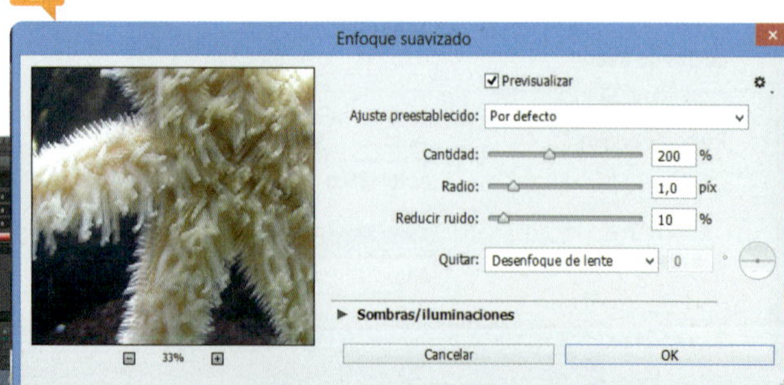

Sepa que es posible aplicar cualquier filtro de enfoque sobre toda la imagen o sobre una selección. En el caso de trabajar con varias capas, quizás deba combinarlas o acoplar el archivo para enfocarlas todas.

3. Ahora se trata de ir jugando con los diferentes controles hasta conseguir que el enfoque de la imagen mejore. En este ejemplo, aplique una cantidad de enfoque suavizado de **150%**, con un radio de **3 píxeles** y una reducción de ruido del **30%**. [3]
4. En el menú **Quitar** encontramos las opciones que nos permiten eliminar el desenfoque de lente, el desenfoque gaussiano y el desenfoque de movimiento. En el último caso, es posible especificar la dirección del movimiento. Mantenga en este menú la opción **Desenfoque de lente**.
5. Como mejora en esta versión de Photoshop, el filtro de enfoque suavizado permite controlar la cantidad de enfoque en las áreas de sombras e iluminaciones. Pulse en el botón de punta de flecha del apartado **Sombras/iluminaciones**. [4]
6. El cuadro **Enfoque suavizado** se amplía para mostrar los controles de ajuste para el enfoque de las áreas oscuras y claras. Es posible ajustar la cantidad de enfoque, la gama de tonos y el tamaño del área que rodea cada píxel que se utiliza para determinar si éste pertenece a las sombras o a las iluminaciones. Mantenga en este caso los valores que aparecen de manera predeterminada y pulse el botón **OK** para aplicar el enfoque suavizado. [5]
7. Si accede al panel **Historia**, puede comprobar el cambio producido en la imagen si se sitúa alternativamente sobre el estado su estado original y sobre el actual. Para acabar el ejercicio, guarde el archivo manteniendo las opciones que aparecen por defecto en el cuadro **Opciones JPEG**.

029

IMPORTANTE

En el menú Ajuste preestablecido del cuadro Enfoque suavizado encontramos la opción **Guardar ajuste preestablecido**, que nos permite almacenar nuestra configuración personalizada para disponer de ella en cualquier momento.

Los controles del apartado **Sombras/iluminaciones** son especialmente útiles cuando aparecen halos de enfoque oscuros o claros demasiado fuertes.

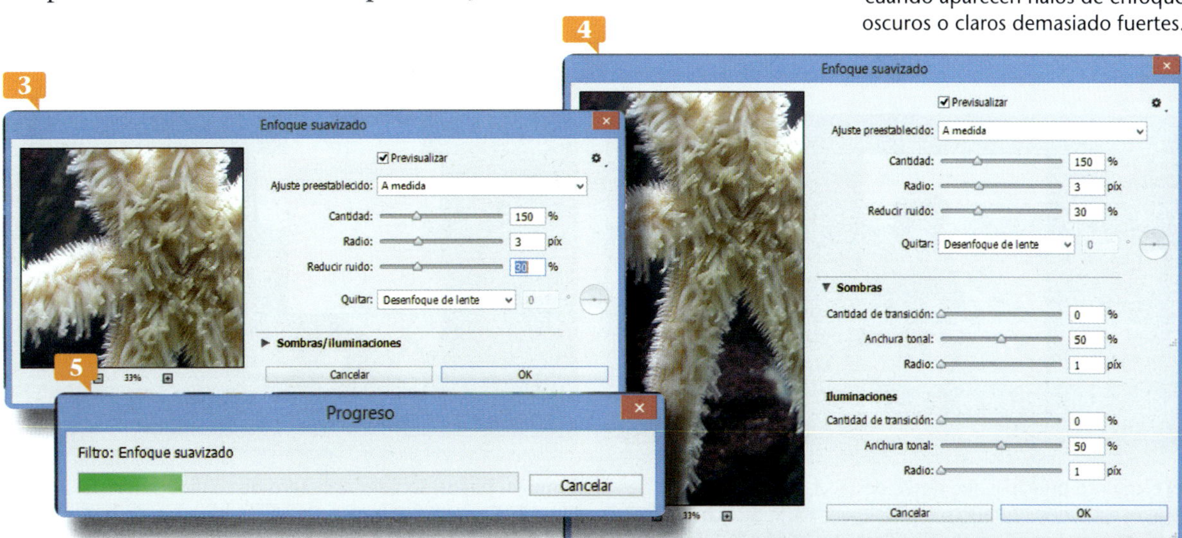

Mejorar una imagen con un filtro radial

IMPORTANTE

Use los tiradores laterales del marco de selección para ajustar la forma y el central para desplazarla hasta el punto que le interesa.

LA NUEVA HERRAMIENTA FILTRO RADIAL, que encontramos en el cuadro de diálogo Camera Raw, permite definir marcos elípticos para aplicar correcciones localizadas sólo en esas áreas, ya sea dentro o fuera del marco. Podemos usar este filtro para poner el foco de atención en una parte concreta de una imagen, aumentando su exposición y su claridad.

1. En este ejercicio practicaremos con una nueva función de Photoshop CC, el filtro radial aplicado desde **Camera Raw**. Como veremos, la aplicación de filtros radiales permite enfocar la atención hacia una parte concreta de una imagen, modificando los valores de luminosidad, por ejemplo, en esa parte. Copie en su carpeta de imágenes el archivo de ejemplo **030.jpg**, que encontrará en la zona de descargas de nuestra página Web, y ábrala en Photoshop. 1
2. Usaremos la herramienta **Filtro Radial** para dibujar una forma elíptica alrededor del elemento que queremos destacar en la fotografía, las caras de la pareja, y aumentar la exposición y la claridad de esa zona para centrar la atención en ella. Abra el menú **Filtro** y pulse sobre la opción **Filtro de Camera Raw**. 2
3. Accedemos así al cuadro **Camera Raw**, con el que hemos tenido un primer contacto en un ejercicio anterior. Para mostrar

1

El elemento principal que desee destacar en su fotografía puede estar descentrado o en cualquier parte de la misma, al contrario de lo que ocurre al aplicar otros tipos de filtro.

2

También puede acceder al cuadro de configuración del filtro de Camera Raw pulsando la combinación de teclas **Mayúsculas+Ctrl.+A**.

030

los ajustes del filtro radial, pulse el último icono de la barra de opciones de la parte superior del cuadro. [3]

4. Aparece ahora en el panel **Filtro radial** un gran número de ajustes con los que podemos configurar el efecto del filtro. Como ve, es posible crear un nuevo filtro radial o editar uno ya existente. Para crear el filtro, trace mediante el arrastre una elipse que abarque las caras de la pareja. [4]
5. Vea cómo, tras crear el primer marco para el filtro, se activa el modo **Editar** en el panel de ajustes. Se trata ahora de jugar con estos controles hasta dar con el efecto que desee. En la parte inferior del panel encontrará las opciones **Exterior** e **Interior**, que nos permiten aplicar los efectos dentro de la zona seleccionada o fuera de ella. En este caso, active la opción **Interior.** [5]
6. Aumentaremos en primer lugar la exposición de la zona incluida en el marco de selección. Haga doble clic en el campo **Exposición** e inserte el valor **1,50.** [6]
7. Vea cómo se aclara la zona seleccionada. Ahora introduzca el valor **30** en el campo **Claridad.**
8. Seguidamente crearemos un nuevo filtro radial para modificar en esta ocasión el exterior del marco de selección. Active la opción **Nuevo** en el panel **Filtro radial** y trace un marco elíptico en la misma zona que antes.
9. Active el efecto **Exterior**, ponga a 0 todos los contadores y arrastre el regulador de saturación hasta que llegue al valor **-100.**
10. Aplique los filtros pulsando el botón **Aceptar** y vea el resultado. Hemos resaltado las caras de los personajes y convertido a blanco y negro el resto de la imagen en muy pocos pasos. [7]

7

Es posible crear varios filtros radiales en una imagen y aplicarles diferentes conjuntos de ajustes a cada uno.

5

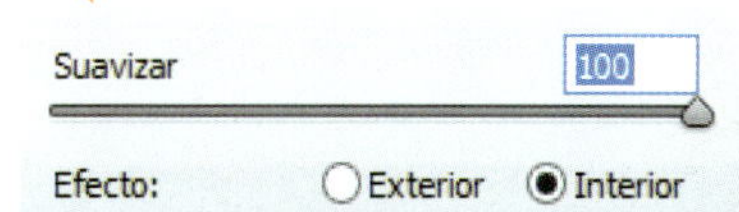

4

3

Para activar el filtro radial de Camera Raw también puede pulsar directamente la tecla **J.**

6

Si tiene activada la opción **Previsualizar** en el cuadro Camera Raw podrá ir comprobando el efecto de las modificaciones.

Borrar elementos de una imagen

IMPORTANTE

En ocasiones, si el elemento se encuentra en contacto con otra parte de la imagen puede resultar complicado borrarlo. Photoshop dispone de la herramienta **Borrador de fondos**, especialmente útil cuando la imagen está compuesta por diferentes capas, con la que el programa, automáticamente, borra los píxeles de una capa con transparencia al arrastrar el puntero del ratón. De esta manera se puede borrar el fondo mientras se mantienen los bordes del objeto que se encuentra en primer plano.

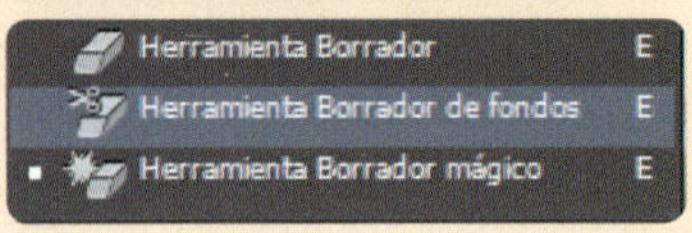

LA HERRAMIENTA BORRADOR suprime cualquier elemento del lienzo. Si existen capas, sólo borrará la parte de la capa seleccionada, mostrando el elemento situado por debajo, mientras que si lo hace con una imagen única, lo que se mostrará será el fondo del lienzo. Compartiendo espacio en el panel Herramientas con la herramienta Borrador y la herramienta Borrador de fondos encontramos la herramienta Borrador mágico, con la que es posible cambiar todos los píxeles similares a un aspecto transparente.

1. Descargue desde nuestra página web las imágenes de ejemplo **031.jpg** y **031.psd** y abra la primera de ellas. Antes de utilizar el borrador pulse la tecla **Z** para activar la herramienta **Zoom** y, tras comprobar que está activada la función **Acercar** de esa herramienta, pulse dos veces en el centro de la imagen. 1
2. Active la herramienta **Borrador**, onceavo icono del panel **Herramientas**, cuyo icono muestra una goma de borrar. 2
3. Con esta herramienta es posible cambiar los píxeles de una imagen al color de fondo o a un aspecto transparente cuando la transparencia de la capa no esté bloqueada. Esta herramienta dispone de tres modos: Pincel, Lápiz y Cuadrado, que pueden seleccionarse en la **Barra de opciones**. 3 Las propiedades del pincel pueden modificarse también desde el panel de opciones. Aumente a **25 píxeles** el diámetro del pincel. 4

1

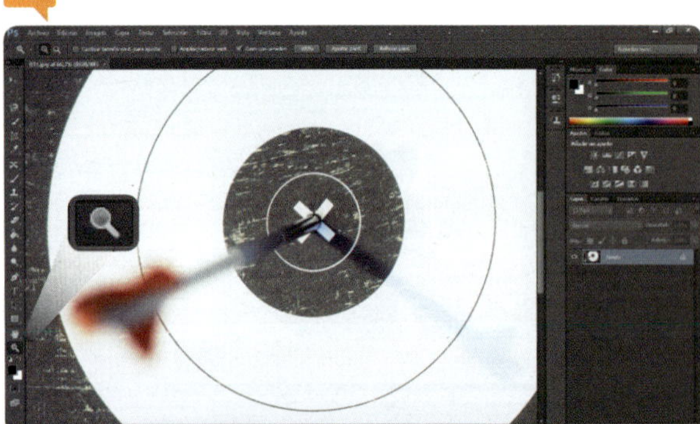

Aumente con la herramienta **Zoom** la zona donde se encuentra el elemento que desea borrar de su imagen para trabajar con más precisión.

2

3

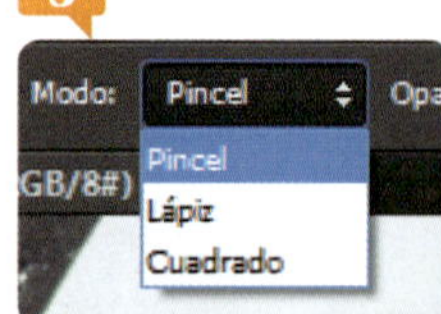

La herramienta **Borrador** comparte espacio en el panel Herramientas con las herramientas **Borrador de fondos** y **Borrador mágico**.

4

031

4. Antes de aplicar la herramienta **Borrador**, cambiaremos el color de fondo por el tono de fondo de la diana. Haga doble clic sobre la muestra de color blanco del panel **Herramientas** para acceder al cuadro **Selector de color (color de fondo)**.
5. Para tomar una muestra de color de la imagen, haga clic en el fondo de la diana, de un tono grisáceo, y pulse **OK**.
6. Una vez definido el color de fondo, arrastre por la circunferencia negra hasta eliminarla entera (use el tampón de clonar en la zona roja).
7. Guarde los cambios en esta imagen y abra el archivo **31.psd**. Podrá ver, en el panel **Capas**, que cuenta con una capa 0, donde se ubica la imagen, y otra capa, la **Capa 1**, en la que se ha creado un efecto de nubes mediante la aplicación del filtro **Nubes** (trabajaremos con capas y filtros más adelante).
8. Usaremos ahora la herramienta **Borrador mágico**. Seleccione con un clic la **Capa 0**, pulse en la flecha situada en la herramienta **Borrador** y elija la herramienta **Borrador mágico**.
9. Desde la **Barra de opciones** puede especificar un valor de tolerancia para definir la gama de colores que se va a borrar. Introduzca el valor **55** en el campo **Tolerancia**.
10. Para que se borren todos los píxeles similares de la imagen, contiguos o no, desactive la opción **Contiguo**.
11. Pulse la derecha de la canasta, en el cielo, y vea lo que ocurre.
12. Los píxeles eliminados son ahora transparentes y, puesto que bajo la capa seleccionada tenemos otra con un fondo de nubes, éste es el que se ve ahora. Guarde la imagen resultante.

IMPORTANTE

El modo **Pincel** de la herramienta Borrador borra con bordes definidos y el modo **Cuadrado** usa un cuadrado de 16 píxeles para borrar con bordes definidos.

7

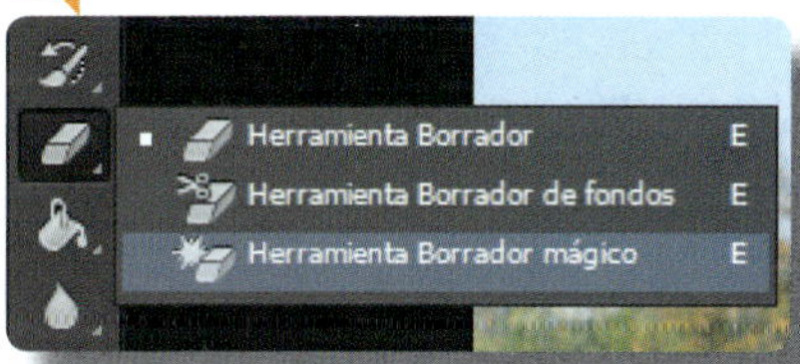

8

Si la opción **Suavizar** se encuentra activada, los bordes del área que va a eliminar se mostrarán suavizados.

5

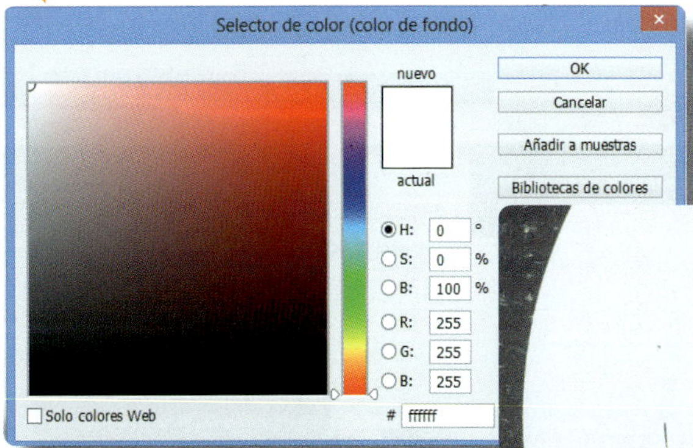

La herramienta **Borrador** se usa arrastrando el pincel por toda la zona que se desea eliminar.

6

9

Tenga en cuenta que según el punto donde pulse, los resultados al aplicar la herramienta **Borrador mágico** pueden ser ligeramente diferentes.

Conocer el trabajo con capas en Photoshop

IMPORTANTE

Al copiar un objeto en el Portapapeles y crear un nuevo documento para pegarlo en él, el cuadro **Nuevo** muestra de manera predeterminada las dimensiones apropiadas para que el objeto quepa en él.

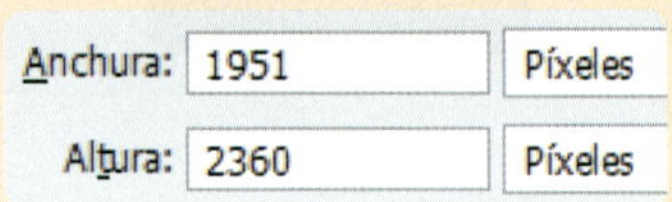

PODRÍAMOS DEFINIR EL CONCEPTO CAPAS como diferentes niveles con elementos que, en su conjunto, forman la totalidad de una imagen o archivo, lo que permite aglutinar un gran número de imágenes y objetos individuales en un mismo documento. Por norma general, los documentos formados por capas siempre cuentan con una capa de fondo que podrá ser creada por el usuario o por Photoshop. Podemos apilar tantas capas como creamos necesarias que se podrán controlar a través del panel Capas.

1. Para empezar a conocer la utilidad de las capas en Photoshop practicaremos con la imagen de ejemplo **032.jpg** que, como siempre, puede descargar desde nuestra página web y guardar en su carpeta de imágenes. (Ya sabe que puede usar otra imagen similar, a poder ser con un fondo uniforme, si lo desea). Una vez disponga del archivo, ábralo en Photoshop. En el panel **Capas**, situado en la parte inferior derecha de la ventana del programa, observe que la imagen se abre mostrándose como capa de fondo (**Fondo**). [1] Las funciones situadas en la parte inferior de las pestañas del grupo de paneles **Capas** se irán describiendo a lo largo de ésta y siguientes lecciones. Lo que haremos a continuación será aislar el objeto del fondo y lo insertaremos en un nuevo documento. Antes, ajuste la imagen a la pantalla usando la opción **Encajar en pantalla** del menú **Vista** y pulsando la combinación de teclas **Ctrl.+0.** [2]

En Photoshop CC es posible extraer el contenido de una capa como archivos JPEG, PNG, GIF. Al exportar recursos, se puede ajustar fácilmente la calidad de salida deseada.

1

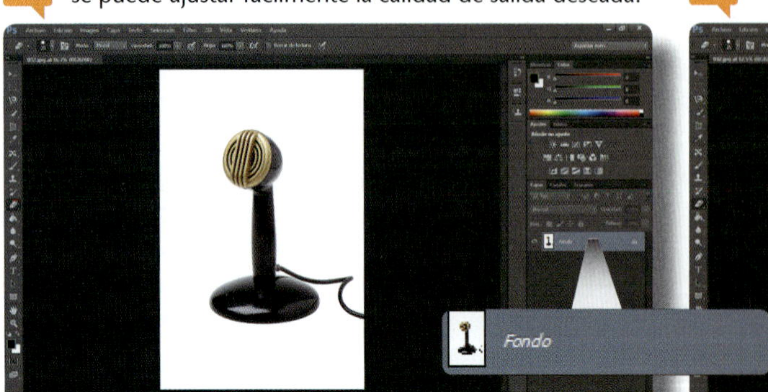

2

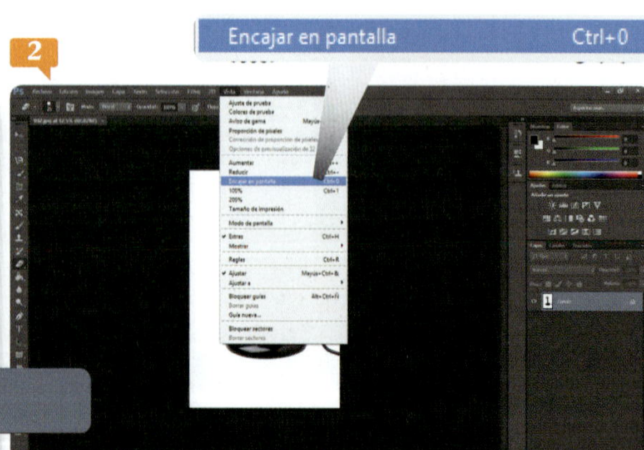

2. Ahora, haga clic en la herramienta **Varita mágica** del panel **Herramientas** y, tras establecer una tolerancia de **50** y activar la opción **Contiguo** en la **Barra de opciones**, pulse en cualquier punto del fondo.
3. Con esta acción, si el fondo es de un color uniforme, hemos seleccionado el fondo, no el objeto. Para seleccionar el objeto, abra el menú **Selección** y haga clic en el comando **Invertir**.
4. Con el objeto seleccionado, abra el menú **Edición** y pulse sobre la opción **Copiar** para copiarlo en el Portapapeles.
5. Pulse la combinación de teclas **Ctrl.+N** y, en el cuadro **Nuevo**, elija la opción **Blanco** como contenido de fondo y pulse **OK**.
6. Despliegue el menú **Edición** y pulse sobre la opción **Pegar**.
7. El nuevo documento tiene dos capas: la capa de fondo (**Fondo**) y la capa 1 (**Capa 1**), que contiene el objeto pegado. La barra de funciones del panel **Capas** se ha activado al existir más de una capa. Su función principal es la de localizar rápidamente capas concretas mediante la aplicación de filtros: capas de imágenes importadas, de ajuste, de texto, de formas, de objetos inteligentes o de color. El campo que muestra por defecto la palabra **Tipo** permite visualizar las capas que contengan determinados parámetros: nombre, efecto, modo de fusión, atributos o color. Según la opción elegida en este campo, aparecerá un desplegable con distintas opciones a su derecha. Termine este ejercicio guardando el nuevo documento.

032

IMPORTANTE

El último de los iconos de la barra de funciones incluida en el panel **Capas** permite activar y desactivar los filtros aplicados a este panel.

7

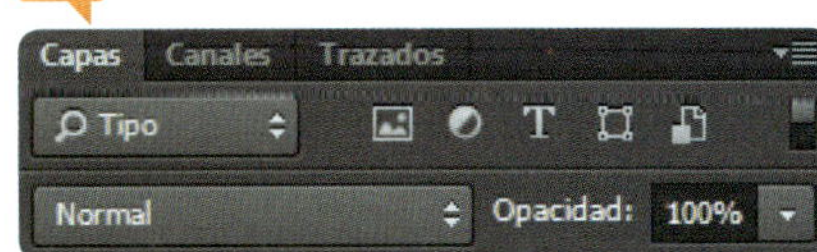

3

4

5

6

Renombrar y bloquear capas

PHOTOSHOP PERMITE ACUMULAR un número ilimitado de capas en un mismo archivo. Por defecto, cada vez que se crea una capa, el programa le asigna el nombre Capa y un número correlativo, por lo que resulta recomendable renombrar las capas con palabras que identifiquen su contenido, para localizar rápidamente aquella que se necesita retocar. Todos los elementos de una capa pueden situarse en cualquier punto del lienzo, a menos que estén bloqueados. Existen en Photoshop distintos tipos de bloqueo: el que evita el desplazamiento de un objeto, muy útil para las capas destinadas a ser fondos, el que se aplica a píxeles transparentes o el que se aplica a píxeles de imagen o posición.

1. En este ejercicio aprenderá a renombrar una capa, cambiar su ubicación en el lienzo de trabajo y bloquearla por si no desea que sea modificada por error. Para ello, seguimos practicando con el archivo creado en el ejercicio anterior. En primer lugar, renombraremos la capa que, por defecto, el programa ha nombrado como **Capa 1** (recuerde que la otra capa se denomina de forma predeterminada **Fondo**). 1 En el panel **Capas**, haga doble clic sobre el nombre **Capa 1**. 2
2. Seguidamente, escriba el nuevo nombre para su capa y pulse la tecla **Retorno** para confirmarlo. 3

1

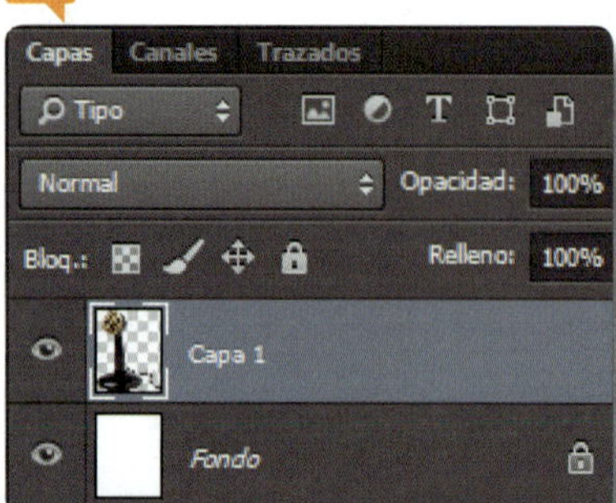

El orden en que aparecen las capas en el panel **Capas** es el orden de apilamiento de los distintos elementos de una imagen.

2

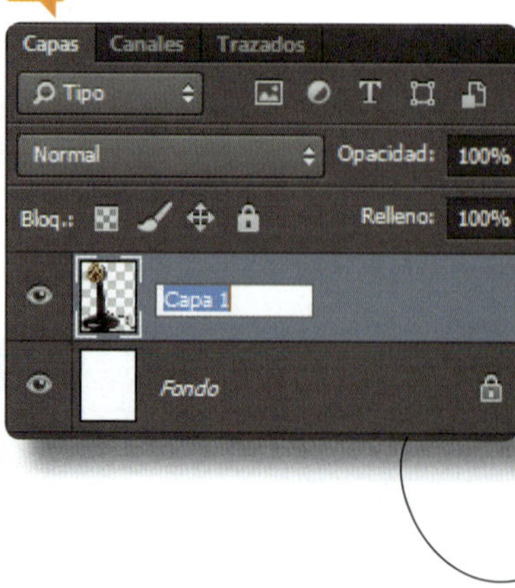

3

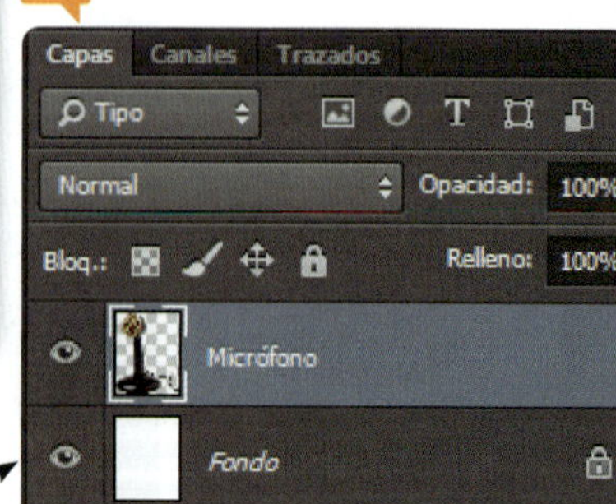

3. Ya tenemos nuestra primera capa debidamente identificada. A continuación, utilizaremos la herramienta **Mover** para desplazar hasta otro punto del lienzo el único objeto de que disponemos. Haga clic en esa herramienta, primer icono del panel **Herramientas**. 4
4. Haga clic en la imagen y, sin soltar el botón del ratón, arrástrela hasta el nuevo punto. 5
5. A continuación, nos ocuparemos de la herramienta **Bloquear**. Observe por un momento la capa de fondo. A la derecha de su nombre puede ver un candado, lo que indica que esta capa se encuentra bloqueada y no puede ser modificada. Aplicaremos la característica de bloqueo a la capa renombrada y después la desactivaremos. Haga clic en el icono **Bloquear todo**, representado por el dibujo de un candado en la parte superior del panel de capas. 6
6. Observe que ahora, junto al nombre de la capa, se muestra también el indicador del bloqueo. Aprovechando que la herramienta **Mover** sigue activada, intente desplazar ahora el contenido de la capa.
7. El programa lanza un cuadro de diálogo que nos indica que es imposible realizar esta acción. Pulse sobre el botón **OK** para aceptar dicho cuadro. 7
8. Terminaremos el ejercicio desbloqueando esta capa. Pulse de nuevo sobre el icono **Bloquear todo** en el panel **Capas**.

033

IMPORTANTE

Para poder cambiar el orden de apilamiento, el modo de fusión o la opacidad de una capa de fondo deberá convertirla antes en una capa normal usando la opción **Capa a partir de fondo** de su menú contextual.

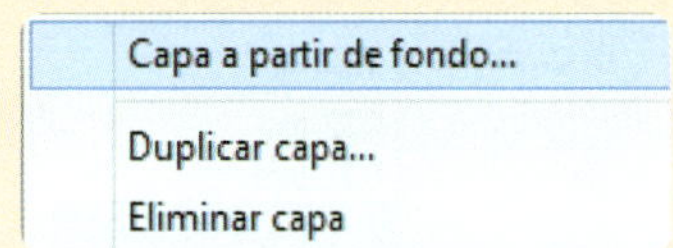

4

5

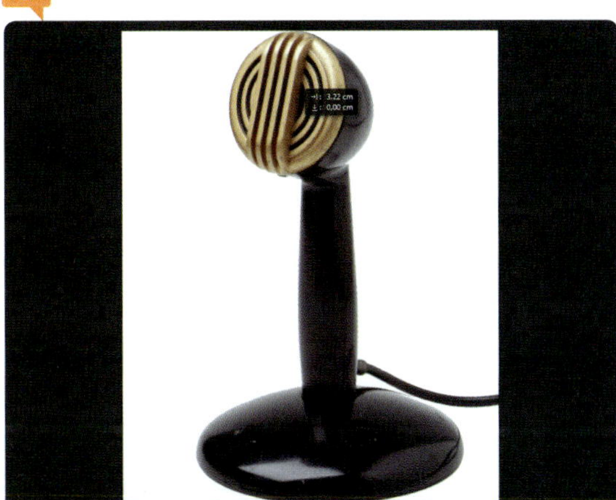

Compruebe al mover un objeto en la imagen cómo éste se desplaza también en la miniatura de la capa correspondiente.

6

7

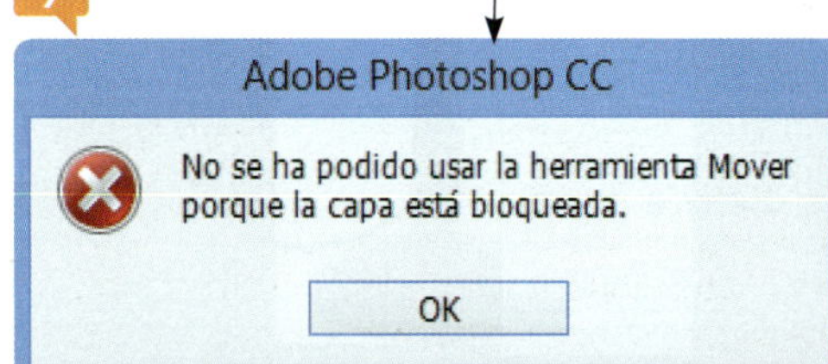

Duplicar y reorganizar capas

IMPORTANTE

Puede duplicar una capa de una imagen en otra imagen o en un nuevo documento seleccionando el **documento de destino** en el cuadro Duplicar capa.

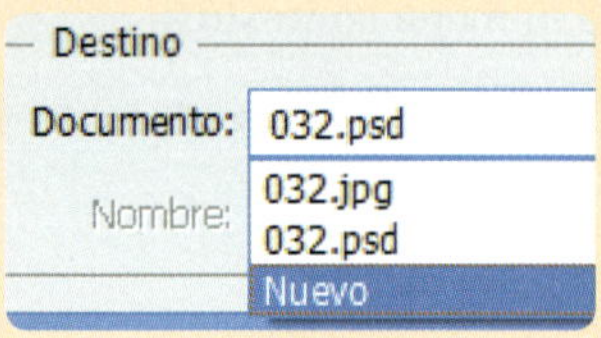

PHOTOSHOP PERMITE DUPLICAR CAPAS en un documento gracias a la opción Duplicar capa, que realiza una réplica de una capa con su contenido respetando todos los parámetros originales: posición, color y, en el caso de tenerlos, efectos. La capa duplicada podrá ser tratada de forma independiente. Es importante no confundir la duplicación de capas con la de imágenes. Al duplicar una imagen, ésta se ubica en una nueva capa, pero sin conservar algunos de los parámetros originales, como la posición.

1. Nuestro objetivo en este caso es crear una capa idéntica a la capa renombrada en el ejercicio anterior sobre la cual aplicaremos una serie de características de color para que adquiera el aspecto de una sombra. Compruebe que esa capa se encuentra seleccionada en el panel Capas, despliegue el menú **Capa** y elija la opción **Duplicar capa**. [1]
2. Aparece el cuadro de diálogo **Duplicar capa**. En el campo **Como**, escriba la palabra **Sombra** para especificar el nuevo nombre de la capa duplicada y haga clic en **OK**. [2]
3. Observe que en el panel **Capas** aparece ya la nueva capa con el nombre indicado. [3] En el documento, no es posible apreciar la nueva capa porque al ser una réplica de la existente se

1

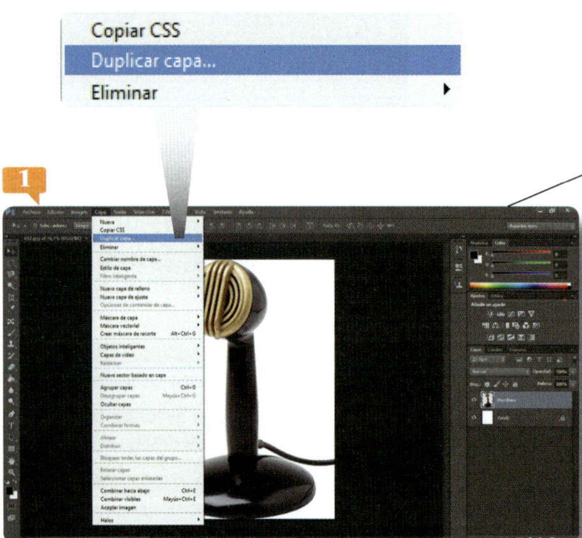

2

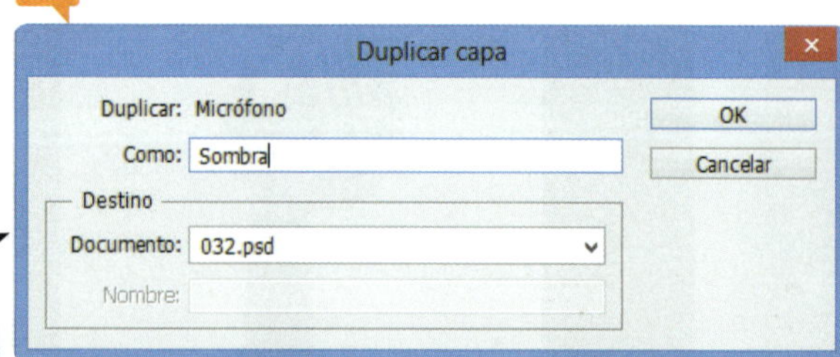

Encontrará la opción **Duplicar capa** tanto en el menú Capa como en el menú de opciones del panel Capas o en el menú contextual de cada capa.

sitúa justo encima, en la misma ubicación. Vamos a mover el objeto que contiene la nueva capa para comprobarlo. Con la herramienta **Mover** activada en el panel **Herramientas**, pulse en la imagen y arrástrela hasta otro punto del lienzo.

4. Ahora sí es posible apreciar los dos elementos de las capas. [4] Puesto que, como ya hemos indicado, utilizaremos el elemento de la nueva capa para crear un efecto de sombra, en primer lugar, reorganizaremos las capas en la paleta, de modo que la capa **Sombra** quede por debajo de la otra capa. En el panel **Capas**, haga clic sobre la capa **Sombra** y, sin soltar el botón del ratón, arrástrela hasta colocarla en el espacio situado entre la capa renombrada y la capa **Fondo**. [5]
5. A continuación, pasaremos a ajustar el brillo y el contraste de la imagen de modo que adopte el aspecto de una sombra. En el panel **Ajustes**, haga clic sobre el primer icono, correspondiente a la opción **Brillo/contraste**.
6. Eliminaremos el brillo de la imagen y aumentaremos su contraste. En el campo **Brillo**, teclee el valor **-150** y en el campo **Contraste**, teclee el valor **80**. [6]
7. Observe el resultado sobre la imagen. Antes de terminar, modificaremos nuevamente la situación de la imagen respecto a la capa renombrada. Active la capa **Sombra**, pulse en la imagen y arrástrela hasta colocarla de manera que simule perfectamente una sombra. [7] Reduzca luego la opacidad de la capa.

IMPORTANTE

La reorganización de capas en el panel **Capas** resulta también muy interesante, ya que permite sobreponer unas imágenes a otras respetando todos sus parámetros.

6

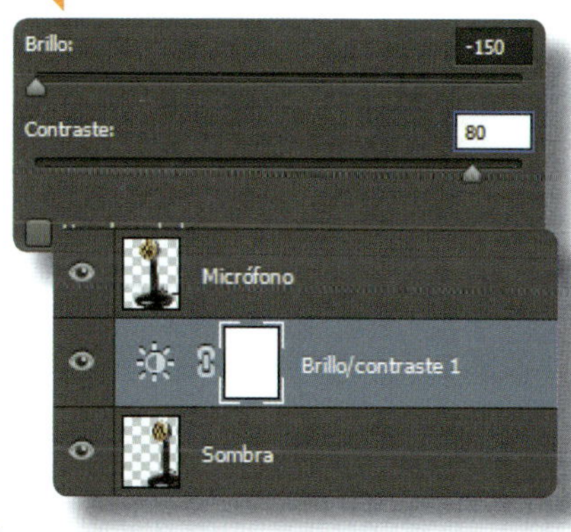

4

5

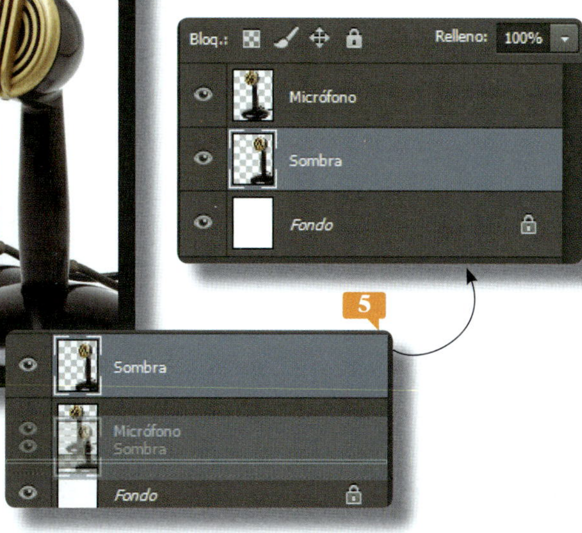

7

Alinear capas automáticamente

IMPORTANTE

Tras alinear automáticamente varias capas, puede utilizar la opción **Transformación libre** del menú **Edición** para reajustar manualmente la alineación o para aplicar ajustes tonales en las diferencias que puedan haber surgido.

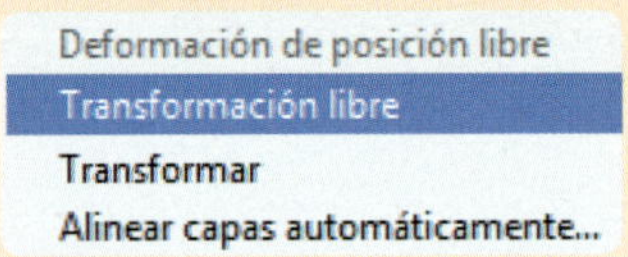

LA ALINEACIÓN AUTOMÁTICA de capas hace más precisa la composición de imágenes. Este comando del menú Edición permite analizar rápidamente los detalles y mover, girar o envolver las capas que conforman una imagen para alinearlas a la perfección. Con esta herramienta, Photoshop alinea las capas en función de la semejanza de su contenido, lo que permite combinar imágenes de diferentes maneras: sustituyendo o eliminando partes que tengan el mismo fondo, uniendo imágenes cuyo contenido se solapa o convirtiendo cuadros de vídeo en capas para poder añadirles o restarles contenido.

1. Use la ruta de menú **Archivo/Secuencias de comandos/Cargar archivos en pila** [1] para abrir en un mismo documento y en capas independientes dos imágenes con contenido similar. (Puede usar las imágenes de ejemplo **035_1.jpg** y **035_2.jpg** que encontrará en la zona de descargas de nuestra página web).
2. Después, desplace con la herramienta **Mover** la imagen de la primera capa para que no esté centrada en el lienzo. [2]
3. Ahora seleccionaremos las dos capas para proceder a su alineación. La selección de varias capas adyacentes se lleva a cabo

1

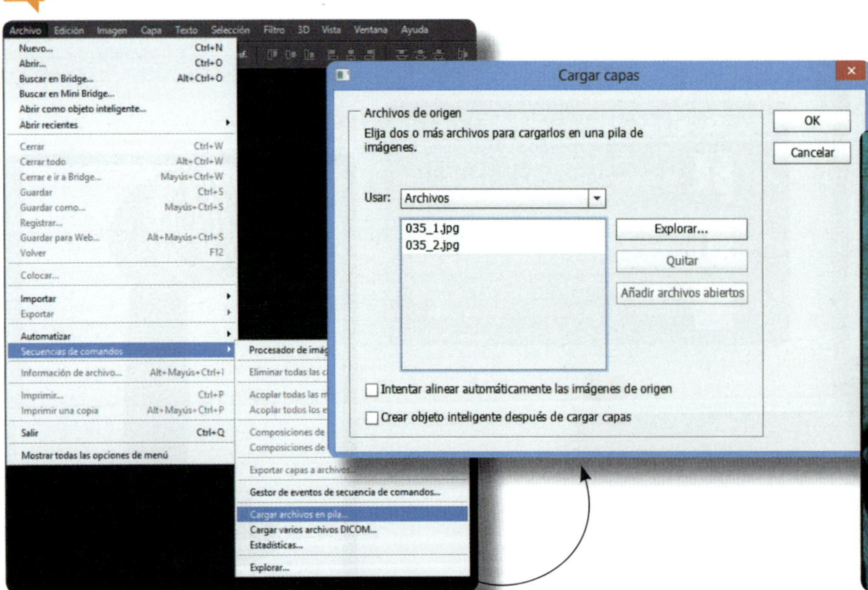

2

mediante la combinación **Mayúsculas+clic**, mientras que la selección de varias capas no adyacentes se ejecuta con la combinación Ctrl.+clic. Haga clic sobre la segunda capa manteniendo pulsada la tecla **Mayúsculas** para que queden automáticamente seleccionadas las dos.

4. Despliegue el menú **Edición** y pulse sobre la opción **Alinear capas automáticamente**.
5. Se abre el cuadro **Alinear capas automáticamente**, donde podemos elegir entre seis opciones de alineación diferentes. Para unir varias imágenes que comparten zonas superpuestas, como las de las panorámicas, se utilizan las opciones **Automática**, **Perspectiva**, **Collage**, **Cilíndrica** y **Esférica**, mientras que para alinear imágenes cuyo contenido está desplazado, como las nuestras, se debe usar la opción **Cambiar posición**. Actívela y pulse el botón **OK**.
6. Las dos capas se alinean automáticamente según su contenido de manera que el que era igual se ha superpuesto. Oculte temporalmente la primera capa pulsando sobre el ojo que aparece a la izquierda de su nombre.
7. Efectivamente, ambas imágenes están correctamente alineadas. Devuelva la visibilidad a la capa pulsando sobre el correspondiente cuadro.
8. Para acabar este sencillo ejercicio despliegue el menú **Archivo**, pulse sobre la opción **Guardar como** y guarde el documento.

035

IMPORTANTE

Al usar la alineación automática de capas, se puede tomar una de las capas como referencia o dejar que el propio programa la elija (en cuyo caso casi siempre analiza todas las capas y toma como referencia la situada en la posición central de la composición resultante.)

3

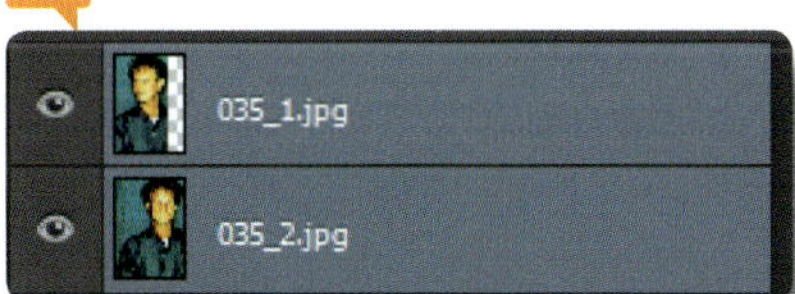

6

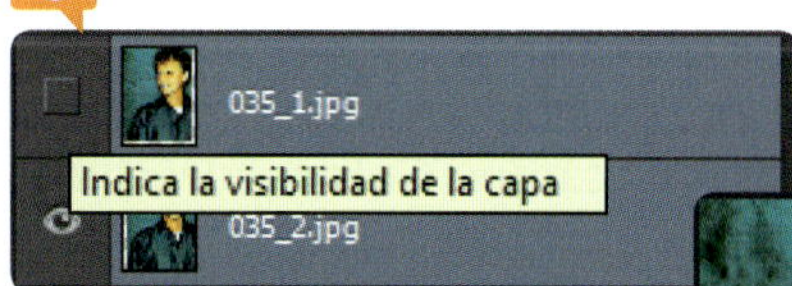

4

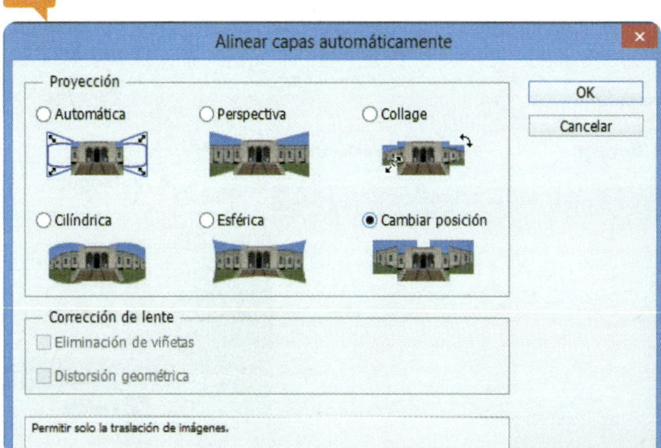

5

Crear grupos de capas

IMPORTANTE

En el comando **Secuencias de comandos** del menú **Archivo** se encuentran las herramientas necesarias para exportar composiciones de capas a archivos independientes, a un archivo PDF o a una galería de fotografías Web.

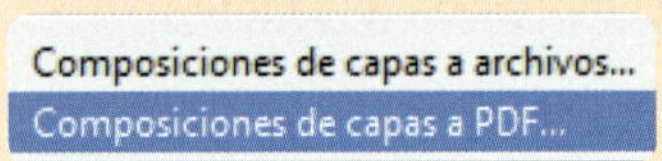

UN CONJUNTO DE CAPAS PUEDE ESTAR FORMADO por capas que pueden considerarse comunes, referentes a elementos concretos de un documento, que podrán tratarse de forma independiente. Un conjunto de capas se crea vacío para ir completándolo con las capas que queramos reunir. Puede añadir capas a un conjunto arrastrándolas hasta él en el caso de que ya existan o creándolas directamente en su interior.

1. Para llevar a cabo este ejercicio deberá trabajar con un documento compuesto por varias capas, como el denominado **036. psd** que encontrará en nuestra página web y que puede guardar en su carpeta de imágenes. Seleccione en ese archivo la **Capa 7** en el panel **Capas**, haga clic en el botón de opciones y elija **Nuevo grupo**.
2. Aparece el cuadro **Nuevo grupo**, al cual también puede acceder desde la opción **Nueva/Grupo** del menú **Capa**. Lo primero que debemos hacer es asignar al grupo un nombre identificativo. En el campo **Nombre**, escriba el nombre que desee, teniendo en cuenta que el grupo contendrá los botes del producto del anuncio.
3. Además de la asignación de un nombre, para identificar el grupo creado y las capas que lo componen también podemos especificar un color. Haga clic en el botón de punta de flecha del campo **Color**, seleccione, por ejemplo, el **Azul** y pulse **OK**.

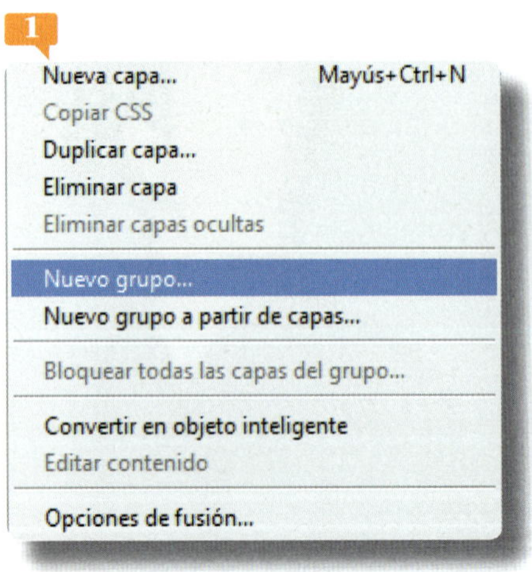

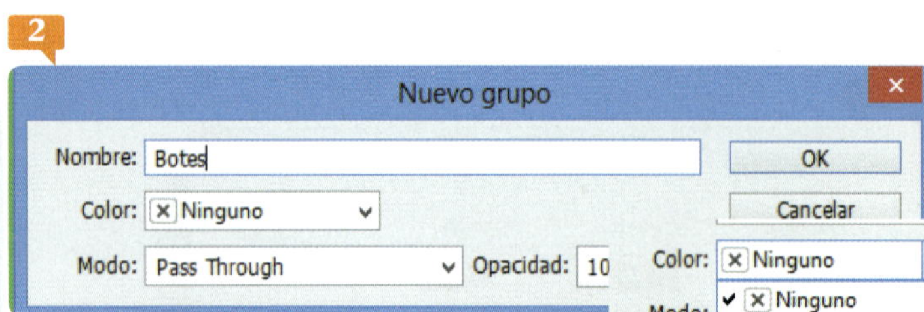

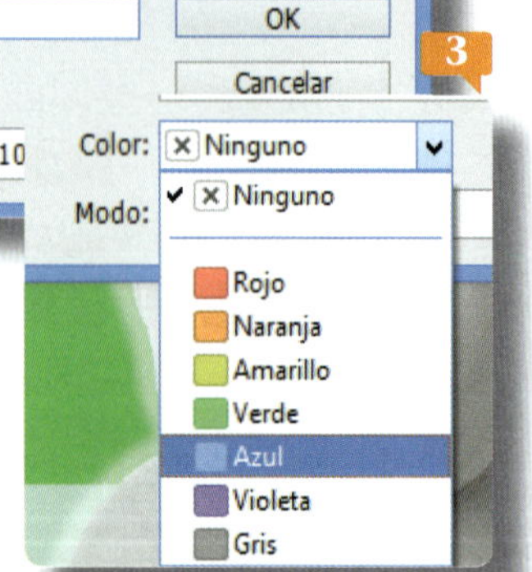

4. Observe que encima de la capa seleccionada aparece una carpeta con el nombre asignado que, por el momento, se encuentra vacía. Para añadir las capas al grupo creado deberá arrastrarlas. En este ejemplo, añada al grupo las capas **7**, **6**, **5** y **3**. [4]
5. La ventaja de reunir varias capas en un conjunto es que economiza espacio y ofrece una vista general de los elementos que forman la composición, simplificando el manejo de documentos con varias capas. Haga clic en la punta de flecha que precede al nombre del grupo de capas para contraerlo y expándalo de nuevo pulsando la misma flecha. [5]
6. También puede crear grupos de capas seleccionándolas en el panel **Capas** y usando la opción **Agrupar capas** del menú **Capa**. La desagrupación de capas también se lleva a cabo desde ese menú. También puede crear composiciones de capas, que vienen a ser instantáneas de un estado del panel **Capas** y son utilizadas por los diseñadores para mostrar sus avances a los clientes. Abra el menú **Ventana** y elija la opción **Composiciones de capas**.
7. Para obtener una composición que refleje el estado actual del panel de capas, pulse sobre el icono **Crear nueva composición de capas**, el cuarto de la parte inferior del panel. [6]
8. Aparece el cuadro **Nueva composición de capas**, donde podemos asignar un nombre a la composición, añadir comentarios descriptivos e indicar si se debe aplicar a las capas los parámetros visibilidad, posición y aspecto. En el campo **Nombre** escriba un nombre de prueba y pulse el botón **OK**. [7]
9. Para cerrar el panel **Composiciones de capas** haga clic en su botón de opciones y elija **Cerrar grupo de fichas**.

036

IMPORTANTE

Photoshop permite organizar capas de hasta cinco niveles de anidación con imágenes, textos y efectos y almacenarlas en distintas combinaciones, como composiciones de capas.

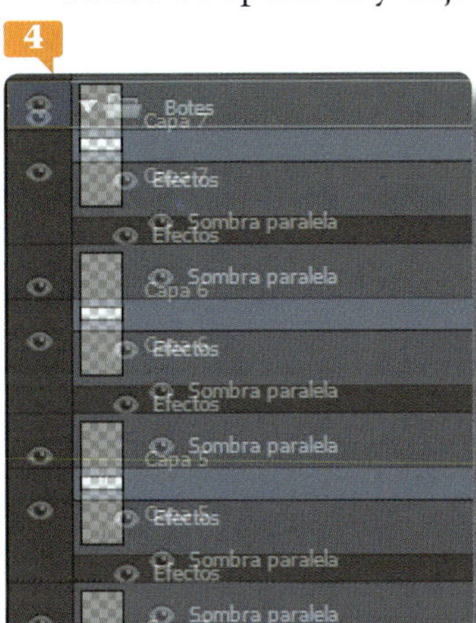

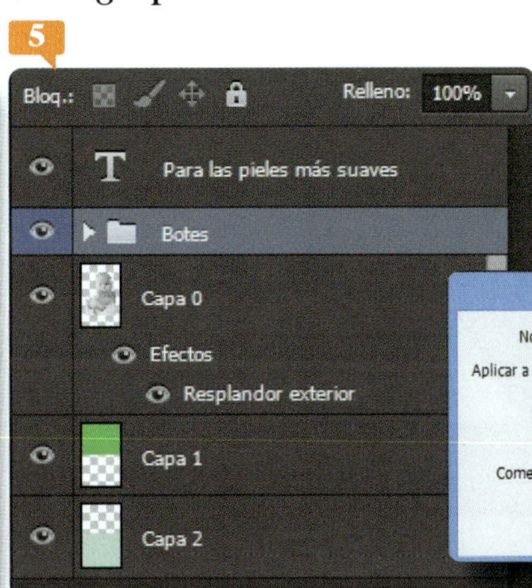

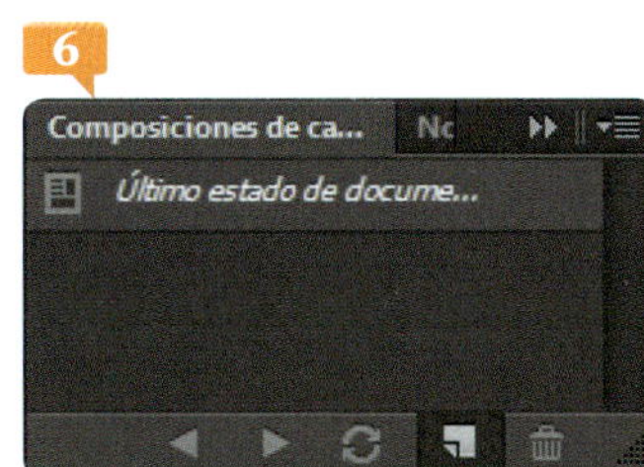

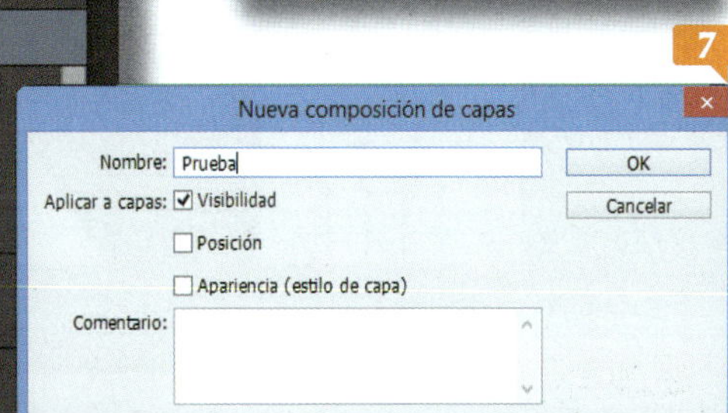

Ajustar la opacidad y la visibilidad de las capas

PARA OCULTAR LOS ELEMENTOS de una capa puede utilizar la correspondiente casilla de visibilidad, representada por el dibujo de un ojo en el panel de capas. Sin embargo, otra opción muy utilizada para gestionar la visibilidad de las capas consiste en modificar su grado de opacidad. A través del campo Opacidad puede manipular el porcentaje de visibilidad de una capa, acción de gran utilidad en caso de querer manipular elementos de capas inferiores sin perder el referente de las superiores o para crear fotomontajes.

1. Para empezar, en el panel **Capas**, seleccione, por ejemplo, la primera capa del documento actual, que es la de texto. 1
2. A continuación, haga doble clic en el campo **Opacidad**, escriba el valor **45** y pulse la tecla **Retorno**. 2
3. Ahora el texto de la capa elegida es semitransparente, por lo que se mezcla con el color de la capa de fondo. 3 Para recuperar la opacidad 100% de esta capa, pulse el botón de punta de flecha de ese campo y arrastre completamente hacia la derecha el regulador. 4

IMPORTANTE

Tenga en cuenta que no es posible modificar la opacidad de la capa de fondo o de una capa bloqueada; si necesita hacerlo, deberá **convertirla antes en una capa normal**.

2

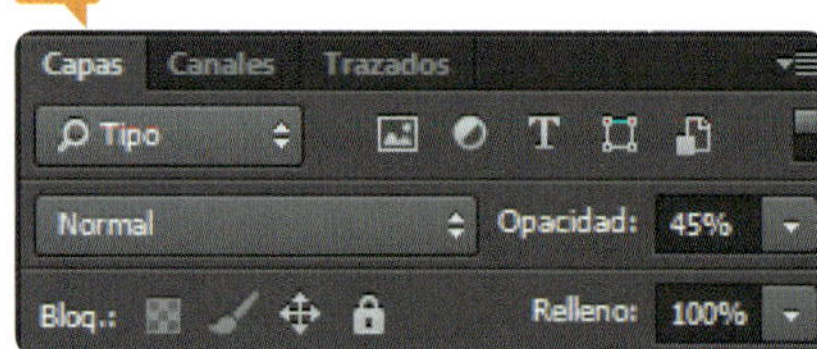

1

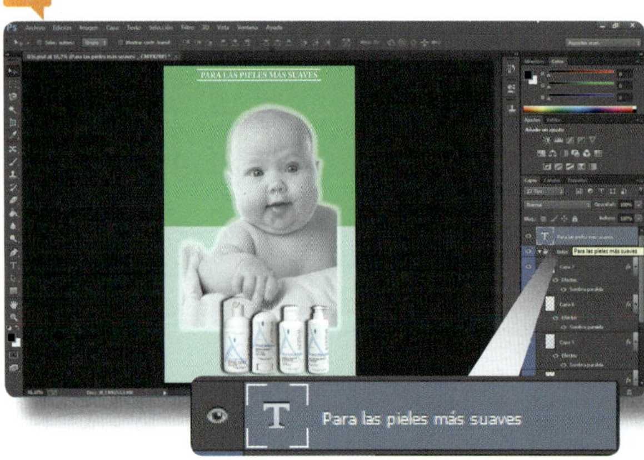

3

4

Por defecto las capas tienen un porcentaje de **opacidad** del 100%.

037

4. A continuación, crearemos un efecto de color en la imagen de ejemplo añadiendo primero una capa de relleno de color sólido y modificando después su opacidad. Con la capa de texto aún seleccionada en el panel **Capas**, pulse en el cuarto icono de la parte inferior del panel, correspondiente a la opción **Crear nueva capa de relleno o ajuste** y, de las opciones que aparece, elija **Color uniforme**. 5

5. Automáticamente, se añade una nueva capa de relleno con el color frontal seleccionado en el panel **Herramientas**, a la vez que se abre el cuadro **Selector de color (color sólido)**. Seleccione una tonalidad **naranja** en este cuadro y pulse el botón **OK**. 6

6. Puesto que la nueva capa de relleno de color está en primer lugar y tiene una opacidad del 100%, oculta el resto de capas. Haga clic en el botón de flecha del campo **Opacidad** del panel **Capas** y arrastre el regular hasta el valor **30%** aproximadamente. 7

7. Vea el efecto conseguido. Lógicamente, en función de la ubicación de la capa, los resultados serán diferentes. Compruebe qué ocurre al colocar la capa de relleno de color entre la **Capa 0** y la **Capa 1**. 8

8. Sepa que puede conseguir el mismo efecto que el de una capa de relleno de color sólido creando una capa normal y pintándola con la herramienta **Bote de pintura**. Para acabar este ejercicio en el que ha podido conocer la utilidad del comando **Opacidad** del panel **Capas**, guarde la imagen resultante usando la opción **Guardar** del menú **Archivo**.

6

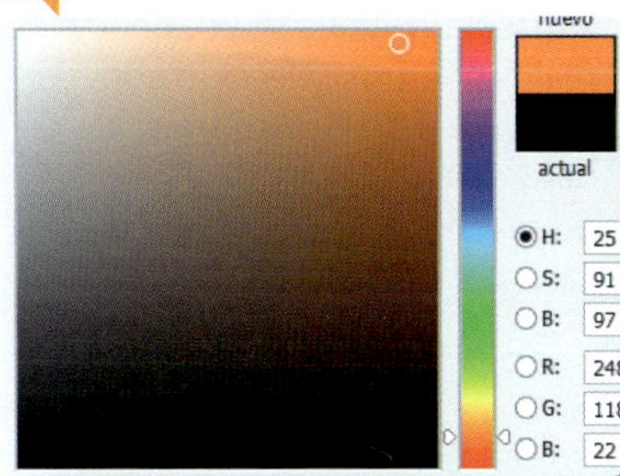

8

5

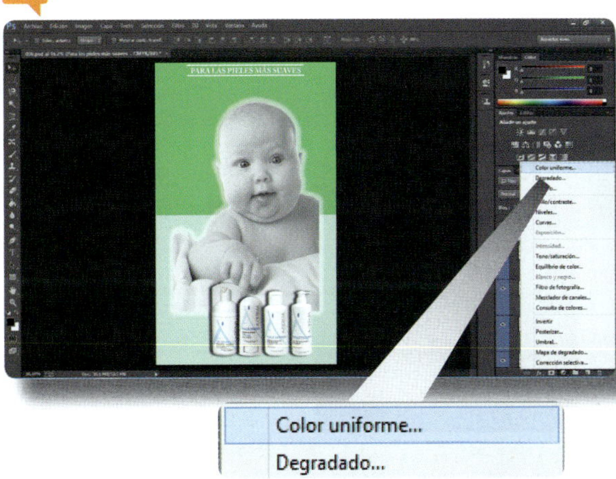

7

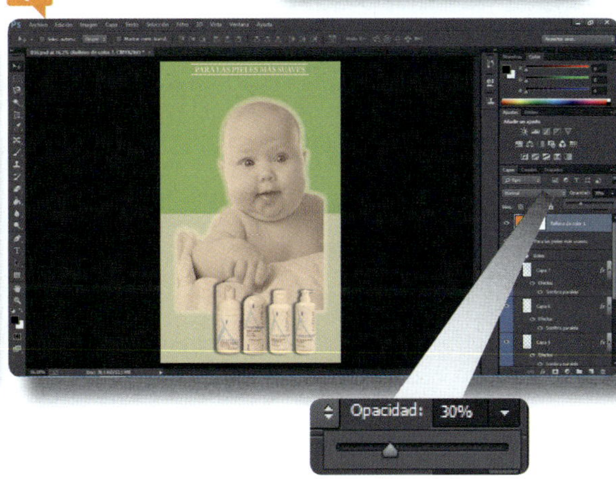

Crear y ajustar capas de relleno

IMPORTANTE

Puede limitar los efectos de una capa de relleno o de ajuste a una zona seleccionada realizando una selección con cualquiera de las herramientas habituales. La capa de ajuste o de relleno estará limitada en ese caso por una **máscara de capa**.

LAS CAPAS DE RELLENO Y DE AJUSTE permiten aplicar todos los cambios necesarios de luz y color sin modificar los píxeles originales de una imagen. Photoshop permite crear tres tipos de capas de relleno: de color de relleno sólido, degradado o de motivos predeterminados. Es posible superponer diferentes capas de relleno, consiguiendo como resultado unas propiedades ópticas determinadas.

1. Para realizar este ejercicio puede usar la imagen de ejemplo **038.jpg** que encontrará en la zona de descargas de nuestra página web. Una vez la haya copiado y guardado en su carpeta de imágenes, ábrala en Photoshop, despliegue el menú **Capa**, pulse en la opción **Nueva capa de relleno** y elija **Color uniforme**.
2. En el cuadro de diálogo **Nueva capa** puede especificar un nombre que identifique a la capa de relleno y seleccionar un color para distinguirla del resto de capas. Pulse en el botón de punta de flecha del campo **Color** y elija, por ejemplo, el verde.
3. Para que la capa de relleno no sea totalmente opaca, haga doble clic en el campo **Opacidad**, inserte el valor **68** y pulse **OK**.
4. La capa se crea al tiempo que aparece el cuadro **Selector de color (color sólido)**. En él, seleccione la tonalidad que desea para la nueva capa de relleno y pulse **OK**.

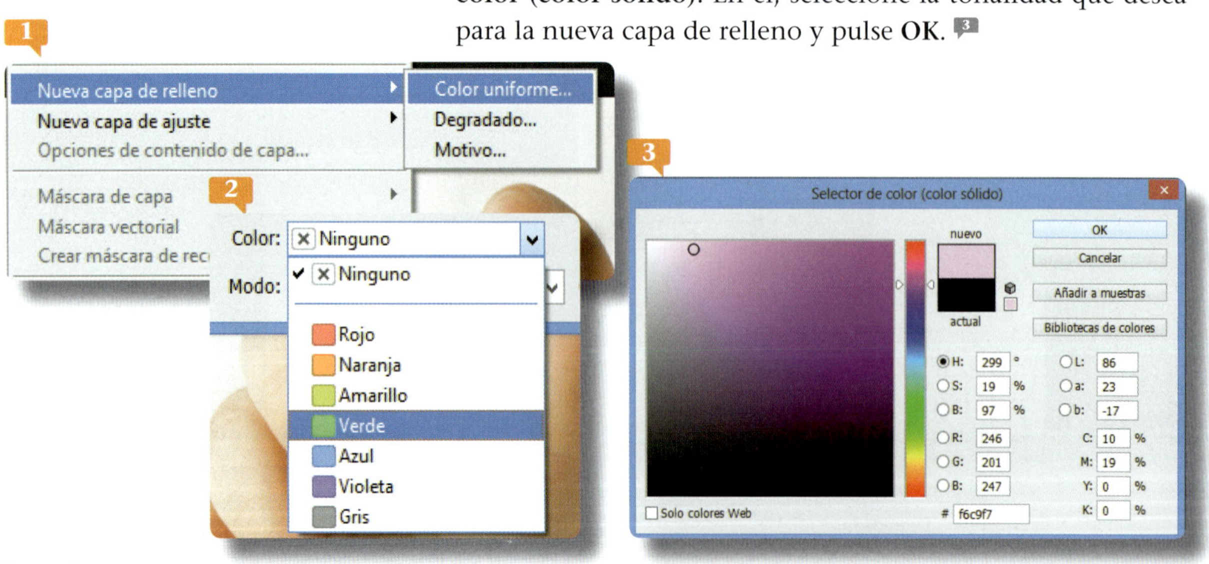

038

5. A continuación, agregaremos una nueva capa sobre la de relleno para conseguir un efecto de iluminación distinto al actual. En esta ocasión, pulse sobre el icono que muestra una balanza en el panel **Ajustes** para crear una capa de ajuste de equilibrio de color. 4
6. Juegue con los tonos y los valores de color del panel de propiedades hasta dar con la tonalidad deseada.
7. En la segunda parte de este ejercicio, crearemos una nueva capa de relleno, esta vez de degradado. En lugar de eliminar las capas de relleno y de ajuste creadas, ocúltelas en el panel **Capas**.
8. Abra el menú **Capa**, haga clic en el comando **Nueva capa de relleno**, elija la opción **Degradado** y pulse el botón **OK** del cuadro **Nueva capa**.
9. En el cuadro **Relleno degradado**, pulse en el campo **Degradado** 5 para abrir el cuadro **Editor de degradado**, seleccione uno de los ajustes preestablecidos y pulse **OK**. 6
10. De nuevo en el cuadro **Relleno degradado**, ajuste los distintos parámetros configurables según el modelo de degradado elegido y, cuando le convenza el resultado, pulse **OK**. 7
11. Reduzca ahora la opacidad de la capa para que se vea el contenido de la capa de fondo y compruebe el efecto conseguido. 8
12. Para terminar, convertiremos el contenido de la capa de relleno en una imagen rasterizada plana. Abra el menú **Capa**, seleccione el comando **Rasterizar** y pulse en la opción **Contenido de relleno**.

4

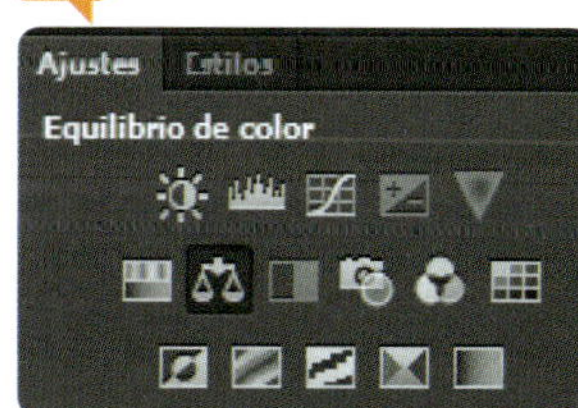

Observe el panel **Capas** a medida que vaya añadiendo capas de relleno.

5

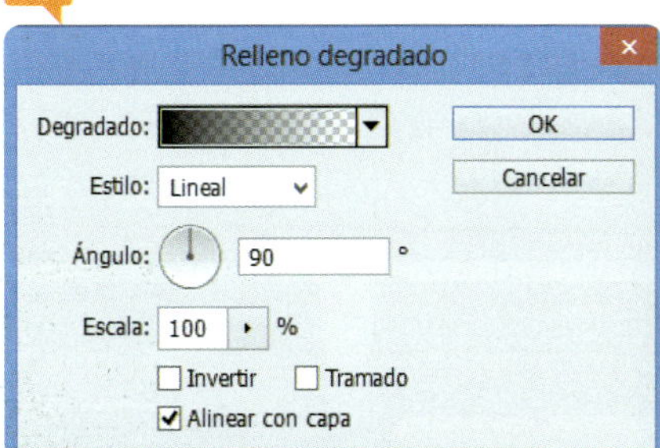

7

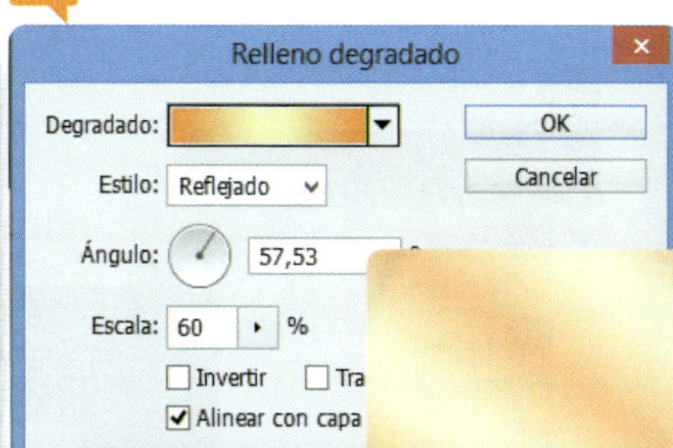

6

8

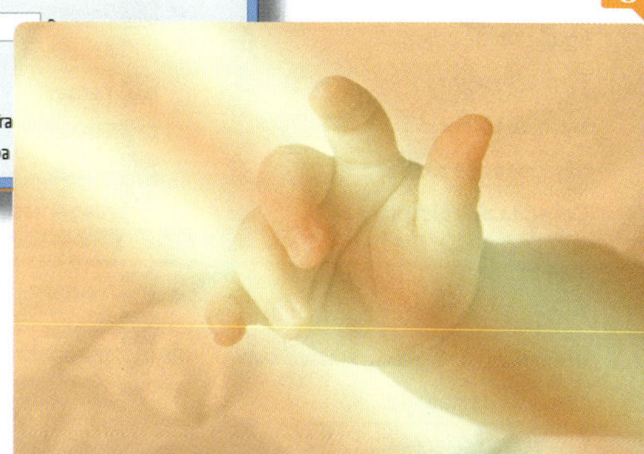

Gestionar las capas de relleno mediante filtros

PHOTOSHOP PERMITE CREAR UN NÚMERO ILIMITADO de capas de relleno. El panel Capas ofrece diversas herramientas para filtrar las capas y mostrar en el panel sólo aquellas que nos interesen. Los filtros disponibles son: Filtro para capas de píxeles, que muestra las capas con imágenes importadas; Filtro para capas de ajuste, que muestra las capas de ajuste; Filtro para capas de tipos, que muestra las capas de texto; Filtro para capas de formas, que muestra las capas que contienen formas básicas, como elipses, rectángulos u otras formas, y Filtro para objetos inteligentes, que muestra las capas que contienen objetos inteligentes.

1. Pulse en el icono **Crear nueva capa de relleno o de ajuste**, representado por un círculo blanco y negro en el panel **Capas**, y seleccione la opción **Corrección selectiva.** [1]
2. Compruebe que ha aparecido una nueva capa de relleno en el panel **Capas** y que en el panel **Propiedades** se muestran las opciones de corrección selectiva, que permiten modificar la cantidad de cuatricromía de cada uno de los componentes de color primario de una imagen. Pulse el botón de flecha del campo **Colores** y elija la opción **Blancos.** [2]
3. Establezca los nuevos parámetros para el color seleccionado en los campos **Cian**, **Magenta**, **Amarillo** y **Negro** de manera que los blancos se muestren con una tonalidad amarilla. [3]

IMPORTANTE

Si ya ha creado una capa de relleno en el documento, puede crear una capa asociada que le permitirá actuar a modo de máscara utilizando las técnicas que hemos visto hasta el momento. Las máscaras permiten regular de forma detallada las características de una imagen asociada, por lo que es recomendable crear previamente una capa de relleno en la que regularemos en primer lugar la intensidad de color y en segundo lugar, el color.

1

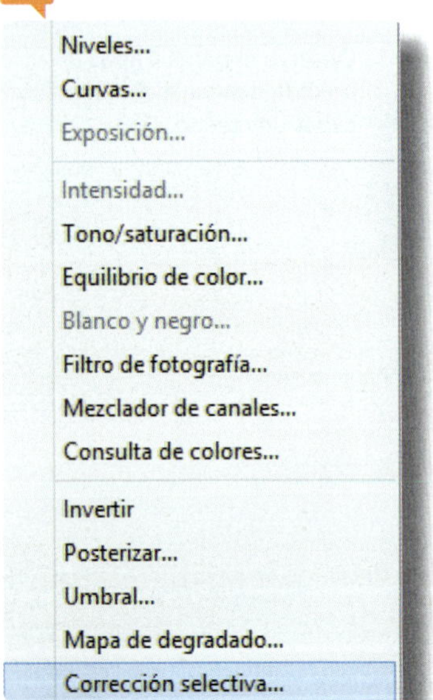

2

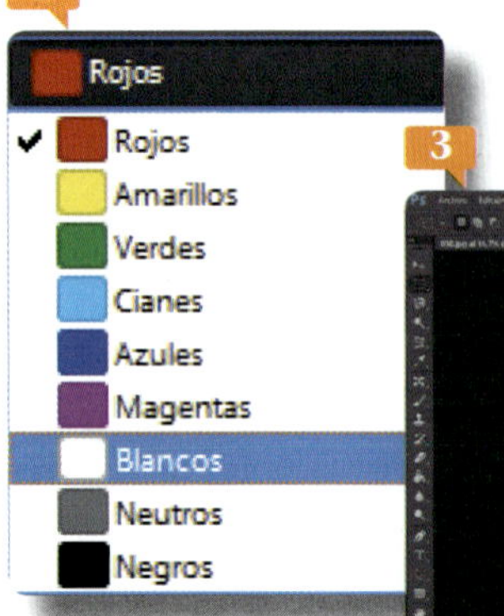

3

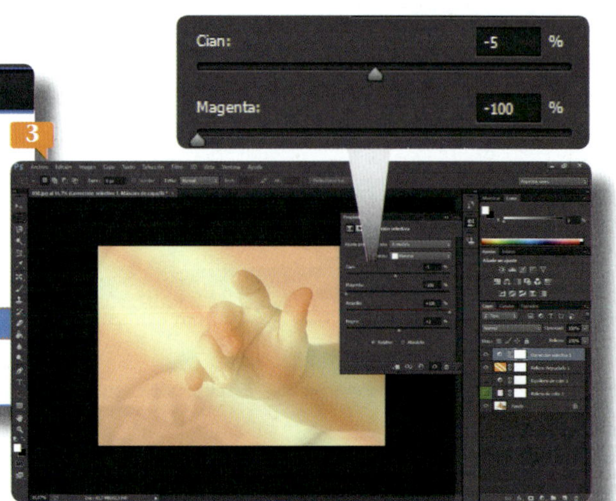

4. Antes de iniciar el filtrado de capas, insertaremos otra capa de relleno. Pulse sobre el icono **Crear nueva capa de relleno o ajuste** y elija esta vez la opción **Brillo/contraste**.
5. Modifique a su gusto los valores de brillo y contraste en el panel de propiedades.
6. Una vez llevadas a cabo estas creaciones, disponemos de varias capas de relleno. [4] Aun así, imagine que su documento cuenta con muchas más, tantas que no pueden visualizarse a simple vista. Es en estos casos que el filtrado de capas es más útil. En la barra de filtros del panel **Capas**, situada, como ya sabe, debajo de las pestañas de este grupo de paneles, pulse sobre el segundo de los iconos, que muestra un círculo de dos colores y se denomina **Filtro para capas de ajuste**. [5]
7. Vea lo que ha ocurrido; el programa muestra en el panel de capas sólo aquellas que son de ajuste, en este caso, las de relleno creadas en éste y el ejercicio anterior. Sepa que puede activar a la vez distintos filtros para capas. Compruébelo pulsando sobre el icono de filtro situado al izquierda del activo, denominado **Filtro para capas de píxeles.** [6]
8. Se añaden a las existentes las capas que cumplen los requisitos del filtro seleccionado. Desactive el filtro para las capas de ajuste pulsando de nuevo sobre él. [7]
9. Para terminar, pulse sobre el icono situado en el extremo derecho de esta barra de filtros para desactivarlos todos. [8]

4

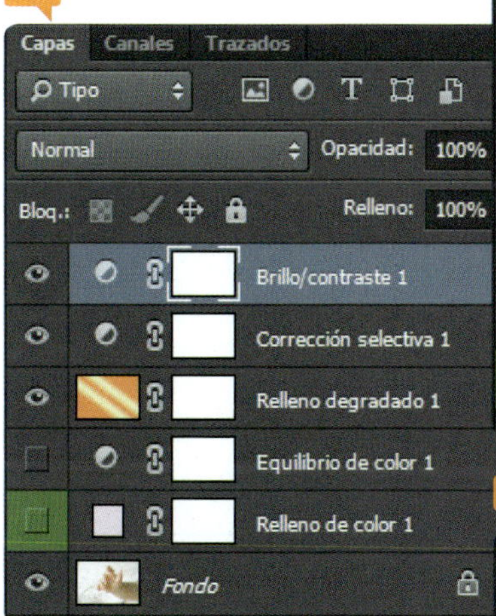

5

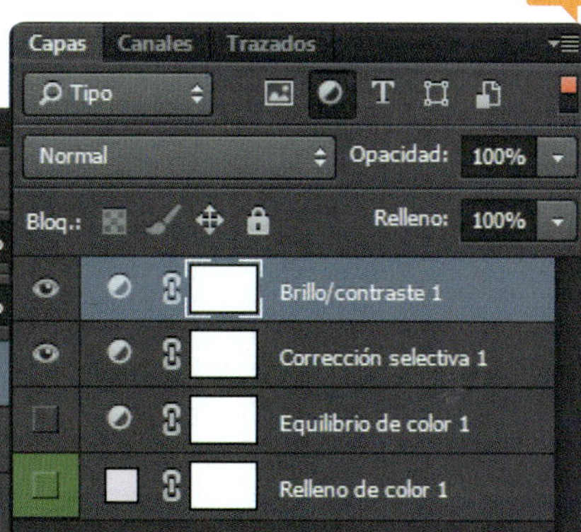

6

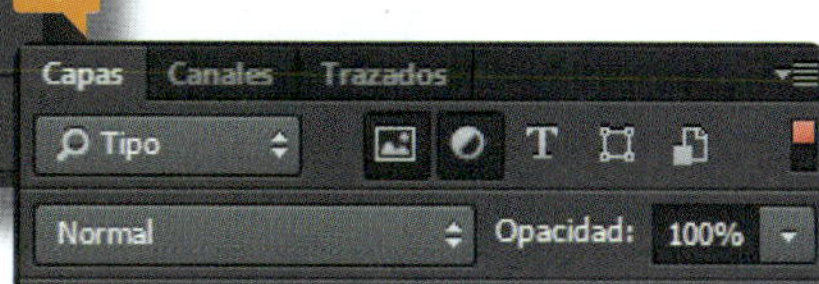

7

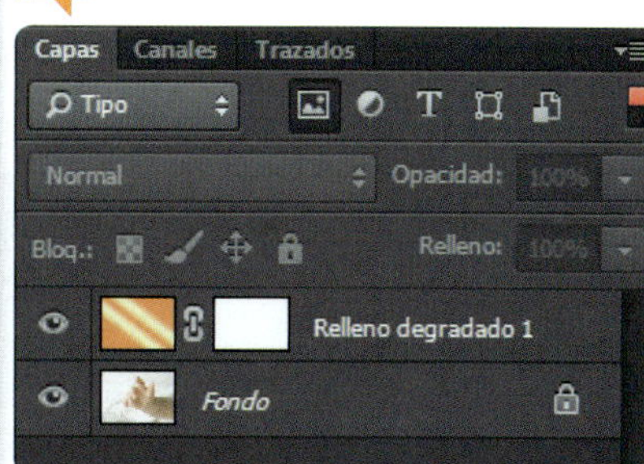

8

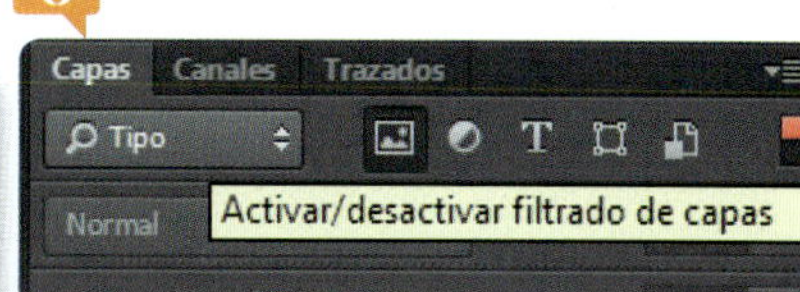

Añadir capas de relleno con motivos

IMPORTANTE

Puede **cambiar el nombre** de un motivo preestablecido o **eliminarlo** usando las opciones del menú de la paleta de motivos.

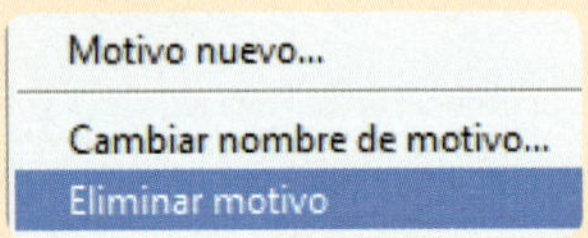

LOS MOTIVOS SON PATRONES REPETITIVOS utilizados para rellenar áreas de una imagen. Las características del motivo seleccionado para formar una capa de relleno pueden ser manipuladas desde el cuadro Relleno de motivo, en el que podrá aumentar o reducir su escala, enlazar la capa o ajustarla al origen.

1. Le recomendamos que utilice una imagen con un fondo uniforme como la del ejemplo, **040.jpg**, que puede descargar desde nuestra página web. Active la herramienta **Varita mágica** y pulse en el fondo de la imagen para seleccionarlo.
2. Haga clic en el icono **Crear nueva capa de relleno o ajuste**, el cuarto de los situados en la parte inferior del panel **Capas**, y, del menú desplegable, elija la opción **Motivo**. [1]
3. Aparece el cuadro **Relleno de motivo**, a la vez que el primer motivo preestablecido se aplica sobre el fondo de la imagen. Haga clic en el botón de punta de flecha de la muestra de relleno y pulse en el botón de ajustes del panel para ver las opciones de motivo.
4. Como ve, Photoshop clasifica en diferentes categorías los motivos predefinidos de que dispone. Seleccione la categoría **Superficies artísticas** [2] y, en el cuadro de diálogo que aparece, pulse en el botón **Añadir** para añadir, y no sustituir, a los motivos actuales los de la categoría elegida.

1

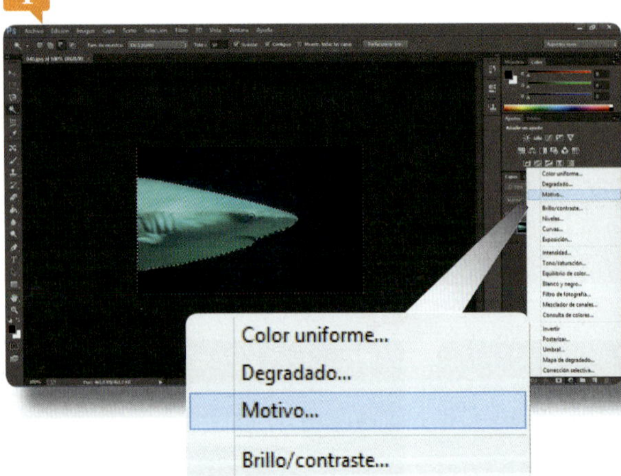

2

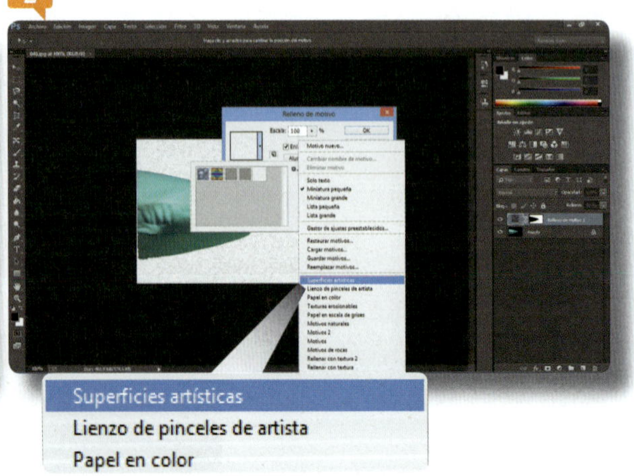

5. Seleccione uno de los motivos artísticos y, antes de pulsar **OK**, aumente a **200** el valor de escala. [3]
6. En el panel **Capas**, compruebe que el motivo se ha situado por encima de la capa de fondo y que afecta sólo a los píxeles seleccionados. [4] Haga doble clic en el campo **Opacidad**, inserte el valor **50** y pulse **Retorno**.
7. Para continuar con el ejercicio, oculte la capa de ajuste.
8. Photoshop permite utilizar imágenes propias para crear motivos. Abra en el programa la imagen a partir de la cual creará el motivo (puede usar la imagen de ejemplo **040_01.jpg**).
9. Vamos a transformar la imagen en motivo. Despliegue el menú **Edición** y seleccione la opción **Definir motivo**. [5]
10. En el cuadro **Nombre de motivo** se muestra una miniatura del motivo que está a punto de crear. Por defecto, el programa identifica el nuevo motivo con el nombre del archivo de origen. Pulse **OK** para concluir su creación. [6]
11. Active la primera imagen, seleccione nuevamente su fondo con la varita mágica, (asegúrese de que está seleccionada la capa de fondo) haga clic en el botón **Crear nueva capa de relleno o ajuste** y elija **Motivo**.
12. El motivo creado a partir de la imagen aparece ya en el cuadro **Relleno de motivo** listo para ser aplicado. Establezca una escala de **180%** y pulse el botón **OK** para aplicarlo. [7]

040

IMPORTANTE

Para volver a mostrar la biblioteca predeterminada de motivos en el cuadro utilice la opción **Restaurar motivos** del menú de la paleta emergente de motivos.

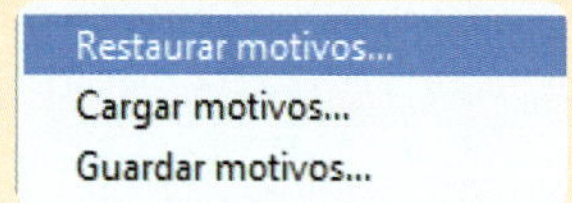

3

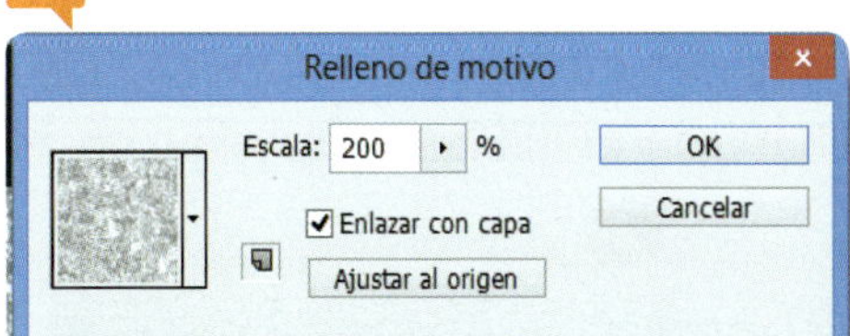

7

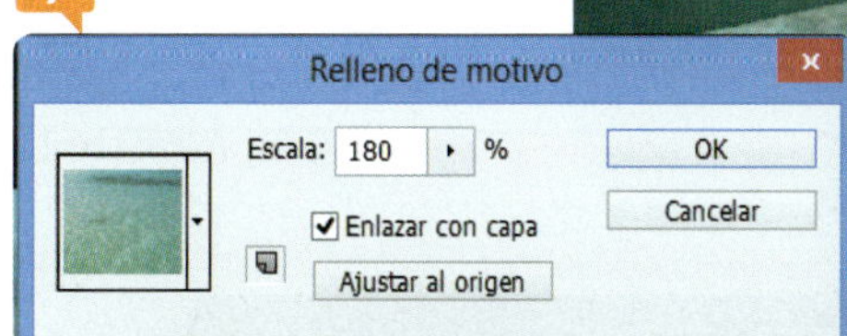

5

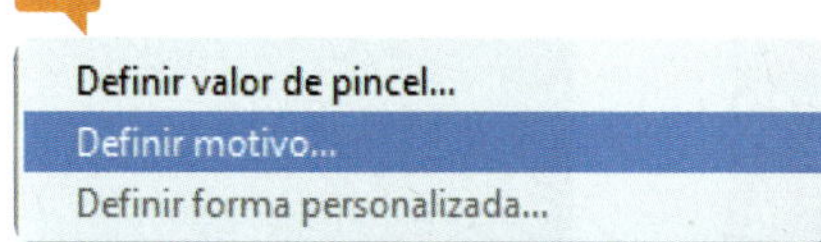

4

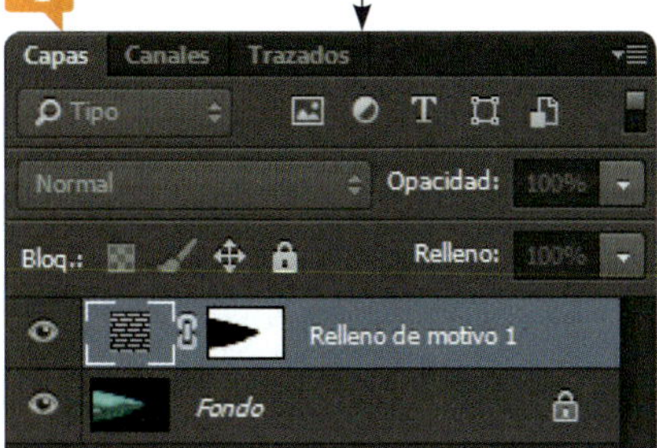

6

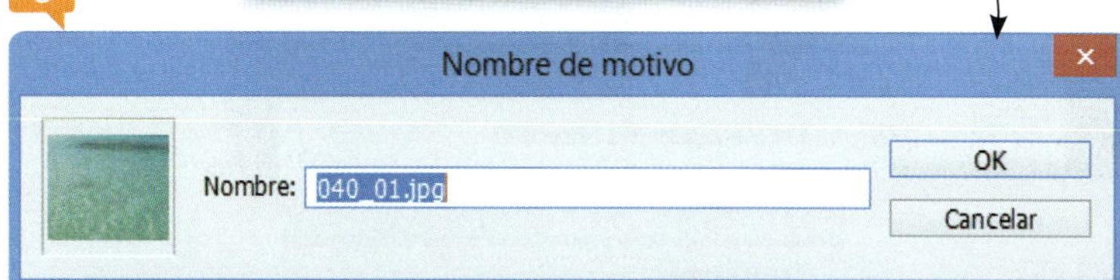

Transformar, rotar y girar capas

IMPORTANTE

Al utilizar la herramienta Transformación libre, si mantiene la tecla **Mayúsculas** pulsada mientras arrastra el tirador de curva, obtendrá giros de **15 grados**.

EXISTEN DIFERENTES FORMAS DE TRANSFORMAR una imagen contenida en una capa; la más común consiste en arrastrar los tiradores del rectángulo que la delimita al seleccionarla con las herramientas Transformación libre, Escala, Sesgar, Distorsionar o Perspectiva. El otro procedimiento consiste en modificar los valores de la Barra de opciones, según la herramienta elegida. Photoshop permite también rotar y girar la imagen de una capa.

1. Para realizar este ejercicio, puede usar si lo desea el documento **041.psd** que encontrará en la zona de descargas de nuestra página web. Para modificar el tamaño de la imagen incluida en la capa 1, seleccione dicha capa, abra el menú **Edición** y elija la opción **Transformación libre.** (Si la capa en cuestión es la capa de fondo, deberá convertirla antes en una capa normal usando la opción **Capa a partir de fondo** de su menú contextual.)
2. Si utiliza los tiradores situados en la parte superior e inferior, distorsionará la altura de la imagen, mientras que si utiliza los tiradores laterales el parámetro modificado será la anchura. Para modificar el tamaño de la imagen manteniendo sus proporciones, es necesario arrastrar los tiradores situados en las esquinas del rectángulo delimitador mientras se mantiene pulsada la tecla **Mayúsculas**. Haga clic sobre el tirador situado en la esquina superior derecha y, manteniendo dicha tecla pulsada, arrastre hasta conseguir un tamaño más pequeño.

1

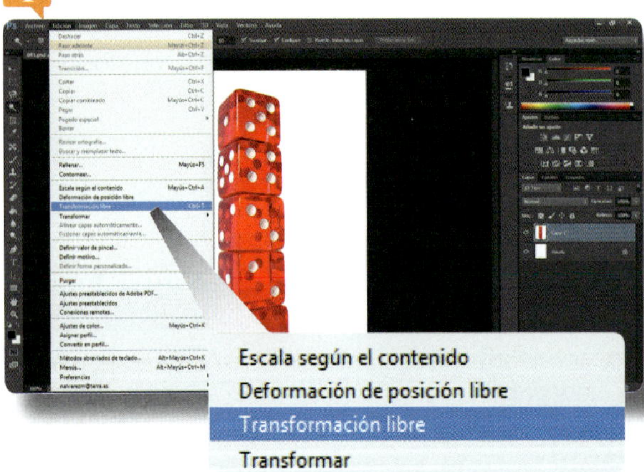

2

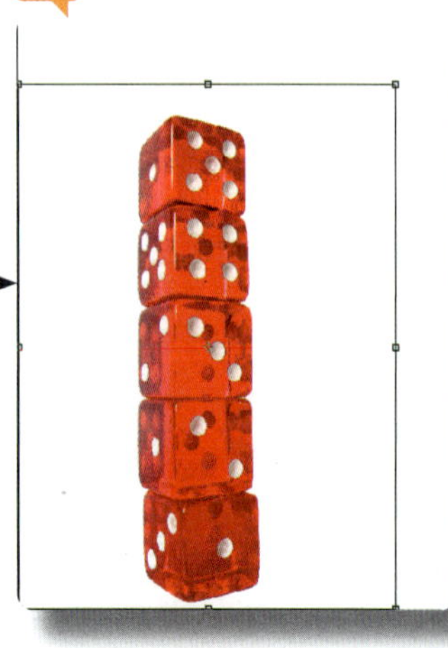

041

3. La herramienta **Transformación libre** también permite cambiar la posición de la imagen en el documento. Pulse sobre la imagen seleccionada y arrástrela hasta colocarla en el centro del lienzo.
4. Para aplicar los cambios realizados en la imagen actual, haga clic en el icono **Aprobar transformación**, que muestra un signo de verificación en el extremo derecho de la **Barra de opciones**, o bien pulse la tecla **Retorno**.
5. Ahora, modificaremos nuevamente el tamaño de la imagen pero utilizando esta vez la **Barra de opciones**. Abra el menú **Edición**, pulse en **Transformar** y seleccione la opción **Escala**.
6. Inserte el valor **50** en el campo **An** de la **Barra de opciones**, referente a la anchura, escriba el mismo valor en el campo **Al**, referente a la altura, y pulse **Retorno**.
7. Abra el menú **Edición**, haga clic en el comando **Transformar** y elija la opción **Voltear horizontal**.
8. Despliegue nuevamente el menú **Edición**, haga clic sobre el comando **Transformar** y seleccione la opción **Rotar 90° ACD**.
9. Por último, giraremos la imagen estableciendo nosotros mismos el ángulo de rotación y la dirección. Abra el menú **Edición**, pulse sobre la opción **Transformación libre**, teclee el valor **45** en el campo **Ángulo** de la Barra de opciones y pulse dos veces **Retorno**.

IMPORTANTE

Con la herramienta **Rotar vista** sólo tiene que hacer clic para girar el lienzo y poder verlo desde cualquier ángulo sin distorsiones.

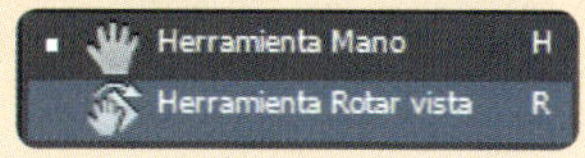

6

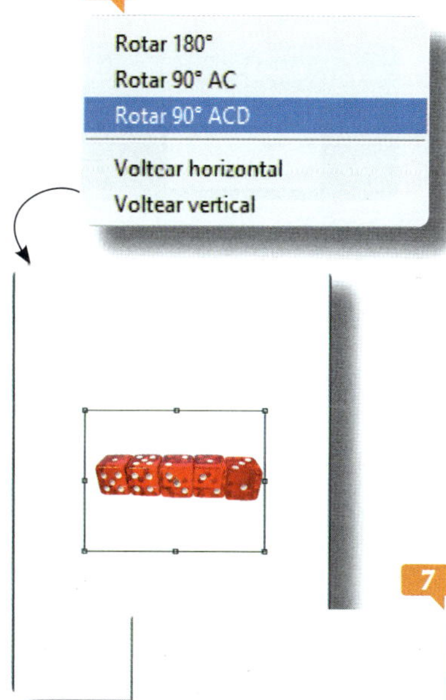

3

5

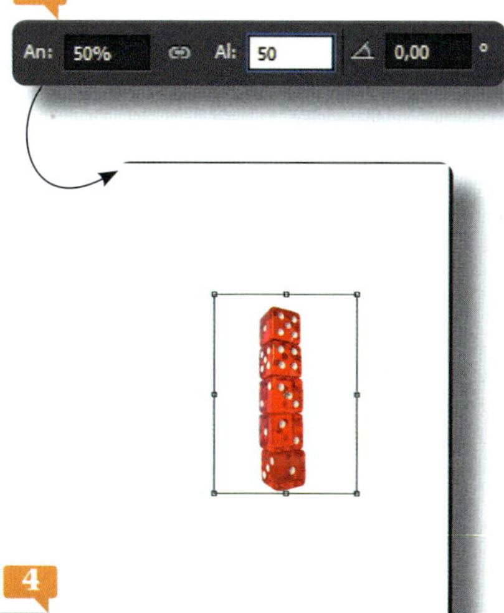

7

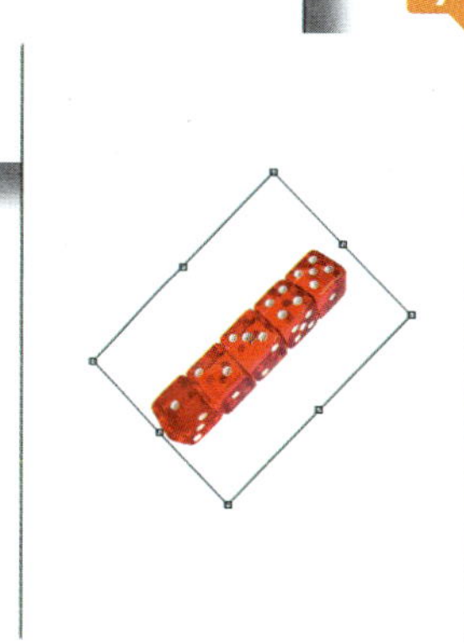

4

Deformar el contenido de una imagen

LA HERRAMIENTA DEFORMACIÓN DE POSICIÓN LIBRE permite transformar radicalmente zonas concretas de una imagen mientras otras se anclan en su lugar. Al activar esa herramienta, Photoshop proporciona una malla visual con la que es posible distorsionar áreas de una imagen, lo que resulta especialmente útil para retocar la forma del pelo o modificar la posición de brazos y piernas, por ejemplo.

1. En este ejercicio practicaremos con el archivo de ejemplo **042.psd** que puede descargar desde nuestra página web y almacenar en su carpeta de imágenes. El archivo está compuesto de dos capas, una con un color de fondo negro y otra, con fondo transparente, donde se ubica el objeto que vamos a deformar. Para empezar, seleccione esta última capa en el panel **Capas**. 1
2. Abra el menú **Edición** y elija la opción **Deformación de posición libre.** 2
3. Observe que sobre el objeto aparece una malla que nos permitirá deformarlo fácilmente. 3 Tenga en cuenta que si la capa en la que se encuentra el objeto tuviera un fondo y no fuera transparente, esa malla abarcaría también ese fondo,

IMPORTANTE

En función del tipo de imagen que vaya a deformar, puede cambiar las opciones de la herramienta Deformación de posición libre en su Barra de opciones. Así, puede determinar la **elasticidad de la malla** en el campo Modo, determinar el **espaciado de los puntos** de la malla en el campo Densidad, **expandir o contraer el borde** exterior de la misma en el campo Expansión y **mostrarla y ocultarla**.

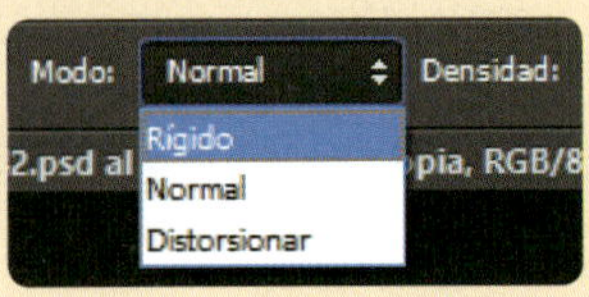

1

Para que la **malla de deformación libre** sólo cubra al objeto que se va a transformar, éste debe estar colocado sobre una capa de fondo transparente.

2

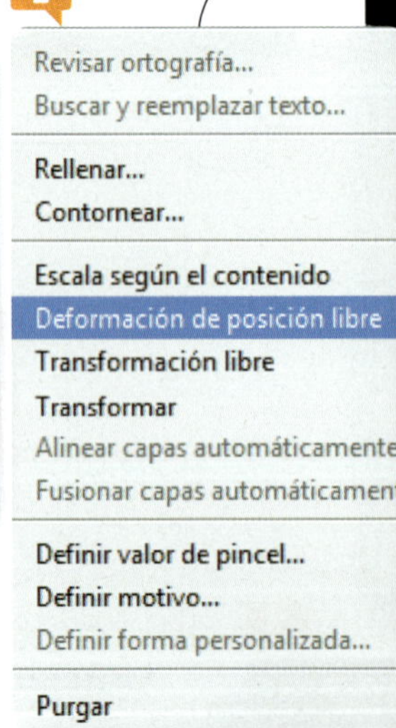

3

Las ayudas visuales que proporciona Photoshop al realizar las acciones básicas de transformación permiten controlar con exactitud los movimientos.

por lo que la deformación afectaría de manera diferente al objeto. Supongamos que queremos mover el brazo derecho hacia arriba sin que se vea afectado el resto del objeto. Inserte varios puntos en el centro de la cara, el del cuerpo y el de la pierna derecha, y en el brazo izquierdo para establecerlos como puntos fijos. 4

4. A continuación, haga clic en la mano derecha y, sin soltar el botón del ratón, arrastre ese punto hacia arriba. 5
5. Sencillo, ¿verdad? El brazo se desplaza hacia arriba sin que el resto del objeto se vea afectado por la deformación. Vamos a mover también el brazo izquierdo. Para ello, primero tenemos que quitar las ubicaciones fijas de ese brazo. Haga clic sobre cada una de ellas con el botón derecho del ratón y elija la opción **Eliminar ubicación**. 6
6. Mantenga el resto de ubicaciones fijas, cree una nueva ubicación en el extremo izquierdo de ese brazo y arrástrela hacia arriba. 7
7. Sepa que si coloca el puntero cerca de una ubicación mientras mantiene la tecla **Alt**. presionada, podrá rotar la malla a su alrededor arrastrándola. Le sugerimos que continúe dando movimiento a este elemento por su cuenta para comprobar el enorme potencial de esta herramienta. Una vez deformada la posición de la chica, pulse el icono **Aprobar Deformación de posición libre**, que muestra un signo de verificación en el extremo derecho de la **Barra de opciones**, guarde los cambios y acabe el ejercicio cerrando el documento.

042

IMPORTANTE

Si coloca el puntero sobre una ubicación mientras mantiene presionada la tecla **Alt**. éste adopta la forma de unas tijeras y permite eliminar esa ubicación pulsando sobre ella.

6

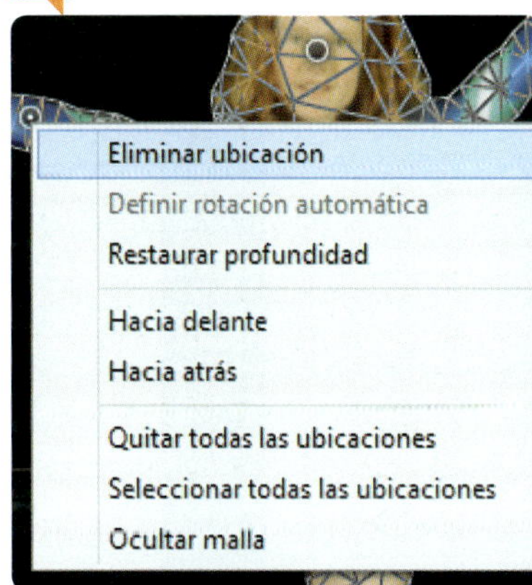

Tenga en cuenta que cuantos más puntos fijos cree, más realista será el efecto.

4

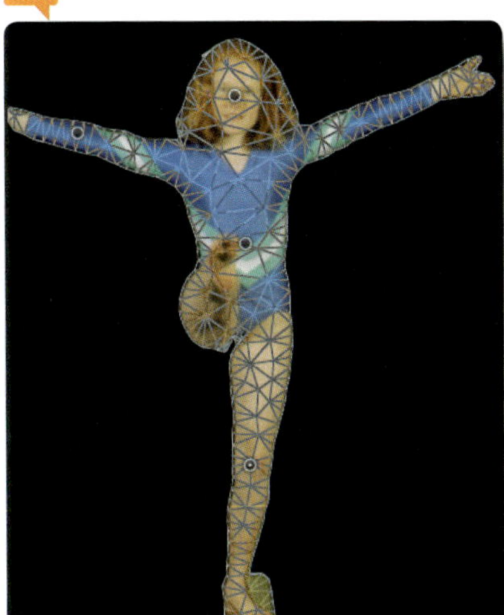

5

7

Insertar y modificar texto

IMPORTANTE

Si una vez escrito el texto horizontal deseamos cambiar su orientación, deberemos utilizar el comando **Conmutar orientación del texto** ubicado en la Barra de opciones.

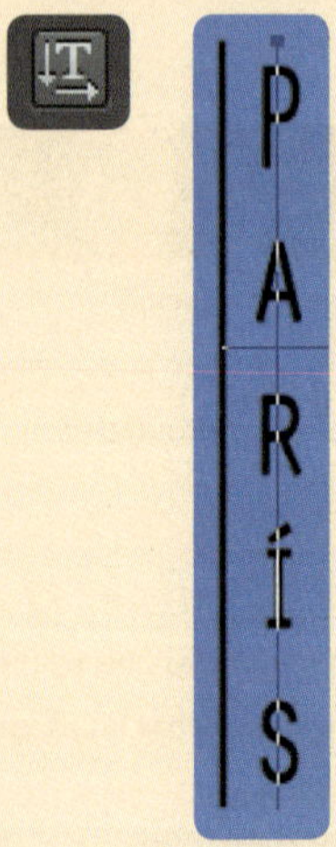

EL TEXTO SE INCLUYE EN UNA CAPA INDIVIDUAL y es tratado de forma independiente al resto de objetos. Desde el panel Carácter podemos modificar cualquier parámetro o características del texto, mientras que el panel Párrafo dispone de las opciones necesarias para alinear el texto, añadir una sangría determinada o aumentar el espacio antes o después del párrafo.

1. Para realizar este ejercicio puede utilizar la imagen que desee. Para empezar, en el panel **Herramientas**, haga clic en la herramienta **Texto horizontal**, cuyo icono muestra una T. [1]
2. Para introducir texto en la imagen, haga clic en cualquier punto del lienzo y escriba una palabra de ejemplo. [2]
3. Para insertar definitivamente el texto pulse en el comando **Aprobar modificaciones actuales** de la **Barra de opciones**.
4. Al empezar a introducir el texto, en el panel **Capas** ha aparecido una nueva capa, que ha adoptado el nombre del texto insertado en ella, además de mostrar un icono con la letra T indicando que se trata de una capa de texto. Por defecto, Photoshop tiene activa una fuente y un tamaño concretos. Una vez insertado el texto, puede modificar sus propiedades. Haga doble clic sobre la palabra para seleccionarla y, en la **Barra de opciones**, haga doble clic en el campo **Definir tamaño de fuente**, escriba uno que se ajuste a su archivo y pulse **Retorno**. [3]

1

Otra de las novedades de Photoshop CC consiste en la posibilidad de seleccionar y eliminar varios estilos de texto.

2

Al escribir, deberá tener en cuenta las propiedades de texto que aparecen en la **Barra de opciones** (tamaño, color, estilo...).

5. Para reubicar el texto, seleccione la herramienta **Mover** en el panel **Herramientas** y arrástrelo hasta el lugar deseado. [4]
6. Abra ahora el menú **Ventana** y seleccione la opción **Carácter**.
7. Vamos a reducir la escala horizontal de las letras. En el panel **Carácter**, el campo **Escala horizontal** está encabezado por una letra T sobre una doble flecha horizontal. Haga doble clic en ese campo, escriba, por ejemplo, el valor **75** y pulse **Retorno**. [5]
8. Para aplicar un efecto de subrayado, en el panel **Carácter**, pulse sobre el comando de subrayado, que muestra una T subrayada.
9. Seguidamente, pulse sobre la pestaña **Párrafo** y compruebe que este panel muestra las opciones necesarias para modificar la alineación, las sangrías izquierda, derecha y de primera línea, el espacio antes y después del párrafo y el guionado automático. [6]
10. Haga clic de nuevo sobre la pestaña **Carácter**, pulse en el botón de punta de flecha del campo **Definir método de suavizado**, situado en la parte inferior derecha del panel, y seleccione la opción **Fuerte**. [7]
11. Despliegue el cuadro de lista **Configurar familia de fuentes**, el primero del panel **Carácter**, y elija el tipo de letra que desee. [8]
12. Para concluir el ejercicio, haga clic en el botón de opciones del panel, elija **Cerrar grupo de fichas** y guarde los cambios realizados en el documento.

043

IMPORTANTE

Photoshop CC permite ahora escribir texto en **10 idiomas índicos**: bengalí, gujaratí, hindi, canarés, malayo, maratí, oriya, punyabí, tamil y telugu. Podemos activar la compatibilidad con estos idiomas en la categoría Texto del cuadro Preferencias. Los cambios tendrán efecto en el siguiente documento que cree.

7

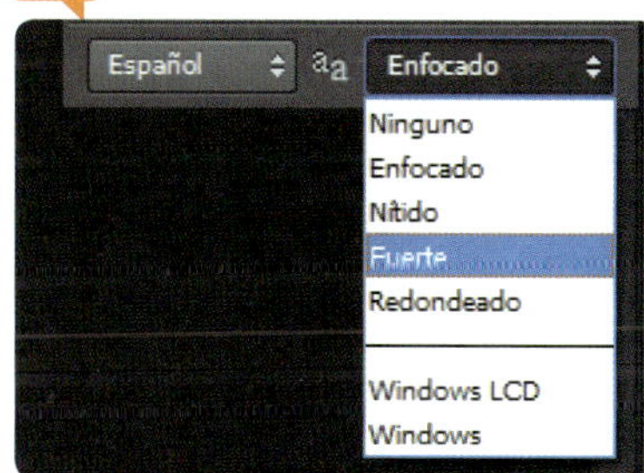

En Photoshop CC una nueva opción de suavizado para texto del sistema ofrece una vista previa realista de cómo aparecerá el **texto en la Web**.

3

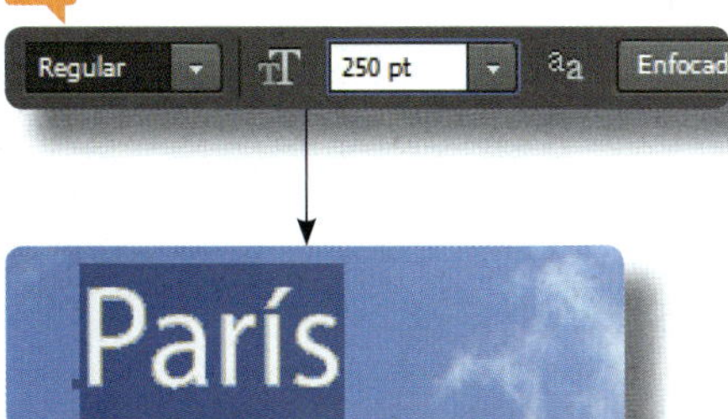

4

5

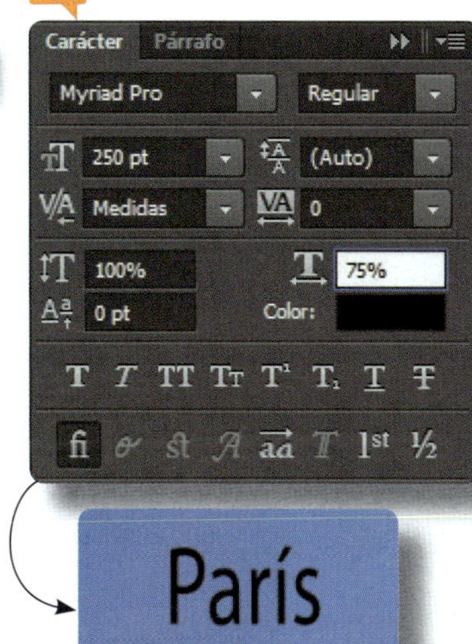

8

6

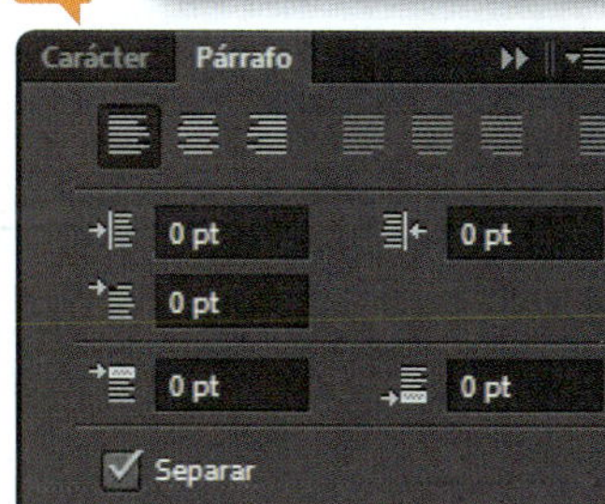

Crear y modificar máscaras de texto

LAS MÁSCARAS DE TEXTO PERMITEN insertar un texto que, posteriormente, se convertirá en un área de selección que podrá mover, copiar, rellenar o contornear igual que cualquier otra selección. Para ello, Photoshop pone a su disposición las herramientas Máscara de texto horizontal y Máscara de texto vertical que son muy útiles para, por ejemplo, crear textos con una imagen de relleno o sobreponer un texto a una imagen, en el caso de que se desee aplicar a la máscara algún efecto de tipo sombra o trazo.

1. En el siguiente ejemplo utilizaremos el archivo **044.psd** que, como siempre, puede encontrar en la zona de descargas de nuestra página web. Para empezar, haga clic en la punta de flecha de la herramienta **Texto horizontal**, seleccione la opción **Herramienta Máscara de texto horizontal** [1] y pulse en la parte inferior de la imagen.
2. Automáticamente, aparece una pantalla de color rojo que cubre todo el documento. [2] Esto indica que todo lo que inserte a partir de ahora será considerado una máscara. Escriba una palabra de ejemplo y selecciónela haciendo doble clic sobre ella.
3. Establezca en 125 puntos el tamaño desde la **Barra de opciones** y confirme el cambio desde la misma barra. [3]

IMPORTANTE

Puede **desplazar** o **eliminar** la selección que se obtiene a partir de una máscara de capa de texto para obtener efectos como éste.

1

2

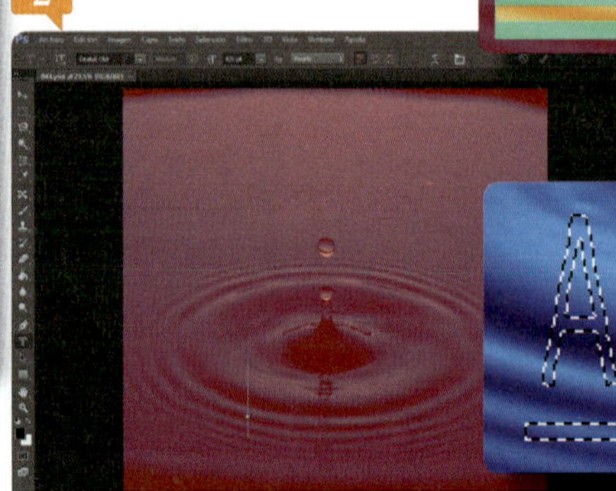

3

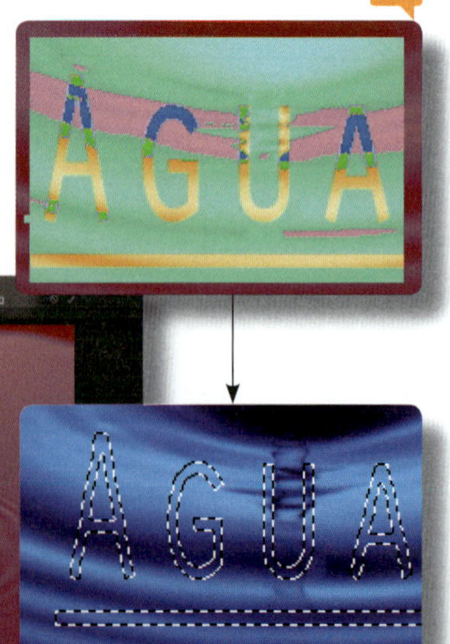

044

4. Al aprobar los cambios, la capa de color rojo desaparece y el texto se muestra como área de selección. Esta área de selección le permitirá copiar y pegar el espacio que ocupa para crear objetos con el fondo del texto situado justo debajo de la selección. Vamos a probarlo. Abra el menú **Edición**, pulse sobre la opción **Copiar** y cree un nuevo documento en blanco desde el menú **Archivo**.
5. Si la capa que se encuentra seleccionada fuera de texto, la ejecución del comando **Copiar** generaría un cuadro de diálogo en el cual se indicaría la imposibilidad de copiar el contenido puesto que la capa está vacía. Abra el menú **Edición**, pulse en la opción **Pegado especial** y elija la opción **Pegar en contexto**.
6. Según el tamaño del documento de origen y del de destino, quizás deba reducir el tamaño de la nueva capa usando la herramienta **Transformación libre** que ya conoce, o sencillamente moverla con la herramienta **Mover**. Aplicaremos ahora un efecto a la capa para resaltarla. En el panel **Capas**, pulse sobre el botón de opciones y elija **Opciones de fusión**. [4]
7. En el cuadro **Estilo de capa**, haga clic sobre la opción **Trazo**.
8. Este estilo permite crear un contorno de color alrededor del objeto seleccionado. En el campo **Tamaño** introduzca el valor **5 y** aplique el estilo seleccionado pulsando **OK**. [5]
9. Resulta interesante que compruebe cómo se representan los efectos de fusión sobre la capa de texto en el panel de capas. [6] Guarde el nuevo documento con el nombre que usted desee y ciérrelo.

IMPORTANTE

El comando **Pegado especial** incluye tres opciones. La opción **Pegar en contexto** pega una selección realizada en otro documento en la misma posición que ocupaba en éste, mientras que las opciones **Pegar dentro** y **Pegar fuera** pegan la selección dentro o fuera de otra selección a modo de nueva capa y convirtiendo así el borde de la selección de destino en una máscara de capa.

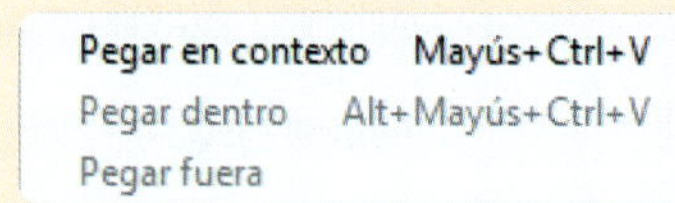

6

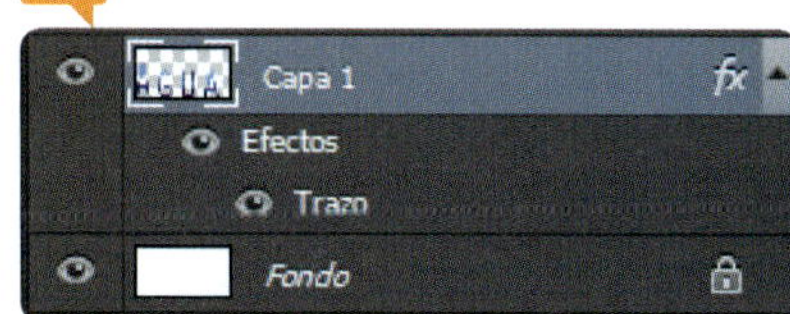

4

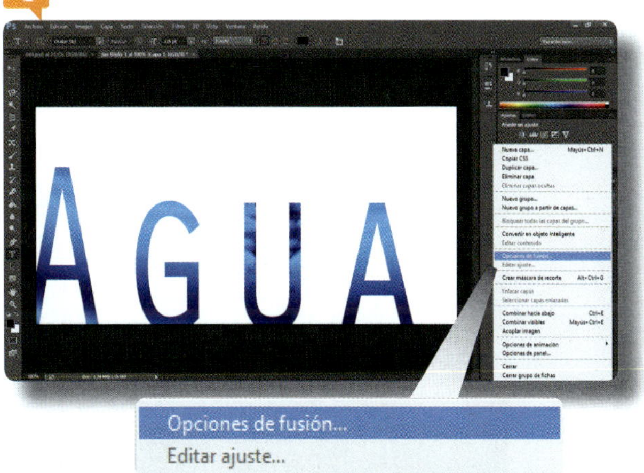

5

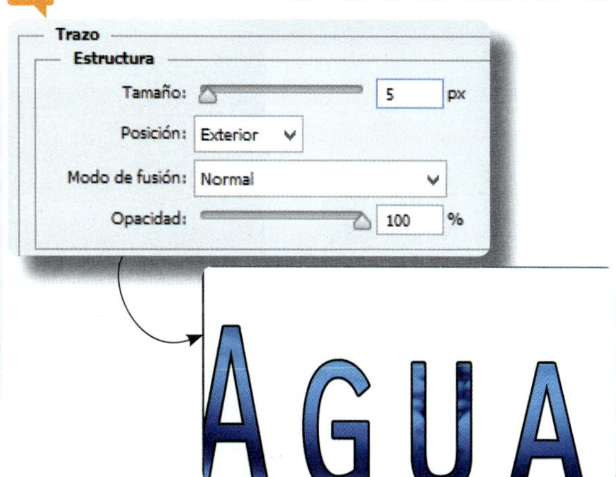

Distorsionar texto

IMPORTANTE

También puede acceder al cuadro de diálogo Deformar texto siguiendo la ruta de menú **Texto/Deformar texto**.

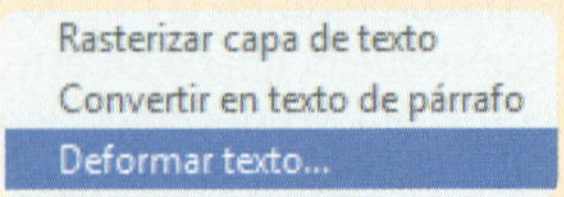

LA HERRAMIENTA DEFORMAR TEXTO permite aplicar deformaciones preestablecidas a cualquier texto, independientemente de su tamaño y aspecto inicial. La relación de deformaciones de texto está concentrada en el cuadro Deformar texto, el cual, además de permitir la selección de hasta quince estilos de deformaciones distintos, permite modificar sus parámetros estableciendo nuevos valores en los cuadros Curvar, Distorsión horizontal y Distorsión vertical. Una vez aplicado un estilo de deformación podrá modificar el texto como si éste estuviera en su punto original.

1. En el panel **Capas**, pulse sobre la capa que contiene el texto que va a deformar para seleccionarla.
2. Haga clic en la punta de flecha de la herramienta **Máscara de texto horizontal** y elija la herramienta **Texto horizontal.**
3. Una vez activada la herramienta de texto, haga clic sobre la palabra que va a deformar.
4. Seguidamente, en la **Barra de opciones**, haga clic en el comando **Crear texto deformado**, representado por una letra T con una línea curva debajo.
5. Aparece el cuadro **Deformar texto**. Cuando deba elegir uno de los quince tipos existentes, podrá guiarse por el gráfico de

1

2

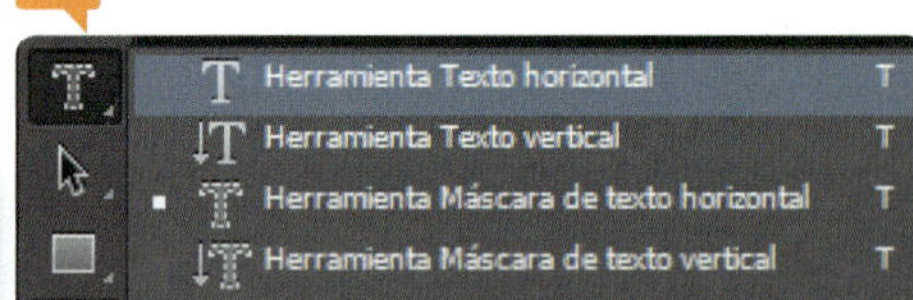

3

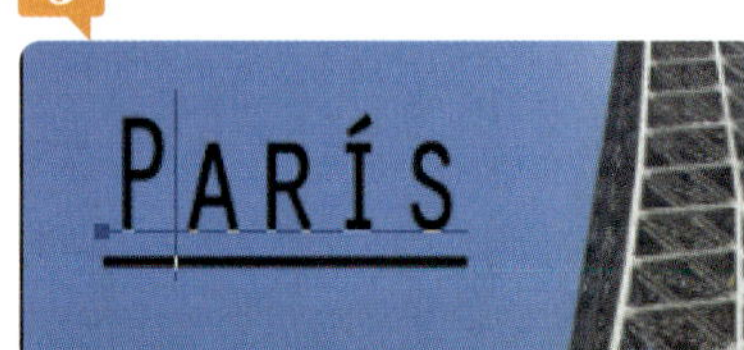

4

muestra que acompaña a cada uno. Despliegue el menú del cuadro **Estilo** y elija el tipo de deformación **Arco**. [5]

6. Al seleccionar cualquier deformación, se activan tres barras reguladoras para modificar la curva, la distorsión horizontal o la distorsión vertical. Haga doble clic en el campo **Curvar** e inserte el valor **-20** para que la curva se genere hacia el lado contrario.
7. Haga doble clic en el campo **Distorsión vertical**, inserte el valor **-15** y pulse el botón **OK** para aplicar el efecto. [6]
8. Haga clic de nuevo en el botón **Crear texto deformado** de la **Barra de opciones** para abrir el cuadro **Deformar texto**, abra el menú del campo **Estilo** y elija, por ejemplo, el tipo **Onda**.
9. Haga doble clic en el campo **Curvar**, teclee el valor **-38**, haga doble clic en el campo **Distorsión horizontal**, teclee el valor **8** y pulse el botón **OK**. [7]
10. Recuerde que aunque haya variado el aspecto del texto, éste sigue activo sin perder sus propiedades, por lo que podrá modificarlo, sustituirlo o añadir nuevo texto sin perder su forma. Haga doble clic en su palabra para seleccionarla, pulse en el cuadro de color de la **Barra de opciones**, elija otra tonalidad en el cuadro **Selector de color (color de texto)** y pulse **OK** para aplicarla. [8]
11. Acabe el ejercicio confirmando los cambios desde la **Barra de opciones** [9] y comprobando el efecto conseguido.

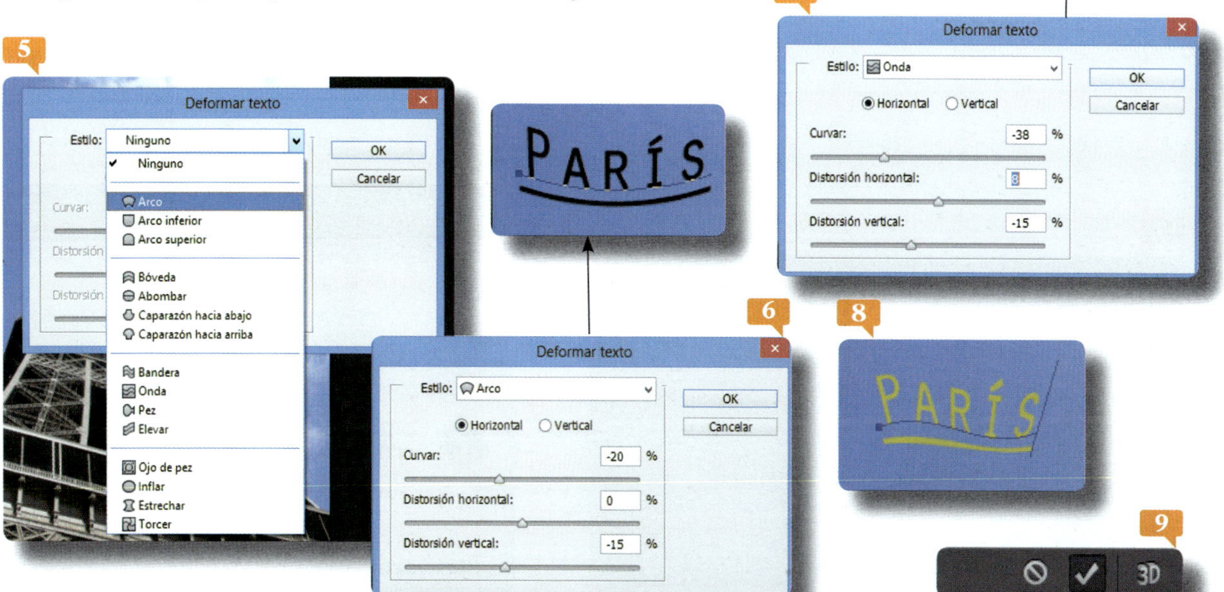

Crear texto en 3D

LAS FUNCIONES PARA CREAR IMÁGENES y texto en 3D no representan en una novedad en Photoshop CC. La gestión de este tipo de elementos tridimensionales se lleva a cabo desde una interfaz propia, una representación tridimensional para gestionar, además de la extrusión del texto, el punto de vista desde el cual debe visualizarse e, incluso, la iluminación.

1. Para empezar, active la herramienta de texto horizontal en el panel **Herramientas** y escriba sobre su imagen un término cualquiera.
2. Una nueva capa de texto aparecerá en el panel **Capas**. Cambie las propiedades del texto, si lo desea, según sus preferencias desde la **Barra de opciones** o desde el panel **Carácter**. [1]
3. Una vez confirmada la inserción del texto, vea que en la **Barra de opciones**, hay un icono que muestra el término **3D** en tres dimensiones. Con la nueva capa de texto seleccionada, pulse sobre este icono. [2] (Si el mencionado icono no aparece en su interfaz, despliegue el menú **Texto** y haga clic sobre el comando **Extrudir a 3D**.)
4. Aparece un cuadro de diálogo [3] en el cual se indica que se generará una capa 3D y solicita confirmación para cambiar al nuevo espacio de trabajo 3D. Pulse sobre el botón **Sí** y espere unos segundos a que se cargue el espacio tridimensional. [4]

IMPORTANTE

Photoshop CC presenta un renovado diseño en su panel **3D**, que ahora está estructurado como un árbol/gráfico de escena con objetos raíz y objetos secundarios para facilitar el trabajo con ellos.

1

2

3

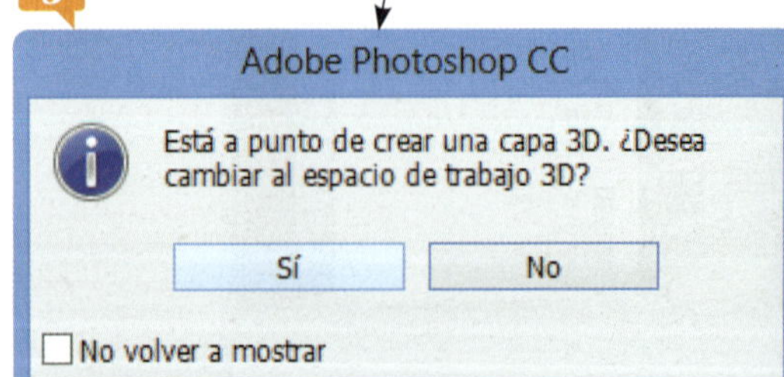

5. Además de crearse la nueva capa 3D, la imagen aparece ahora en un espacio tridimensional que permite una interacción completa para gestionarla. Observe que además se ha abierto el panel **3D**, desde el que se pueden crear nuevos objetos tridimensionales. Lo primero que vamos a comprobar es cómo, efectivamente, se trata de un texto 3D. Para ello, gire el texto con la herramienta de rotación 3D, activada por defecto en la **Barra de opciones**, dentro de la sección **Modo 3D**.
6. Tenga en cuenta que según la potencia de su equipo la manipulación tridimensional será más o menos rápida. Según el icono activado en la **Barra de opciones** podrá girar u orbitar alrededor del texto, moverlo e, incluso cambiar su tamaño. Cada una de estas acciones está representada por ejes o tiradores propios sobre el texto en la imagen.
7. En la parte superior de la pantalla puede ver un círculo de color blanco. Pulse sobre él y vea qué ocurre. 5
8. Aparece en el centro de la imagen una esfera que sirve para indicar el punto desde el cual debe estar iluminado el texto tridimensional. Mueva la esfera de menor tamaño situada en el extremo de la línea que une ambas esferas para dirigir la luz como usted desee y, cuando termine, vuelva a pulsar sobre el círculo de color blanco para desactivar la función de iluminación. (Tenga en cuenta que este icono habrá cambiado de posición en la imagen.) 6
9. Para salir del espacio tridimensional, seleccione otra capa distinta o bien una nueva herramienta. Vea el resultado final y compruebe cómo se muestra la capa de texto tridimensional en el panel **Capas**.
10. Acabe el ejercicio guardando los cambios.

046

IMPORTANTE

El panel situado en la parte superior izquierda de la imagen al activar una capa tridimensional sirve para previsualizar la imagen desde distintos puntos de vista: desde la derecha, arriba, abajo, frontalmente, etc.

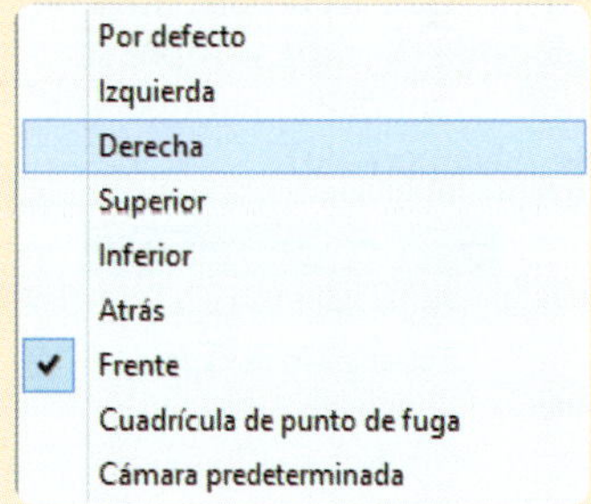

6

4

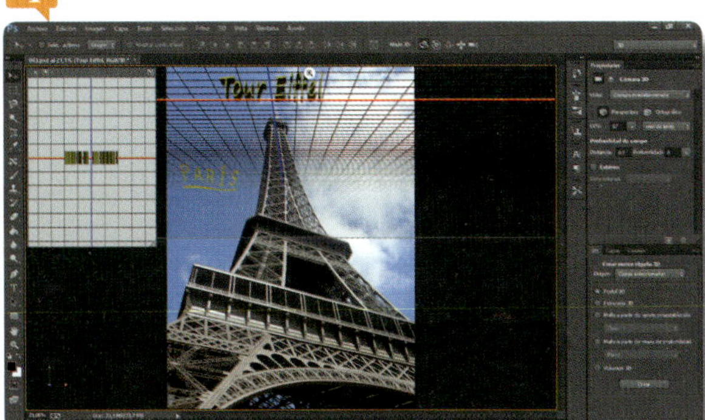

5

Añadir y personalizar una sombra paralela

IMPORTANTE

Utilice las opciones **Copiar estilo de capa** y **Pegar estilo de capa** del comando Estilo de capa del menú Capa para añadir el estilo de capa aplicado en una capa a otra manteniendo sus características. (Tenga en cuenta que las propiedades de un estilo de capa siempre se podrán modificar aunque éste se haya pegado).

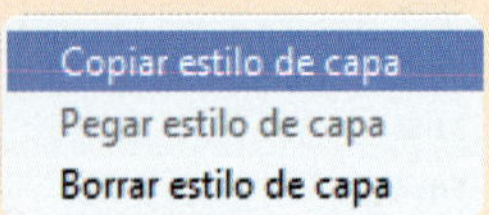

LOS ESTILOS DE CAPA SON EFECTOS o tratamientos que se pueden aplicar de forma personalizada a los objetos incluidos en las capas de un documento para añadir vistosidad o modificar su aspecto sin cambiar el contenido de la capa original. Photoshop dispone de hasta diez tipos diferentes de estilos de capa, cada uno de los cuales dispone de unos parámetros predefinidos para que pueda aplicarlos fácilmente. Un estilo de capa incluido en un objeto de un documento puede ser copiado y pegado sobre otros objetos del mismo o de otro documento manteniendo las mismas características.

1. Descargue desde nuestra página web el archivo **047.psd**, guárdelo en su carpeta de imágenes y ábralo en Photoshop. Aplicaremos un efecto de sombra paralela sobre la capa de texto. Con esa capa seleccionada, abra el menú **Capa**, haga clic sobre el comando **Estilo de capa** y elija la opción **Sombra paralela**. [1]

2. Aparece en pantalla el cuadro **Estilo de capa**, [2] con la relación completa de los efectos y estilos que puede añadir a los objetos de una capa. Puesto que ya hemos seleccionado la opción **Sombra paralela**, es éste el estilo que aparece acti-

1

2

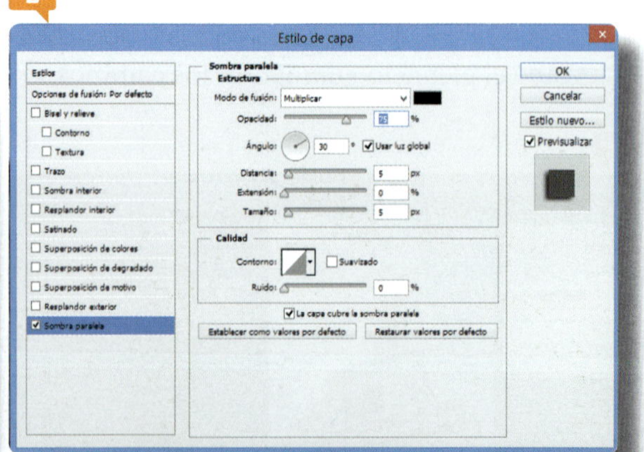

Cada uno de los estilos de capa puede aplicarse con las características predefinidas por el programa o bien puede personalizarse desde el cuadro **Estilo de capa**.

047

vado. Aunque es posible aplicar el efecto con los parámetros asignados por defecto, modificaremos alguno de ellos para personalizarlo. Haga clic en el cuadro de color situado en la parte superior del apartado **Estructura**, junto al campo **Modo de fusión**.

3. Se abre el cuadro de diálogo **Selector de color**. Haga clic sobre un tono de la barra de colores vertical, elija un color del cuadro de colores y pulse **OK** para aplicarlo.
4. Pulse en el botón de flecha del campo **Modo de fusión** y elija la opción **Normal**. [3]
5. Haga doble clic en el campo **Ángulo** y escriba, por ejemplo, el valor **128**.
6. A continuación, cambiaremos también la distancia entre el objeto y la sombra. En el campo **Distancia**, escriba el valor **10**.
7. Según este parámetro, hemos establecido una distancia de 10 píxeles entre el objeto y su sombra. El valor **Extensión** equivale al grosor de la sombra. Escriba en este campo, por ejemplo, el valor **20** y, en el campo **Tamaño**, inserte el valor **10**. [4]
8. Por último, aplicaremos un nuevo estilo de contorno. Haga clic en el botón de flecha del campo **Contorno** y seleccione uno de los estilos disponibles (en el ejemplo elegimos el segundo de la galería). [5]
9. Para concluir el ejercicio, modificaremos levemente la opacidad de la sombra. En el campo **Opacidad**, inserte el valor **50** y aplique los nuevos parámetros pulsando **OK**. [6]

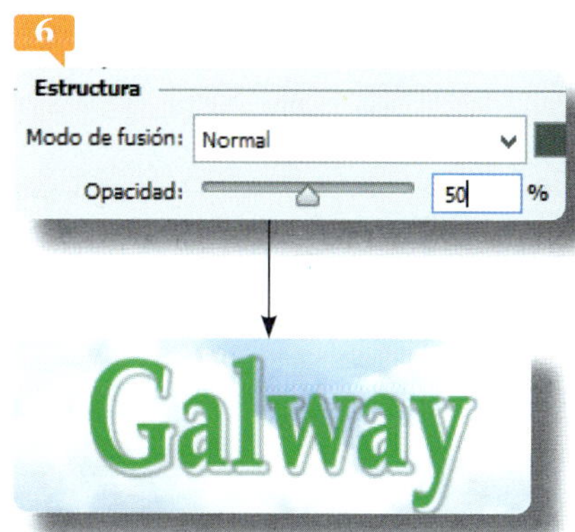

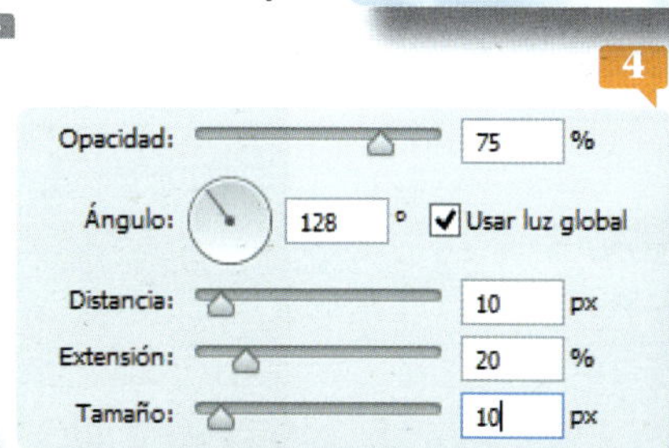

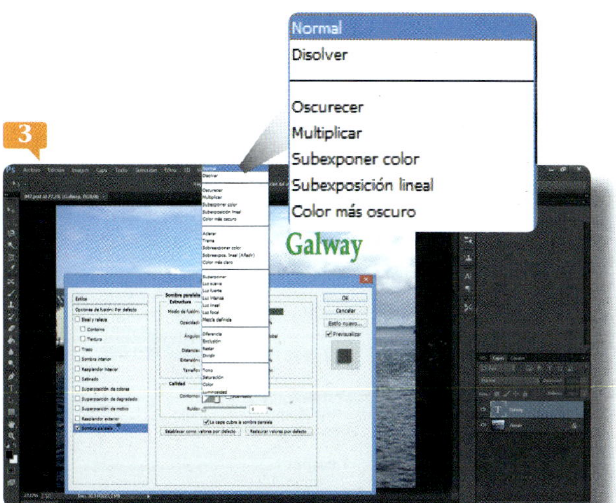

Entre las múltiples propiedades configurables de un estilo de capa de tipo **Sombra paralela** se encuentran su opacidad, la distancia entre el objeto y la sombra, su contorno, etc.

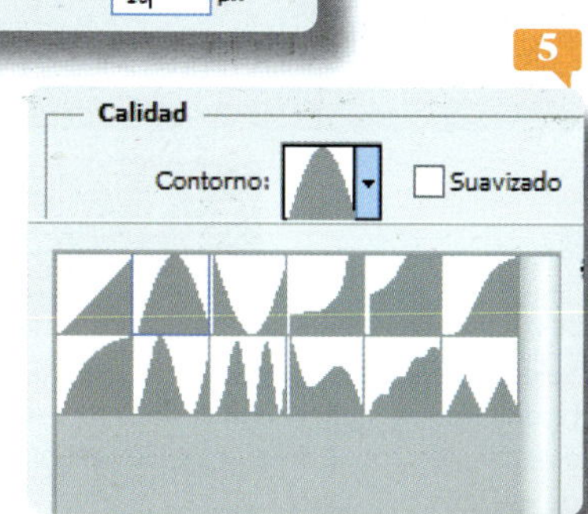

Aplicar bisel y relieve a un texto

IMPORTANTE

Puede crear un nuevo estilo de capa personalizado y guardarlo en la biblioteca de estilos para disponer de él siempre que lo necesite. Utilice para ello el botón **Estilo nuevo** del cuadro Estilo de capas, introduzca un nombre para el estilo y defina sus propiedades.

UNO DE LOS ESTILOS DE CAPA MÁS UTILIZADO en las composiciones creadas en Photoshop, sobre todo para resaltar un objeto de texto, es el estilo de capa Bisel y relieve. Dicho estilo permite aplicar un contorno determinado a un objeto. En el cuadro de diálogo Estilo de capa, es posible determinar el estilo del bisel, su anchura, el tamaño de la sombra, la dirección o el ángulo de la luz.

1. Para empezar, con la capa de texto seleccionada en el panel **Capas**, [1] haga clic en el segundo comando de la parte inferior de este panel, correspondiente a la función **Añadir un estilo de capa** y seleccione el estilo **Bisel y relieve.** [2]
2. Desactive el estilo **Sombra paralela** en el cuadro **Estilo de capa** antes de continuar con la modificación del estilo del bisel.
3. Despliegue el campo **Estilo** y elija el estilo **Inglete exterior.** [3]
4. Gracias a la actualización en tiempo real puede ir comprobando el efecto del estilo de bisel seleccionado sobre el texto a medida que lo va modificando. Ahora cambiaremos la técnica del bisel, lo que le permitirá delimitar de forma más suave o más pronunciada el relieve del texto. Despliegue el campo **Técnica** y elija la opción **Cincel duro.** [4]

1

Seleccione la capa de texto a la que va a aplicar el efecto de bisel y relieve y acceda al cuadro de estilos de capa para ese efecto seleccionando esta vez la opción adecuada en el icono de **efectos** del panel Capas.

2

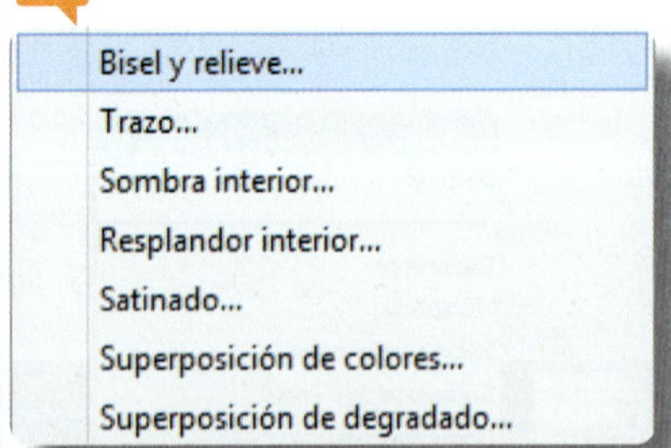

3

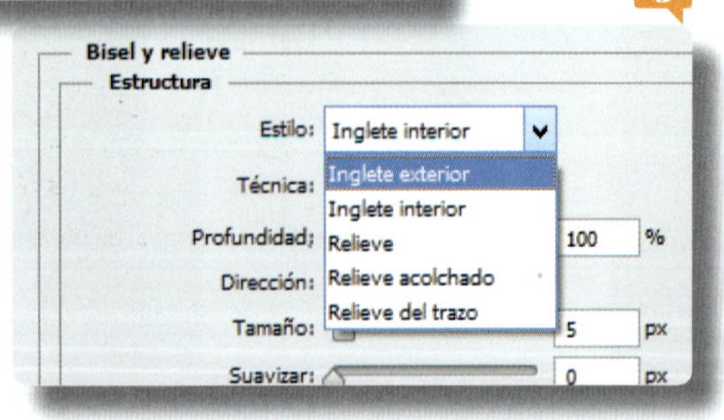

048

5. Observe que el relieve es mucho más evidente. A continuación estableceremos un cambio de dirección para el efecto de relieve. Active la opción **Abajo**, en el comando **Dirección**.
6. También modificaremos el tamaño del bisel. Haga doble clic en el campo **Tamaño** e inserte el valor **10.** 5
7. El efecto es claramente visible. Volveremos a establecer un tamaño para el bisel más moderado, de forma que el efecto de relieve sea visible pero no tan marcado. Inserte el valor **4** en el campo **Tamaño**.
8. También modificaremos la dirección del efecto creado. Haga clic en el botón de opción **Arriba**, en el parámetro **Dirección**.
9. Invertiremos el ángulo de la sombra de modo que la dirección de la luz sea contraria a la actual. Haga doble clic en el campo **Ángulo** e inserte el valor **-90**.
10. Por último, active la opción **Contorno** en el panel de categorías, abra el cuadro de muestras de la opción **Contorno de resplandor** y aplique con un doble clic uno de los estilos disponibles. 6
11. Compruebe el efecto conseguido sobre el texto con los nuevos parámetros para el contorno. Por último, haga doble clic en el campo **Opacidad** correspondiente al parámetro **Modo resaltado**, escriba el valor **85** 7 y pulse el botón **OK** para ver el resultado. 8

IMPORTANTE

Si bien se trata de un estilo que se suele aplicar en objetos de texto para resaltarlos sobre el resto de elementos del documento, también es posible añadirlo a todo tipo de imágenes.

6

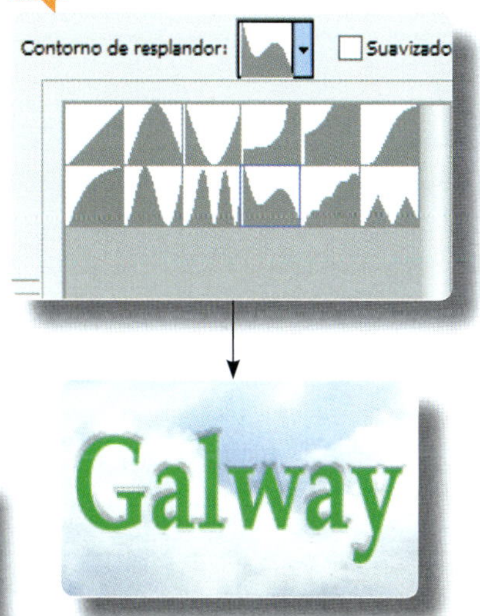

4

Para acceder al cuadro de propiedades de un efecto de estilo de capa basta con que haga doble clic sobre él en el panel **Capas**.

5

7

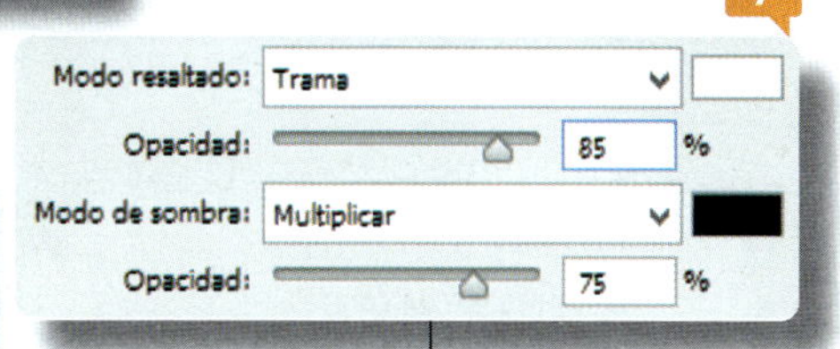

8

Superponer colores y degradados

IMPORTANTE

Al desactivar un estilo de capa modificado y aplicado en el cuadro Estilo de capa éste sigue apareciendo en el panel Capas. Para **eliminarlo** hay que arrastrarlo hasta la papelera de la parte inferior del panel Capas.

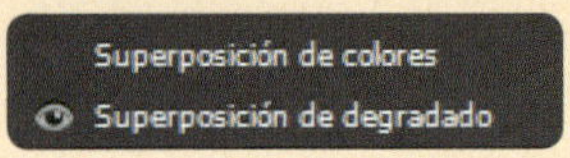

CUANDO INSERTAMOS UN TEXTO en Photoshop, es preciso asignarle un tipo de letra, un tamaño y un color. Estas características pueden ser modificadas en cualquier momento, aunque Photoshop dispone de una herramienta que permite llevar a cabo esta misma acción como estilo de capa: la superposición de colores y de degradados.

1. Utilice para esta práctica el archivo **049.psd**; si lo prefiere, inserte en el último archivo con el que estaba practicando una nueva capa de texto a su libre elección. Seleccione en el panel **Capas** la capa correspondiente al texto, pulse sobre el icono **Añadir un estilo de capa**, el segundo de la parte inferior del panel y seleccione el estilo **Superposición de colores.** [1]
2. El cuadro **Estilo de capa** muestra las características del estilo elegido. Haga clic en la muestra de color situada junto al campo **Modo de fusión** para acceder al cuadro **Selector de color.** [2]
3. Haga clic sobre el color que prefiera en la barra de colores vertical y pulse **OK** para aplicarlo. [3]
4. Vea el efecto conseguido sobre el texto antes de aplicar definitivamente el estilo. El objeto de texto ha quedado coloreado

1

Los estilos de capa **Superposición de colores, Superposición de degradado y Superposición de motivo** rellenan el contenido de la capa con un color, un degradado o un motivo, de manera que el color original no se vea afectado y siempre esté disponible.

2

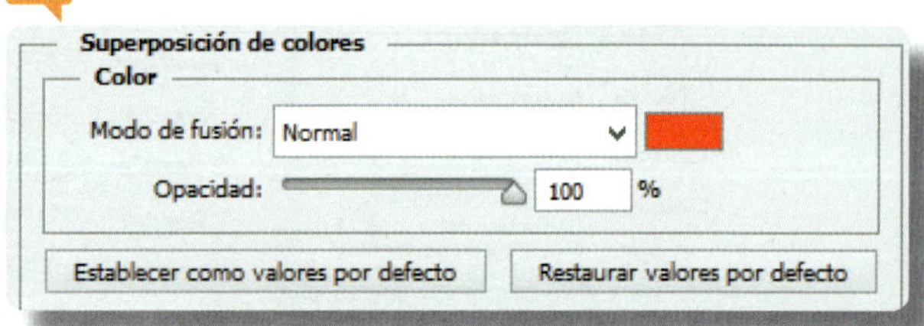

3

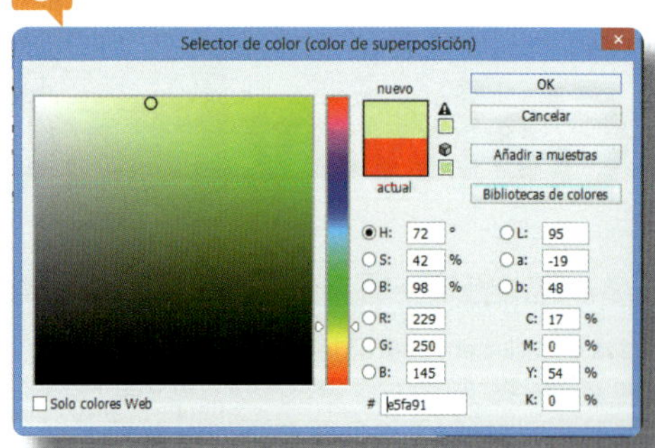

con el tono elegido. [4] Tenga en cuenta que el texto sólo cuenta con una capa de color superpuesta que podrá eliminar siempre que lo necesite para volver a disponer del color original. Vamos a modificar algunas de las opciones del estilo aplicado. Abra el menú **Modo de fusión** y elija la opción **Disolver**. [5]

5. Seguidamente, haga doble clic en el campo **Opacidad**, inserte el valor **75** y pulse **OK** para aplicar los cambios.
6. Al aplicar el estilo **Disolver** con una opacidad del 75%, Photoshop no ha aplicado el color de forma uniforme. [6] A continuación, le mostraremos el efecto que puede conseguir al aplicar una superposición de degradado. Abra el panel de estilos, haga clic en la casilla de verificación **Superposición de colores** para desactivarla y seleccione el efecto **Superposición de degradado**. [7]
7. Este estilo permite añadir una capa de degradado al objeto de texto seleccionado compuesto por varios colores. El color de degradado aplicado por defecto es el blanco y negro. Despliegue el campo **Modo de fusión** y seleccione la opción **Luz fuerte**.
8. Este estilo permite marcar mucho más el contraste entre los diferentes colores que formarán el degradado. Despliegue el menú del campo **Degradado** y elija, por ejemplo, la muestra predeterminada con los colores naranja y amarillo. [8]
9. Por último, haga doble clic en el campo **Escala**, escriba el valor **50** y pulse **OK** para comprobar el efecto conseguido. [9]

049

IMPORTANTE

El estilo **Superposición de colores** permite aplicar un color determinado a un objeto de texto aumentando o disminuyendo su intensidad o el modo de fusión, lo que permite tener disponible siempre el color original del texto. El estilo **Superposición de degradado**, por su parte, permite aplicar un degradado de colores tanto preestablecidos como personalizados. En este caso, resulta de gran importancia el entramado de colores, el modo de fusión, el ángulo de inclinación y el modo en que se muestra el degradado.

7

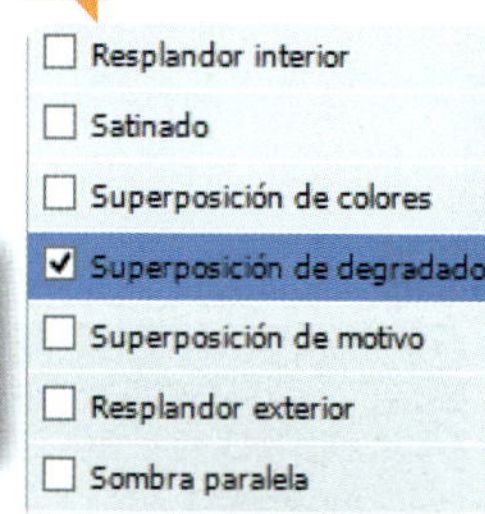

4

6

5

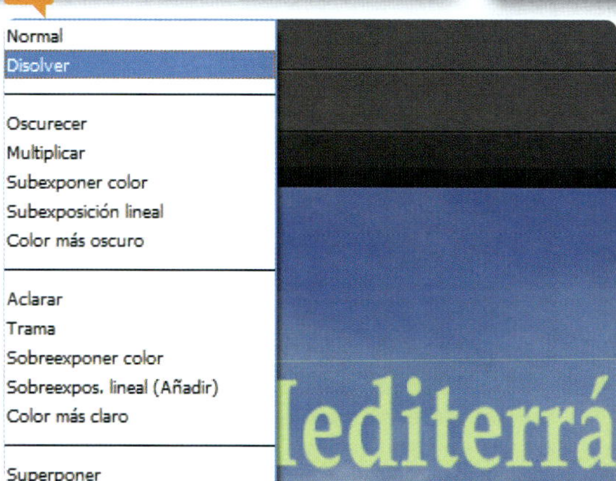

8

9

Superponer motivos

EL ESTILO DE CAPA SUPERPOSICIÓN DE MOTIVO actúa igual que los estilos Superposición de colores y Superposición de degradado con la diferencia de que, en lugar de aplicar uno o varios colores sobre un objeto de texto o sobre una imagen, se aplica un motivo preestablecido de Photoshop o creado por el propio usuario. Los motivos podrán ser modificados para que aparezcan con mayor o menor intensidad. Los estilos de superposición de motivo pueden combinarse con los de superposición de degradado, de modo que los motivos aparezcan de forma degradada en función de los parámetros aplicados en el estilo Superposición de degradado.

IMPORTANTE

Compruebe que al aplicar un estilo de capa a una capa aparece el **icono de efectos de capa (fx)** a la derecha de su nombre en el panel Capas.

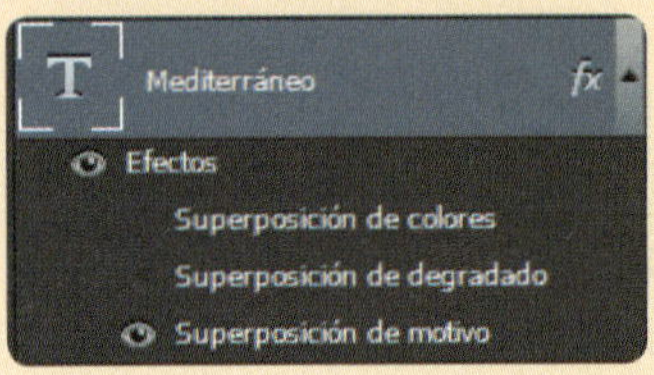

1. En esta lección añadiremos el estilo de capa **Superposición de motivo** sobre el objeto de texto al que añadió la capa de degradado en el ejercicio anterior. Para empezar, y con la capa de texto seleccionada, pulse sobre el icono **Añadir un estilo de capa** del panel **Capas** y elija la opción **Superposición de motivo.** 1
2. Puede aplicar un motivo preestablecido de Photoshop o un motivo creado de forma personal como contenido de relleno de texto o imágenes. 2 Pulse **OK** para visualizar el objeto de texto con el motivo preestablecido por defecto.

1

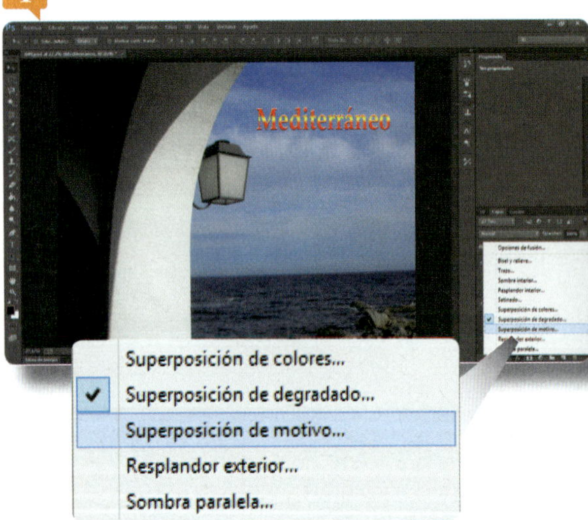

2

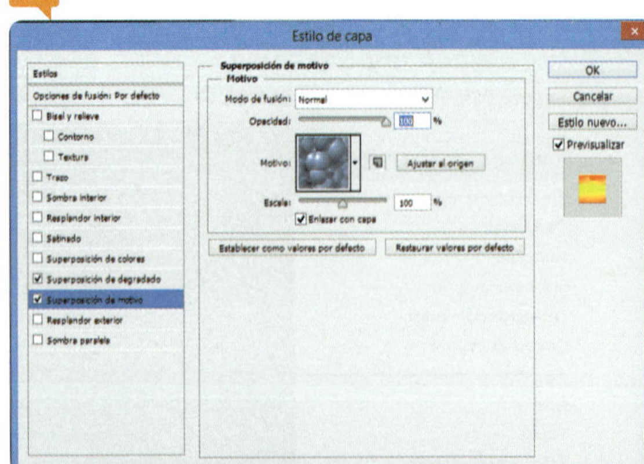

Si desea que el motivo que seleccione se desplace con la capa a medida que ésta se mueva, mantenga seleccionada la opción **Enlazar con capa**.

3. Debido a que la capa tiene aplicado el estilo **Superposición de degradado**, el nuevo estilo de capa parece no afectar al texto. Para que el motivo que elijamos aparezca en su totalidad, ocultaremos este estilo. Recuerde que puede hacerlo desactivándolo en el cuadro **Estilo de capa** o pulsando en su icono de visibilidad en el panel **Capas**. Ejecute esta segunda acción para ocultarlo.
4. Observe ahora el efecto conseguido. Seguidamente, aplicaremos otro motivo preestablecido. Haga doble clic en el estilo de capa **Superposición de motivo** del panel **Capas**.
5. Haga clic en el botón de punta de flecha del campo **Motivo**, pulse en el botón de ajustes del panel de motivos y elija, por ejemplo, la opción **Motivos**.
6. En el cuadro de diálogo que aparece, pulse el botón **Añadir** para que los nuevos motivos se agreguen a los que ya se muestran.
7. Desplácese por la galería de motivos y elija el que más le guste con un doble clic.
8. Seguidamente, volveremos a aplicar un nuevo motivo. Abra el menú del campo **Motivo** y seleccione otro motivo.
9. Antes de aplicarlo definitivamente, modificaremos su aspecto. Haga doble clic en el campo **Escala**, inserte el valor **200** y pulse **OK** para aplicar el nuevo motivo y ver el resultado.

Puede añadir otros **motivos predefinidos** a su galería o sustituir los que aparecen por los de otra categoría.

3
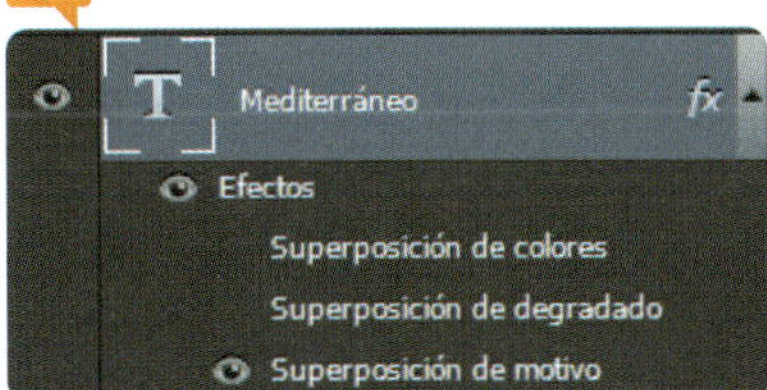

4

Si desea que el origen del motivo sea el mismo que el del documento, active la opción **Ajustar al origen**.

5
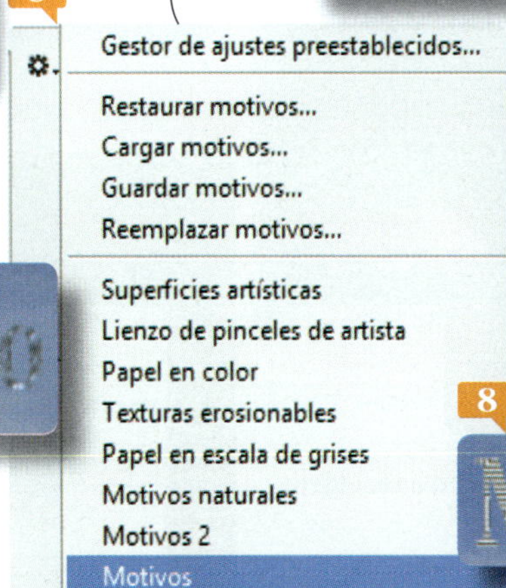

6
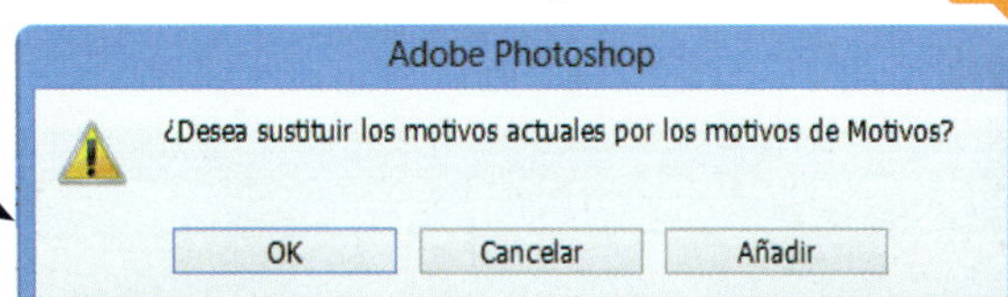

7
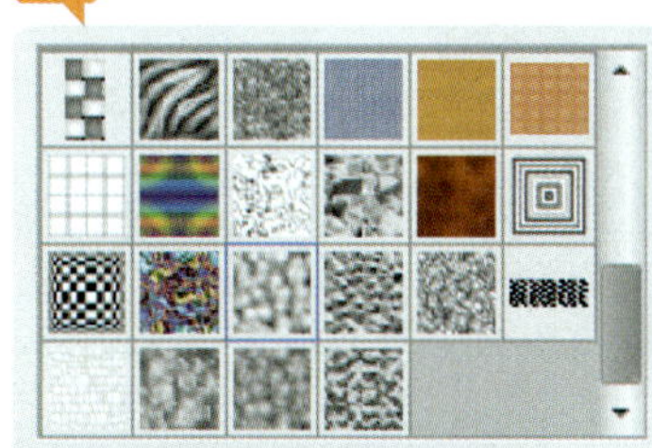

8

Realzar textos u objetos con un trazo

IMPORTANTE

El trazo está especialmente recomendado para **resaltar** formas bien definidas, como pueden ser las que componen un texto, pero también se puede aplicar sobre formas e imágenes.

EL ESTILO DE CAPA TRAZO PERMITE CREAR UN BORDE con un grosor y un color determinados para realzar un objeto de texto o una imagen. El cuadro Estilo de capa dispone de las opciones necesarias para que el estilo Trazo pueda ser adaptado a las características de cada elemento. Es muy importante, en primer lugar, el grosor del borde, que debe ser siempre adecuado al objeto al que afecta, y en segundo lugar, el color. Respecto a este último punto, es recomendable establecer un color distinto al color de relleno, de forma que quede evidente el contraste entre ambos elementos.

1. Para empezar, y tras asegurarse de que la capa a la que va a aplicar el efecto se encuentra seleccionada, pulse el botón **Añadir un estilo de capa** y seleccione la opción **Trazo**. (Puede añadir un texto a la imagen **049.psd** como en el ejemplo. 1)
2. El cuadro **Estilo de capa** muestra las características del estilo **Trazo**. Es posible aplicar al trazo un degradado o un motivo, además de un color plano. Por defecto, el color sólido elegido para el trazo es el negro. 2 Haga clic en la muestra de color del campo **Color** para mostrar el selector de colores. 3

1

El estilo de capa **Trazo** permite aplicar un contorno a un objeto utilizando un color, un degradado o un motivo.

2

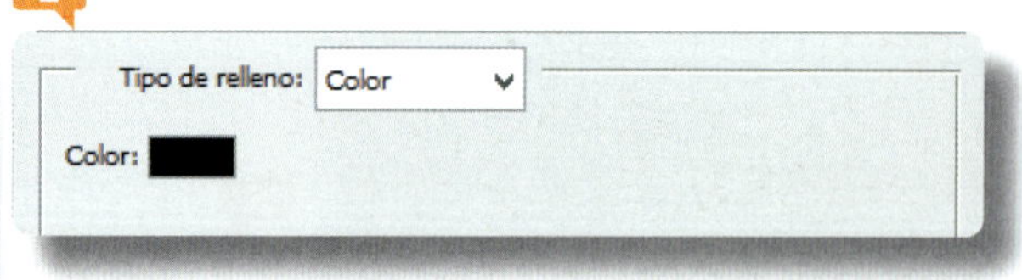

3

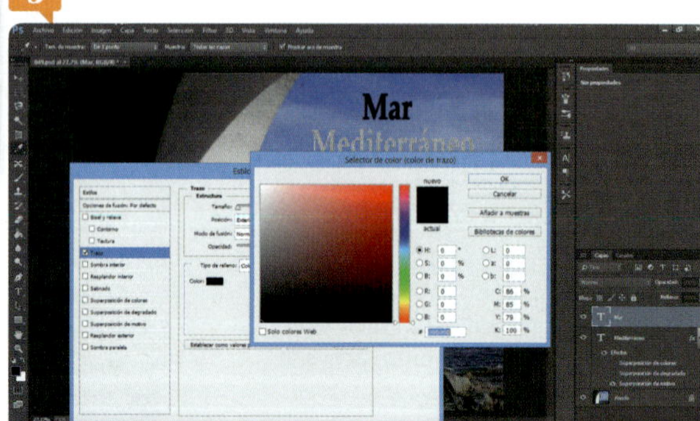

051

3. En el selector de colores, elija el color que desee y pulse el botón **OK** para aplicarlo. [4]
4. Como es habitual, puede ir comprobando los cambios sobre el texto a medida que los vaya realizando. [5] Esto es, sin duda, una forma de asegurarse de que el resultado final será exactamente el que está buscando antes de aplicarlo definitivamente. Haga doble clic en el campo **Tamaño** e inserte el valor **5** para aumentar sensiblemente el grosor del trazo. [6]
5. El cambio de posición provoca que el trazo empiece desde un punto concreto del objeto de texto: desde dentro, desde fuera o desde el centro. En este caso despliegue el campo **Posición** y elija la opción **Interior** para comprobar el cambio. [7]
6. Antes de aplicar los cambios, nos ocuparemos del modo de fusión, que permite visualizar los efectos de un modo u otro en función de los colores y la luz disponibles. Haga clic en el botón de punta de flecha del campo **Modo de fusión** y seleccione la opción **Luz intensa**. [8]
7. Podemos comprobar que, con este modo de fusión, el trazo queda más realzado. Pulse **OK** para aplicar el nuevo estilo de capa y dar por concluido este ejercicio.

6

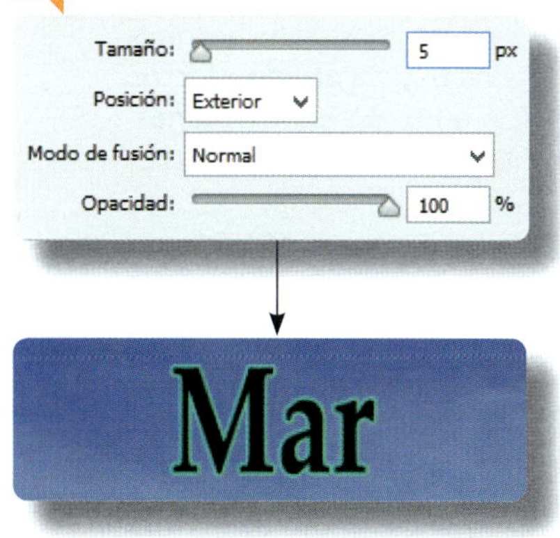

7

4

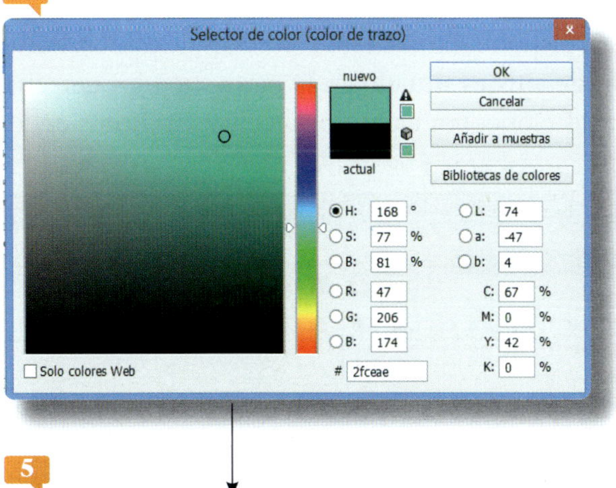

5

Pruebe con diferentes opciones de configuración del estilo de capa Trazo y podrá obtener fácil y rápidamente interesantes efectos. Modifique, por ejemplo, el **tamaño del trazo**, su **posición** y el **modo de fusión** y aplíquele después un relleno de degradado.

8

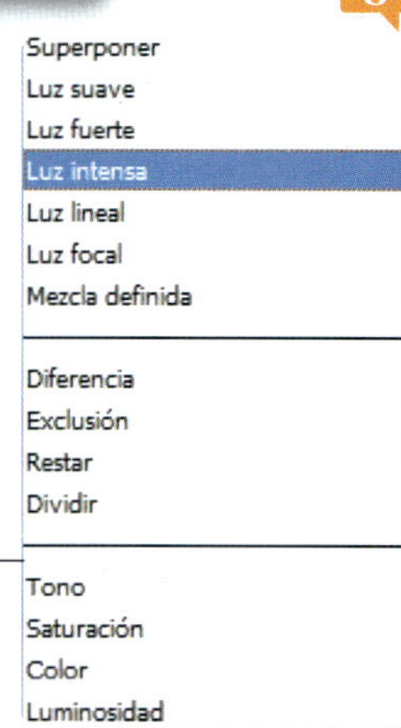

Utilizar las colecciones de estilos de capa

PHOTOSHOP DISPONE DE UN GRAN NÚMERO de estilos “prefabricados” agrupados en las colecciones de estilos. Los estilos predeterminados pueden ser modificados y personalizados y guardados como un nuevo estilo. Cualquiera de las colecciones de estilos predeterminadas ofrece una pequeña muestra del efecto que produce sobre los elementos a los que se aplique.

1. Para empezar quite de la capa de texto con la que trabajó en el ejercicio anterior el estilo de capa **Trazo** arrastrándolo en el panel **Capas** hasta el icono de papelera. [1]
2. Con la misma capa de texto seleccionada, haga clic en el comando **Añadir un estilo de capa** del panel **Capas** y pulse sobre el comando **Opciones de fusión**. [2]
3. En el cuadro de diálogo **Estilo de capa**, pulse sobre la opción **Estilos** para ver los estilos predeterminados de Photoshop. [3]
4. En la parte central del cuadro aparece el catálogo de estilos predeterminados. Elija una de las muestras y observe el aspecto de la palabra escrita en la capa. [4]
5. El programa no dispone sólo de esta colección de estilos. Pulse sobre el botón de ajustes situado en la parte superior derecha del cuadro y seleccione, por ejemplo, la colección **Botones**. [5]

IMPORTANTE

Photoshop agrupa los estilos de capa predefinidos en diferentes categorías según sea su función. Por ejemplo, ofrece estilos para **crear botones Web**, para **añadir efectos a un texto**, para **obtener espectaculares efectos fotográficos**, etc.

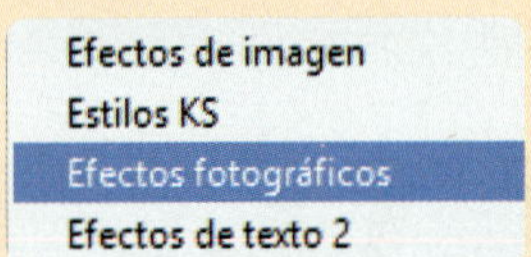

1

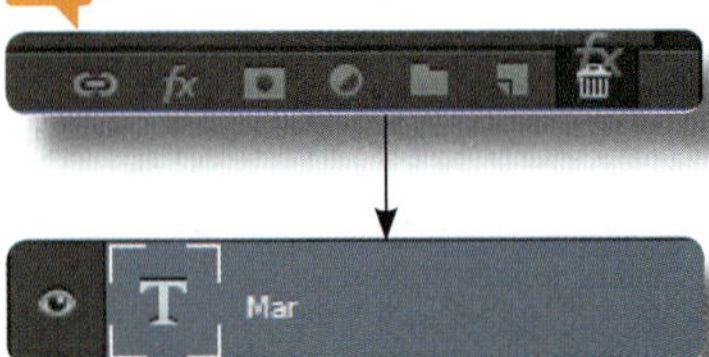

2

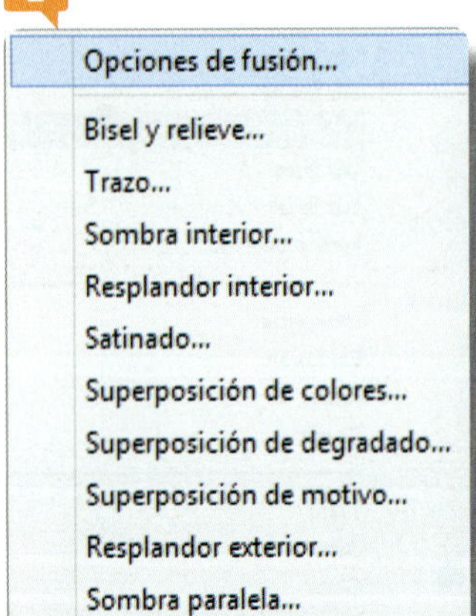

El **modo de fusión** de una capa determina la manera en que los píxeles de esa capa se fusionan con los píxeles subyacentes de la imagen. Puede ver las opciones de fusión disponibles en el cuadro Estilo de capa.

3

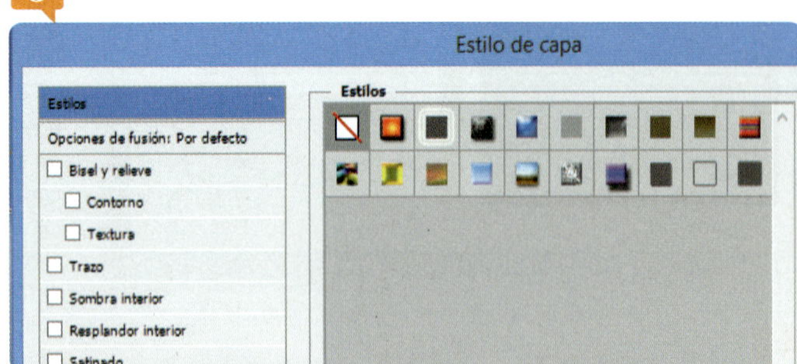

4

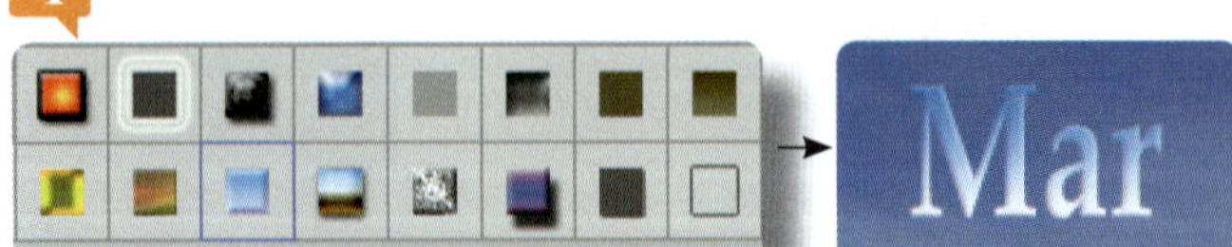

6. Photoshop pregunta si desea sustituir la colección de estilos actual por la que ha elegido. Pulse **OK** para confirmarlo.
7. Pulse sobre el estilo denominado **Sol** de la colección de estilos de botones que ha cargado. [6]
8. Aunque todos estos estilos ya tienen unos parámetros determinados, puede modificar alguna de sus características. En el cuadro **Estilo de capa** haga clic sobre la opción **Bisel y relieve** para ver sus parámetros. [7]
9. Abra el menú del campo **Estilo** y elija la opción **Relieve**.
10. Modifique el tamaño y el ángulo del efecto de relieve y aplique los cambios pulsando **OK**.
11. Aplicaremos ahora otro estilo de capa de la biblioteca sobre el fondo de la imagen. Tenga en cuenta que para ello deberá convertir antes la capa de fondo en una capa normal. Selecciónela en el panel **Capas**, haga clic sobre ella con el botón derecho del ratón y elija la opción **Capa a partir de fondo**. [8] Después, cree la nueva capa pulsando el botón **OK** del cuadro **Nueva capa**.
12. Haga clic en el botón **Añadir un estilo de capa** y pulse sobre el comando **Opciones de fusión**.
13. Haga clic en la categoría **Estilos**, pulse en el botón de opciones de la biblioteca y elija la categoría **Efectos de imagen**.
14. Para añadir estos estilos a la galería, pulse el botón **Añadir**.
15. Seleccione ahora uno de los estilos agregados y pulse **OK** para aplicarlo a su fondo [9] y dar por acabado el ejercicio.

052

IMPORTANTE

La vista en miniatura de las colecciones de estilos se puede modificar de manera que se muestre el nombre y una miniatura del estilo, una lista sólo de nombres o muestras de mayor tamaño.

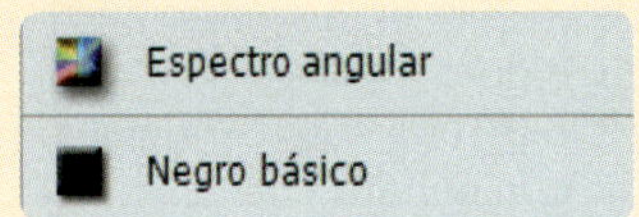

8

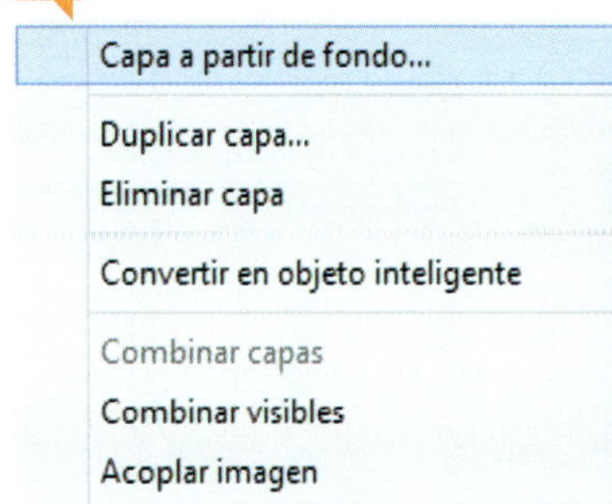

9

5

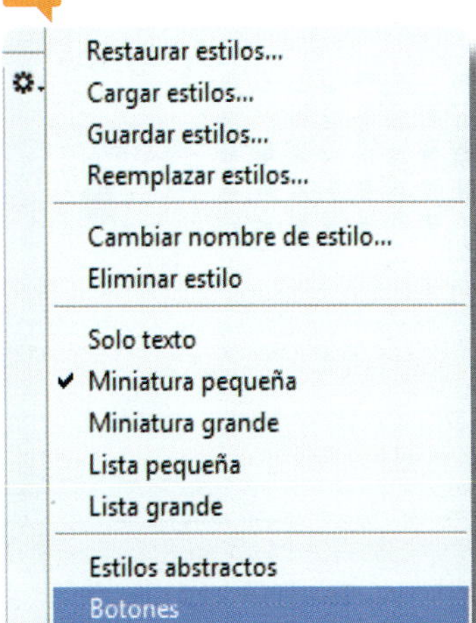

7

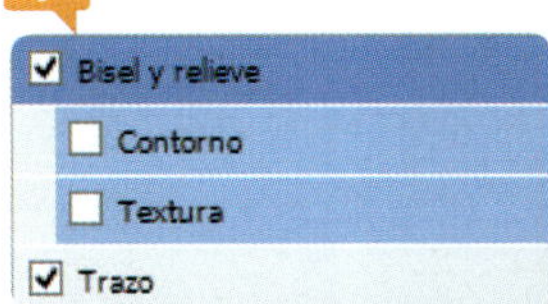

6

Crear nuevos estilos de capas

IMPORTANTE

También es posible eliminar estilos, tanto si son personalizados como predeterminados, aunque es recomendable no hacerlo puesto que nunca se sabe si los puede volver a necesitar, y no ocupan gran espacio en el disco duro. Para eliminar un estilo de una colección, haga clic con el botón derecho sobre su muestra y, del menú contextual que aparece, elija la opción **Eliminar estilo**.

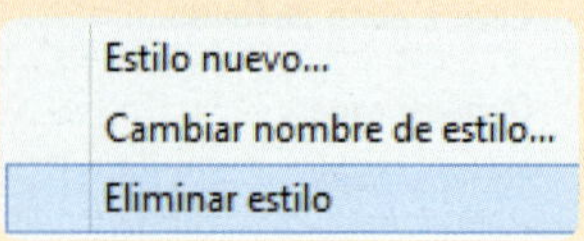

EL USUARIO PUEDE CREAR NUEVOS ESTILOS de capa basados en los existentes o bien a partir de cero y guardarlos en los diferentes menús junto a los estilos preestablecidos. El método más sencillo para crear un nuevo estilo es a partir de un estilo ya preestablecido, personalizando sus características hasta conseguir el resultado deseado. Una vez guardado, este nuevo estilo aparecerá junto al resto y podrá ser utilizado en las nuevas composiciones.

1. Para empezar, le instamos a que cree una nueva capa de texto con el contenido que usted desee, sobre la cual aplicaremos un estilo de capa personalizado y después lo guardaremos con el resto de estilos de capa preestablecidos. Para empezar, en el panel **Capas**, seleccione la capa que contiene el elemento al que va a aplicar el efecto. [1]
2. Haga clic en el comando **Añadir un estilo de capa** del panel y seleccione el comando **Opciones de fusión**.
3. En el cuadro **Estilo de capa**, pulse sobre la opción **Estilos.** [2]
4. Aparece la última colección de estilos utilizada. Seleccionaremos uno de los estilos de la colección, personalizaremos algunas de sus opciones y lo guardaremos en el menú como

1

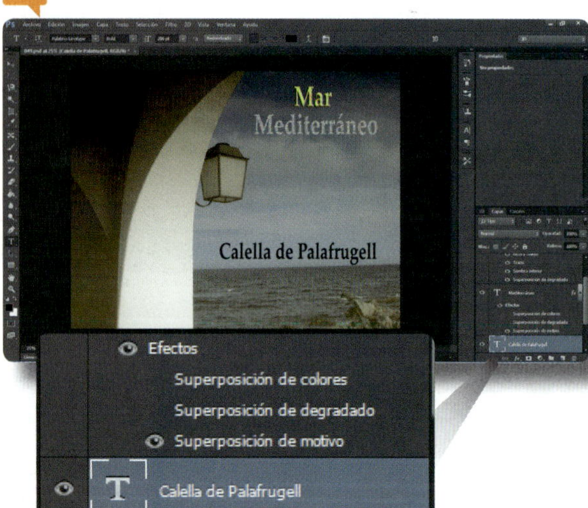

2

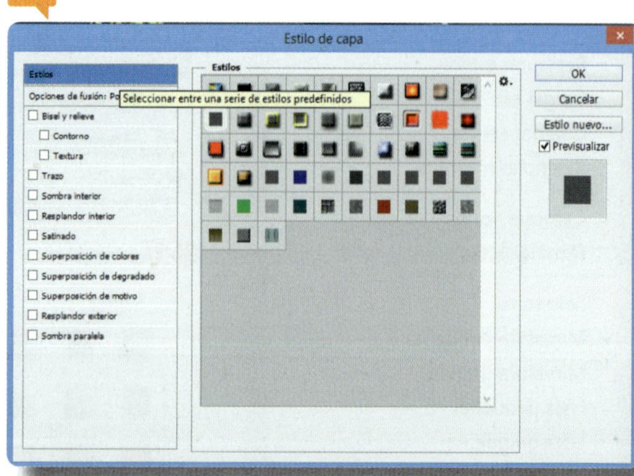

Recuerde que también puede acceder al cuadro **Estilo de capa** desde esa opción del menú **Capa**.

053

si fuera un nuevo estilo. Haga clic en uno de los estilos para seleccionarlo. [3]

5. Seguidamente, seleccione uno de los efectos de que dispone el estilo que ha seleccionado para acceder a sus parámetros. [4]
6. Cambie algunos de esos parámetros y vea el efecto conseguido sobre la capa (puede hacerlo sin necesidad de aplicar los cambios si tiene activada la opción **Previsualizar**).
7. A continuación, guardaremos las características del estilo de capa que hemos incluido, de forma que podamos aplicarlo posteriormente en otros elementos de composiciones creadas con Photoshop. Haga clic en el botón **Estilo nuevo**. [5]
8. En el cuadro de diálogo **Estilo nuevo** deberá especificar el nombre del nuevo estilo que, a partir de este momento, aparecerá en el menú con el resto de estilos. Sepa que también es posible cambiar el nombre de un estilo predefinido usando la opción **Cambiar nombre de estilo** del menú de opciones del panel **Estilos**. Escriba un nombre para su estilo, active la opción **Incluir las opciones de fusión de capas** y pulse **OK**. [6]
9. Pulse sobre la opción **Estilos** para comprobar que el nuevo estilo que acaba de crear aparece en el cuadro de muestras [7] y, tras ello, pulse **OK** para volver al documento y dar así por terminado este ejercicio.

Tras indicar un nombre y especificar si se van a incluir los efectos y las opciones de fusión de capa, su **nuevo estilo** aparecerá al final de la galería de muestras de estilos.

7

3

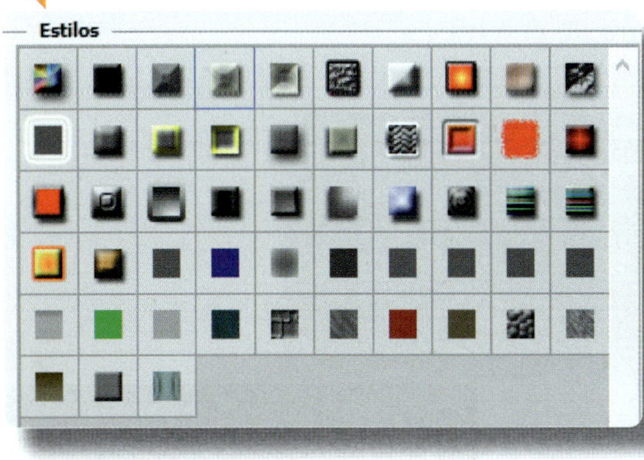

5

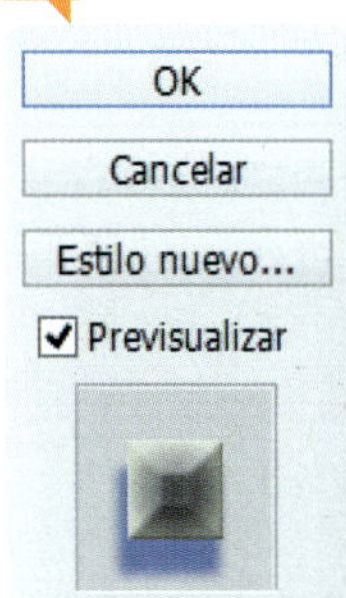

4

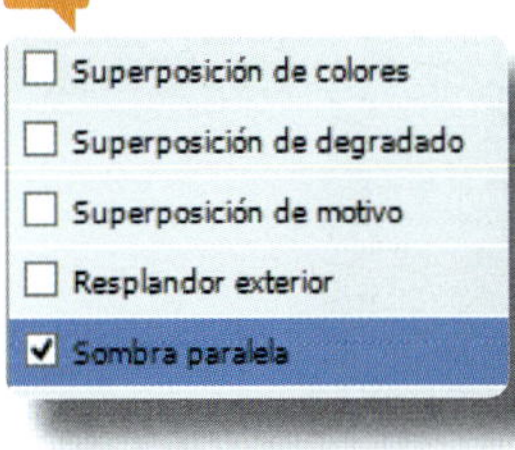

Cada uno de los estilos predeterminados dispone de unas **opciones de fusión** específicas con unas características propias que usted podrá modificar para crear su propio estilo.

6

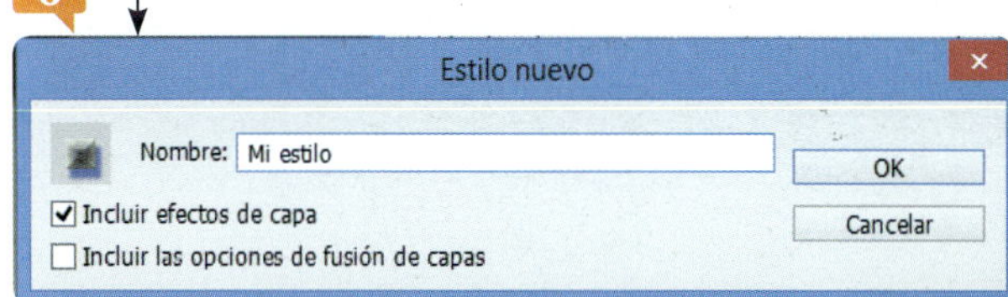

Crear máscaras

IMPORTANTE

Recuerde que el icono en forma de eslabón de cadena que aparece a la izquierda de la máscara de capa indica que esa capa está **enlazada** con la capa de fondo.

CON LOS PARÁMETROS DE LAS MÁSCARAS podrá crear y editar máscaras rápida y fácilmente. Los parámetros de máscaras, incluidos en el panel Propiedades, presentan las herramientas necesarias para crear máscaras basadas en vectores y en píxeles, ajustar la densidad de las máscaras y el calado editables, seleccionar sencillamente objetos no contiguos, etc.

1. Para realizar este ejercicio, le recomendamos que use una imagen similar a la del ejemplo. (Si lo desea, puede descargar esta misma, denominada **054.jpg**, desde nuestra página web). Con la herramienta **Varita mágica**, seleccione los píxeles del mismo color. (En el ejemplo seleccionamos las hojas amarillas de las flores.) Si no lo consigue a la primera, juegue con las funciones **Añadir a selección** y **Restar de la selección** hasta lograrlo. [1]
2. En el panel **Ajustes**, haga clic sobre el tercer icono de la segunda fila, correspondiente a la opción **Blanco y negro.** [2]
3. Como ya sabe, al aplicar ajustes desde este panel, se añade una máscara de capa al panel **Capas.** [3] Haga clic sobre el segundo icono situado debajo de la pestaña **Propiedades** [4] para acceder a las características de máscaras y ver los ajustes disponibles para la máscara de píxeles.

1

2

4

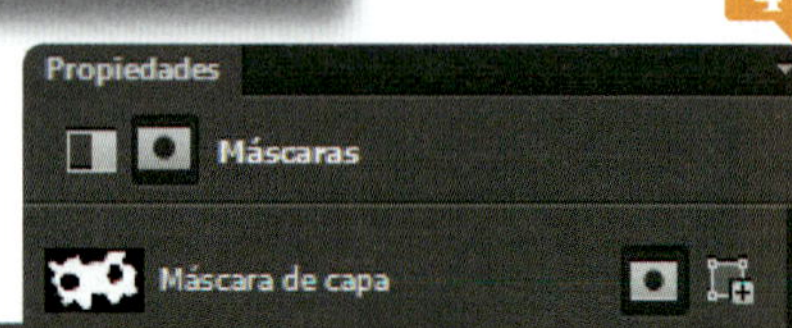

3

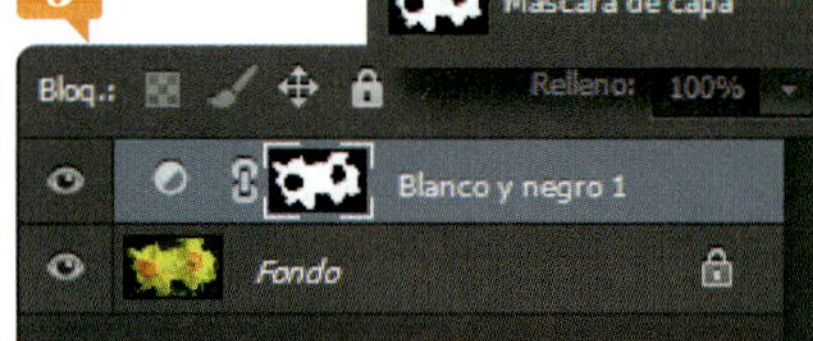

4. Puede mostrar y ocultar la máscara de capa pulsando en el ojo que aparece en la parte inferior del panel de propiedades. Compruébelo. 5
5. Seguidamente, haga clic en el botón **Invertir** del panel de propiedades para invertir los píxeles a los que afecta la máscara de capa, compruebe cómo actúa ahora la máscara de capa **Blanco y negro** y vuelva a pulsar el botón **Invertir**.
6. A continuación, haremos que el efecto se muestre algo difuminado aumentando el valor del campo **Desvanecer**. Arrastre hacia la derecha el botón deslizante de este campo aproximadamente hasta el valor **10**. 6
7. Por último, perfeccionaremos el efecto de la máscara. Haga clic en el botón **Borde de máscara**.
8. Se accede de este modo al cuadro **Perfeccionar máscara**, desde el cual es posible mejorar la calidad de los bordes de una selección y visualizarla en distintos modos que facilitan su edición. Como ve, por defecto, la selección se muestra sobre un fondo blanco. Vamos a aumentar el calado para suavizar más el borde de la selección con un desenfoque uniforme. Haga doble clic en el campo **Suavizado** e inserte el valor **5**.
9. Para acabar, añadiremos nitidez a los bordes suaves de la selección. Haga doble clic en el campo **Contraste**, inserte el valor **20** y pulse el botón **OK** para aplicar la nueva configuración a los bordes de la máscara. 7

5

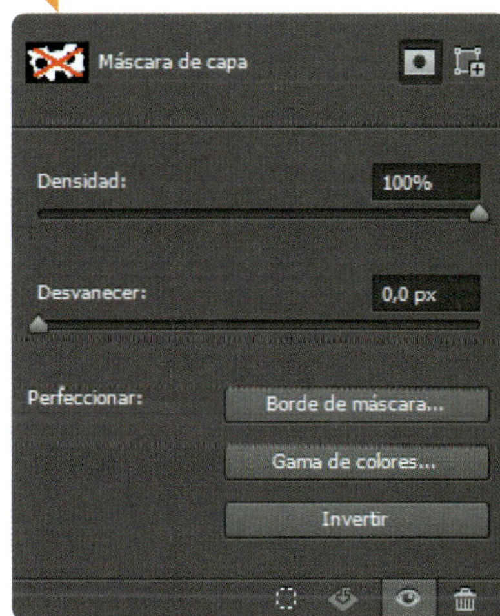

6

7

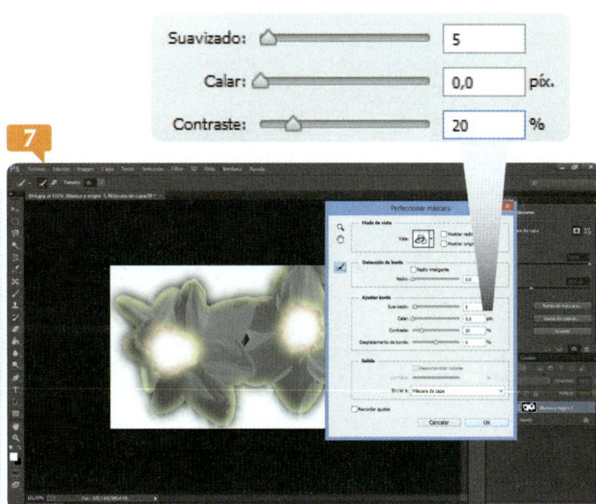

Crear composiciones con máscaras

IMPORTANTE

Puede añadir una máscara vectorial que muestre u oculte toda la capa usando las opciones **Descubrir todo** y **Ocultar todo** que encontrará en el comando **Máscara vectorial** del menú Capa.

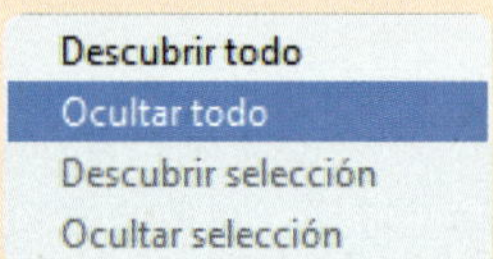

LAS MÁSCARAS PERMITEN AISLAR Y PROTEGER partes de una imagen, ocultándolas o mostrándolas. Para ello, tras seleccionar una zona puede usar los comandos Máscara vectorial o Crear máscara de recorte.

1. En este ejercicio, crearemos dos composiciones con las imágenes **055_1** y **055_2** y **055_3** y **055_4** que puede descargar desde nuestra página web y almacenar en su carpeta de imágenes. Para empezar, abra las dos primeras imágenes y convierta las capas de fondo en capas normales.
2. En la imagen **055_2**, haga clic en la miniatura de capa mientras mantiene pulsada la tecla **Ctrl**. para seleccionar todo el contenido y pulse la combinación de teclas **Ctrl.+C** para copiarlo.
3. Active la imagen **055_1**, cree una nueva capa pulsando el sexto icono del panel **Capas** y pegue en ella el contenido del portapapeles pulsando la combinación **Ctrl.+V**.
4. Ahora disponemos de dos capas y queremos que sobre la pelota de la capa 0 se muestre la imagen de la capa 1. Pero antes, use las herramientas de transformación que ya conoce para reubicar y cambiar las dimensiones de la imagen de la capa 1. 1

1

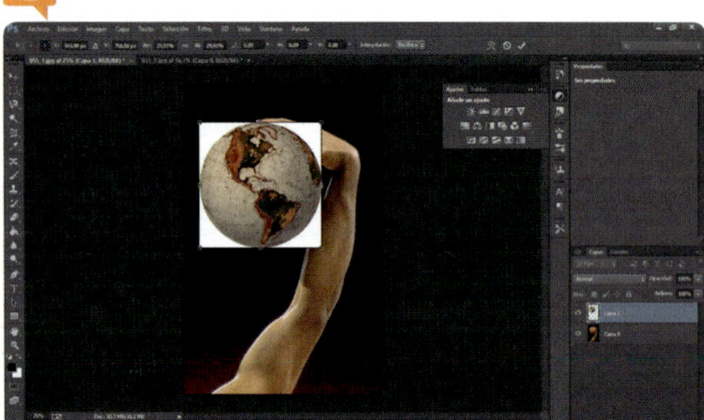

Recuerde que para cambiar las dimensiones de un objeto de manera proporcional, deberá arrastrar los tiradores que aparecen al activar la herramienta de transformación mientras mantiene pulsada la tecla **Mayúsculas**.

2

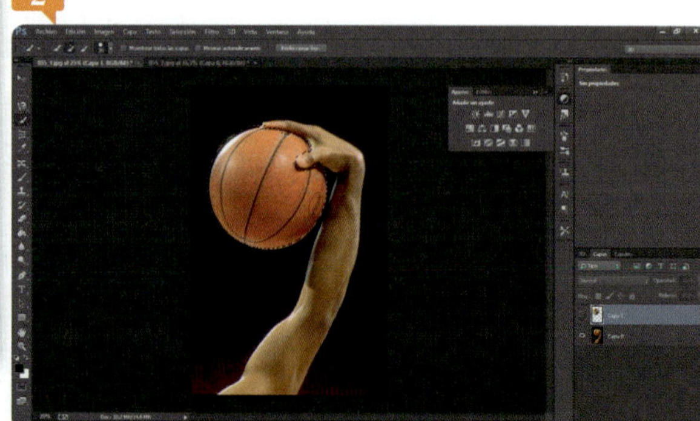

055

5. Oculte la capa 1 pulsando en su icono de visibilidad y, en la capa 0 y con una herramienta de selección, seleccione la pelota. [2]
6. Muestre y active la capa 1 y pulse en el tercer icono del panel **Capas**, correspondiente a la opción **Añadir máscara de capa**.
7. Observe el efecto que se consigue con la máscara y vea cómo se muestra en el panel **Capas**. [3] Después, use la herramienta **Pincel** con el color frontal negro para pintar sobre la máscara media pelota y guarde la imagen resultante con formato de Photoshop. [4]
8. Abra ahora los archivos **055_3** y **055_4** y, tras convertir sus capas de fondo en capas normales, pegue el contenido de la segunda imagen en una nueva capa de la primera siguiendo los pasos indicados antes.
9. Use la herramienta de transformación libre para aumentar la anchura de la imagen del mapa y oculte esa capa.
10. Sitúese en la capa 0, seleccione el brazo (puede hacerlo seleccionando el fondo e invirtiendo la selección) y cópielo pulsando la combinación de teclas **Ctrl.+C.** Después, pulse la combinación **Ctrl.+J** para crear una nueva capa a partir de la copia.
11. Ahora muestre y seleccione la capa 1, abra el menú **Capa** y elija la opción **Crear máscara de recorte**. [5]
12. Vea cómo se comporta la máscara de recorte tanto en la imagen como en el panel **Capas** y reduzca su relleno hasta el **25%** en el campo **Relleno**. [6]

IMPORTANTE

Una máscara vectorial crea una forma con bordes definidos en una capa mientras que las máscaras de recorte permiten usar el contenido de una capa para enmascarar las que hay por encima.

5

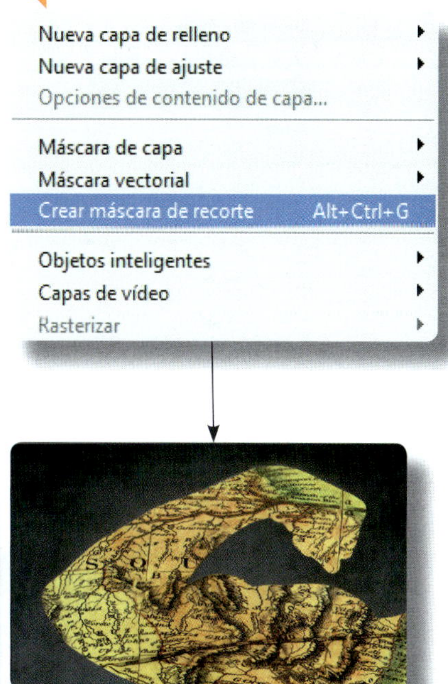

4

3

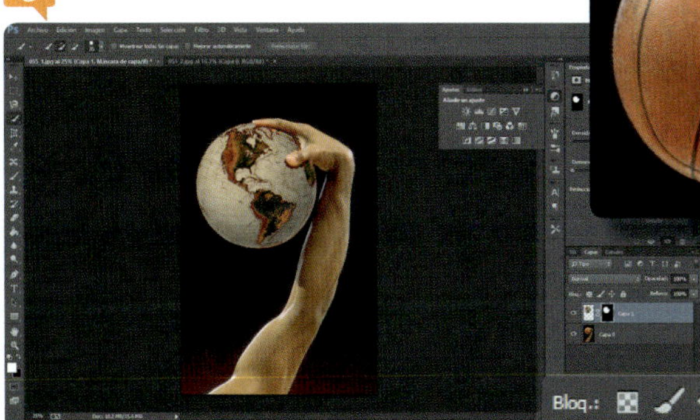

6

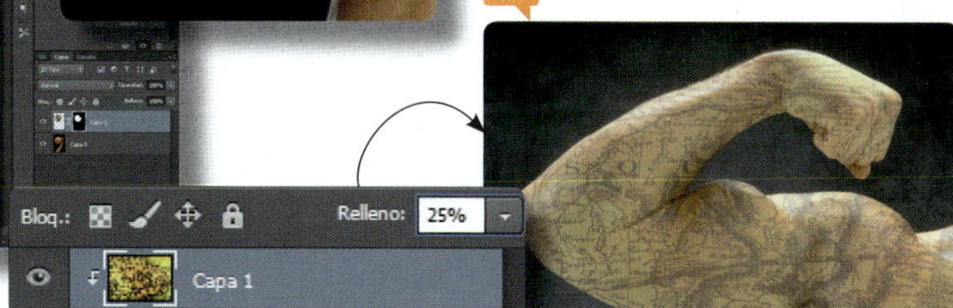

Aplicar filtros artísticos y para bosquejar

IMPORTANTE

Desde Photoshop CS6 no se muestran todas las categorías de filtros en el menú Filtro. Para mostrarlos deberá acceder al cuadro de diálogo de preferencias del programa y, en la sección Filtros de la categoría **Plugins**, activar la opción **Mostrar todos los grupos y nombres de filtro de la Galería de filtros**.

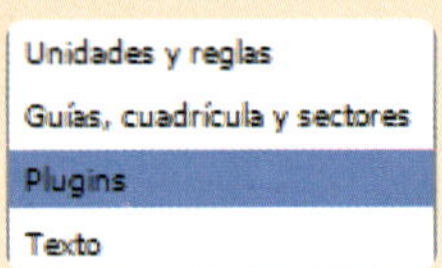

PHOTOSHOP DISPONE DE QUINCE filtros artísticos, cada uno de los cuales presenta unas características preestablecidas que podrá modificar antes de aplicarlo. Los filtros para bosquejar se utilizan para añadir una textura concreta a las imágenes, dando en muchas ocasiones el efecto de un dibujo trazado a mano. Photoshop dispone de catorce tipos distintos de filtros para bosquejar.

1. Para realizar este ejercicio puede usar cualquier foto que tenga guardada en su equipo o la de ejemplo, **056.jpg**, que encontrará en la zona de descargas de nuestra página. Abra el menú **Filtro y** pulse en el comando **Artístico** y elija **Bordes añadidos.** 1 (Consulte el recuadro **Importante** de esta página si el comando Artístico no aparece en su menú.)
2. Aparece el cuadro de diálogo **Bordes añadidos** con las opciones necesarias para aumentar o disminuir el grosor del borde, la intensidad o la rasterización. En la parte izquierda, puede ver una muestra de su imagen con el filtro seleccionado ya aplicado. Para ver la imagen previa entera, pulse el botón de punta de flecha del campo que muestra el porcentaje de visualización y elija la opción **Encajar en vista**.
3. A continuación, modificaremos una de las opciones del filtro. Haga doble clic en el campo **Intensidad de borde**, inserte, por ejemplo, el valor **4** y pulse **OK** para ver el resultado final. 2

1

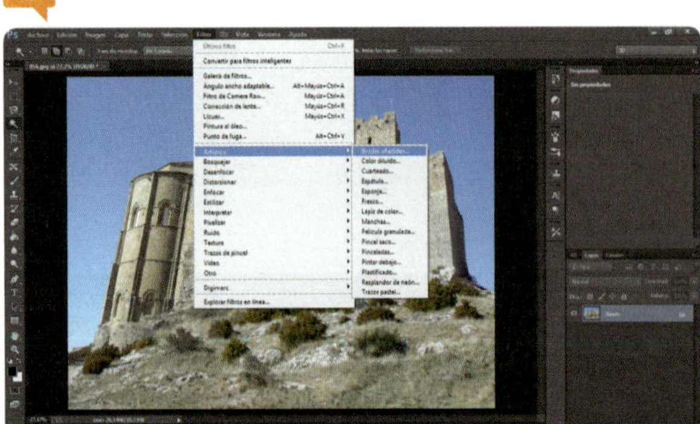

Si no desea cambiar las preferencias del programa para mostrar todas las categorías de filtros en el menú Filtro, acceda a la **Galería de filtros** para verlas.

2

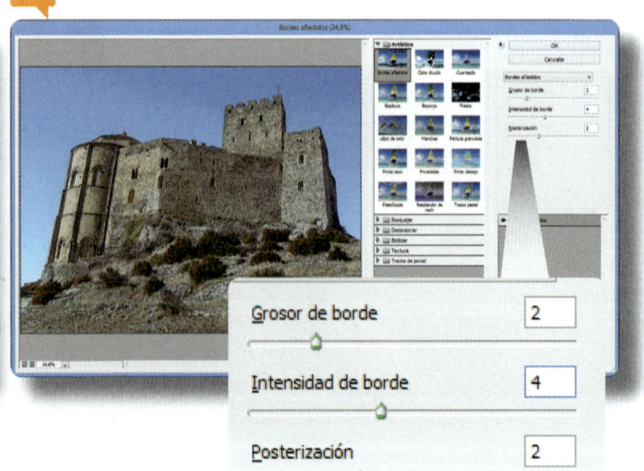

056

4. Sobre la misma imagen añadiremos un nuevo filtro artístico que acentuará el detalle de la superficie de la imagen, como si estuviera cubierta con un plástico brillante. Abra el menú **Filtro**, pulse en el comando **Artístico** y elija la opción **Plastificado**.
5. Juegue con los controles de este filtro y pulse **OK** para aplicarlo.
6. Utilizaremos ahora el panel **Historia** para anular las aplicaciones de filtros, de manera que la imagen recupere su aspecto original. Abra el menú **Ventana** y pulse sobre la opción **Historia**.
7. En el panel **Historia**, pulse sobre la acción **Abrir** para recuperar la imagen tal y como se abrió. Después, oculte este panel pulsando la doble flecha que aparece en su cabecera.
8. Tenga en cuenta que la combinación de varios filtros para bosquejar puede llegar a perjudicar la composición en lugar de mejorarla. Abra el menú **Filtro**, haga clic sobre el comando **Bosquejar** y elija el filtro **Conté Crayon**.
9. Este filtro reproduce la textura de un tipo determinado de color pastel denominado precisamente Conté. Haga doble clic en el campo **Nivel de fondo** e inserte el valor **10**.
10. Juegue con los controles del apartado **Textura** y pulse **OK** para aplicar el filtro y ver el resultado en la imagen.

IMPORTANTE

Los filtros son efectos que, en función de la potencia del equipo y del tamaño de la imagen, tardarán más o menos tiempo en aplicarse. Lógicamente, en función de las características de cada imagen, se pueden conseguir diferentes efectos según el tipo de filtro que se aplique y los parámetros que se establezcan para ellos.

5

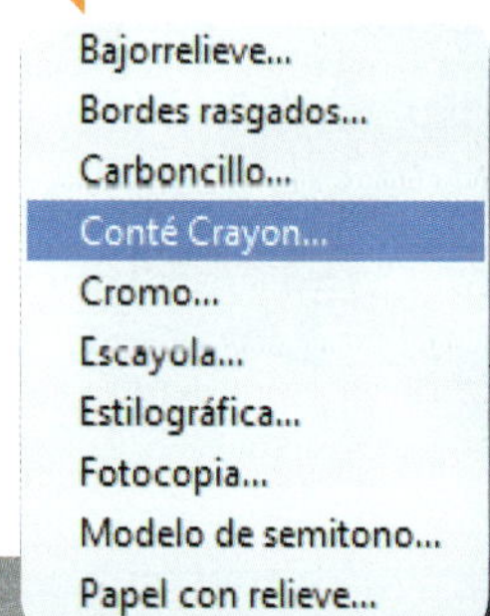

3

6

4

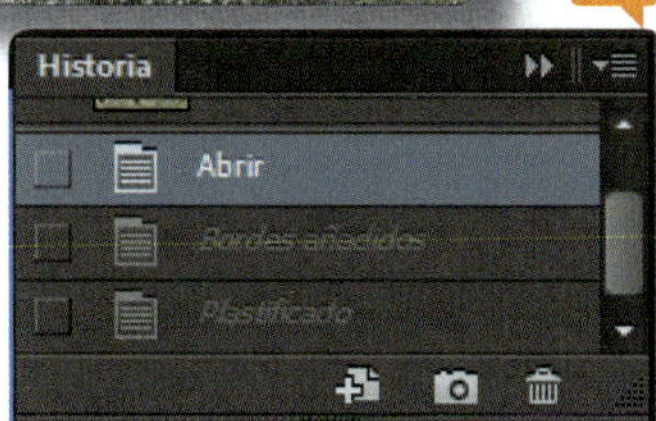

El panel **Historia** le permite recuperar los estados de la imagen previos a la aplicación de filtros.

Conocer los filtros de desenfoque

IMPORTANTE

El filtro de desenfoque denominado **Cambio de inclinación** utiliza bandas, por defecto horizontales, como guía para el desenfoque. Desde el panel **Herramientas de desenfoque** es posible gestionar tanto la cantidad de desenfoque en píxeles como el porcentaje de distorsión.

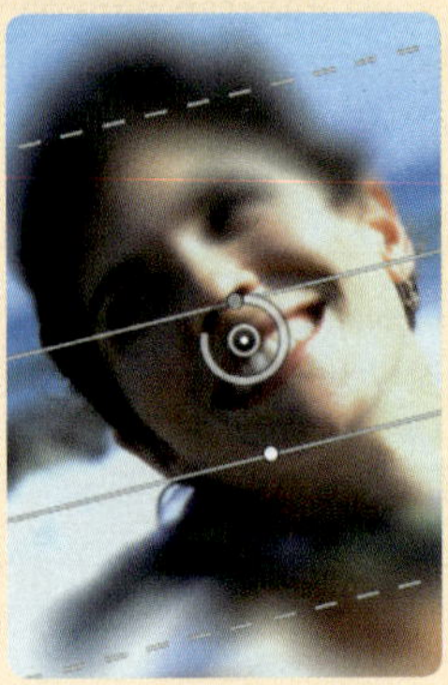

LOS FILTROS DE DESENFOQUE son de los más utilizados en Photoshop. Si bien su función primordial es la de suavizar una selección o un objeto concreto, también son muy útiles para crear efectos espectaculares utilizados como fondos o conseguir una sensación de movimiento. Photoshop CS6 presentó los filtros Desenfoque de campo, Desenfocar iris y Cambio de inclinación, con los cuales es posible indicar qué parte de la imagen desea desenfocar y con qué grado y orientación de desenfoque.

1. Descargue la imagen **057.jpg** desde nuestra página web y, tras guardarla en su carpeta de imágenes, ábrala en Photoshop. Lo que queremos conseguir en este caso es desenfocar toda la imagen excepto la cabeza de la mujer. Para ello, utilizaremos las funciones de desenfoque de Photoshop CC. Despliegue el menú **Filtro** y haga clic sobre la categoría de filtros **Desenfocar**. 1
2. Las tres primeras opciones son las que corresponden a los nuevos filtros de desenfoque, añadidos en la versión anterior a la que nos ocupa de Photoshop. Pulse sobre la opción **Desenfoque de campo** y observe lo que ocurre. 2
3. En la parte derecha de la ventana del programa se cargan dos nuevos paneles: **Herramientas de desenfoque**, desde el cual es posible cambiar el modo de gestión del desenfoque, y **Efectos de desenfoque**, que permite gestionar la luz y el color

1

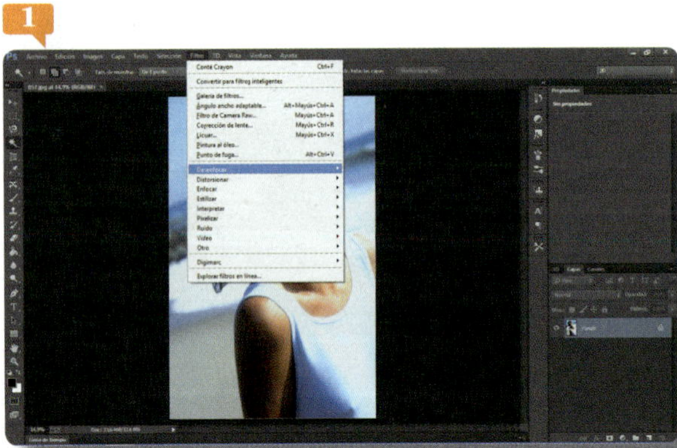

2

057

que intervienen en el proceso. Como hemos seleccionado la opción **Desenfoque de campo**, éste es el tipo de desenfoque marcado en el primer panel. La imagen, además, se ha desenfocado por completo, al tiempo que el cursor adquiere el aspecto de una chincheta. El punto de mira, situado por defecto en el centro de la imagen, permite situar el centro del desenfoque allá donde más nos interese. Haga clic sobre el rostro de la mujer para cambiar esta ubicación. [3]

4. A continuación, desde el panel **Herramientas de desenfoque**, podemos aumentar o disminuir la cantidad de desenfoque en la zona indicada. Desplace hacia la derecha el control deslizante del campo **Desenfocar** para aumentar dicha cantidad [4] y hacia la izquierda para disminuirla. Inserte un valor de 0 px para anular el desenfoque en la zona indicada. [5]
5. En el panel **Herramientas de desenfoque** pulse en la punta de flecha de la opción **Desenfocar iris.**
6. Aparece un círculo en el centro de la pantalla, que podemos situar y moldear según nuestras preferencias de desenfoque. Haga clic en el centro del círculo, sobre el punto de mira, y arrástrelo hasta situar este centro aproximadamente sobre la boca de la mujer; a continuación, pulse sobre el tirador situado en la parte superior del círculo y arrastre hacia arriba hasta conseguir una elipse. Juegue con el control del campo **Desenfocar** para aumentar o disminuir la cantidad de desenfoque.

IMPORTANTE

Cuando está trabajando con el tipo de filtro **Desenfocar iris**, puede conseguir que el centro del desenfoque sea un cuadrado. Para ello, deberá arrastrar el pequeño tirador en forma de cuadrado situado en el círculo exterior.

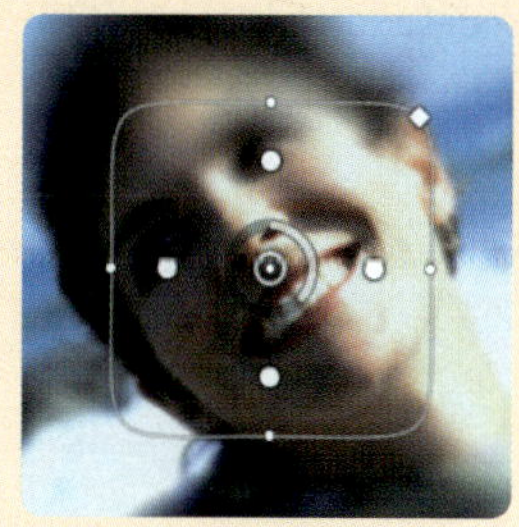

3

Si la opción **Previsualizar** de la Barra de opciones se encuentra activada, podrá ir comprobando los cambios a medida que los lleve a cabo.

4

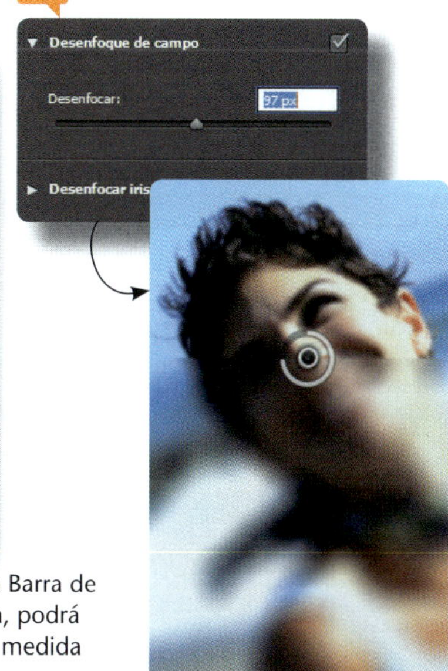

Al terminar la modificación con los filtros de desenfoque deberá pulsar el botón **OK** de la Barra de opciones; si pulsa el botón que muestra una flecha curvada hacia la izquierda, la imagen recuperará su aspecto original. El botón **Cancelar** abandona el modo de edición de la imagen.

5

Aplicar efectos de pintura y luz

> **IMPORTANTE**
>
> Debe tener en cuenta que, al aplicar un punto de luz para dar una sensación de realismo, los objetos incluidos en la composición deberán tener efectos de luz acordes que se pueden aplicar con el filtro **Efectos de iluminación,** dentro de la categoría **Interpretar**.

LOS FILTROS PARA ESTILIZAR permiten aplicar un efecto de pintura para desplazar los píxeles o realzar el contraste de una imagen. Por su parte, los filtros para interpretar permiten aplicar un efecto de luz sobre un objeto, así como crear focos de luz y destellos para aumentar y reforzar el realismo.

1. Para llevar a cabo este ejercicio puede usar la imagen **058.jpg** que encontrará en nuestra página web. Una vez la haya copiado y abierto en Photoshop, despliegue el menú **Filtro**, pulse en el comando **Estilizar** y elija la opción **Relieve**.
2. Este filtro muestra la imagen con un efecto elevado y utilizando colores de relleno gris combinados con el color de relleno de la imagen original. En el cuadro de diálogo del filtro podrá modificar el ángulo, la altura y la cantidad del relieve. En el campo **Altura**, teclee el valor **5** y pulse **OK**.
3. Si desea conservar el color y el detalle al aplicar el efecto **Relieve**, puede utilizar el comando **Transición** después de aplicar el filtro. Veamos cómo hacerlo. Despliegue el menú **Edición** y seleccione la opción **Transición Relieve**.
4. En el cuadro **Transición**, inserte el valor **70** en el campo **Opacidad** y pulse **OK**.
5. A continuación, despliegue el menú **Filtro**, haga clic sobre el comando **Estilizar** y seleccione la opción **Solarizar**.

1

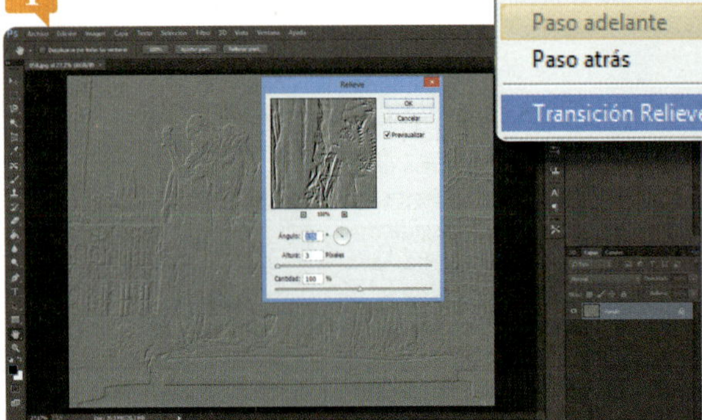

2

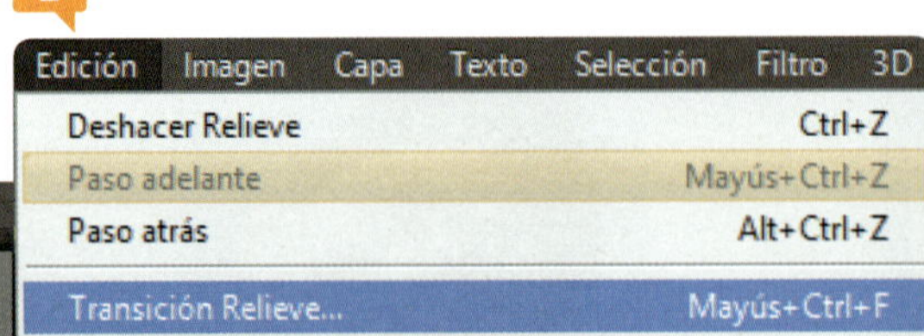

3

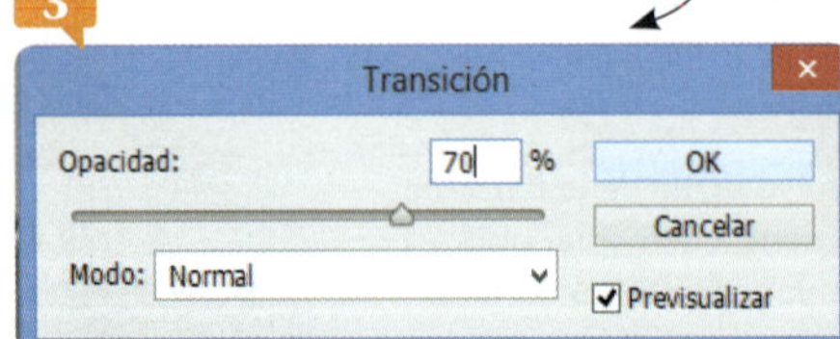

4

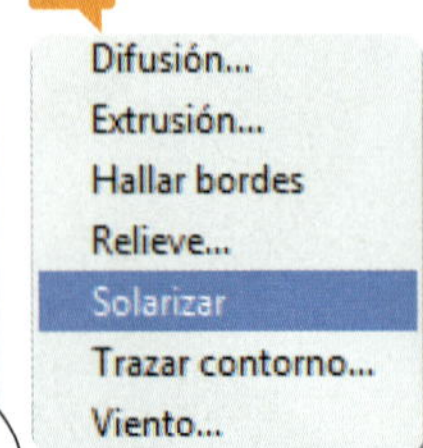

058

6. El efecto **Solarizar** permite fusionar una imagen negativa con una positiva. 5 Esta opción no permite modificar ninguno de los parámetros. Proseguiremos aplicando otros filtros; antes, recupere el aspecto original de la imagen desde el panel **Historia.** 6
7. Despliegue el menú **Filtro**, haga clic sobre el comando **Estilizar** y seleccione la opción **Azulejos.**
8. En el campo **Número de azulejos**, inserte el valor **30**, pulse en el botón de opción **Color frontal** 7 para que el color de fondo del mosaico sea el color frontal seleccionado en estos momentos en el panel de herramientas y pulse **OK** para aplicar el filtro.
9. Recupere de nuevo el aspecto original de la imagen, despliegue el menú **Filtro**, seleccione la categoría **Interpretar** y elija la opción **Nubes de diferencia.**
10. Este filtro crea un efecto de nubes concentradas, aplicando colores aleatorios y tomando como base el color frontal y el de fondo. 8 A continuación, aplicaremos un destello. Abra el menú **Filtro**, haga clic en el comando **Interpretar** y elija la opción **Destello.**
11. El filtro elegido aplica un área de luz brillante simulando la refracción de una cámara. En el campo **Brillo** escriba el valor **120**, elija el tipo de lente **Prime de 105 mm**, resitúe el destello en la vista previa pulsando en el punto donde desea colocarlo y pulse **OK** para aplicar el filtro y comprobar el efecto sobre la imagen. 9

8

9

5

7

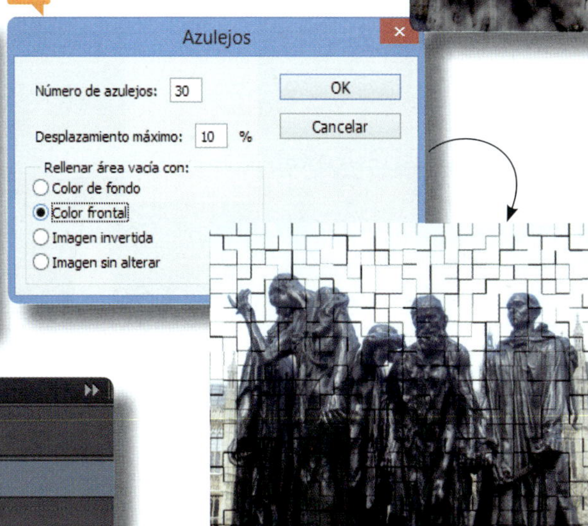

El campo **Número de azulejos** indica el número de azulejos por línea en que se dividirá la imagen al aplicar el filtro Azulejos. Además de este campo, puede personalizar el color de fondo que se verá por debajo de los azulejos.

6

Recuerde que puede acceder al panel **Historia** desde el menú **Ventana**.

Conocer los efectos de luz y sombra

IMPORTANTE

Tenga en cuenta que el filtro para interpretar **Efectos de iluminación** únicamente puede aplicarse sobre imágenes en modo RGB. Este filtro fue ampliamente mejorado en la versión CS6 de Photoshop, proporcionando una manipulación directa sobre la imagen y un ajuste de múltiples parámetros desde un renovado panel.

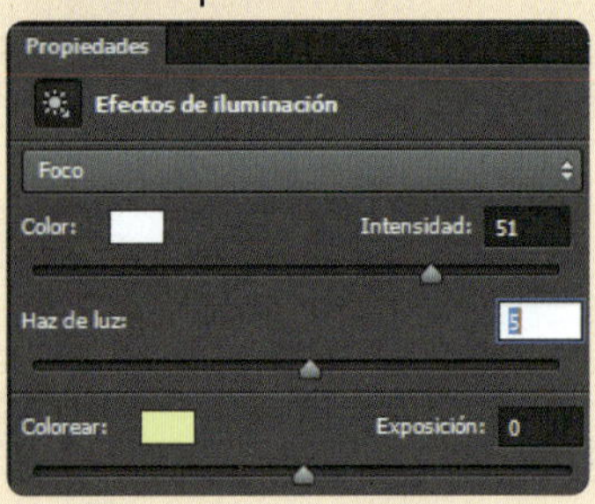

EN OCASIONES PUEDE RESULTAR CONVENIENTE, además de aplicar filtros, modificar las opciones de luz, sombra y color de los objetos incluidos en la composición y afectados por el efecto de luz aplicado. Uno de los efectos especiales de iluminación que mejor determinarán el tono y la luminosidad de los objetos de una composición es el filtro Destello, aplicado en el ejercicio anterior. Las opciones de este filtro son muy amplias: es posible aplicar un destello como una marca de brillo, así como con un gran radio de acción a modo de foco o punto de luz que obligará a modificar la luz y el color del resto de imágenes.

1. En esta lección aplicaremos efectos especiales de luz y sombra complementados con ajustes de tono, saturación y luminosidad sobre la imagen de ejemplo **059.jpg** que, como siempre, puede copiar desde nuestra página web en su carpeta de imágenes. Una vez haya aplicado el filtro para interpretar **Nubes de diferencia** sobre esta imagen, [1] abra el menú **Filtro**, haga clic sobre el comando **Interpretar** y seleccione la opción **Destello.** [2]
2. En esta ocasión, en el cuadro de diálogo **Destello**, seleccione con un clic de ratón el tipo de lente **Prime de 35 mm.** [3]

2

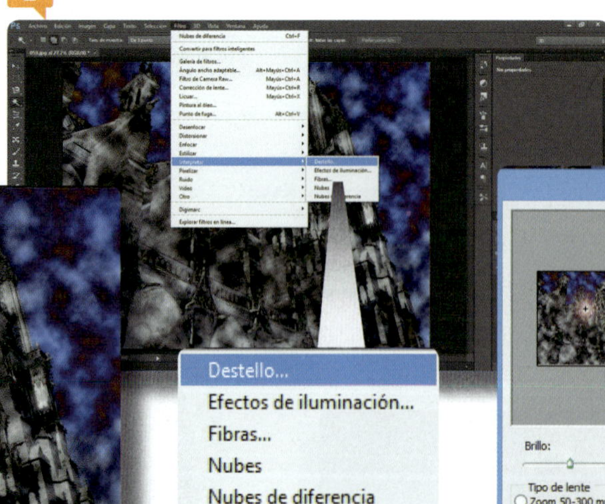

1

3

3. Aumente también el brillo del destello. Haga doble clic en el campo **Brillo**, escriba el valor **150** y, tras resituar el destello en la imagen, pulse **OK**.
4. Observe el nuevo aspecto de la imagen. [4] Puesto que la luz es diferente, modificaremos también la luminosidad del objeto. Despliegue el menú **Imagen**, haga clic sobre el comando **Ajustes** y seleccione la opción **Curvas**.
5. En el cuadro de diálogo **Curvas** modificaremos la gama tonal de la imagen. Arrastre la curva tonal hasta conseguir el efecto deseado y pulse **OK** para aplicar los cambios.
6. Para concluir y poder comprobar otras posibilidades de efectos de luz, crearemos un nuevo efecto de luminosidad. Despliegue de nuevo el menú **Filtro**, haga clic sobre el comando **Interpretar** y seleccione la opción **Efectos de iluminación**.
7. Desde Photoshop CS6, este filtro carga, en lugar del cuadro de diálogo **Efectos de iluminación**, el correspondiente panel, así como el panel **Luces**. Desde el primero de ellos, puede elegir el tipo de luz (foco, puntual o infinita), así como parámetros como la intensidad, el color, el resplandor, etc. Elija en el campo **Tipo** la opción **Infinita** [5] y manipule el tirador de menor tamaño que aparece en el centro de la imagen para cambiar la iluminación. [6]
8. Juegue con los distintos parámetros del panel de propiedades hasta conseguir la iluminación que prefiera. [7] Cuando termine, pulse el botón **OK** de la barra de opciones.

059

IMPORTANTE

Desde el panel de propiedades de los efectos de iluminación, puede elegir el color de la luz con que desea teñir la imagen. Le recomendamos que pruebe con distintos tonos pulsando sobre la muestra del campo **Colorear** y seleccionando diferentes muestras en el cuadro Selector de color.

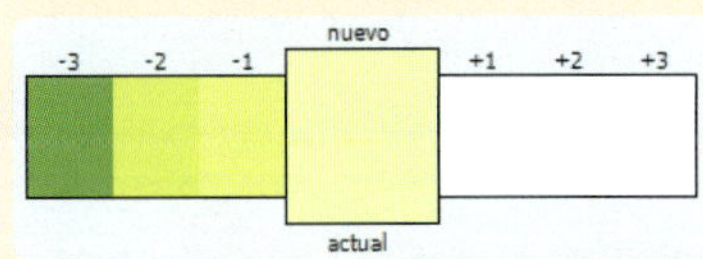

4

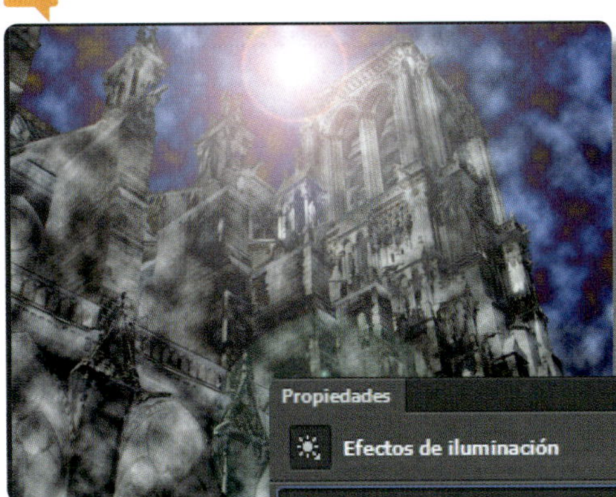

5

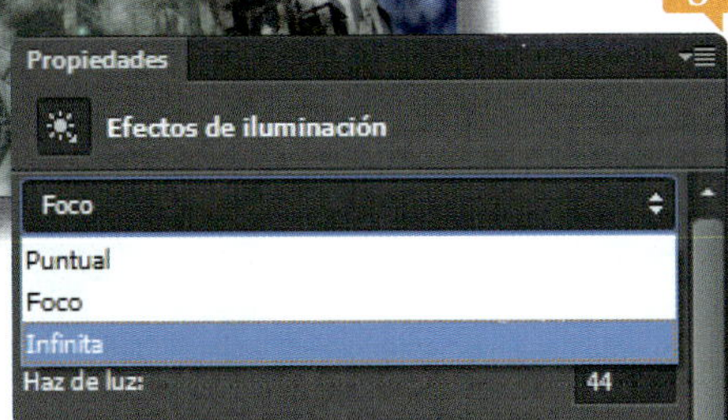

6

7

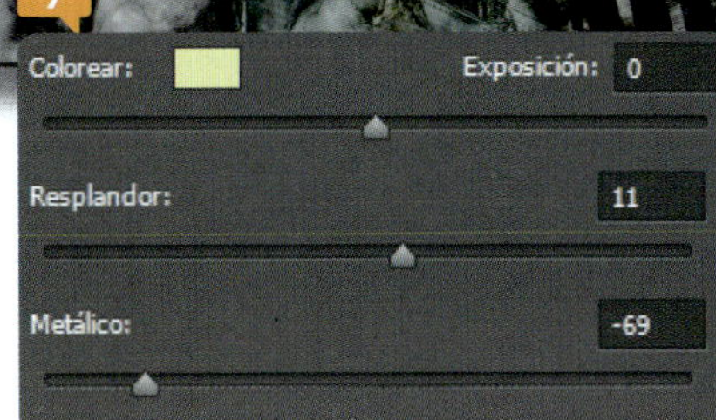

Pixelizar y aplicar texturas

IMPORTANTE

Con los filtros para **pixelizar** puede aplicar efectos de cristalizado, fragmentar un objeto obteniendo hasta cuatro copias de los píxeles que lo forman o crear un mosaico que divide los píxeles de un objeto en bloques cuadrados.

LOS FILTROS INCLUIDOS EN LAS CATEGORÍAS Pixelizar y Textura otorgan a la imagen un carácter realmente pictórico. Los filtros para pixelizar permiten dividir o compactar los píxeles en celdas con valores similares. Por su parte, los filtros de textura permiten aplicar una textura concreta, como lienzos, telas, papel arrugado o profundidad.

1. Para realizar este ejercicio, utilice una imagen con un fondo uniforme. (Puede usar la imagen de ejemplo **060.jpg** que encontrará en la zona de descargas.) Abra el menú **Filtro**, pulse sobre la categoría **Pixelizar** y elija la opción **Cristalizar**. [1]
2. Este filtro permite agrupar los píxeles en un color sólido con forma de polígono. Por defecto, estos polígonos se muestran con un tamaño de celda 10. Introduzca en el campo **Tamaño de celda** del cuadro **Cristalizar** el valor **6** y pulse **OK**. [2]
3. Seguidamente, seleccionaremos el fondo y le aplicaremos un tipo de textura. Con la herramienta **Varita mágica** y estableciendo una tolerancia de 60 píxeles seleccione el fondo de la imagen. [3]

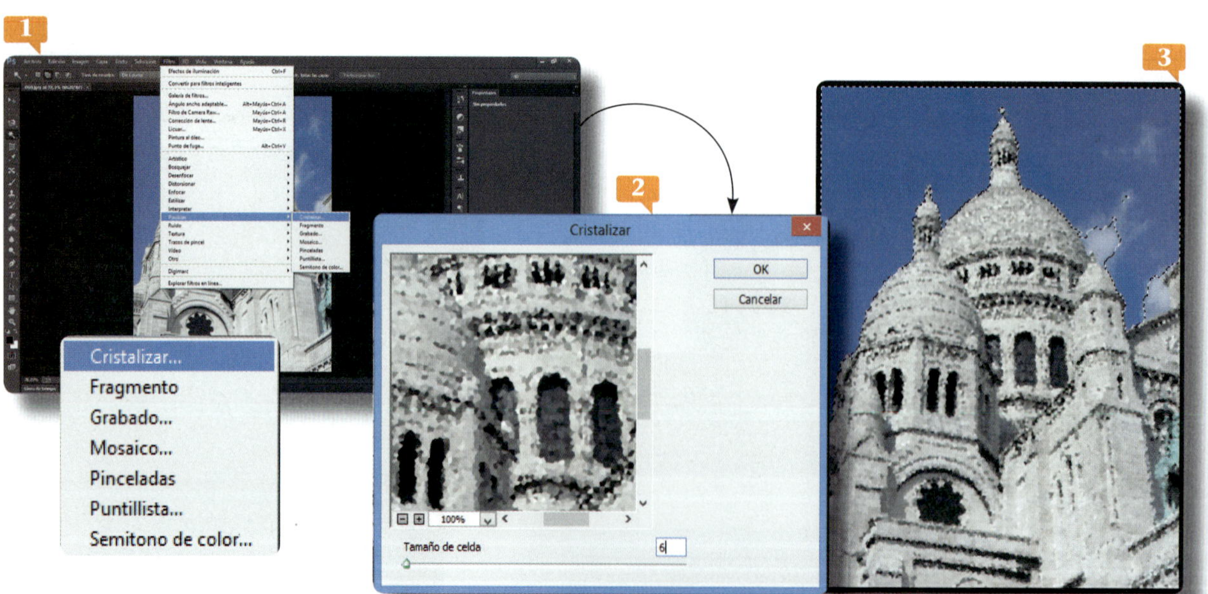

060

4. Despliegue el menú **Filtro**, haga clic sobre la categoría **Textura** y seleccione la opción **Grietas**.
5. Este filtro crea un efecto de superficie de escayola. Haga doble clic en el campo **Espacio de grieta**, inserte el valor **54** para aumentar de forma ostensible este espacio [4] y pulse **OK**.
6. Despliegue el menú **Filtro**, haga clic sobre la categoría **Trazos de pincel** y seleccione la opción **Trazos con spray**.
7. Este filtro vuelve a pintar una imagen utilizando los colores dominantes con trazos de spray de colores angulares. Cambie el radio y la dirección del trazo y aplique el efecto pulsando **OK**. [5]
8. Vamos a añadir al fondo el último efecto de este ejercicio. Nuevamente, despliegue el menú **Filtro**, haga clic sobre la categoría **Trazos de pincel** y seleccione la opción **Trazos angulares**.
9. Este filtro vuelve a colorear la imagen utilizando los colores dominantes acentuando los trazos de forma angular. Si lo desea, puede seleccionar la dirección del trazado, así como su intensidad. En esta ocasión, reduciremos el equilibrio de dirección para que los trazos no sean muy visibles. Haga doble clic en el campo **Equilibrio de dirección**, teclee el valor **20** y pulse **OK**. [6]
10. Pulse la combinación **Ctrl.+D** para deseleccionar el fondo y la combinación **Ctrl.+S** para almacenar los cambios.

IMPORTANTE

En el caso de las texturas 3D, Photoshop permite editarlas con las herramientas de ajuste y pintura. Las texturas de los archivos 3D se importan como archivos 2D junto con el archivo y aparecen como entradas en la capa 3D

6

4

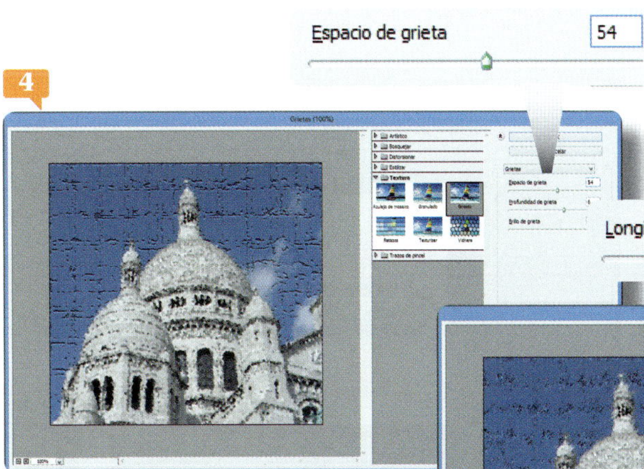

Recuerde que si no aparecen todos los tipos de filtros en el menú Filtro, deberá activar la opción **Mostrar todos los grupos y nombres de filtro de la Galería de filtros** en la categoría Plugins del cuadro Preferencias.

5

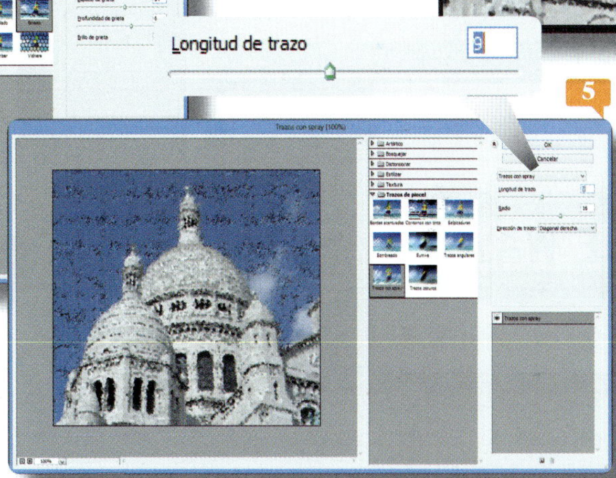

El cuadro de configuración del filtro **Trazos con spray** le permite modificar la longitud, el radio y la dirección del trazo.

Deformar imágenes

IMPORTANTE

Cuando trabaje con la herramienta de deformación de imágenes, debe tener en cuenta que las imágenes de mapas de bits pueden **perder nitidez** al aplicarles transformaciones, por lo que se recomienda utilizar varios comandos antes de aceptar la transformación en lugar de aplicar las transformaciones separadamente.

PHOTOSHOP PERMITE DEFORMAR IMÁGENES fácil y rápidamente. La opción Deformar, incluida en el comando Transformar del menú Edición, permite crear de forma sencilla con una imagen un envoltorio sobre cualquier figura. La técnica consiste en deformar el tamaño de la imagen estirando, ondulando o doblando su forma.

1. El objetivo de este ejercicio es crear una etiqueta que se adapte a otro objeto, en concreto, un cono, por lo que le recomendamos que use los archivos **061_1.jpg** y **061_2.jpg** que puede descargar desde nuestra página web y copiar en su carpeta de imágenes. Ponga la segunda imagen en primer plano, seleccione el fondo de la imagen e invierta esta selección, de manera que sólo quede seleccionada la flecha.
2. Copie la selección pulsando la combinación de teclas **Ctrl.+C**, ponga el primer archivo en primer plano y pulse la combinación de teclas **Ctrl.+V** para pegar en esta imagen la selección copiada.
3. El cartel se pega en una nueva capa. Con esta capa seleccionada, y antes de llevar a cabo esta deformación, reduzca hasta un 40% el tamaño de la etiqueta insertando este valor en los

1

Si no recuerda algún aspecto relacionado con la selección de objetos, no dude en repasar los ejercicios 18-22.

2

3

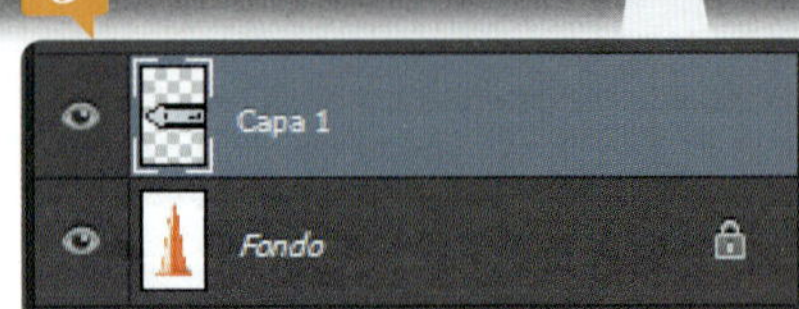

campos **An** y **Al** de la **Barra de opciones**, una vez haya ejecutado el comando **Escala**.

4. A continuación, abra el menú **Edición**, pulse sobre el comando **Transformar** y elija la opción **Deformar**. 4
5. La imagen ha quedado delimitada por una serie de tiradores y una cuadrícula que permiten su deformación manual. 5 En la **Barra de opciones**, abra el campo **Deformar** y elija la opción **Arco**. 6
6. La inclinación de la curva, tanto superior como inferior, debería ser en sentido contrario al aplicado por defecto para conseguir nuestro objetivo. Haga doble clic en el campo **Curvar**, escriba un valor aproximado del **-20%** y pulse **Retorno**. 7
7. Puede ir jugando con el valor de curvatura hasta que se adapte perfectamente a su objeto. Vamos a modificar ahora las dimensiones de la etiqueta. En la **Barra de opciones**, pulse sobre el tercer icono empezando por la derecha para pasar del modo transformación libre al modo transformación. 8
8. Las dimensiones de la imagen seleccionada pueden ser modificadas aplicando los valores en los campos pertinentes o arrastrando los tiradores. En este caso, manteniendo la tecla **Mayúsculas** pulsada para que la manipulación del tamano sea proporcional, vaya disminuyendo este tamaño hasta que la etiqueta encaje perfectamente sobre el cono. 9
9. Pulse el icono **Aprobar transformación** para aceptar los cambios y observe el resultado. 10

7

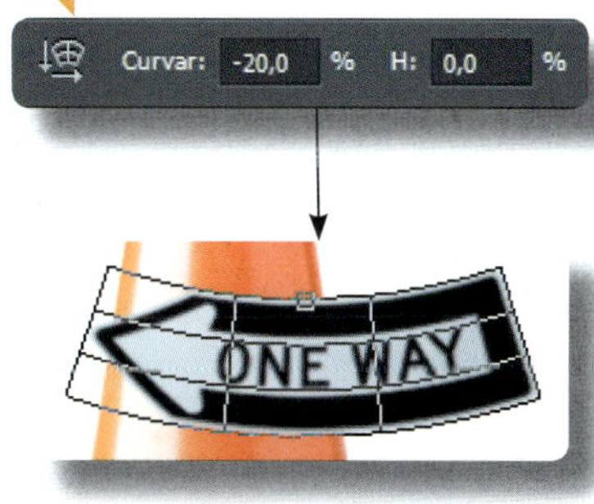

8

9

4

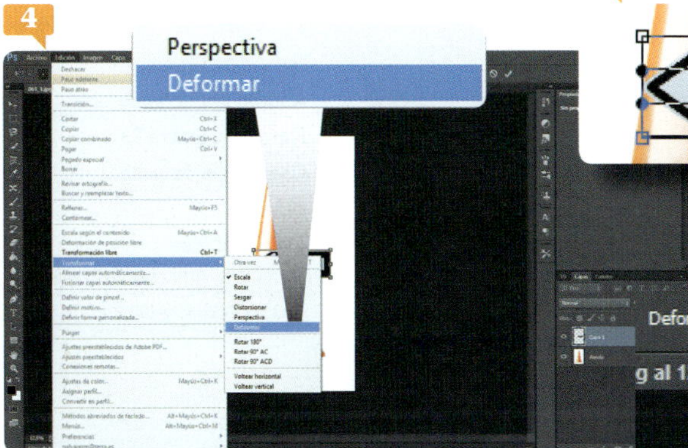

5

6

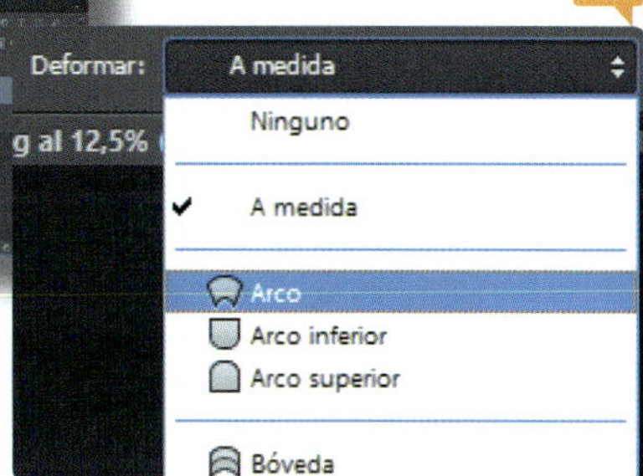

10

Puede deformar un objeto arrastrando sus tiradores o aplicándole una de las **formas predeterminadas** que ofrece Photoshop.

Usar puntos de fuga para modificar imágenes

IMPORTANTE

Puede utilizar el filtro **Punto de fuga** para editar en perspectiva en varias superficies. Desde el correspondiente cuadro de diálogo del filtro es posible realizar mediciones en perspectiva, envolver varios planos con gráficos, imágenes y texto y elaborar planos como modelos tridimensionales.

LA OPCIÓN PUNTO DE FUGA del menú Filtro ofrece un nuevo modo de modificar o distorsionar imágenes a través de la perspectiva. Con el filtro Punto de fuga, se especifican los planos de la imagen a los que después se aplicarán ediciones que respetan la perspectiva del plano en que se trabaja.

1. Para realizar este ejercicio, use una imagen de una torre u otro edificio alto en perspectiva como el del archivo de ejemplo **062.jpg**. Vamos a ampliar todavía más la altura del edificio respetando la perspectiva. Sepa que puede colocar los resultados del trabajo con este filtro en la misma capa de la imagen o en una capa independiente que deberá crear antes de seleccionar el filtro. Esta última opción resulta muy útil cuando se desea conservar la imagen original y utilizar los controles de opacidad, estilos y modos de fusión de capas. Cree una nueva capa desde el panel **Capas**. [1]
2. Una vez creada la nueva capa, donde se colocará el resultado del filtro, abra el menú **Filtro** y elija la opción **Punto de fuga**. [2]
3. Aparece el cuadro de diálogo del filtro, en el que se realiza todo el proceso de modificación. [3] En la paleta de herramientas, se encuentra activado el comando **Crear plano**, con el que añadiremos los distintos planos que delimitarán la

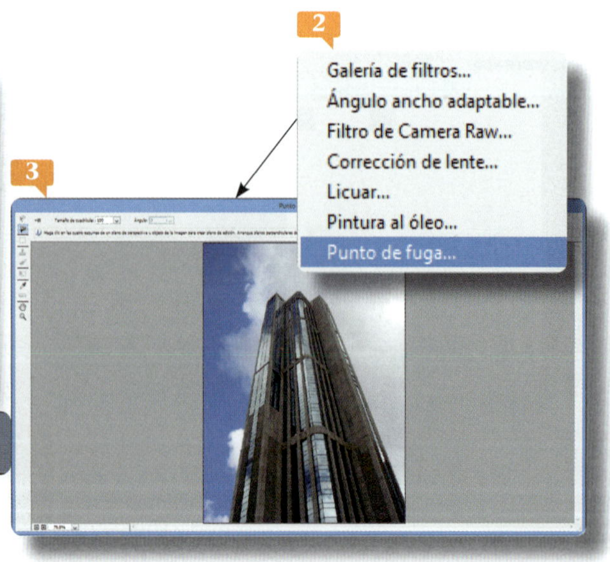

062

parte de la imagen que deseamos clonar, es decir, la zona de referencia para la ampliación del edificio. Para ello, debemos definir los cuatro nodos de esquina pulsando en la previsualización. Hágalo.

4. Al insertar el último punto, el programa detecta que ya puede formar un cuadrado entorno a una zona determinada y aparece una cuadrícula azul. Si fuera roja, debería ajustarla mediante los tiradores, puesto que significa que la perspectiva no se encuentra bien definida y, por tanto, el resultado no sería óptimo. Una vez delimitada esta área, repetiremos prácticamente la acción, aunque con la herramienta de selección. Esto nos servirá para que el programa memorice el contenido que debe clonar. En la paleta de herramientas, haga clic sobre la herramienta **Marco**, cuyo icono muestra un rectángulo.
5. Haga doble clic en el plano de perspectiva para crear el área de selección.
6. Siguiendo las instrucciones de la parte superior del cuadro, pulse la tecla **Alt** y arrastre la selección para copiarla en otro destino.
7. Efectivamente, se ha añadido el área seleccionada en el punto que nosotros indicamos, consiguiendo una ampliación de la altura del edificio. Puede corregir los pequeños defectos con la herramienta **Tampón** de este cuadro de diálogo y continuar con la edición de la imagen en Photoshop. Haga clic sobre el botón **OK** para aplicar definitivamente el filtro.

4

5

6

Corregir distorsiones de lente

IMPORTANTE

El filtro **Ángulo ancho adaptable**, incluido también el menú Filtro, abre el cuadro de diálogo del mismo nombre desde el cual es posible llevar a cabo el efecto contrario al del filtro **Corrección de lente**: aplica una distorsión según el ángulo de amplitud de la imagen, tanto en perspectiva como con efecto de ojo de pez. Además de cambiar este tipo de distorsión, también es posible cambiar la escala, la longitud focal y el factor de recorte del efecto conseguido.

EN MUCHAS OCASIONES, LAS FOTOGRAFÍAS muestran defectos de la lente produciendo distorsiones esferoides (las líneas rectas se curvan hacia los bordes de la imagen) o distorsiones en corsé (las líneas rectas se curvan hacia dentro de la imagen). Photoshop dispone del filtro Corrección de lente y del Ángulo ancho adaptable, incluido este último como novedad en Photoshop CS6.

1. Para realizar este ejercicio, puede utilizar si lo desea la imagen **063.jpg** que encontrará en la zona de descargas de nuestra página web. Una vez haya copiado este archivo en su carpeta de imágenes, ábralo en Photoshop y compruebe que la imagen tiene una ligera distorsión en corsé y que además está algo inclinada. Vamos a corregir estos defectos con el filtro **Corrección de lente**. Actívelo desde el menú **Filtro**. [1]
2. Se abre el cuadro de propiedades de este filtro, que podemos utilizar para corregir los defectos de lente antes descritos y también para rotar una imagen o corregir su perspectiva de manera más precisa que con las herramientas de transformación. En primer lugar, vamos a corregir la distorsión de la lente. Puede hacerlo manualmente usando el primer icono de la paleta de herramientas de este cuadro o bien estableciendo nuevos valores en la ficha **A medida**. Active esa ficha y arrastre ligeramente hacia la izquierda el botón deslizante del regulador **Eliminar distorsión** hasta que alcance el valor -4. [2]

1

2

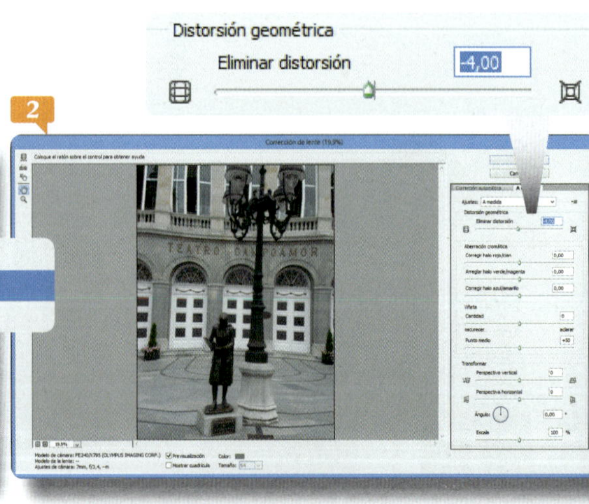

063

3. Vea cómo mejora la imagen. Si desea utilizar la herramienta **Eliminar distorsión** del cuadro **Corrección de lente**, deberá arrastrar ligeramente hacia el centro de la imagen o hacia sus bordes y verá cómo se reduce la distorsión. Una vez corregido este primer defecto de la lente, enderezaremos la imagen. Active la **herramienta Enderezar**, la segunda del panel de herramientas de este cuadro. [3]
4. Si desea trabajar con mayor precisión, active la opción **Mostrar cuadrícula**. [4]
5. Seguidamente, mediante el arrastre, trace una línea recta siguiendo los marcos superiores de las puertas y vea cómo, al liberar el botón del ratón, la perspectiva de la imagen se corrige automáticamente. [5]
6. Puede activar y desactivar la opción **Previsualización** del cuadro del filtro para ver el estado de sus modificaciones y comparar la imagen original con la retocada. Además, puede ajustar el zoom de visualización de la imagen para poder estimar mejor cuáles son las correcciones necesarias. Por otro lado, si cree que dispone de otras imágenes tomadas con la misma cámara y con los mismos defectos, puede guardar los ajustes realizados [6] para volver a aplicarlos automáticamente sobre esas imágenes. Pulse el botón **OK** para aplicar el filtro.

IMPORTANTE

Tenga en cuenta que el filtro **Corrección de lente** únicamente funciona con imágenes de 8 y 16 bits por canal en los modos RGB o Escala de grises.

6

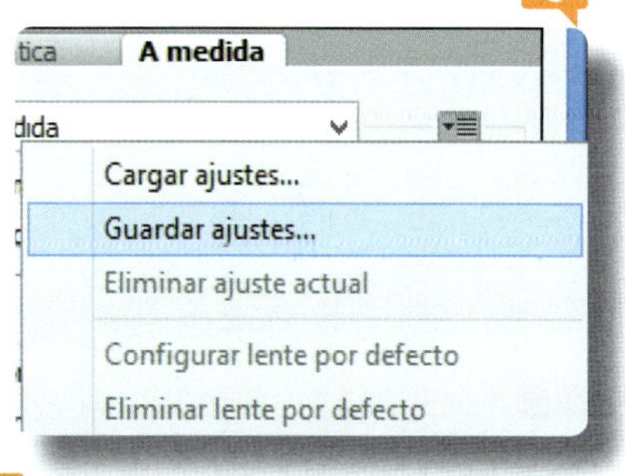

3

Al situar el puntero del ratón sobre las herramientas, podemos ver una descripción de su modo de utilización.

4

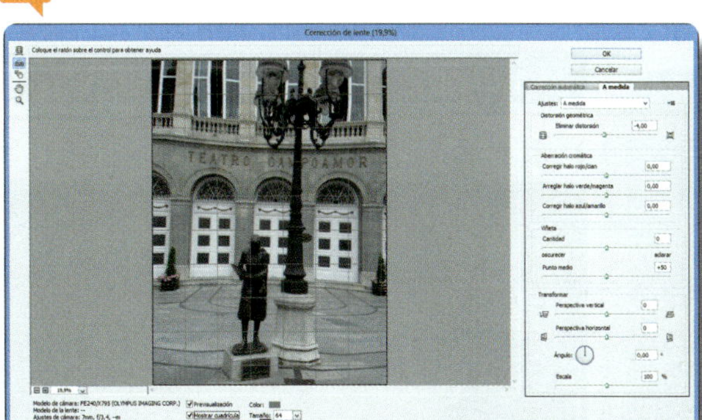

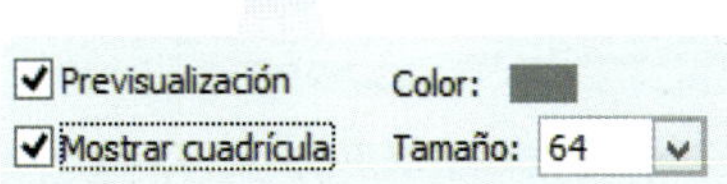

5

También puede enderezar la imagen insertando un nuevo valor en el campo **Ángulo** del apartado Transformar.

Corregir el efecto de ojos rojos

¿CUÁNTAS VECES, AL REALIZAR FOTOGRAFÍAS con flash a una persona, ésta aparece con los ojos rojos? Este molesto efecto tiene fácil solución gracias a la sencilla herramienta Pincel de ojos rojos, que se encuentra en el panel de herramientas, compartiendo espacio con los pinceles correctores y la herramienta Parche. Una vez activada, simplemente se trata de trazar un rectángulo alrededor de la pupila o bien pulsar directamente sobre ella e, inmediatamente, el programa realiza la corrección. En la Barra de opciones, es posible ajustar el tamaño de la pupila y la cantidad de oscuridad, cuando el resultado inicial no sea satisfactorio.

IMPORTANTE

El **efecto de ojos rojos** se produce debido al reflejo del flash de la cámara en la retina del modelo. Suele ser más evidente en fotografías tomadas en habitaciones oscuras debido a que el iris se encuentra completamente abierto. Para reducir el efecto, utilice la función de reducción de ojos rojos de su cámara, use una unidad de flash independiente o realice los retoques necesarios con Photoshop.

1. En este sencillo ejercicio, le mostraremos el rápido procedimiento que debe llevar a cabo cuando necesite corregir el efecto de ojos rojos de una fotografía. Para ello utilice una imagen con ese efecto (puede usar si lo desea el archivo de ejemplo **064.jpg**) y amplíe su zoom para trabajar con mayor comodidad. Pulse sobre la punta de flecha situada en la séptima herramienta del panel de herramientas y elija la herramienta **Pincel de ojos rojos.** 1
2. La **Barra de opciones** de esta herramienta muestra sólo dos campos: **Tamaño de pupila** y **Cantidad de oscurecimiento**,

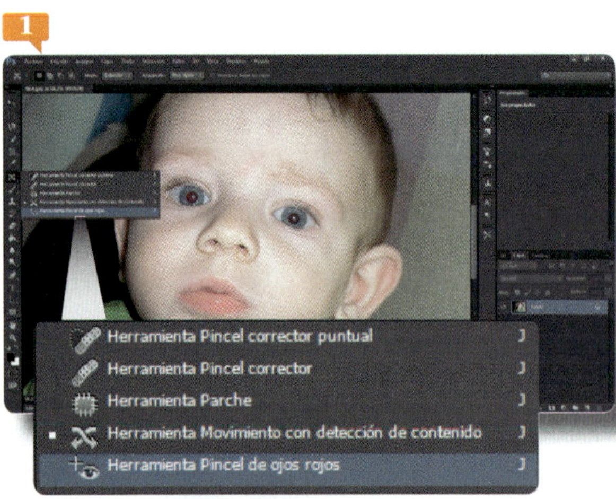

La herramienta **Pincel de ojos rojos** comparte espacio en el panel Herramientas con las herramientas Pincel corrector puntual, Pincel corrector, Parche y Movimiento con detección de contenido.

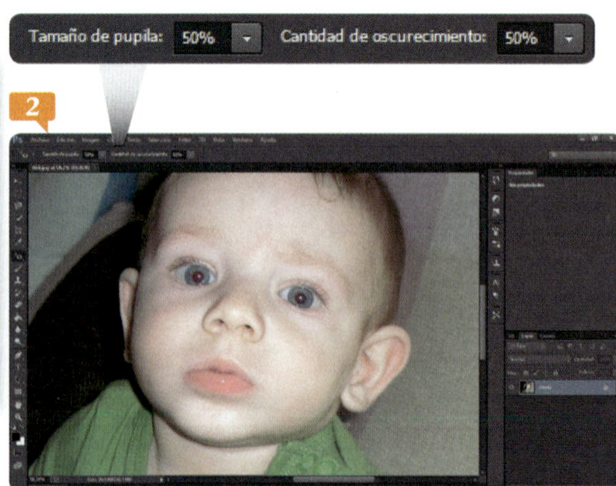

Los valores seleccionados por defecto para la herramienta **Pincel de ojos rojos** suelen ser los adecuados para obtener los mejores resultados.

064

2 ambas con un 50% como valor de aplicación. Para corregir el efecto del ojo izquierdo, haga clic en la pupila. 3

3. Como puede ver, el resultado es inmediato. Si el color de la pupila cambia pero no se muestra completamente negra, puede aumentar el valor del campo **Cantidad de oscurecimiento**. El campo **Tamaño de pupila**, por su parte, aumenta o reduce el área afectada por la herramienta. Haga doble clic en el campo **Cantidad de oscurecimiento**, escriba el valor **80** y pulse la tecla **Retorno** para confirmar el cambio.
4. Haga clic en la pupila del ojo derecho y vea cómo se aplica automáticamente la corrección. 4
5. Sepa que la herramienta **Pincel de ojos rojos** permite también eliminar los reflejos blancos y verdes que a menudo aparecen en las fotografías tomadas con flash a animales. Para acabar esta sencillísima práctica, cerraremos la imagen guardando los cambios realizados en ella. Pulse el **botón de aspa** de la pestaña de la imagen y, en el cuadro de diálogo que aparece, pulse el botón **Sí** para que los cambios queden almacenados. 5
6. Mantenga las opciones JPEG establecidas por defecto y pulse el botón **OK** para dar así por acabado el ejercicio.

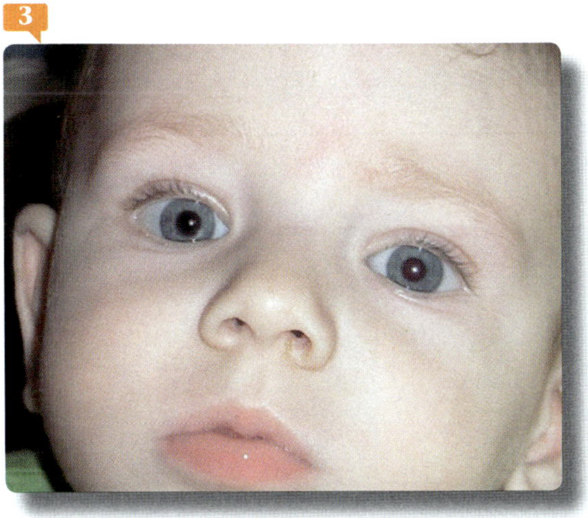

Modifique los campos **Cantidad de oscurecimiento** y **Tamaño de pupila** para obtener resultados aún más profesionales. Cantidad de oscurecimiento define el tono de la corrección y Tamaño de pupila aumenta o reduce la zona que se verá afectada por la herramienta.

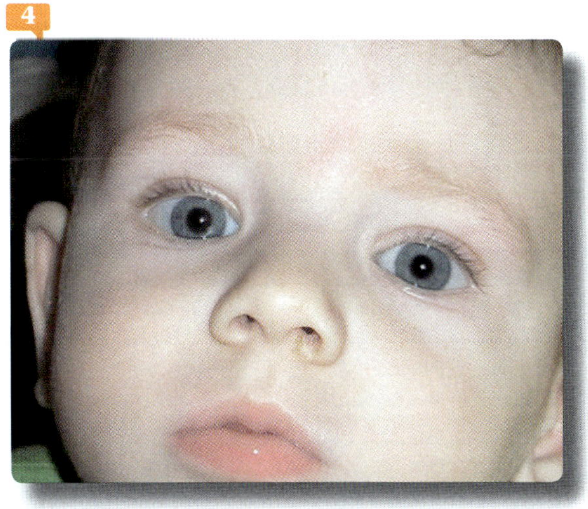

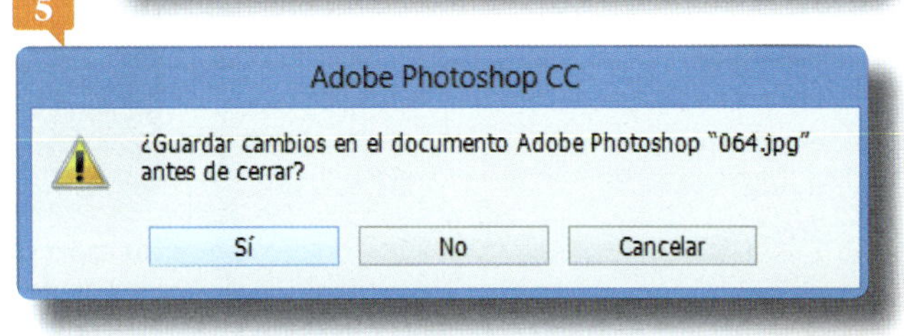

Trabajar con objetos inteligentes

IMPORTANTE

Al pegar ilustraciones de **Illustrator** en un documento de Photoshop, el programa crea una nueva capa en la cual sitúa los datos copiados como objeto inteligente vectorial.

LOS OBJETOS INTELIGENTES SON LA SOLUCIÓN para preservar los datos de imagen y anotar las modificaciones, que únicamente se previsualizan hasta que se combinan con las capas de imagen. Son capas que contienen datos de imagen que proceden de imágenes rasterizadas o vectoriales y que conservan sus características originales para poder editarlas sin peligro de perder información. Se pueden crear desde el comando Abrir como objeto inteligente del menú Archivo, convirtiendo una capa en objeto inteligente, colocando un archivo o pegando datos de Illustrator. Un icono que se sitúa en la esquina inferior derecha de la miniatura de capa indica que se trata de un objeto inteligente.

1. Para empezar, haga clic en el menú **Archivo** y pulse sobre la opción **Abrir como objeto inteligente**. [1]
2. En el cuadro **Abrir como objeto inteligente**, localice y seleccione la imagen con la que desee trabajar y pulse **Abrir**.
3. Observe que, en el panel **Capas**, la miniatura de la capa en la que se ha ubicado la imagen muestra un pequeño icono en la esquina inferior derecha. [2] Ahora utilizaremos la opción **Colocar** para importar un archivo como objeto inteligente a este documento de Photoshop. Abra el menú **Archivo** y pulse sobre la opción **Colocar**. [3]

1

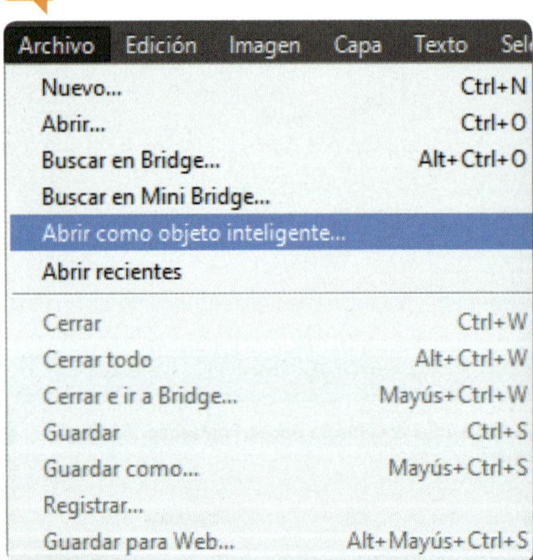

2

Las capas creadas tras la apertura de una imagen como objeto inteligente toman el nombre del archivo de origen en cuestión.

065

4. Es posible colocar archivos JPEG, pero resulta más cómodo colocar archivos PSD o TIFF porque permiten la adición de capas, la modificación de píxeles y el guardado del archivo sin pérdida de datos. En el cuadro **Colocar**, localice y seleccione una de sus imágenes .psd y pulse el botón **Colocar**. [4]
5. Recoloque y redimensione la imagen si es preciso [5] y, para insertar definitivamente la imagen como objeto inteligente, haga doble clic sobre ella.
6. El icono de objeto inteligente aparece también en la miniatura de la nueva capa. [6] Ahora crearemos una capa normal que convertiremos en objeto inteligente. Cree la nueva capa, haga clic en el menú **Capa**, pulse sobre la opción **Objetos inteligentes** y seleccione el comando **Convertir en objeto inteligente**.
7. Puede encontrar esta misma opción en el menú contextual de la capa o en el de opciones del panel **Capas**. Los objetos inteligentes permiten cambiar la escala de una capa, rotarla o deformarla sin que se pierdan la calidad y los datos de la imagen original. Sin embargo, no es posible realizar operaciones que afecten a los datos de los píxeles, como pintar, sobreexponer, subexponer o clonar, entre otras. Active la herramienta **Pincel** en el panel de herramientas y pulse sobre la imagen.
8. Aparece un cuadro [7] que nos advierte de que para poder editar la capa con esta herramienta es necesario rasterizar la imagen y convertir así la capa en una capa normal. Pulse el botón **OK** para rasterizar la imagen y dar por acabado el ejercicio.

5

3

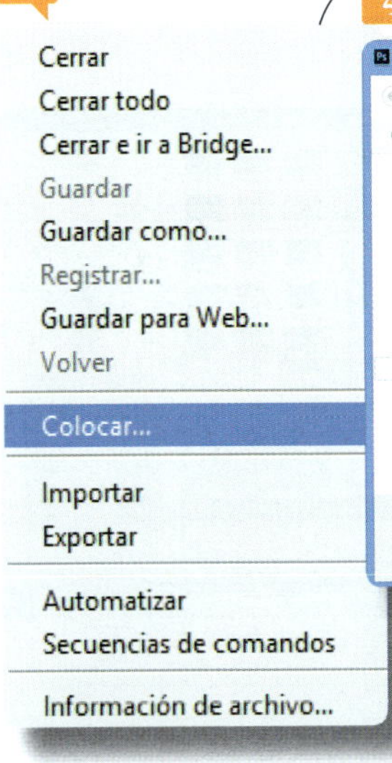

4

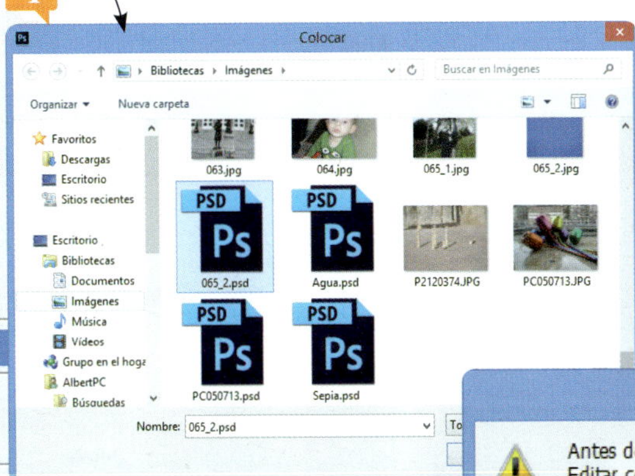

6

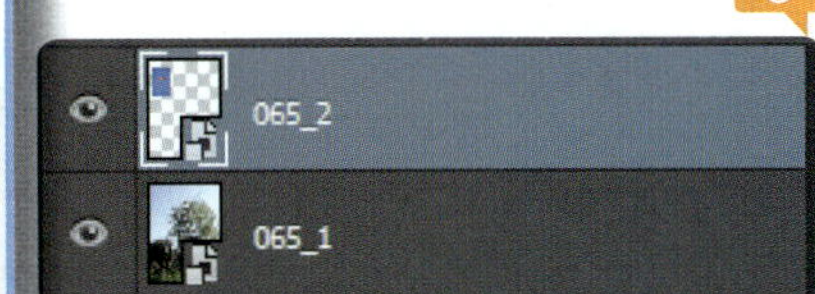

7

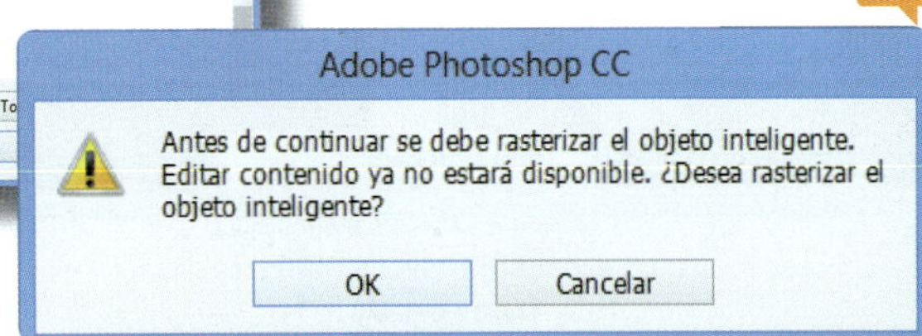

Usar filtros inteligentes

IMPORTANTE

Para **expandir** o **contraer** la vista de filtros inteligentes aplicados, debemos utilizar la punta de flecha que aparece a la derecha de la capa seleccionada. Además, si desea **modificar las opciones de fusión** o las **características del filtro**, sólo tiene que hacer doble clic sobre el icono que aparece a la derecha del filtro o sobre su nombre, respectivamente.

LOS FILTROS QUE SE APLICAN a un objeto inteligente son filtros inteligentes y aparecen en el panel Capas bajo la capa a la que se han aplicado. No son destructivos ya que pueden ajustarse, eliminarse y ocultarse sin que se vea afectado el objeto original. Los ajustes de imagen Sombras/iluminaciones, Tonos HDR y Variaciones pueden aplicarse también como filtros inteligentes. Los filtros inteligentes pueden aplicarse a toda una capa de objetos inteligentes o sólo a una selección. También es posible aplicar un filtro inteligente a una capa normal utilizando la opción Convertir para filtros inteligentes del menú Filtro.

1. Para empezar, vamos a aplicar un filtro artístico a una capa con un objeto inteligente. Puede usar el archivo **066.psd** que encontrará en nuestra página web. Seleccione la capa **Tiburón**, abra el menú **Filtro**, pulse sobre la opción **Artístico** y elija el filtro **Plastificado.** 1
2. Aparece el cuadro de opciones del filtro. Haga clic a la derecha del control deslizante del campo **Suavizado** para aumentar este efecto y pulse el botón **OK** para aplicar el filtro inteligente. 2

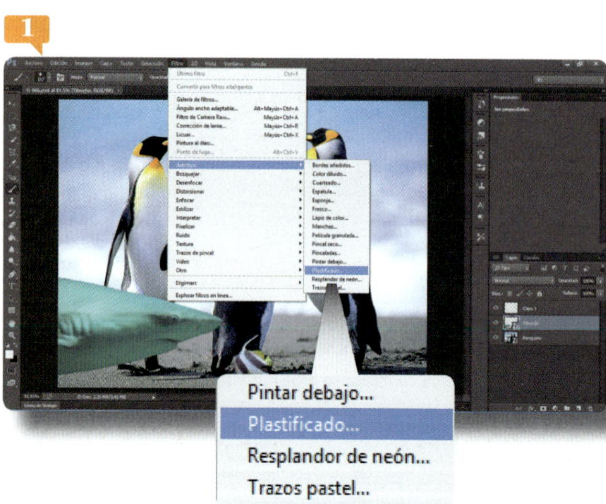

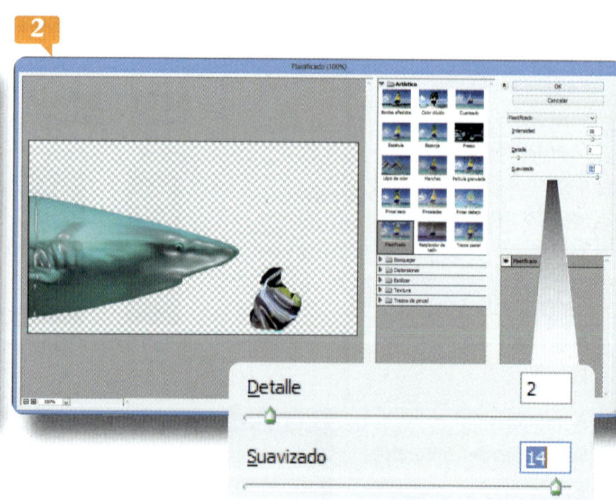

066

3. Observe cómo el filtro se aplica a la vez que aparece bajo la capa seleccionada en el panel **Capas**. [3] El icono en forma de ojo que aparece a la izquierda de los filtros permite mostrarlos u ocultarlos. A continuación, aplicaremos un filtro sobre una zona concreta de la capa inteligente **Penguins**. Actívela y con la herramienta **Selección rápida**, seleccione uno de los pingüinos.
4. Abra el menú **Filtro**, pulse sobre la opción **Estilizar** y elija el filtro **Bordes resplandecientes**. [4]
5. En el cuadro de opciones del filtro, pulse a la derecha del control deslizante del campo **Anchura de borde** para aumentarla, aumente también el brillo del borde pulsando a la derecha de su control deslizante y, para aplicar el efecto, pulse el botón **OK**.
6. Observe el panel **Capas**. El filtro inteligente se ha aplicado a modo de máscara sólo en la zona seleccionada. [5] En el caso de que existan varios filtros inteligentes, puede reorganizarlos fácilmente arrastrándolos en el panel. Del mismo modo, puede eliminarlos arrastrándolos hasta la papelera de la parte inferior del panel o bien utilizando la opción adecuada de su menú contextual. También puede usar las opciones de ese menú para deshabilitarlos temporalmente o modificar sus parámetros. Para acabar este ejercicio, pulse el botón de aspa de la pestana del documento y, en el cuadro de diálogo que aparece, pulse en el botón **Sí** para que los cambios queden almacenados.

3

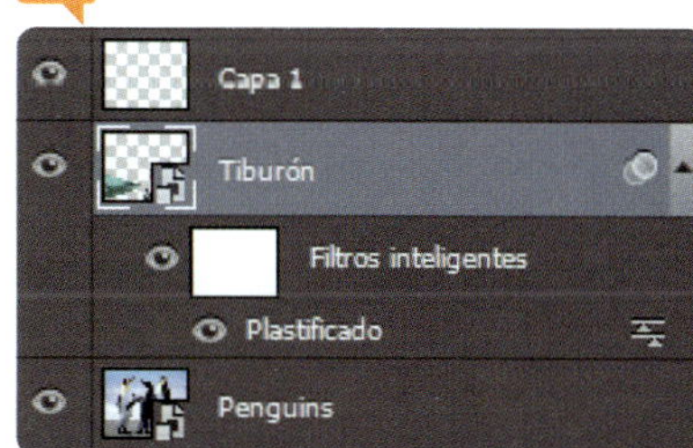

El icono de ojo que aparece junto a los filtros inteligentes permite mostrarlos u ocultarlos.

4

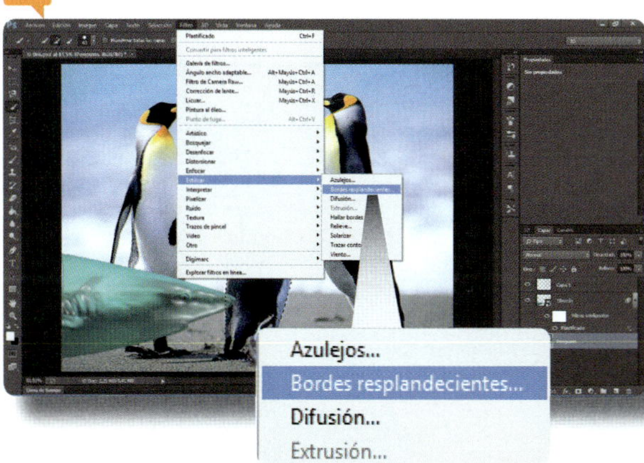

5

Dibujar con las herramientas de pluma

CON LA HERRAMIENTA PLUMA es posible dibujar líneas rectas y curvas denominadas trazados. Los trazados formarán objetos que se podrán rellenar con un color o complementar con un estilo de capa. La herramienta Pluma de forma libre, por su parte, permite dibujar a mano alzada, sin limitaciones de forma.

1. Para este ejercicio puede usar la imagen **067.jpg** que, como siempre, encontrará en la zona de descargas de nuestra página web. Active la herramienta **Pluma**, representada por el dibujo de una pluma estilográfica en el panel de herramientas. [1]
2. Despliegue el campo que muestra la palabra **Trazado** en la **Barra de opciones** de la herramienta y elija la opción **Forma** para elegir este modo de trabajo. [2]
3. El campo **Relleno** de la **Barra de opciones** indica el color de relleno de la figura y el campo **Trazo**, el estilo que va a aplicar a la figura. Elija el blanco como color de relleno [3] y pulse para crear diferentes puntos de ancla hasta obtener una forma irregular que retocaremos después para simular una nube. [4]
4. Una vez creado el trazado, intentaremos aplicarle, por ejemplo, la herramienta **Bote de pintura**. Actívela en el panel de herramientas, haga clic en el interior de la forma y, en el cuadro de advertencia que aparece, pulse el botón **OK** para rasterizar la capa.

IMPORTANTE

Aunque por norma general se suelen crear objetos formados por trazados cerrados, también es posible dejar un trazado abierto. El hecho de tener un trazado abierto o cerrado influirá de forma notable en el caso de querer modificarlo. Por otro lado, en el caso de aplicar alguno de los filtros para distorsionar o modificar el aspecto de un objeto creado con la herramienta Pluma, será necesario **rasterizar** el objeto, lo que provoca que el objeto pierda las propiedades de un trazado y se convierta en un objeto más albergado en una capa.

1

2

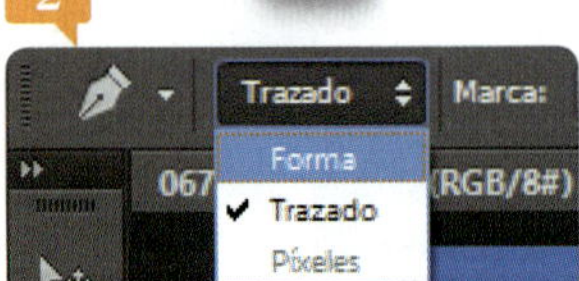

3

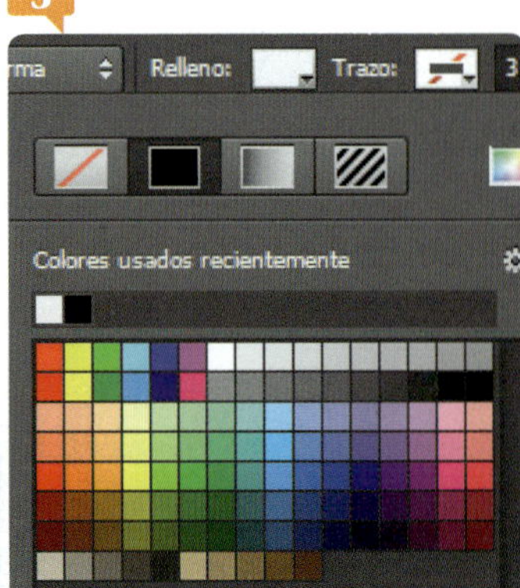

4

067

5. Automáticamente, la capa pasa a estar rasterizada y, por tanto, ya podemos modificar su color de relleno. Haga clic en el botón de opciones del panel **Capas** y elija **Opciones de fusión**.
6. En el panel de opciones de fusión del cuadro **Estilo de capa**, pulse en la opción **Superposición de degradado** para activarla y, manteniendo el degradado formado por los colores negro y blanco, pulse el botón **OK**. [5]
7. Aplicaremos también un filtro de desenfoque para que quede ligeramente difuminado. Abra el menú **Filtro**, pulse en la opción **Desenfocar** y elija **Desenfoque gaussiano**.
8. En el cuadro **Desenfoque gaussiano** aumente el valor del campo **Distancia** hasta unos 25 píxeles y pulse **OK**. [6]
9. En la segunda parte de este ejercicio veremos cómo se utiliza la herramienta **Pluma de forma libre**. En el panel de herramientas, haga clic el botón de punta de flecha de la herramienta **Pluma**, elija la mencionada herramienta [7] y trace una forma irregular mediante el arrastre. [8]
10. La ventaja de la pluma de forma libre es que, a medida que se va dibujando, el programa va incluyendo automáticamente los puntos de ancla, de modo que una vez haya finalizado el dibujo podrán ser modificados. Puede añadir y eliminar puntos de ancla en una forma creada con la herramienta **Añadir punto de ancla**, incluida en el mismo grupo de las herramientas de pluma. Para acabar, reduzca la cantidad de relleno del nuevo objeto insertando un valor inferior a 100 en el campo **Relleno** del panel **Capas** y guarde el documento.

7

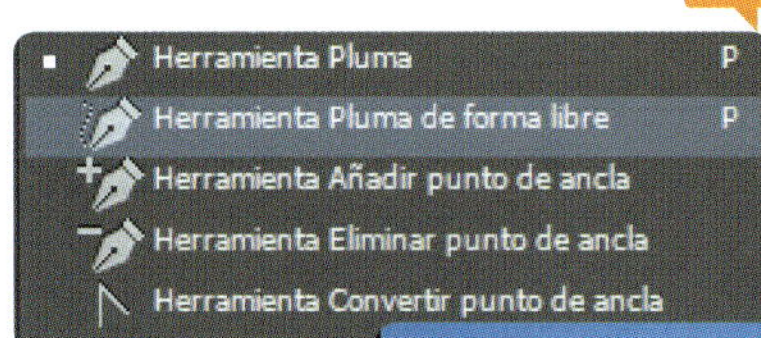

5

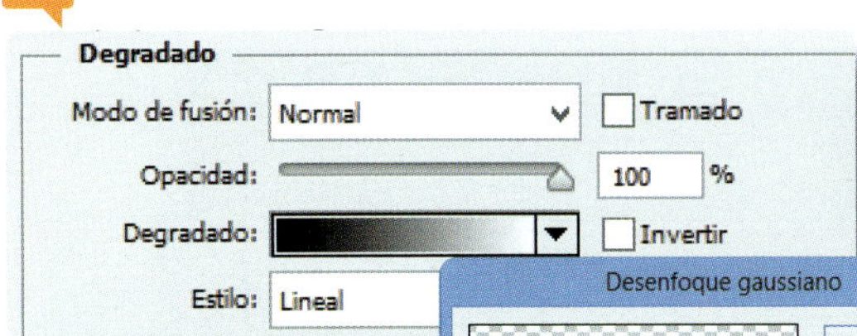

8

6

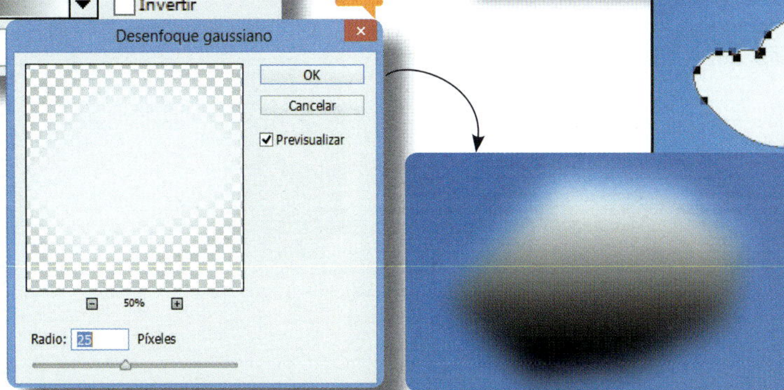

Puede aplicar todo tipo de **estilos de capa** y **filtros** a los trazados creados con las herramientas Pluma y Pluma de forma libre para obtener los más llamativos resultados.

Añadir texto en trayectoria

IMPORTANTE

A medida que mueva o modifique la forma del trazado que actúa como trayectoria, **el texto se ajustará** a la nueva ubicación o a la nueva forma.

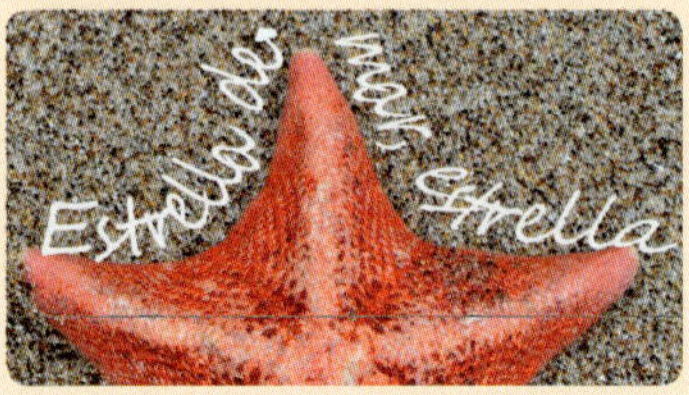

EL TEXTO EN TRAYECTORIA SE CONSIGUE tras realizar dos pasos fundamentales: la creación de la forma mediante una herramienta de dibujo, como la herramienta Pluma, y la introducción del texto. Puede utilizar la herramienta Pluma de forma libre, puesto que permite dibujar una línea que se ajuste, por ejemplo, a un elemento de la imagen.

1. Nuestro objetivo en esta ocasión es crear un trazado a mano alzada que recorra una silueta para, a continuación, agregar sobre dicho trazado un breve texto. Puede utilizar la imagen de ejemplo **068.jpg** o cualquier otra que tenga guardada en su equipo. Para empezar, active la herramienta **Pluma de forma libre**.
2. Para realizar el trazado a mano alzada debe utilizar la técnica de arrastre pero, antes, activaremos una opción que nos permitirá que la línea se ajuste a la imagen. En la **Barra de opciones**, pulse en la casilla de verificación de la opción **Magnético**. 1
3. Haga clic sobre la punta de flecha que acompaña al icono situado a la izquierda de la opción **Magnético**. 2
4. En este panel podemos ajustar las preferencias en cuanto al trazado respecto a la imagen. El campo **Anchura** permite asignar el margen, en píxeles, dentro del cual la pluma puede di-

1

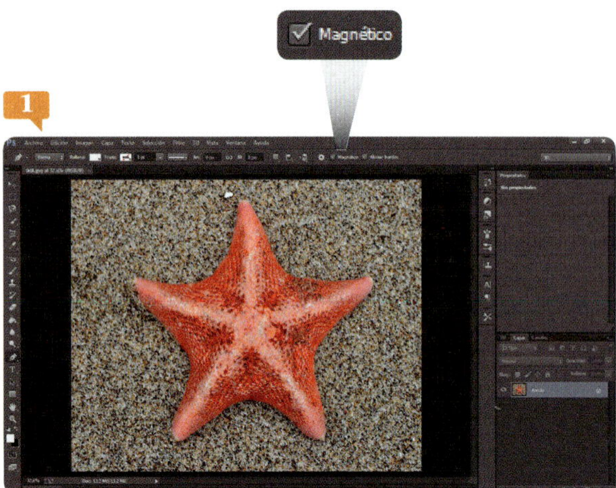

2

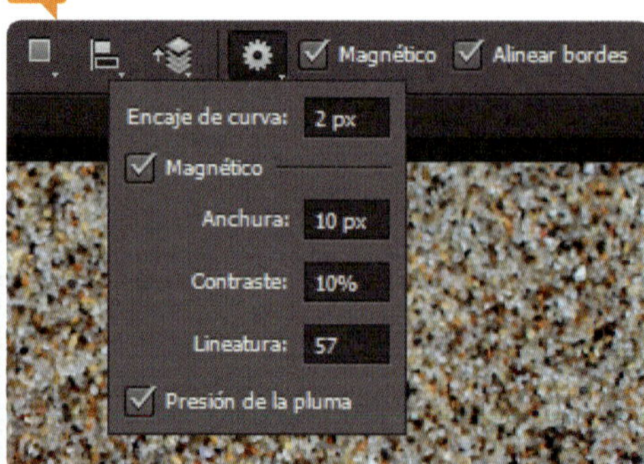

3

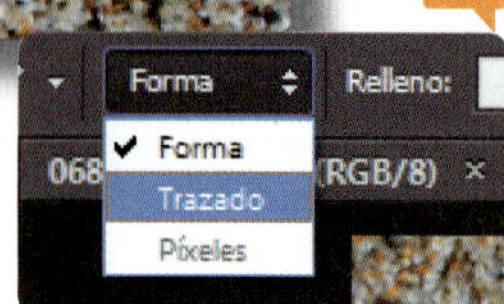

bujar; el campo **Contraste** especifica el porcentaje del posible contorno de imagen, y el campo **Lineatura** controla el número de puntos de ancla que se insertarán en el trazado, entre 5 (más puntos) y 40 (menos puntos). Haga doble clic en el campo **Anchura**, introduzca el valor **3** y pulse la tecla **Retorno**.

5. Para trazar una línea, despliegue el campo que muestra la opción **Forma** y elija en este caso la opción **Trazado**. 3
6. Al activar anteriormente la opción **Magnético**, el puntero, además de adoptar la forma de la pluma, también muestra un pequeño imán. Haga clic en un punto inicial de su imagen, arrastre por la silueta para crear el trazado y pulse la tecla **Retorno** cuando acabe. 4
7. Ya disponemos del trazado o la trayectoria; pasemos ahora a insertar el texto. Active la herramienta **Texto horizontal** en el panel de herramientas y haga clic en el punto que considere el centro del trazado. 5
8. Compruebe que, como ocurre en cualquier otro caso de inserción de texto, el programa ha creado una nueva capa de texto. Escriba directamente su frase de ejemplo (deberá ajustar el tamaño de la fuente a las dimensiones de la imagen) 6 y pulse la combinación de teclas **Ctrl + Retorno** para confirmar la entrada.

Ya hemos creado un texto en trayectoria. A partir de aquí, puede modificar dicho texto en todos sus aspectos: tamaño, fuente, alineación, estilo... Recuerde en cualquier caso seleccionarlo previamente con la herramienta **Texto**. 7

068

IMPORTANTE

La introducción del texto en trayectoria no presenta ninguna diferencia respecto a su uso normal sobre un documento; una vez insertado sobre el trazado, el texto podrá ser modificado en cuanto a su tamaño, color o tipo de letra.

4

5

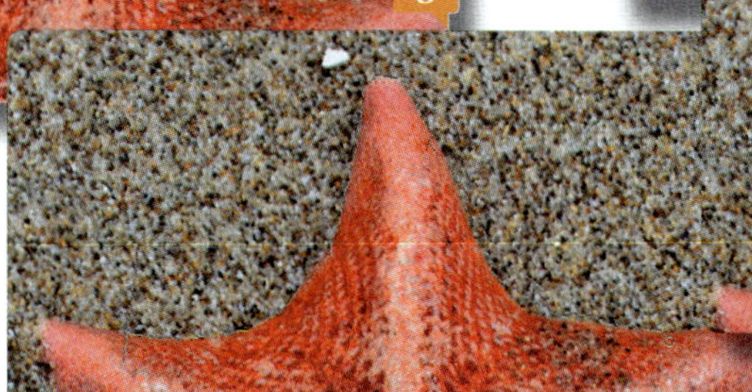

6

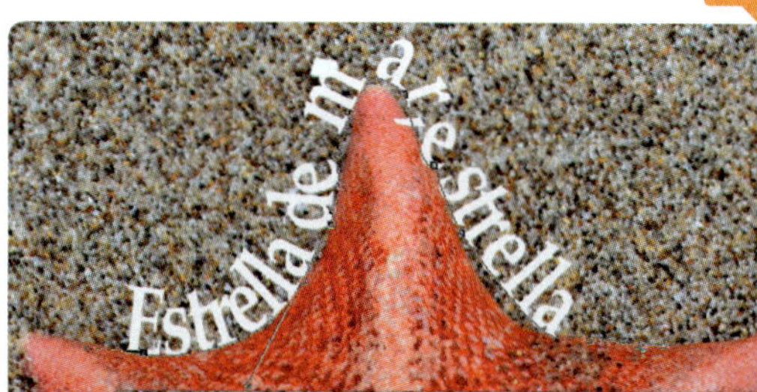

7

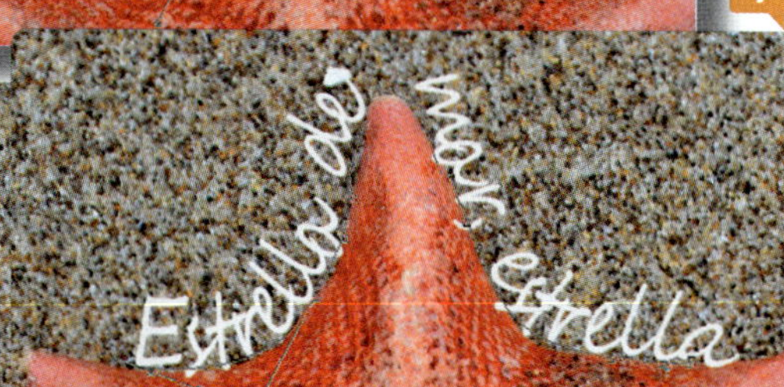

Dibujar formas geométricas

IMPORTANTE

Puede guardar una forma personalizada en la Biblioteca de formas utilizando la opción **Definir forma personalizada** del menú Edición. Tras asignarle un nombre y guardarla, la nueva forma aparecerá en el cuadro de formas.

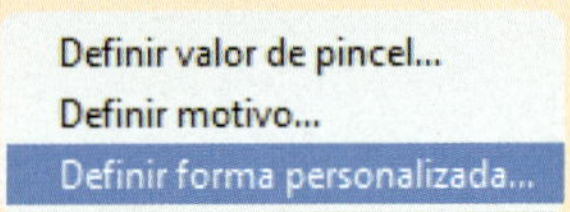

PHOTOSHOP PERMITE DIBUJAR FIGURAS GEOMÉTRICAS básicas y formas personalizadas. Al crear cualquiera forma preestablecidas, ésta se incluirá por defecto en una capa de forma. La herramienta Forma personalizada incluye un gran número de objetos y formas preestablecidas organizadas en grupos: adornos, animales, azulejos, bocadillos, cuadros, flechas, etc. Una figura personalizada puede guardarse para poder recuperarla siempre que quiera.

1. Haga clic en la punta de flecha de la herramienta **Rectángulo**, decimoctavo icono del panel **Herramientas**, y elija la herramienta **Línea**. 1
2. Haga doble clic en el campo **Grosor** de la **Barra de opciones**, introduzca el valor **5** y pulse **Retorno**. 2
3. El color que se asigna a cualquier forma es el activo en el panel de herramientas como color de fondo. Despliegue el panel de colores del campo **Relleno** y elija el negro. 3
4. Para dibujar la línea sobre nuestra imagen (**069.jpg**), haga clic y arrastre, hasta que tenga la longitud que desee. 4
5. Dibujaremos otra figura, que se insertará en una nueva capa de forma. En el panel **Herramientas**, despliegue la herramienta **Línea** y elija la denominada **Polígono**.

2

1

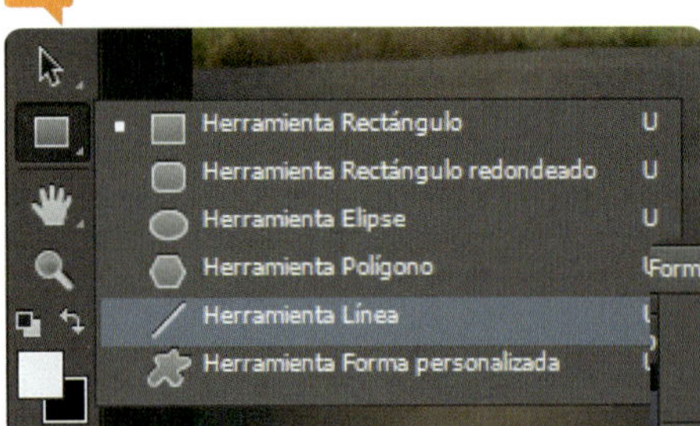

Todas las herramientas cuentan con una tecla directa para activarlas; en el caso del grupo de formas geométricas, esta tecla es la **U**.

3

4

Puede modificar la anchura y la longitud de una línea desde los campos **An** y **Al** de la Barra de opciones.

069

6. Para trazar un triángulo, haga doble clic en el campo **Lados** de la **Barra de opciones**, inserte el valor **3** y pulse **Retorno**. [5]
7. Ahora, trace el triángulo mediante el arrastre colocándolo encima de la línea, a modo de señal. (Para resituar la forma con exactitud, utilice la herramienta **Mover**.) [6]
8. Seleccione como color de relleno el blanco, despliegue el campo **Definir tipo de trazo de forma** y elija el rojo. [7]
9. Para trabajar de forma exclusiva con las formas personalizadas, añada una nueva capa al documento.
10. En el panel **Herramientas**, despliegue la herramienta **Polígono** y haga clic sobre la herramienta **Forma personalizada**.
11. La **Barra de opciones** se actualiza con los parámetros de la herramienta elegida. Despliegue el comando situado a la izquierda del denominado **Forma** y haga clic en el botón de opción **Tamaño fijo**. [8]
12. Teclee el valor **65px** tanto en el campo **An** como en el campo **Al** y pulse la tecla **Retorno**.
13. Despliegue el campo **Relleno** de la **Barra de opciones** y elija el color que desee.
14. Pulse el botón de flecha del campo **Forma** en la **Barra de opciones**, seleccione con un doble clic la forma que usted desee [9] y arrastre en un punto de su imagen para insertarla. [7]
15. Pulse **Retorno** para confirmar la entrada y guarde los cambios para acabar este ejercicio.

IMPORTANTE

Como novedad en Photoshop CC, es posible **modificar independientemente** cada uno de los radios de los vértices de rectángulos redondeados tras dibujarlos. Se pueden realizar ajustes simultáneos en rectángulos en varias capas.

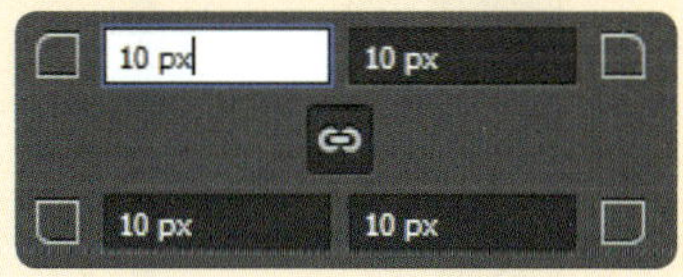

9

5

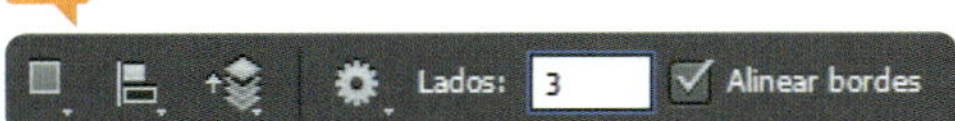

8

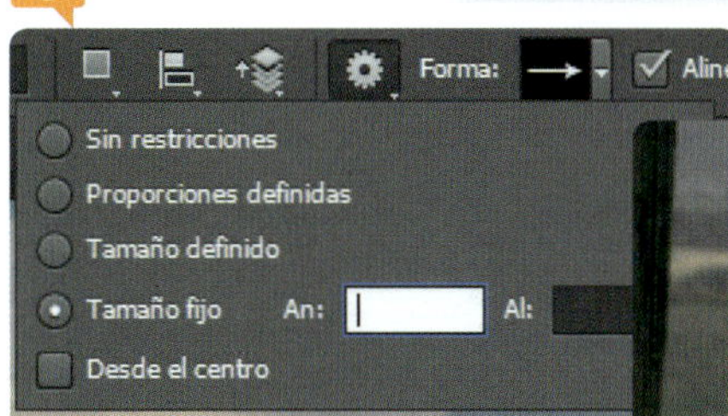

Puede determinar el tamaño en píxeles, centímetros o pulgadas. Si mantiene seleccionada la opción **Sin restricciones**, las dimensiones de la forma se configurarán mediante el arrastre.

6

7

10

Usar el pincel corrector puntual

IMPORTANTE

Cuando trabaje con el pincel corrector puntual puede elegir opcionalmente un **modo de fusión** en la Barra de opciones.

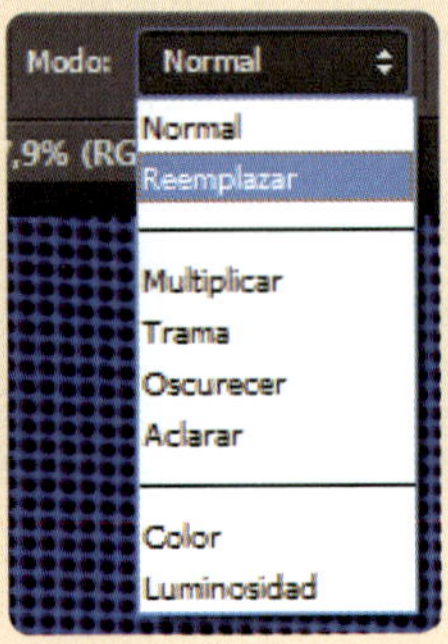

EL PINCEL CORRECTOR PUNTUAL permite retocar fotografías con un único clic. Su aplicación sobre una imagen es muy sencilla puesto que, manteniendo las opciones predeterminadas y eligiendo un tamaño adecuado, sólo hay que pulsar en la parte que se desee retocar.

1. En este sencillo ejercicio veremos cómo arreglar una imperfección de una imagen con la herramienta **Pincel corrector puntual.** Esta herramienta funciona de manera similar al pincel corrector y al tampón de clonar, pero, a diferencia de esas dos herramientas, no precisa de la selección de un punto de muestra. El pincel corrector puntual actúa pintando con píxeles muestreados del área que rodea el punto a retocar y hace coincidir la textura, la iluminación, la transparencia y la sombra de los píxeles muestreados con los que se deben corregir. Para practicar con esta utilidad, abra una imagen que contenga alguna imperfección o impureza (puede emplear la imagen de ejemplo **070.jpg** que encontrará en la zona de descargas de nuestra página web). Empezaremos aumentando el zoom de esa zona. Active la herramienta **Zoom** del panel **Herramientas.** 1
2. Pulse varias veces en la zona de la fotografía que va a retocar para acercarla, en este caso, sobre uno de los ojos. 2
3. La herramienta **Pincel corrector puntual** comparte espacio en el panel de herramientas con las herramientas **Pincel de**

Siempre es conveniente aplicar un **zoom** para ampliar la zona que contiene la imperfección y que se va a retocar para trabajar así más cómodamente.

1

2

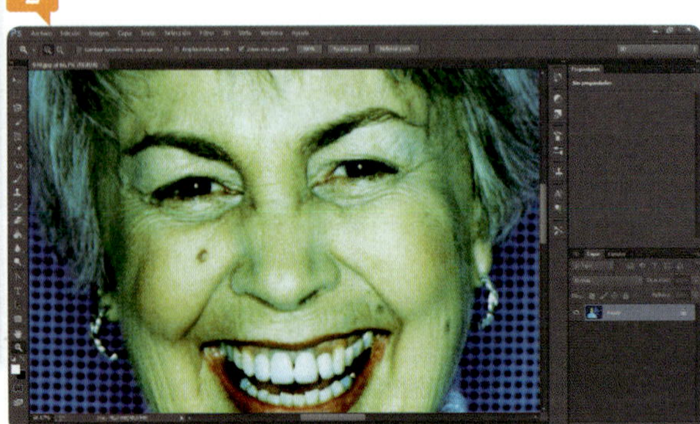

070

ojos rojos, **Parche**, **Pincel corrector** y **Movimiento con detección de contenido**. Actívela. [3]

4. Tenga en cuenta que un pincel algo mayor que la zona que se desea corregir es más eficaz, ya que permite cubrirla con una única pulsación. En cualquier caso, siempre puede utilizar la técnica de arrastre para suavizar las imperfecciones en una zona grande. Podemos escoger entre tres opciones de pincel: **Ajustar a entorno**, **Crear textura** y **Según el contenido**. [4] La primera usa los píxeles de alrededor del borde de la selección para localizar una zona de la imagen y utilizarla como parche sobre la zona seleccionada. La segunda usa todos los píxeles de la selección para crear una textura para corregir la zona y la tercera compara contenido de imágenes cercanas para rellenar perfectamente la selección y mantener el realismo de los detalles clave (sombras, bordes...) En esta ocasión, mantendremos la opción **Según el contenido** y sólo modificaremos el tamaño del pincel. Pulse el botón de flecha del campo **Pincel**, escriba en el campo **Tamaño** un valor adecuado para corregir la verruga y pulse la tecla **Retorno**. [5]
5. Haga clic sobre el punto que quiere corregir y observe el fantástico resultado. [6]
6. Arregle del mismo modo otras imperfecciones de la imagen.
7. Para terminar, despliegue el menú **Vista** y pulse sobre la opción **Encajar en pantalla**.

IMPORTANTE

Sepa que si su imagen cuenta con varias capas, debe activar la opción **Muestrear todas las capas** para que el programa muestree los datos de todas las capas visibles. Si deselecciona esa opción, sólo se muestrearán los datos de la capa activa.

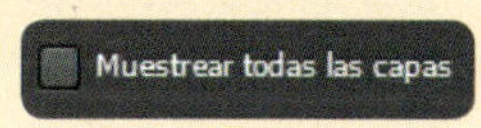

3

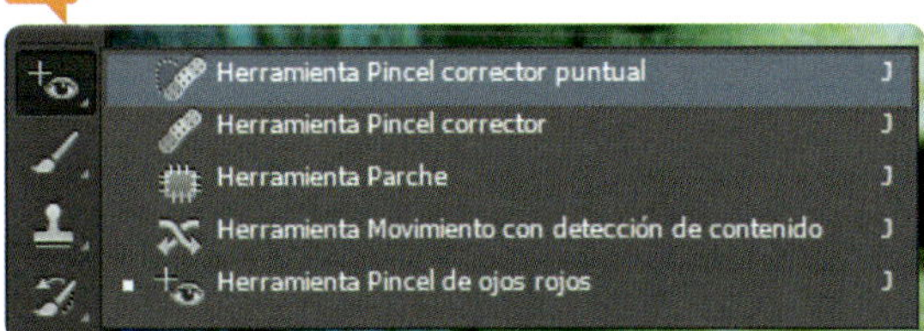

4

5

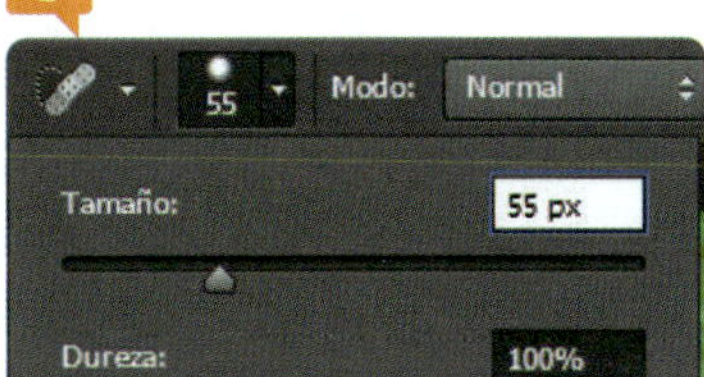

6

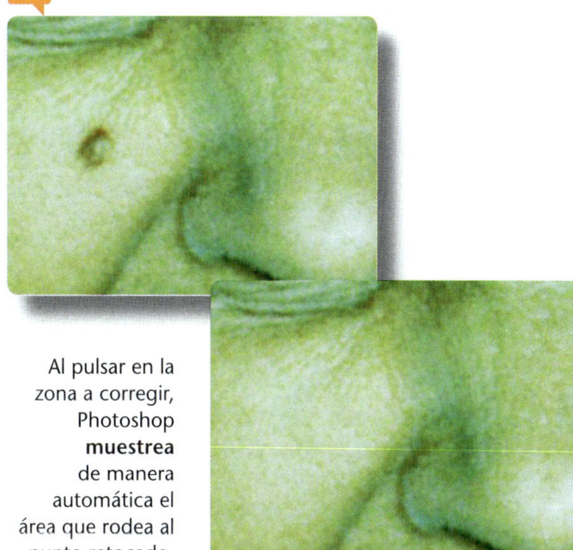

Al pulsar en la zona a corregir, Photoshop **muestrea** de manera automática el área que rodea al punto retocado.

Aportar realismo con el Pincel mezclador

IMPORTANTE

Si activa la opción **Cargar sólo colores sólidos** en la herramienta de carga del pincel mezclador al tomar una muestra para la punta del pincel ésta será un color uniforme, sin variaciones de color. Puede mojar el pincel en el color de la reserva o quitar la pintura del pincel usando las opciones **Cargar pincel** y **Limpiar pincel**. Para hacerlo después de cada trazo, active las opciones de carga y limpieza automáticas.

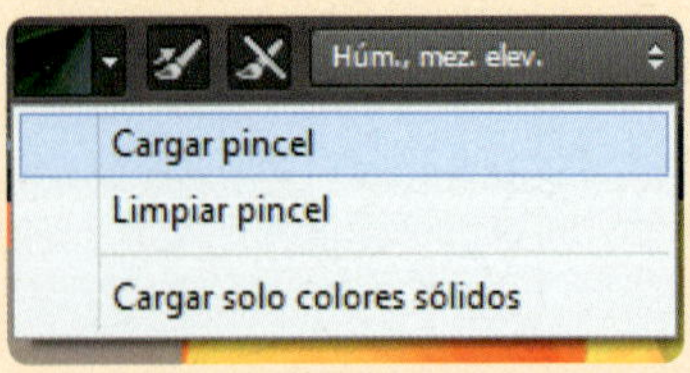

PHOTOSHOP DISPONE DE ALGUNAS HERRAMIENTAS que permiten obtener espectaculares efectos de pintura realista. El Pincel mezclador es una de ellas. Con este nuevo pincel es posible simular técnicas de pintura reales como pueden ser la mezcla de colores en un lienzo, la combinación en un pincel o el cambio de la humedad de la pintura a lo largo de un trazo.

1. Para realizar este ejercicio puede usar el archivo **071.jpg** que deberá copiar en su carpeta de imágenes. Una vez haya abierto el archivo en Photoshop, cree una nueva capa.
2. Pulse en la punta de flecha de la herramienta **Pincel** y active la herramienta **Pincel mezclador**. [1]
3. La **Barra de opciones** se ajusta ahora a la herramienta seleccionada. Como ve, es posible personalizar un gran número de propiedades del pincel (color, combinaciones de fusión, humedad, carga, mezcla...). Pulse el botón de flecha situado junto al tamaño de pincel para abrir el selector de pinceles.
4. Además de los tradicionales pinceles, Photoshop ofrece puntas de cerdas configurables con las que es posible obtener trazos muy reales. Elija el quinto pincel de la segunda fila con un doble clic. [2]

1

2

071

5. Por defecto el color del pincel coincide con el color frontal seleccionado. Vamos a cambiarlo tomando una muestra de la imagen. Sitúese en la capa de fondo y, manteniendo presionada la tecla **Alt.**, haga clic en un pétalo para que ese color se cargue en el pincel. 3
6. Sitúese de nuevo en la capa 1, pulse el botón de punta de flecha del campo **Combinaciones útiles de pincel mezclador**, donde se muestra por defecto el valor **A medida** y elija la opción **Húmedo, mezcla elevada.** 4
7. Vea cómo se ajustan los valores de humedad, carga y mezcla en la **Barra de opciones** en función del tipo de fusión seleccionado. Ahora ajuste el tamaño del pincel y pulse y arrastre por una de las flores hasta obtener un efecto similar al de la imagen. 5
8. Tome ahora del fondo una muestra de color de las hojas verdes y, de nuevo en la capa 1, pinte con el pincel mezclador en las hojas de las flores. 6
9. Compruebe que al pintar sobre zonas de otros colores, el color cargado se mezcla con el del lienzo como ocurriría en una pintura real. Si la imagen resultante es de su agrado, guárdela en formato de Photoshop.

IMPORTANTE

La representación gráfica del tipo de pincel elegido puede activarse y desactivarse desde el comando **Mostrar** del menú **Vista**, siempre y cuando la tarjeta gráfica de su equipo lo permita. Usted puede cambiar de posición esta muestra, reducir su tamaño y cerrarla. Por otra parte, cuando usted utilice el pincel sobre su imagen, podrá ver el movimiento reflejado en esta muestra.

3

4

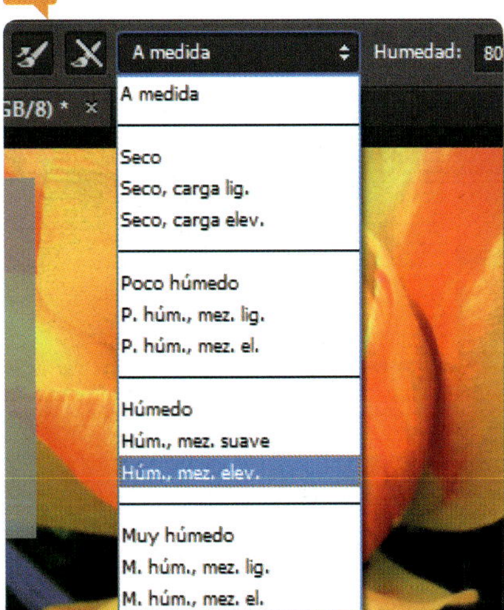

5

Vaya cambiando el tamaño del pincel en función de las zonas que pinte. Puede hacerlo rápidamente pulsando las teclas de **apóstrofo** (') y **admiración** (¡) de su teclado.

Tome también muestras de color de diferentes partes de su imagen.

6

Crear y aplicar pinceles personalizados

IMPORTANTE

Para crear un pincel personalizado es preciso seleccionar la zona que desea establecer como punta de forma del pincel y elegir el comando **Definir valor de pincel** del menú Edición.

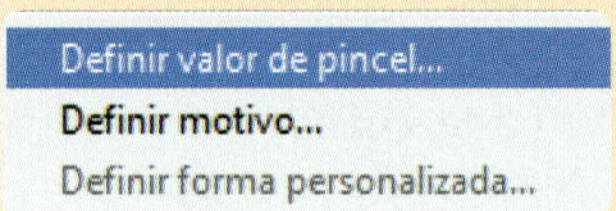

PUEDE MODIFICAR LAS CARACTERÍSTICAS preestablecidas de los pinceles o bien crear su propio tipo de pincel. Photoshop dispone del panel Pincel, que le permite manipular la forma, el contenido y las dimensiones de cualquier tipo de pincel preestablecido. Una vez realizadas las modificaciones, el programa ofrece la posibilidad de guardar los nuevos parámetros del pincel para poder volver a usarlo cuando lo necesite.

1. En esta lección manipularemos las características de un pincel preestablecido para aplicarlo después en una imagen de ejemplo, que puede ser la **072.jpg** que encontrará en la zona de descargas. Para empezar, cree una nueva capa en el panel **Capas**.
2. A continuación, active la herramienta **Pincel** en el panel de herramientas.
3. Pulse el botón de punta de flecha del pincel de la **Barra de opciones**, abra el menú del selector pulsando el botón de ajustes y elija la categoría **Pinceles de efectos especiales**. [1]
4. Pulse **OK** en el cuadro de advertencia que lanza el programa para aceptar la sustitución de los pinceles.
5. Accederemos al panel **Pincel**, desde el que llevaremos a cabo las modificaciones. Despliegue el menú **Ventana** y haga clic sobre el comando **Pincel**. [2]

También puede acceder al panel **Pincel** pulsando la tecla de función **F5**.

072

6. Localice y seleccione en el panel de muestras de pinceles el que representa una mariposa y muestra un tamaño de 29 píxeles.
7. En el campo **Tamaño**, teclee el valor **100** y pulse **Retorno**. (Estos valores se ajustan a nuestra imagen de ejemplo; si usa una propia, modifíquelos según sus necesidades.)
8. En el campo **Ángulo**, escriba el valor **-25** y pulse **Retorno**.
9. Para aumentar el espaciado entre las mariposas de forma que aparezcan mucho más dispersas, haga doble clic en el campo **Espaciado**, introduzca la cifra **120** y pulse **Retorno**.
10. Active la opción **Dinámica de forma** para ver sus opciones.
11. Aumentaremos la variación del tamaño, de manera que al aplicar el pincel seleccionado aparezcan mariposas de distintas dimensiones. Haga doble clic en el campo **Variación del tamaño**, escriba el valor **70** y pulse **Retorno**.
12. Pulse sobre la opción **Dinámica de color**, seleccione con un doble clic el valor del campo **Variación del tono**, escriba el valor **44** y pulse **Retorno**.
13. Oculte el panel **Pincel** pulsando el botón de doble punta de flecha de su cabecera.
14. Pulse en el cuadro de color frontal del panel **Herramientas**, elija un tono fucsia en el cuadro **Selector de color** y pulse **OK**.
15. Haga clic en varias puntos de la imagen para pintar con el pincel o pulse y arrastre. Observe el resultado y, si le gusta, guarde el documento.

IMPORTANTE

Como novedad en Photoshop CC, ahora disponemos de un **widget de control de ángulo** para los pinceles tanto en el selector de pinceles de la **Barra de opciones** como en el menú contextual del pincel seleccionado.

3

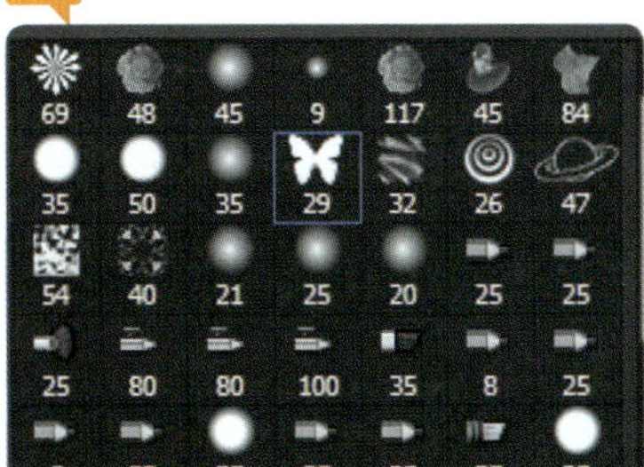

Elija uno de los **pinceles de efectos especiales** y configúrelo a su gusto utilizando para ello las opciones del panel **Pincel**.

4

5

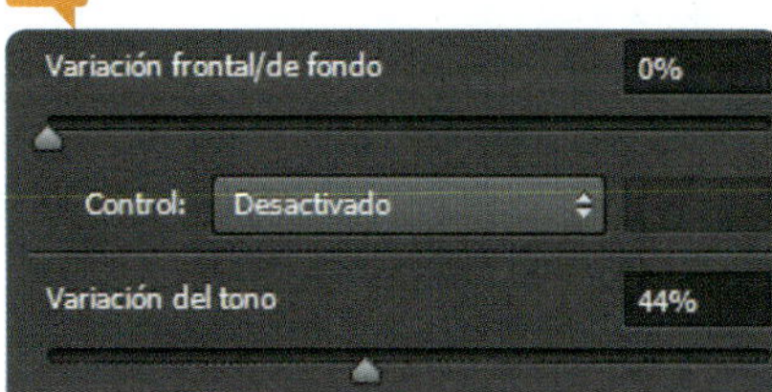

6

Cree diferentes tipos de **pinceles personalizados** y compruebe cómo actúan pintando en su fotografía.

Optimizar imágenes para la Web

UNO DE LOS FORMATOS MÁS UTILIZADOS para mostrar fotografías en páginas web o soportes multimedia es JPEG. Photoshop permite optimizar imágenes de formatos diversos y convertirlas a ese formato. También permite establecer una calidad para los archivos generados de forma que puede obtener hasta tres archivos con formato JPEG de diversa calidad.

1. En esta lección aprenderá a optimizar una imagen GIF convirtiéndola en un archivo JPEG, formato estándar de compresión de imágenes de tono continuo. Para ello utilice, pues, una imagen en ese formato (puede usar si lo desea el archivo **073.gif**). Para empezar, abra el menú **Archivo** y pulse sobre la opción **Guardar para Web.** [1]
2. En el cuadro **Guardar para Web** es posible visualizar imágenes optimizadas en diferentes formatos y con diferentes atributos. Desde él se pueden modificar los parámetros de optimización mientras se previsualiza la imagen para aplicar así los ajustes que mejor se adapten a nuestras necesidades. En esta ocasión, optimizaremos la imagen GIF a una imagen con formato JPEG de alta resolución. Pulse en el botón de punta de flecha del campo **Formato de archivo optimizado** del apartado **Ajuste preestablecido** y seleccione el formato **JPEG**. [2]
3. A continuación, pulse en el botón de punta de flecha del campo **Calidad de compresión** y seleccione la calidad **Máxima**.

IMPORTANTE

En versiones anteriores a Photoshop CS3, la optimización de imágenes y la edición de animaciones se llevaba a cabo desde la aplicación **ImageReady**. Desde CS3, esta aplicación está integrada en Photoshop y la mayoría de las acciones que se realizaban con ella pueden efectuarse ahora desde el panel **Línea de tiempo** o desde diferentes opciones de los menús del programa. Además, las opciones de ImageReady que no se encuentran en Photoshop están disponibles en **Fireworks**.

1

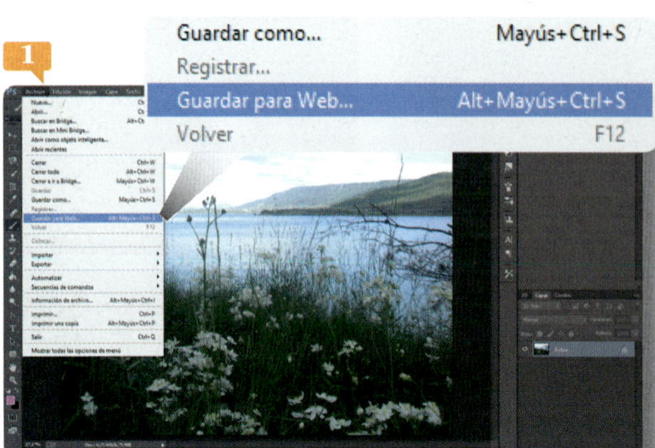

2

4. Ahora el campo **Calidad** muestra el valor 100. Podemos disminuir manualmente este valor para mejorar la compresión. Cuanto mayor sea la calidad, más detalle conservará el algoritmo de compresión. Sin embargo, una calidad alta genera un archivo de mayor tamaño, por lo que deberá encontrar el equilibrio adecuado entre la calidad y el tamaño del archivo. Para ver la imagen original y la optimizada en la misma ventana, haga clic en la pestaña **2 copias**. 3
5. Bajo cada imagen aparecen sus datos básicos. Puesto que la optimización de imágenes se suele llevar a cabo con el fin de publicarlas en páginas web o en soportes multimedia, uno de esos datos es su tiempo de descarga aproximado. Si lo desea, de forma automática, Photoshop puede crear hasta tres archivos con formato JPEG de calidades distintas. Pulse en la pestaña **4 copias**. 4
6. Ahora disponemos de cuatro archivos empezando por el original y terminando por el de calidad más baja. Observe las diferencias de tamaño, de velocidad de descarga y de calidad existentes entre ellas. Vuelva a mostrar únicamente la imagen optimizada pulsando en la pestaña **Optimizado**.
7. Pulse en el botón situado a la derecha de la velocidad de descarga y elija la opción **Tamaño/Tiempo de descarga (2Mbps)**. 5
8. La velocidad de descarga disminuye notablemente. Por último, guardaremos la imagen optimizada. Pulse el botón **Guardar**.
9. En el cuadro **Guardar optimizada como** aparece seleccionado, junto al nombre del archivo, el formato elegido para la optimización, JPG. Pulse el botón **Guardar** y dé así por terminado este ejercicio.

073

IMPORTANTE

El formato **GIF**, formato de intercambio de gráficos, suele emplearse para imágenes de color indexado en documentos HTML y preserva la transparencia de imágenes de color indexado, aunque no admite canales alfa.

5

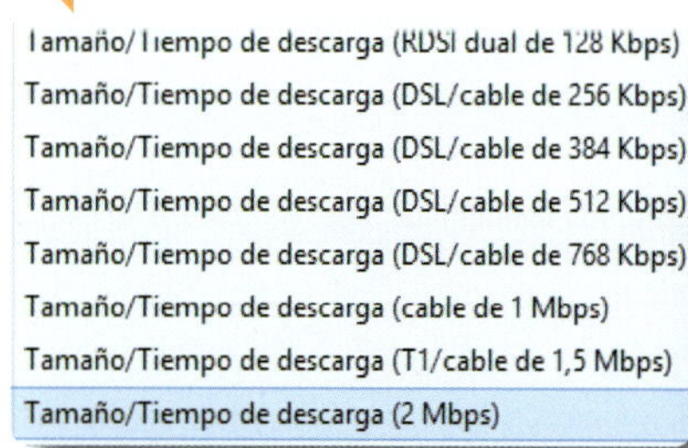

3

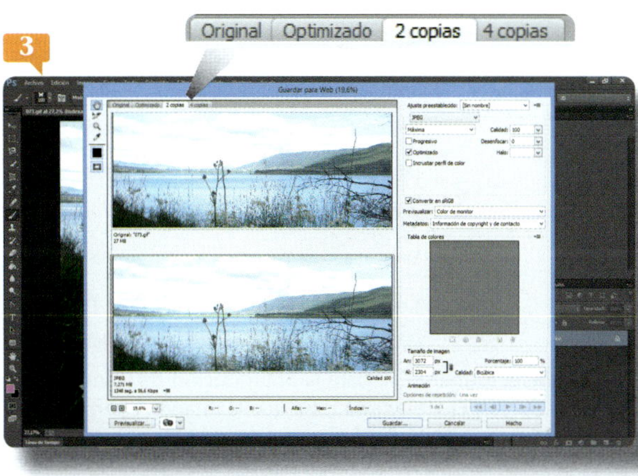

4

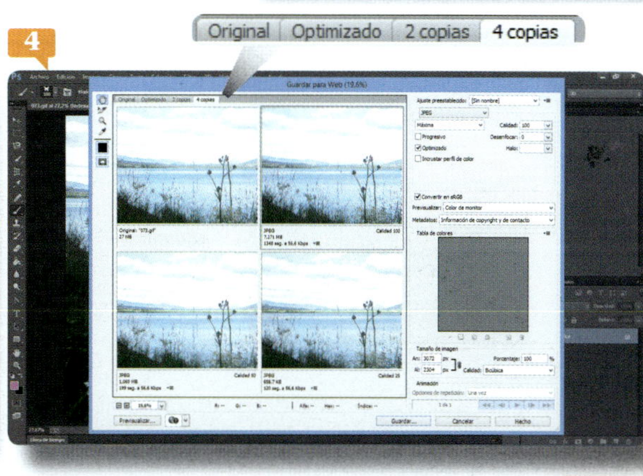

Guardar una optimización

PHOTOSHOP PERMITE AJUSTAR las opciones de optimización de las imágenes en el cuadro Guardar para Web para conseguir una relación calidad-tamaño idónea. El programa también permite guardar cualquiera de estas configuraciones de modo que pueda utilizarlas en otras ocasiones de forma rápida sobre otras imágenes. El proceso de almacenamiento de una optimización de imágenes empieza, una vez establecida la configuración en cuestión, en el menú Optimizar del cuadro de guardado para web.

1. En este ejercicio modificaremos alguna opción de optimización de imágenes y guardaremos la configuración final para poderla utilizar en otras ocasiones. En primer lugar, accederemos al cuadro **Guardar para Web.** Abra el menú **Archivo** y pulse sobre la opción **Guardar para Web.**
2. El cuadro conserva los últimos cambios realizados. En el campo de formato, seleccione la opción **GIF** [1] y después haga clic en la casilla de verificación de la opción **Entrelazado** para activarla. [2]
3. Automáticamente, Photoshop optimiza la imagen con los nuevos parámetros seleccionados. Esta opción permitirá visualizar la imagen en formato GIF de forma progresiva, en el caso de que ésta se descargue en Internet. Ahora ajustaremos

IMPORTANTE

Tenga en cuenta que si almacena sus ajustes de optimización personalizados en una carpeta diferente a la predeterminada para este tipo de documentos, éstos no se mostrarán en el menú emergente **Ajuste preestablecido**.

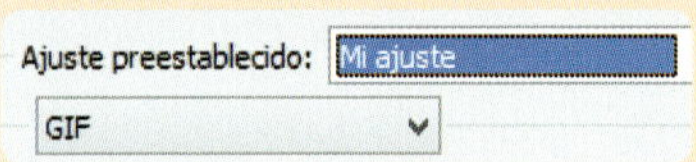

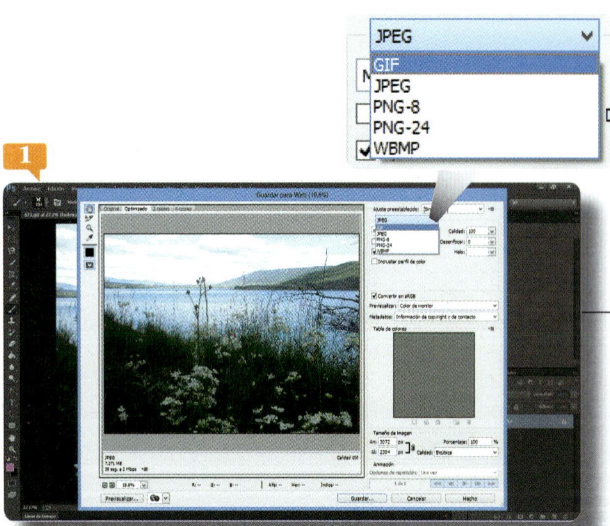

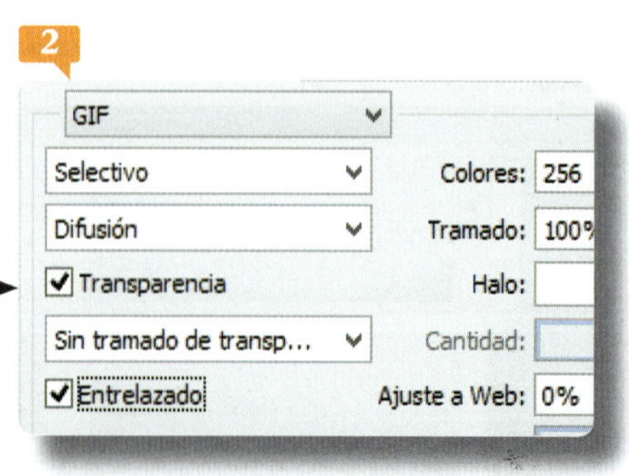

Seleccione el formato GIF para la optimización de la imagen y active la opción **Entrelazado** para que la imagen aparezca de forma progresiva al descargarse.

074

la progresión de descarga. Haga doble clic en el campo **Ajuste a Web**, teclee el valor **25** y pulse **Retorno**. [3]

4. Una vez hemos optimizado la imagen con los nuevos parámetros, guardaremos la configuración actual. Pulse sobre el botón de opciones situado a la derecha del apartado **Ajuste preestablecido** para desplegar el menú **Optimizar** y seleccione la opción **Guardar ajustes.** [4]
5. Aparece el cuadro de diálogo **Guardar ajustes de optimización**. Los nuevos ajustes deberán estar incluidos en la carpeta **Optimized Settings**, que por defecto se muestra abierta en este cuadro. En el campo **Nombre** escriba un nombre descriptivo para el nuevo ajuste y pulse **Guardar**.
6. Una vez hemos guardado la nueva configuración, aplicaremos otro de los ajustes predeterminados y, posteriormente, comprobaremos que hemos guardado el nuestro correctamente. Despliegue el menú del campo **Ajuste preestablecido** y seleccione la opción **Gif restrictivo.** [5]
7. Observe cómo cambia la imagen. [6] Volveremos a aplicar el ajuste guardado. Despliegue el menú de ajustes preestablecidos y seleccione el que acaba de almacenar.
8. Al igual que es posible guardar ajustes personalizados, también es posible eliminarlos, para lo que se utiliza la opción **Eliminar ajustes** del menú **Optimizar**. Para dar por acabado este ejercicio, salga del cuadro **Guardar para Web** pulsando el botón **Cancelar**.

5

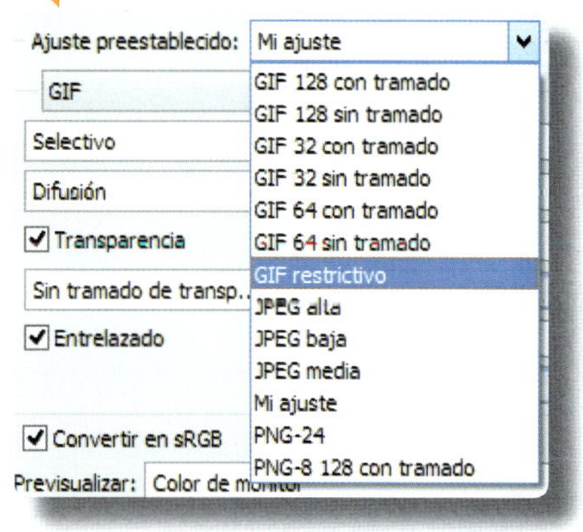

3

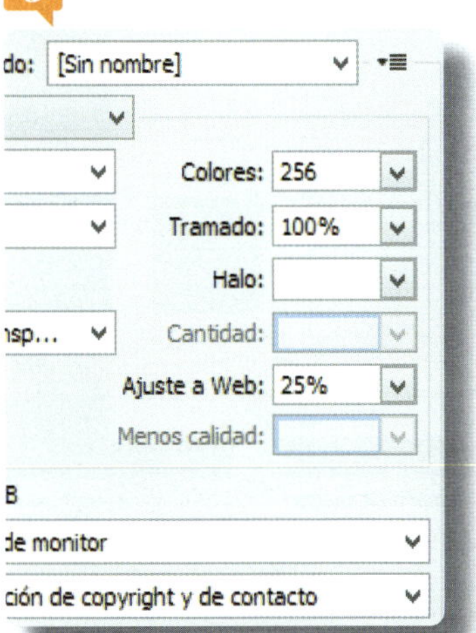

4

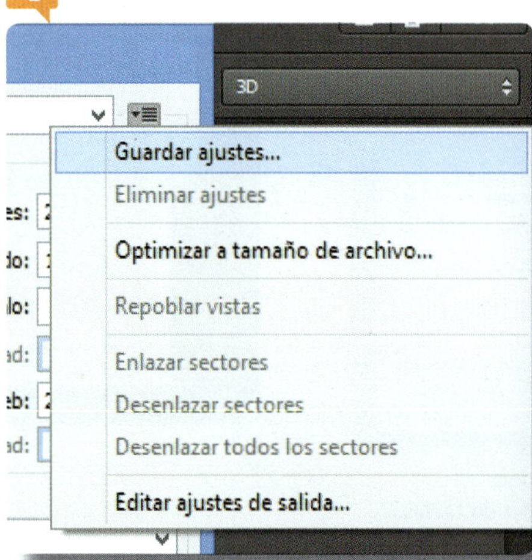

6

Compruebe cómo cambia el aspecto de la imagen al aplicarle los diferentes **ajustes de optimización preestablecidos**.

Redimensionar una imagen al optimizar

DESDE EL CUADRO GUARDAR PARA WEB es posible redimensionar una imagen hasta un tamaño en píxeles concreto o bien hasta un porcentaje del tamaño original. El cambio de dimensiones de una imagen se lleva a cabo desde el apartado Tamaño de imagen, donde, además de especificar las nuevas dimensiones en píxeles o el porcentaje en que se desea redimensionar la imagen, hay que definir la calidad.

1. Para empezar, despliegue el menú **Archivo** y pulse sobre la opción **Guardar para Web.**
2. En el apartado **Tamaño de imagen** se muestra el tamaño original de la imagen en píxeles. En los campos **An** y **Al** debemos introducir las nuevas dimensiones, también en píxeles, o especificar el porcentaje en que deseamos redimensionar la imagen. Por defecto, el programa mantiene las proporciones de anchura y altura de píxel. [1] Haga doble clic en el campo **An**, relativo a la anchura, escriba el valor **500** y pulse la tecla **Retorno**. [2]
3. En el campo **Calidad** debemos especificar el método de remuestreo que se utilizará al redimensionar la imagen. La opción **Bicúbica**, es, generalmente, la más apropiada al reducir el tamaño de una imagen. Veamos cuáles son todas las opcio-

1

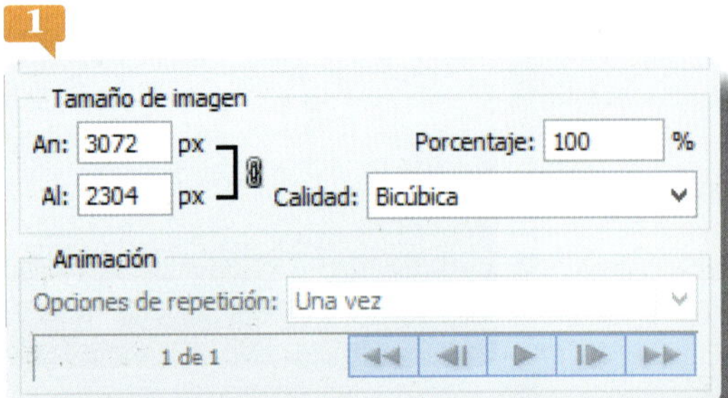

También puede acceder al cuadro de diálogo Guardar para Web pulsando la combinación de teclas **Alt.+Mayúsculas+Ctrl.+S**.

2

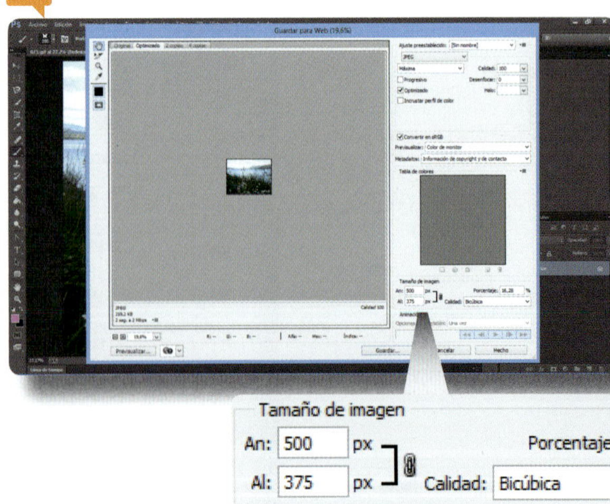

nes. Haga clic en el botón de punta de flecha del campo **Calidad** y de los cinco métodos de remuestreo disponibles, elija **Bicúbica más suavizada**. [3]

4. Las imágenes optimizadas se pueden previsualizar en cualquier navegador Web instalado en el equipo. Para ello, basta con pulsar el botón **Previsualizar** situado en la parte inferior del cuadro **Guardar para Web.** Para seleccionar otro navegador, debemos utilizar la opción **Otro** del menú de selección de navegador, y para añadir, editar o quitar un navegador, debemos acceder al cuadro **Navegadores** utilizando la opción **Editar lista** de este mismo menú. [4] Para obtener la previsualización en el navegador predeterminado, pulse el botón **Previsualizar**.
5. Se abre así el navegador predeterminado en el equipo mostrando la imagen con un pie de ilustración que nos informa del tipo de archivo de la imagen, de sus dimensiones en píxeles, del tamaño del archivo, de los ajustes de calidad y de otros datos de HTML. [5] Cierre la previsualización de la imagen pulsando el botón de aspa de la **Barra de título** del navegador.
6. Para acabar este ejercicio, guardaremos la imagen con las nuevas dimensiones. Haga clic en el botón **Guardar**, escriba un nuevo nombre para la imagen en el cuadro **Guardar optimizada como** y pulse el botón **Guardar** para dar por acabado este ejercicio.

075

IMPORTANTE

El campo Calidad hace referencia al método de interpolación; generalmente, los mejores resultados al reducir una imagen se obtienen con la opción **Bicúbica más enfocada**.

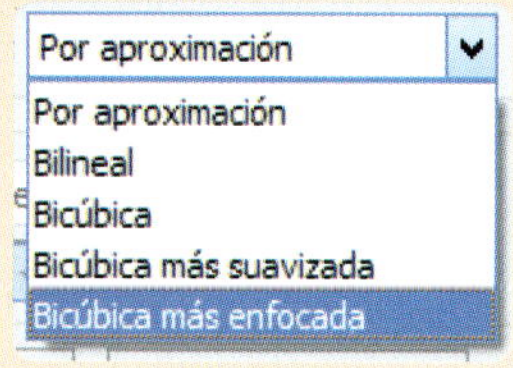

3

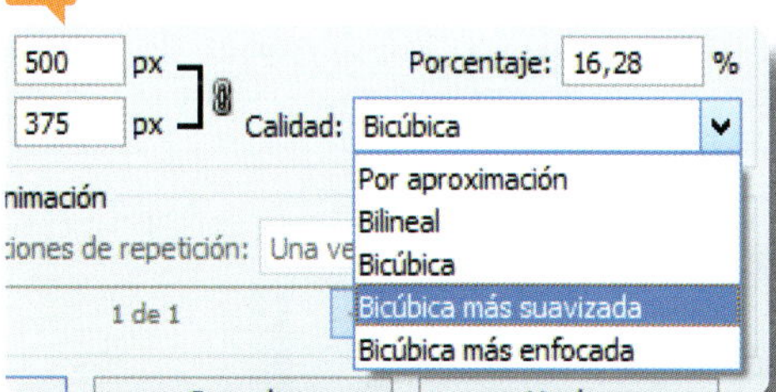

4

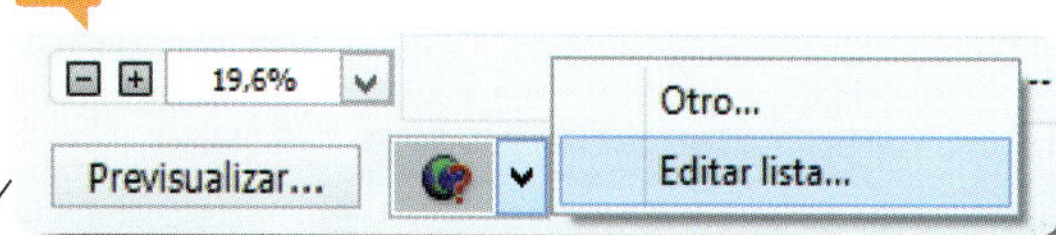

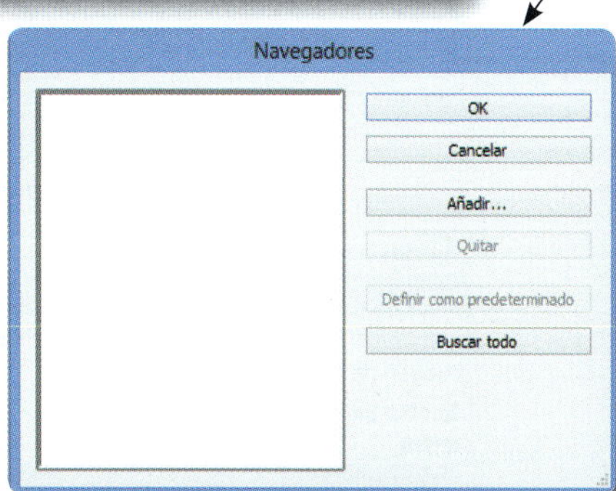

5

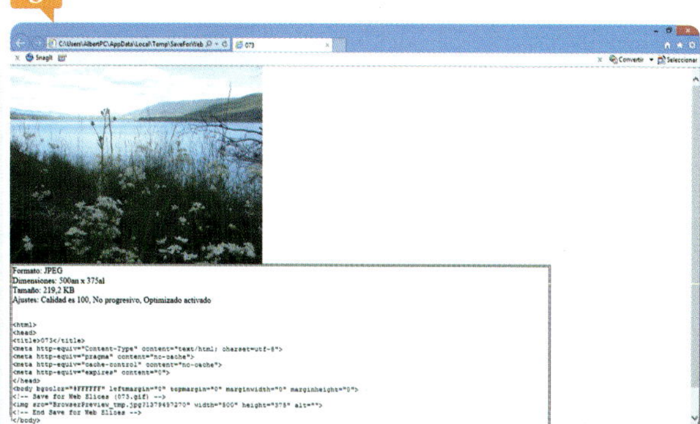

Establecer los ajustes de salida

PARA DEFINIR LOS AJUSTES DE SALIDA en un proceso de optimización de imágenes se debe acceder al cuadro Ajustes de salida, en el que es posible editar los diferentes conjuntos de opciones. Una vez definidos los ajustes, es posible guardarlos en cualquier ubicación del equipo para poder utilizarlos siempre que sea necesario.

1. Las opciones de salida controlan el formato de los archivos HTML, la asignación de nombres de archivos y sectores y la gestión de imágenes de fondo. Para empezar, acceda al cuadro **Guardar para Web.**
2. Haga clic en el icono situado a la derecha del campo **Ajuste preestablecido** y elija la opción **Editar ajustes de salida.** 1
3. En el cuadro **Ajustes de salida** es posible definir opciones a medida que podrá almacenar y utilizar siempre que lo necesite. Para visualizar las diferentes opciones de salida predefinidas, pulse el botón de punta de flecha del campo **Ajustes.** 2
4. Como puede ver, los tres ajustes predefinidos son **Ajustes por defecto**, **Imagen de fondo** y **XHTML**. Pulse sobre la opción **A medida** para seleccionarla. 3
5. Los ajustes de salida se dividen en cuatro conjuntos: **HTML**, **Sectores**, **Fondo** y **Guardar archivos**. Puede pasar de uno a otro usando los botones **Anterior** y **Siguiente** o bien el menú

IMPORTANTE

En el conjunto **Guardar archivos** podemos seleccionar elementos en los menús emergentes del apartado Nombres de archivo para combinarlos con los nombres predeterminados de todos los archivos. Además, podemos activar la **compatibilidad** con los sistemas operativos Windows, MacIntosh y UNIX, especificar el nombre de la carpeta en que se guardarán las imágenes optimizadas e indicar que deseamos mantener la imagen de fondo al guardar e incluir la información XMP, es decir, la información del archivo de metadatos que se haya añadido al documento desde la opción Información de archivo del menú Archivo.

1

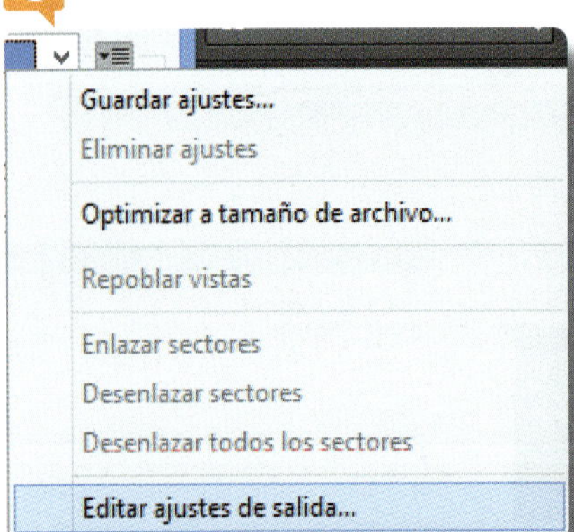

Le recomendamos que compruebe cuáles son las características de cada uno de estos ajustes para poder elegir el más adecuado en cada caso.

2

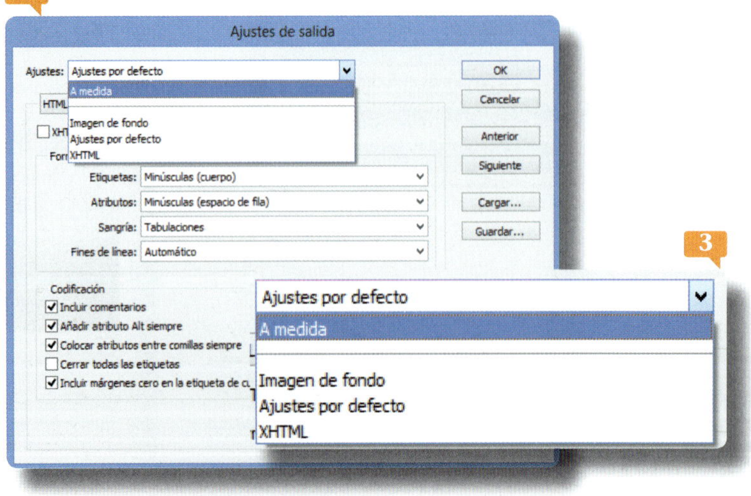

3

076

situado bajo el campo **Ajustes**. Empezaremos indicando en los ajustes HTML que tanto las etiquetas como los atributos deben escribirse con mayúsculas. Pulse en el botón de punta de flecha del campo **Etiquetas** y elija la opción **Mayúsculas (CUERPO)**.

6. Seguidamente, pulse el botón de punta de flecha del campo **Atributos** y elija la opción **Mayúsculas (ESPACIO DE FILA)**.
7. Para ver las opciones de salida para fondo, pulse el botón de punta de flecha del campo de conjuntos y elija la opción **Fondo**.
8. En este apartado podemos indicar si deseamos que la página Web muestre una imagen o un color uniforme como fondo de la imagen actual o bien si la imagen optimizada se mostrará a modo de fondo segmentado. Haga clic en el botón de opción **Fondo** del apartado **Ver documento como**.
9. Ahora, para visualizar las opciones de salida del conjunto **Guardar archivos**, pulse en el botón **Siguiente**.
10. Haga clic en la casilla de verificación de la opción **Mac OS 9**, en el apartado **Compatibilidad de nombres de archivo**, y pulse el botón **Guardar**.
11. Como puede ver en el cuadro **Guardar ajustes de salida**, los ajustes se almacenan por defecto en la carpeta **Optimized Output Settings** y tienen la extensión IROS. Escriba un nombre para el archivo y pulse el botón **Guardar**.
12. Pulse el botón **OK** del cuadro **Ajustes de salida** y, por último, cierre también el cuadro **Guardar para Web** pulsando el botón **Hecho**.

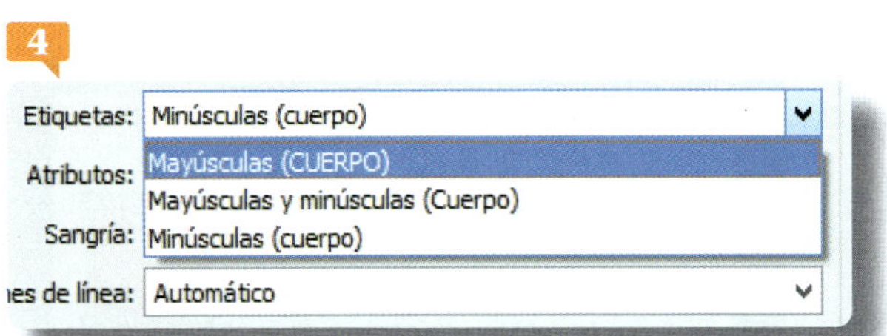

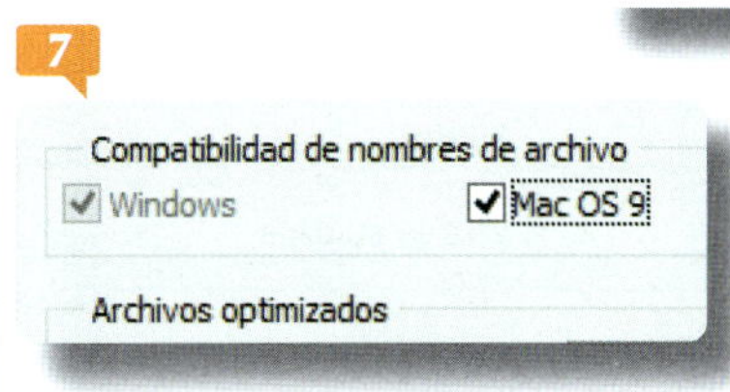

Establezca en el sector **Guardar archivos** la compatibilidad de nombres de archivo.

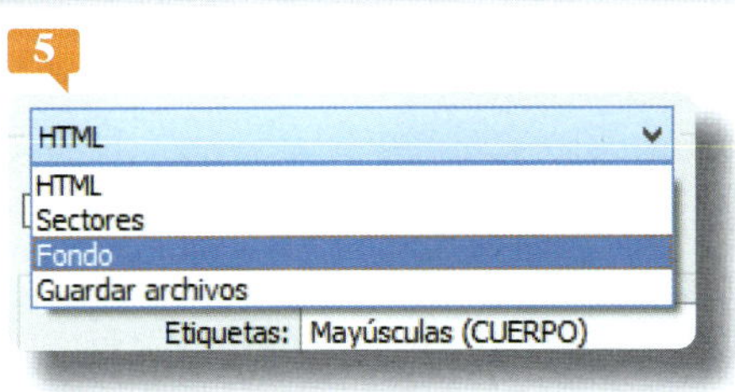

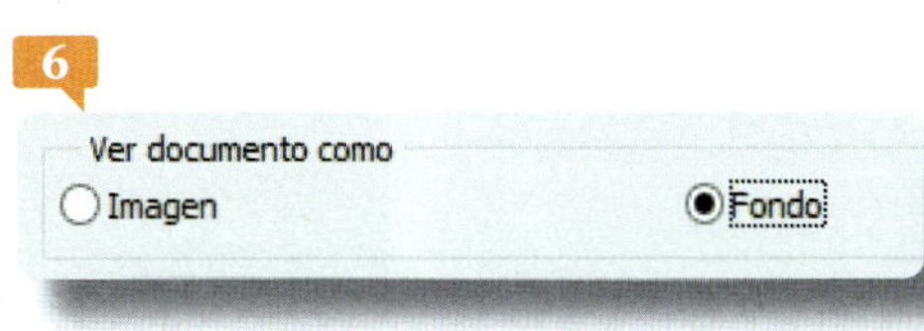

Si mantiene seleccionada la opción **Imagen** en el apartado **Ver documento como**, podrá seleccionar una imagen que tenga guardada en su equipo para que aparezca como fondo de la optimizada.

Crear una animación

UN GIF ANIMADO ES UNA SENCILLA animación y su creación no presenta ninguna dificultad gracias a las opciones del panel Línea de tiempo. Estas animaciones son muy útiles para crear banners publicitarios para una página web. Los GIF animados están compuestos por dos o más fotogramas, el estado de los cuales se controla desde el mencionado panel.

1. Cree un nuevo documento en blanco de 300 píxeles de ancho por 100 de alto y de fondo transparente. [1]
2. La sencilla animación que crearemos consistirá en un cuadrado que se desplazará de un lado a otro del lienzo. Empezaremos dibujando el cuadrado en el punto inicial de la trayectoria. Haga clic en la punta de flecha de la herramienta **Forma personalizada** y elija la herramienta **Rectángulo redondeado**. [2]
3. Desde la **Barra de opciones**, ajuste para la forma un tamaño fijo y perfecto de 55 px. [3]
4. Recuerde que éste será el punto inicial de una breve trayectoria. Sitúe el cuadrado en la parte inferior derecha del lienzo. [4]
5. Despliegue el menú **Ventana** y seleccione la opción **Línea de tiempo**.
6. Aparece el panel **Línea de tiempo**, preparado para crear la animación. Para ello, pulse el botón de punta de flecha situa-

IMPORTANTE

En el panel Línea de tiempo es posible dividir una capa animada fácilmente mediante el icono que muestra unas tijeras, en la parte superior izquierda del panel en su modo de vídeo.

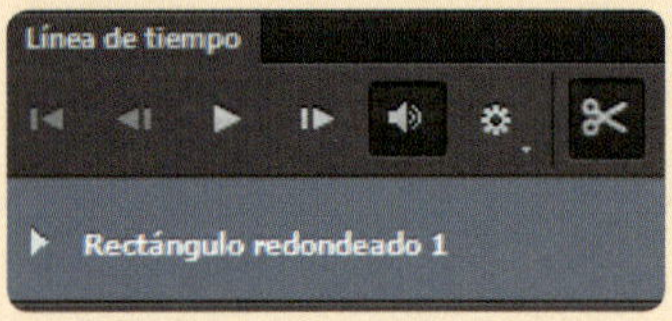

1

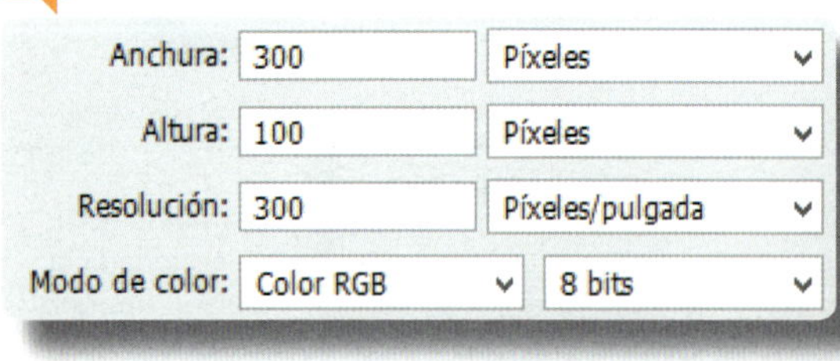

2

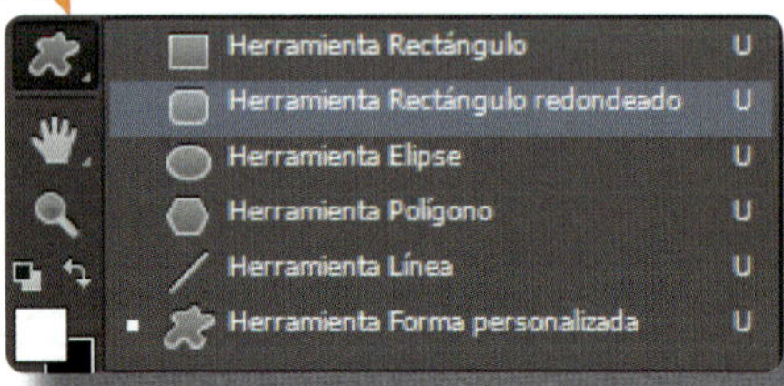

3

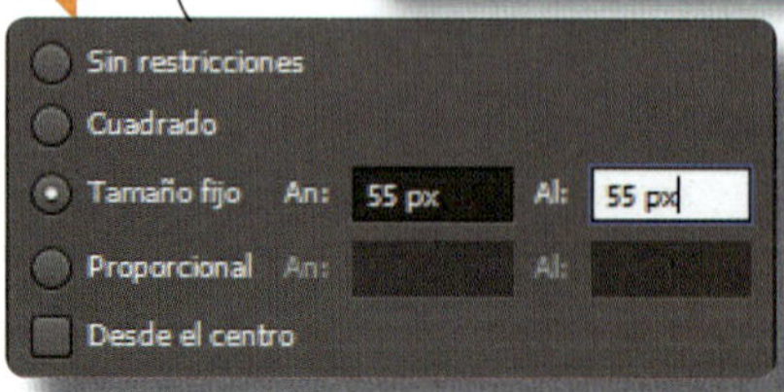

4

Tenga en cuenta que la forma se rellenará con el color configurado para las formas en estos momentos. Si lo desea, utilice el campo **Relleno** de la Barra de opciones para cambiar este color.

do a la derecha del comando **Crear línea de tiempo de vídeo**, elija la opción **Crear animación de cuadros** [5] y, cuando el botón cambie su nombre, pulse sobre él.

7. Vamos a continuar la práctica añadiendo un segundo fotograma. Haga clic en el botón **Duplica los cuadros seleccionados**, representado por una pequeña hoja de papel. [6]
8. Se crea un nuevo fotograma con el mismo objeto que el anterior. [7] Para crear una animación básica, tan solo tendremos que modificar la ubicación del objeto incluido en uno de los dos fotogramas. Active la herramienta **Mover** del panel de herramientas y arrastre el cuadrado hasta colocarlo en el extremo opuesto del lienzo. [8]
9. Ahora los fotogramas tienen el mismo objeto pero en lugares distintos. Antes de reproducir la animación, modificaremos el tiempo de retardo de los fotogramas. Haga clic en el tiempo que aparece bajo el segundo fotograma y elija **1,0**. [9]
10. Pulse ahora sobre el tiempo que aparece bajo el primer fotograma y seleccione el mismo tiempo.
11. Para comprobar el efecto de la animación, pulse el comando **Reproduce la animación**, representado por una punta de flecha que señala hacia la derecha en la parte inferior del panel. [10]

Como en el campo **Selecciona opciones de repetición** está activada por defecto la opción **Una vez**, la animación se reproduce una vez y se detiene sola cuando acaba. En caso contrario, deténgala manualmente pulsando el botón **Detiene la animación**, el único activo en el panel **Línea de tiempo**.

9

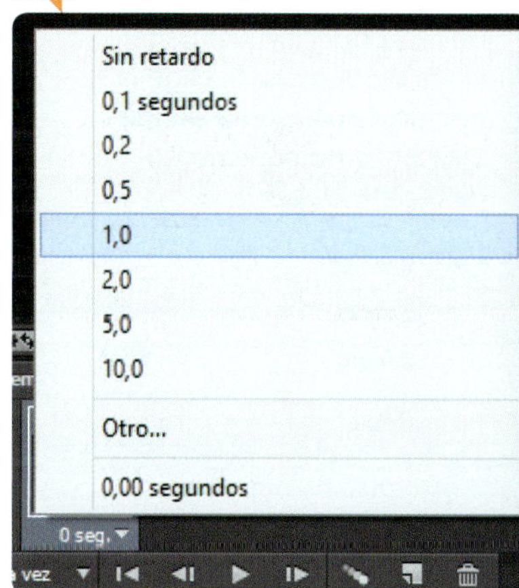

10

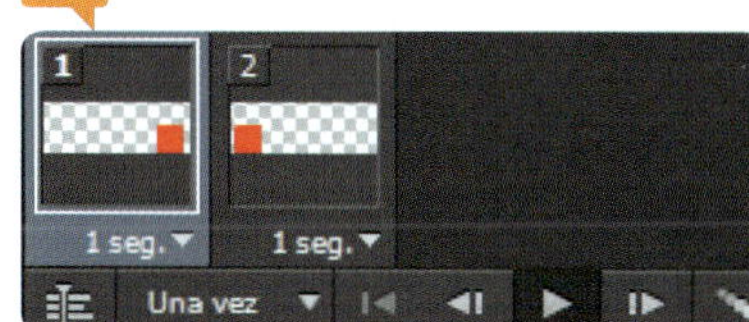

5

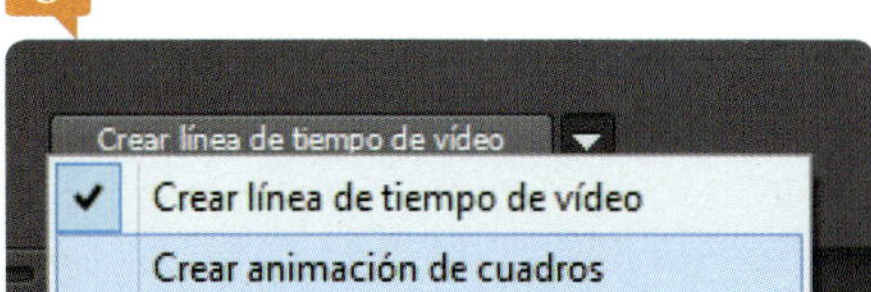

6

7

8

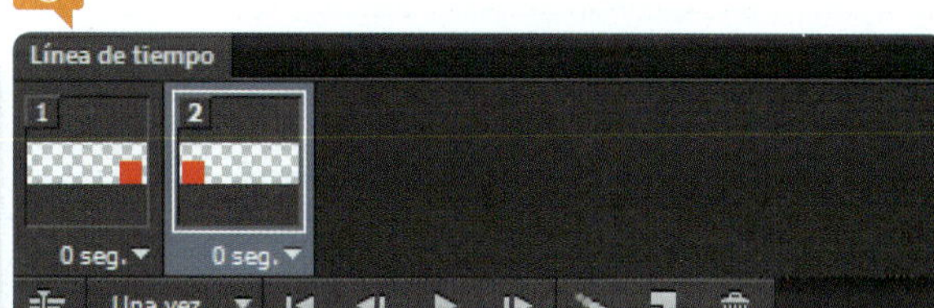

Ajustar la opacidad de las capas para animar

IMPORTANTE

Puede indicar las veces que desea que se reproduzca la animación usando el menú de opciones que aparece a la izquierda de los controles de reproducción del panel Línea de tiempo. Si elige la opción **Otro**, podrá definir usted mismo el recuento de repeticiones.

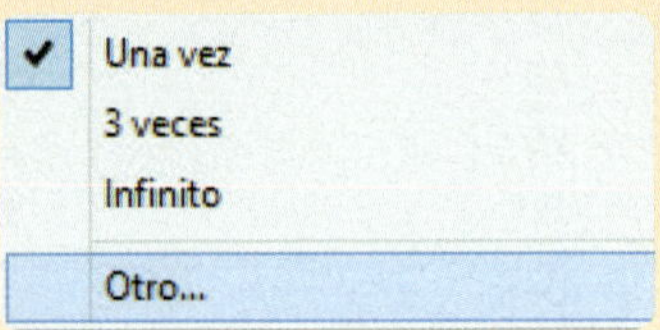

OTRA FORMA DE ANIMAR UN OBJETO en Photoshop consiste en crear fotogramas para ajustar la opacidad de una capa. Para ello, deberá tener como mínimo dos fotogramas. En uno establecerá el grado de visibilidad mínima y en el segundo, el grado de visibilidad máxima. Mediante la opción Intercala cuadros de animación, Photoshop crea de forma automática los fotogramas que usted crea necesarios para la aparición progresiva del objeto.

1. En este ejercicio crearemos una animación en la que un objeto aparezca progresivamente a lo largo de cinco fotogramas. Puede usar para ello el archivo **078.psd** que encontrará en la zona de descargas de nuestra página web. Empiece duplicando el único fotograma existente pulsando el icono **Duplica los cuadros seleccionados** del panel **Línea de tiempo**. [1]
2. Observe que en nuestro archivo de ejemplo, la pelota se encuentra en una capa independiente. Será la opacidad de esa capa en el primer fotograma la que modificaremos para crear la animación. Seleccione el primer fotograma, active la capa 1 en el panel **Capas** y establezca para ella una opacidad del **0%**. [2]

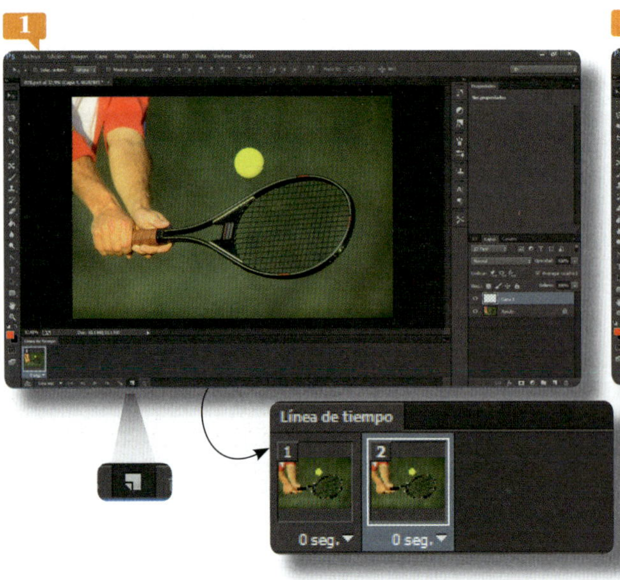

078

3. La visibilidad de la pelota en este fotograma es ahora nula, mientras que en el segundo fotograma es del 100%. Si no es así, selecciónelo y cambie la opacidad de la Capa 1; después, con la herramienta **Mover**, desplace la pelota hasta ponerla sobre la raqueta. [3]
4. Para que Photoshop cree de forma automática la sucesión de fotogramas mostrando el objeto progresivamente, haga clic en el comando **Intercala cuadros de animación**, quinto botón del panel **Línea de tiempo**. [4]
5. En el cuadro **Intercalar** podrá establecer algunas de las características de la sucesión de fotogramas que está a punto de añadir a su animación. Mantenga activada la opción **Todas las capas** [5] para que aparezcan en los nuevos fotogramas todas las capas y pulse **OK** para confirmar la acción.
6. Automáticamente, se añaden cinco fotogramas más con la aparición progresiva del objeto de forma que, ahora, la animación está formada por 7 fotogramas. [6] Pulse el botón **Reproduce la animación** para ver el resultado final.
7. Si desea que la pelota no desaparezca del todo, puede eliminar el primer fotograma, donde la opacidad de la capa es del 0%. Para ello, selecciónelo y pulse el botón **Elimina los cuadros seleccionados**, cuyo icono muestra un cubo de basura. [7]
8. Confirme que desea eliminar el fotograma [8] y vuelva a reproducir la animación para comprobar el resultado final.

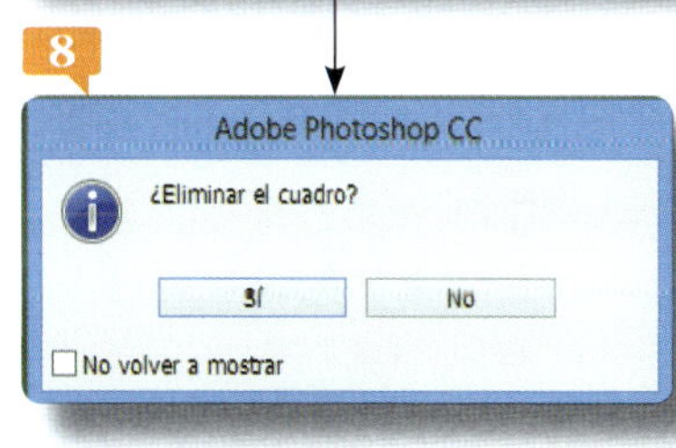

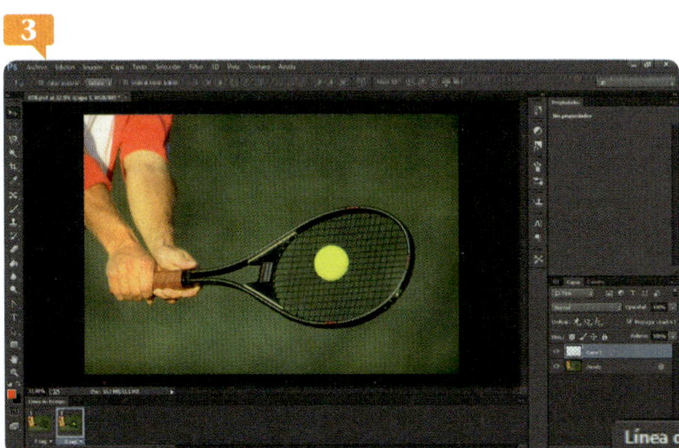

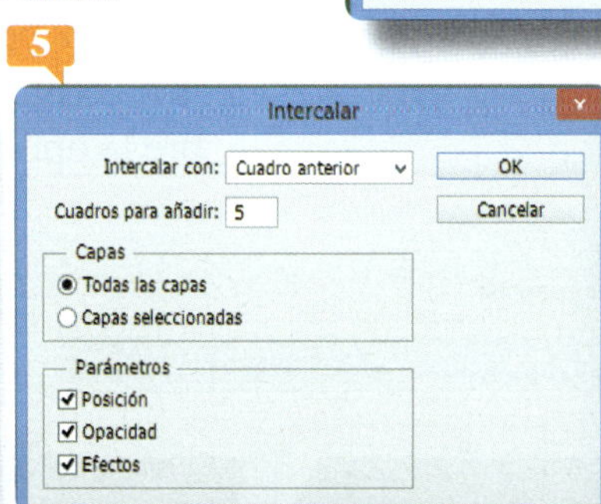

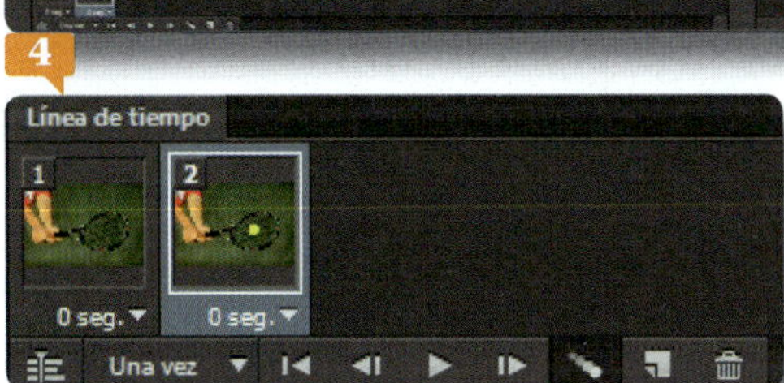

Por defecto, el programa añade cinco fotogramas, pero puede ampliar o reducir este número, así como los elementos que desea que se muestren durante la animación.

Optimizar imágenes interactivas

UNA ANIMACIÓN REALIZADA CON PHOTOSHOP sólo podrá ser optimizada en formato GIF, puesto que este formato es el único que permite la visualización de imágenes animadas en Internet. La optimización de una animación puede realizarse optimizando todos los fotogramas y los elementos que lo componen o bien optimizando las animaciones mediante una técnica de tramado especial, de modo que no se repitan o aparezcan elementos que ya se han mostrado anteriormente, ni una misma animación que ya se ha reproducido anteriormente.

IMPORTANTE

Al optimizar una animación en formato GIF, Photoshop utiliza una **técnica de tramado** especial que evita los molestos parpadeos durante la reproducción. Esta función adicional puede hacer que el tiempo de optimización sea más largo que para archivos GIF estándares.

1. Para empezar, haga clic en el icono con una punta de flecha del extremo derecho del panel **Línea de tiempo** y elija la opción **Optimizar animación.** [1]
2. Aparece el cuadro **Optimizar animación** con dos opciones, **Cuadro delimitador** y **Eliminación de píxeles redundantes**, ambas seleccionadas. La primera permite recortar cada cuadro en el área que ha cambiado respecto al cuadro superior, mientras que la segunda permite convertir en transparentes todos los píxeles de un cuadro que no han variado respecto del cuadro anterior. Manténgalas activadas y pulse el botón **OK.** [2]
3. Una vez optimizada la animación, la guardaremos como imagen con formato GIF. Despliegue el menú **Archivo** y pulse sobre la opción **Guardar para Web...**.

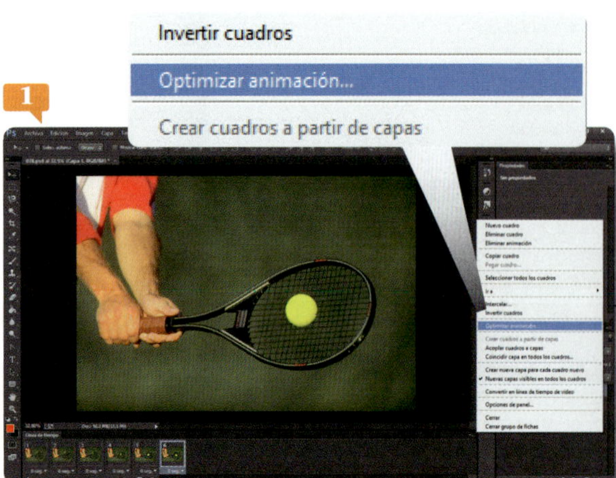

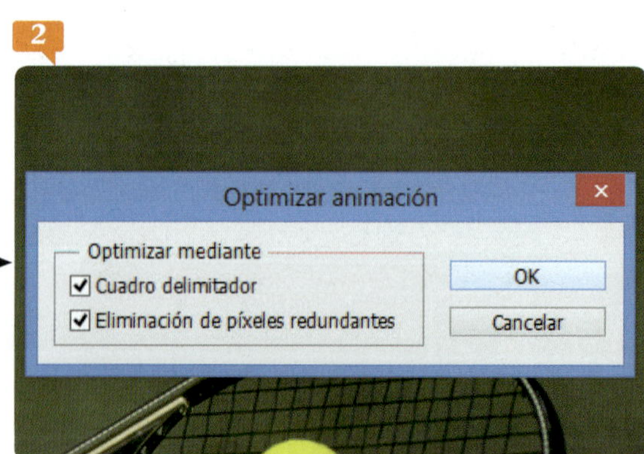

079

4. Haga clic en el botón de punta de flecha del campo **Formato**, que muestra el formato JPEG, y seleccione la opción **GIF**.
5. Seguidamente, en el campo **Algoritmo de reducción de color**, situado bajo el formato, seleccione la opción **Selectivo**. 3
6. En la barra de estado aparece ahora la información de la animación. En este caso, Photoshop nos indica el tamaño y el tiempo de descarga. Vamos a cambiar ahora las opciones de repetición. Haga clic en el botón de punta de flecha del campo **Opciones de repetición** y seleccione la opción **Otro**. 4
7. En el campo **Reproducir** del cuadro **Definir número de repetición** escriba el valor **2** y pulse el botón **OK**. 5
8. Así, la animación se reproducirá dos veces al insertarla en una página web. Obtendremos una previsualización en el navegador Web para comprobar el resultado. Pulse el botón **Previsualizar** situado en la parte inferior de la ventana. 6
9. Se abre así el navegador predeterminado mostrando la animación. Cuando se haya reproducido dos veces según lo previsto, cierre el navegador.
10. Pulse el botón **Guardar**, escriba un nombre en el cuadro **Guardar optimizada como** y pulse el botón **Guardar**.

Ahora dispone de una imagen animada gif que puede insertar en una página web creada, por ejemplo, con Dreamweaver.

3

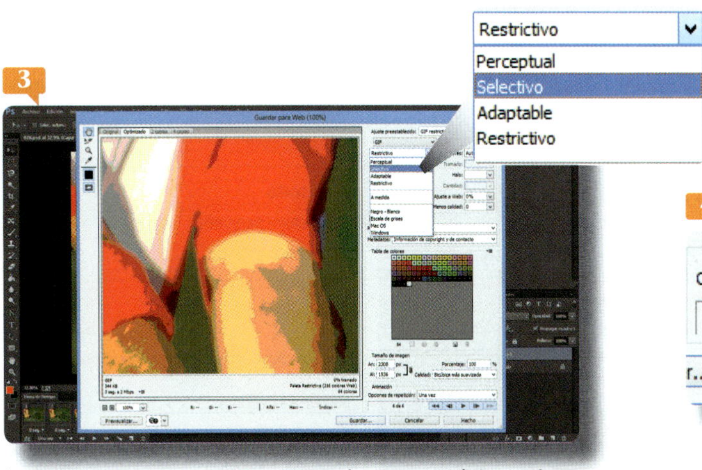

Las animaciones que van a ser insertadas en una página web deben optimizarse en **formato GIF**.

4

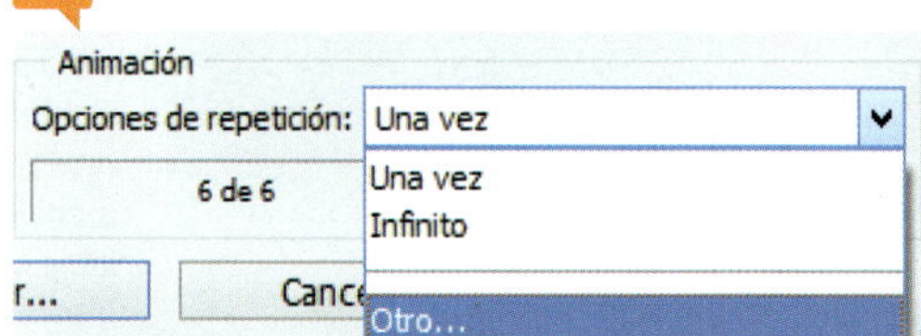

5

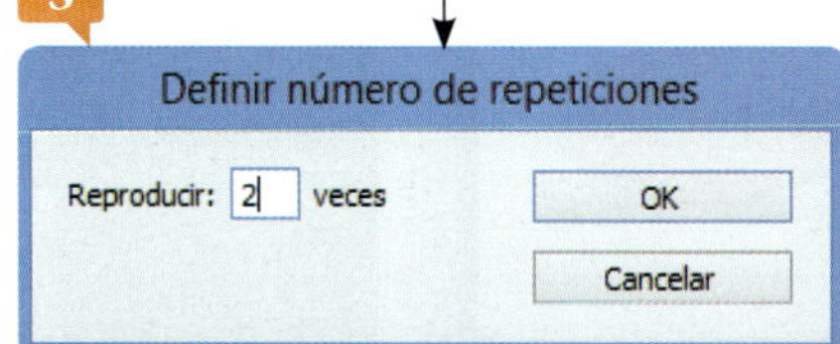

6

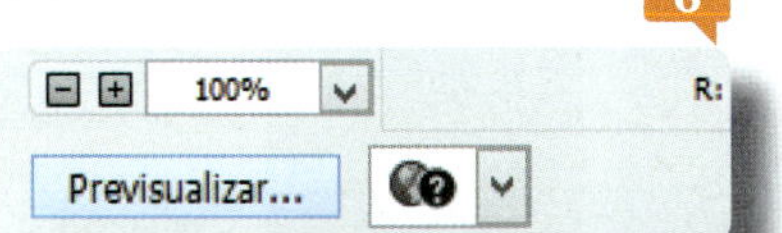

Crear rollovers

IMPORTANTE

También puede crear **efectos de rollover** modificando la posición y la opacidad de las capas, ajustando los tonos y colores, aplicando filtros, y creando superposiciones de colores, sombras, resplandores, relieves, etc., para cada uno de los estados de un botón. Puede guardar imágenes de rollover con formatos compatibles con el web y con un tamaño de archivo optimizado desde el cuadro Guardar para web y dispositivos.

LOS ROLLOVERS NORMALMENTE ESTÁN DESTINADOS a ser incluidos en una página web y son objetos que actúan como botones y que modifican su aspecto en función del estado en que se encuentran, determinado en gran medida por la posición del ratón sobre ellos.

1. Empezamos este ejercicio con un lienzo en blanco cuadrado de 150 píxeles de lado en el que debe insertar una elipse de 100 puntos de anchura por 50 de altura utilizando la herramienta **Elipse** como forma. 1 Para mostrar el panel **Estilos**, pulse sobre la correspondiente pestaña en el segundo grupo de paneles. 2
2. Sustituiremos los estilos que aparecen por defecto en este panel por los de la categoría **Botones**. Haga clic en el pequeño icono que aparece a la derecha del panel y, del menú que se despliega, elija la mencionada categoría. 3
3. Para sustituir los estilos actuales por los estilos de botones, pulse el botón **OK** del cuadro de diálogo que aparece.
4. Para crear el primer estado del botón, aplicaremos a la elipse el estilo **Biselado con ratón encima** y guardaremos la ima-

1

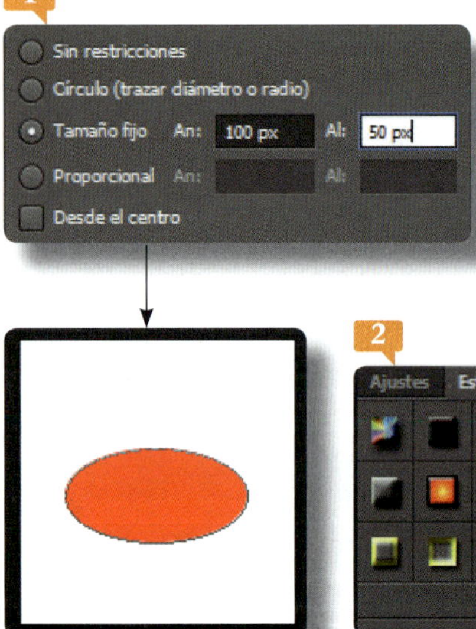

Si no dispone del mencionado grupo de paneles en pantalla, recuerde que puede acceder a cualquiera de ellos desde el menú **Ventana**.

2

3

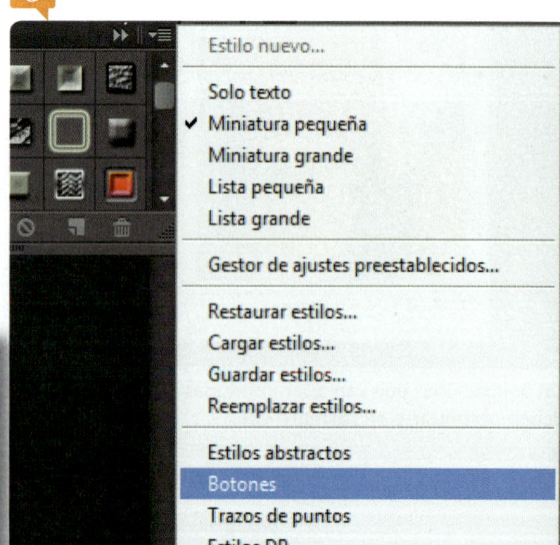

gen resultante como un documento independiente. Pulse sobre la cuarta muestra del panel **Estilos**, correspondiente a ese estilo. [4]

5. El efecto se aplica automáticamente. Para mostrar el panel **Historia**, pulse en el primer icono de la paleta de elementos acoplados y, para crear un documento nuevo desde el estado actual, haga clic en el primer icono del panel. [5]
6. A continuación, guarde el nuevo archivo desde el menú **Archivo** con un nombre descriptivo y ciérrelo pulsando el botón de aspa de su pestaña para volver así al documento original.
7. El siguiente paso consiste en aplicar un estilo de botón apretado al objeto y guardar también la imagen resultante. Para eliminar el efecto de ratón encima, arrastre las letras **fx** hasta la papelera de la parte inferior del panel **Capas**. [6]
8. Pulse sobre la quinta muestra de la paleta **Estilos**, correspondiente al estilo **Biselado con ratón pulsado**. [7]
9. Una vez aplicado el estilo, desde el panel **Historial**, cree un documento nuevo a partir de esta imagen y guárdelo con un nombre descriptivo del estado del botón.
10. Ahora ya disponemos de dos imágenes de rollover que podemos colocar con un programa de creación de páginas web como Dreamweaver. Para acabar este ejercicio, cierre el documento actual pulsando el botón de aspa de su pestaña.

IMPORTANTE

Para crear un rollover son necesarias como mínimo dos imágenes, una primaria para el estado normal y otra secundaria para el modificado.

6

Para **eliminar estilos de capa**, puede arrastrarlos hasta la papelera de reciclaje del panel Capas o bien utilizar la opción Borrar estilo de capa de su menú contextual.

4

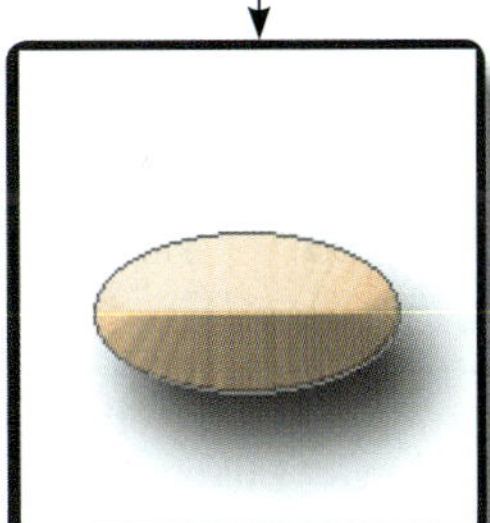

7

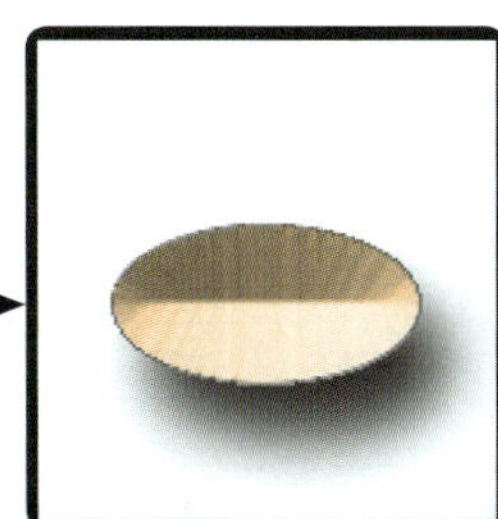

Al aplicar estilos de botón a una forma, obtendrá resultados como el de la imagen.

5

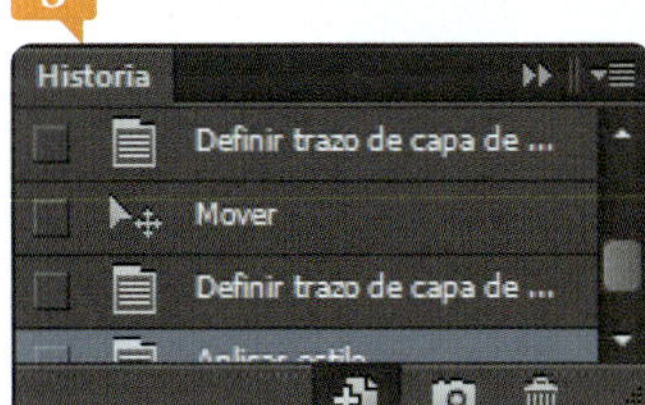

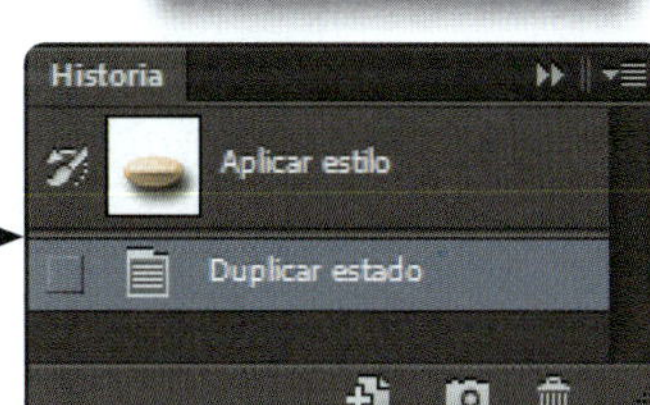

Realizar ajustes de prueba

IMPORTANTE

Photoshop dispone de dos opciones de ajustes de prueba específicas para personas daltónicas: **Daltonismo-Protanopía** y **Daltonismo-Deuteranopía**.

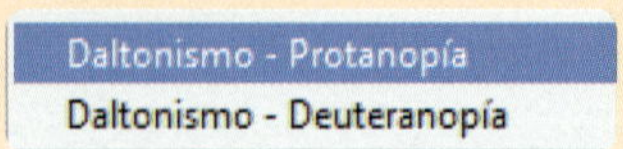

MANTENER LOS COLORES ORIGINALES en una impresión es muy importante. Por ello, es habitual realizar pruebas de color antes de imprimir un documento. En este sentido, podemos utilizar las pruebas del documento en la aplicación directamente del monitor mostrando una previsualización en pantalla de los colores de un documento tal y como se reproducen en dispositivos específicos.

1. En este ejercicio veremos cómo comprobar la intensidad que tendrán los colores de un documento al ser impreso. Abra el menú **Vista**, haga clic sobre el comando **Ajuste de prueba** y elija la opción **Espacio de trabajo de placa del cian.** 1
2. Esta opción permite probar el color cian en la aplicación usando colores de tintas CMYK especificados. Nuevamente, abra el menú **Vista**, haga clic en el comando **Ajuste de prueba** y elija la opción **Espacio de trabajo de placa del amarillo.** 2
3. Quedan sombreados aquellos tonos pertenecientes a la gama del amarillo. A continuación, realizaremos una nueva prueba de color. Abra el menú **Vista**, haga clic en el comando **Ajuste de prueba** y elija la opción **Espacio de trabajo de placas CMY.** 3

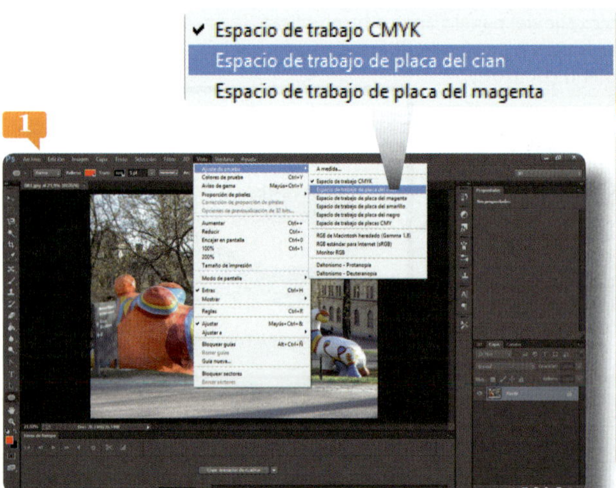

Los **ajustes de prueba** permiten simular el modo en que se verán los colores de una imagen al imprimirla.

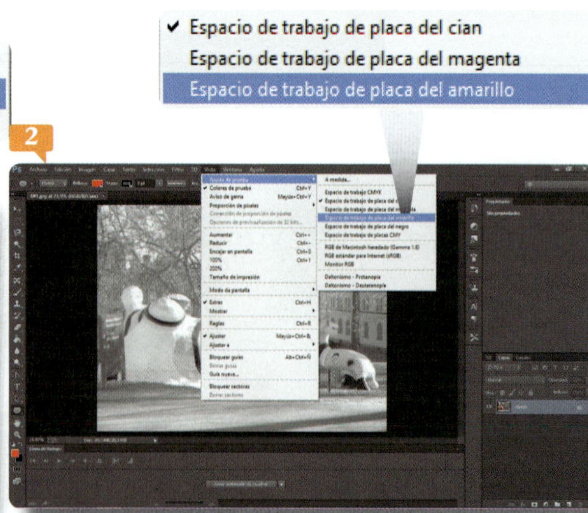

La fiabilidad de las pruebas en pantalla depende, entre otros factores, de la calidad y los perfiles del monitor y dispositivos de salida.

081

4. Las placas CMY muestran los colores de las tintas CMYK específicas usando el espacio de trabajo CMYK activo. Esta opción vuelve a mostrar los colores principales del dibujo, aunque no con las tonalidades originales. Seguidamente, mostraremos los colores RGB de Windows. Abra el menú **Vista**, pulse en el comando **Ajuste de prueba** y elija la opción **RGB estándar para Internet (sRGB).**
5. Esta opción permite probar la aplicación de los colores de un documento RGB a partir de un espacio de color activo del monitor como muestra del perfil de la prueba. En definitiva, vuelve a mostrar todos los colores que Windows y su monitor pueden percibir; en este caso, se trata de los colores originales. Por último, abra una vez más el menú **Vista**, haga clic en el comando **Ajuste de prueba** y seleccione la opción **A medida.** 4
6. En el cuadro **Personalizar condición de prueba** podrá establecer un perfil ICC determinado y modificar o mantener los valores de color del monitor. En esta ocasión, sólo modificaremos los valores de color. Desactive la opción **Conservar RGB números**.
7. Haga clic en el botón de punta de flecha del campo **Interpretación** y seleccione la opción **Perceptual**. 5
8. Esta opción permite mantener la relación visual entre los colores, de forma que el ojo humano los perciba como naturales a pesar de que en la impresión puedan variar. Pulse **OK** para aplicar el nuevo perfil.

IMPORTANTE

A través de las opciones del menú **Ajuste de prueba**, es posible personalizar la prueba de colores usando perfiles de color determinados, mostrar el espacio de trabajo CMYK, con las placas de cian, magenta, amarillo o negro e, incluso, con los colores RGB propios de Windows o Macintosh.

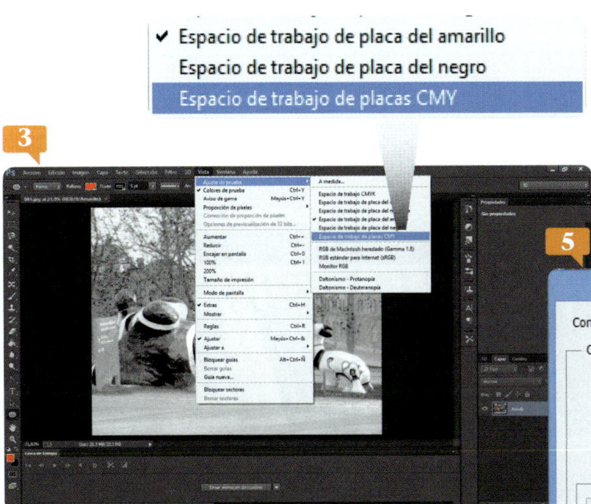

La opción **A medida** de los ajustes de prueba abre el cuadro **Personalizar condición de prueba**, donde puede crear una configuración personalizada para una condición de salida determinada.

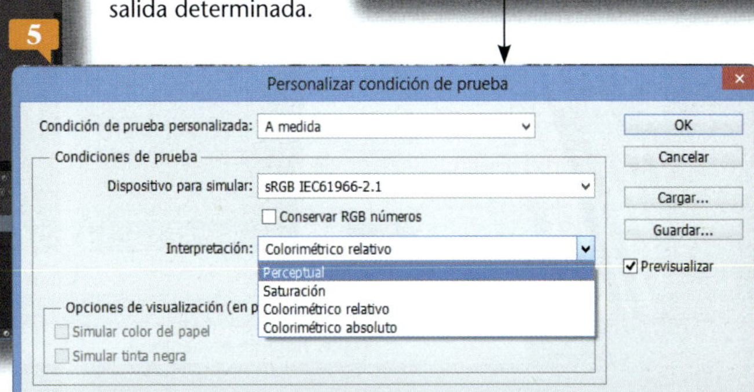

Preparar canales de color para la impresión

IMPORTANTE

En el panel **Canales**, la miniatura del **canal compuesto** de la imagen aparece en primer lugar, seguida de las miniaturas resto de canales. Todas ellas se actualizan automáticamente cuando se modifican los canales.

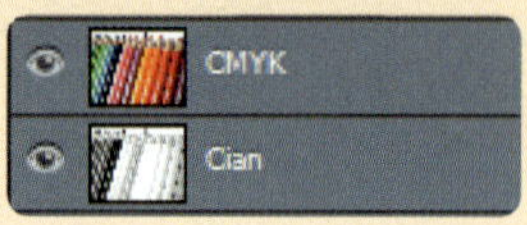

ANTES DE IMPRIMIR UN DOCUMENTO desde Photoshop, debe saber que cada imagen está formada por varios canales de color, que variarán dependiendo de si las imágenes son RGB o CMYK. Las imágenes RGB están compuestas por tres canales (rojo, verde y azul), y las CMYK están compuestas por cuatro canales (cian, magenta, amarillo y negro). Los canales pueden visualizarse en el panel Canales.

1. Para realizar este ejercicio puede usar cualquier imagen que tenga almacenada en su equipo o, si lo desea, el archivo **082.jpg** que encontrará en la zona de descargas de nuestra página web. En primer lugar, crearemos un duplicado de la imagen. Despliegue el menú **Imagen** y seleccione la opción **Duplicar**.
2. En el cuadro de diálogo **Duplicar imagen**, mantenga el nombre que el programa asigna por defecto al nuevo documento y pulse **OK** para crearlo. 1
3. Realizaremos los cambios en esta copia y la compararemos con la imagen original. Para comprobar mejor las diferencias entre ambas a medida que se vayan aplicando los ajustes, los coloca-

1

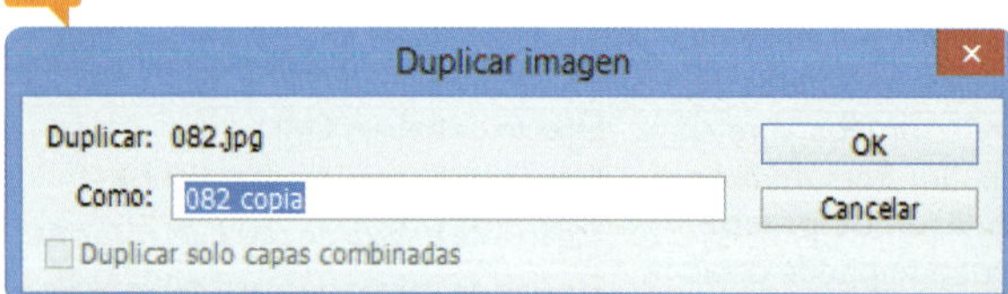

2

remos una junto a la otra. Abra el menú **Ventana**, pulse sobre la opción **Organizar** y haga clic en el comando **Segmentar**. [2]

4. El primer cambio que llevaremos a cabo será establecer una nueva gama de colores para la copia del archivo. Despliegue el menú **Imagen**, haga clic en el comando **Modo** y, en el submenú que se despliega, seleccione la opción **Color CMYK**. [3]
5. Un cuadro de diálogo nos advierte de que la imagen se convertirá con un perfil de color específico que puede modificar usando la opción **Convertir en perfil** del menú **Edición**. Pulse el botón **OK**. [4]
6. Entre las dos imágenes puede apreciarse una leve diferencia; esto es debido a que los colores de ambos documentos siguen siendo los mismos, pero el duplicado de la imagen original posee una gama de colores CMYK compuesta por cuatro canales. Para visualizar los cuatro canales de la imagen duplicada, haga clic en la pestaña del panel **Canales**.
7. Efectivamente, en este panel aparece un primer canal con el nombre **CMYK** y, a continuación, cuatro canales más correspondientes a los colores cian, magenta, amarillo y negro. [5] Por el contrario, la imagen original sólo contiene los colores rojo, verde y azul. Haga clic en la pestaña del documento original y vea los canales en el correspondiente panel [6] para dar por concluido este sencillo ejercicio.

082

IMPORTANTE

El contenido del comando **Organizar** del menú **Ventana** incluye diez formas en que el programa permite organizar los documentos abiertos en el área de trabajo.

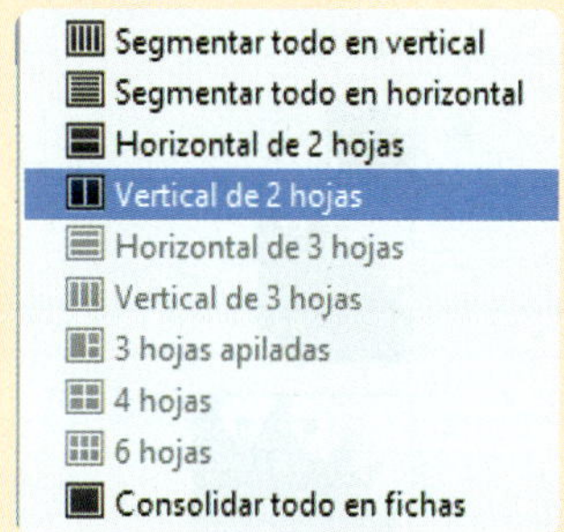

3

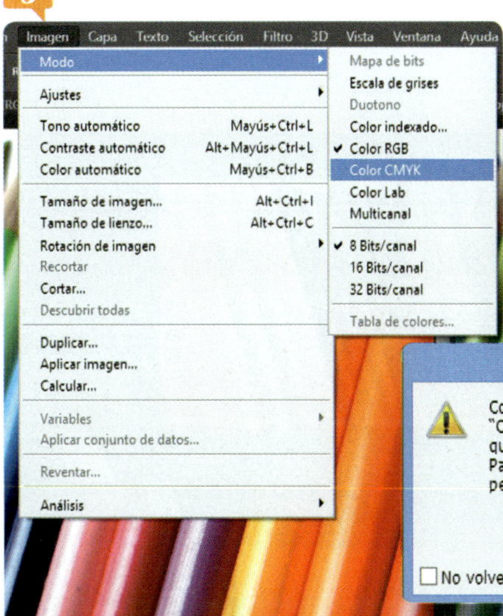

4

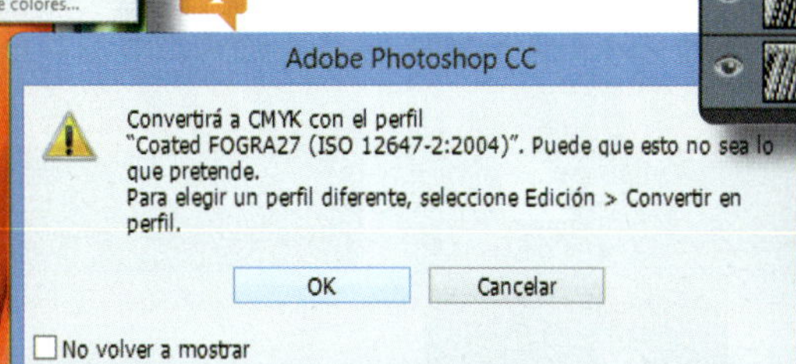

5

El primer canal mostrará la unión de todos los colores y se identificará con el nombre correspondiente (RGB o CMYK), mientras que el resto mostrarán los colores relativos a la imagen activa.

Manipular los canales de una imagen

IMPORTANTE

Puede cambiar el tamaño de las miniaturas del panel Canales accediendo al cuadro **Opciones del panel Canales** y seleccionando el nuevo tamaño.

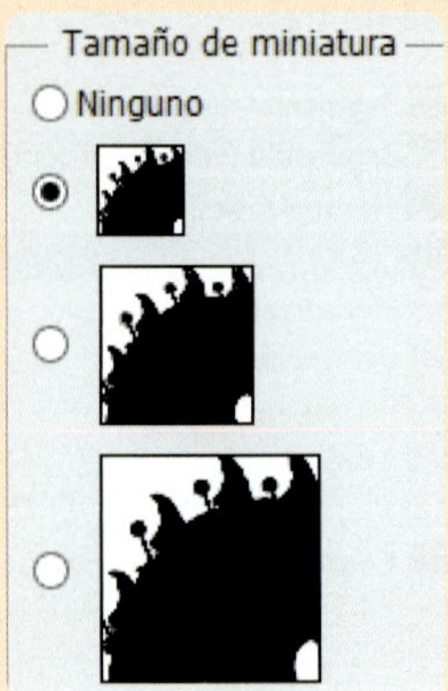

LOS VALORES DE COLOR DE UNA IMAGEN cambian en función de su modo de color. Por ello, cuando convertimos una imagen de un modo de color a otro, sus valores también se modifican. Los valores se adaptarán en función del modo de la imagen original y el modo de color al que se desea cambiar, aunque no todos los modos de color pueden convertirse a otro de forma sencilla.

1. En este ejercicio veremos cómo manipular los canales de color de las imágenes **082** y **082 copia**, con las que hemos practicado en la lección anterior. La primera es una imagen RGB compuesta por tres canales: rojo, verde y azul. En el panel **Canales**, desactive el canal **Rojo** pulsando sobre la correspondiente casilla de visibilidad. [1]
2. Al ocultar el canal rojo, la imagen al completo muestra como color predominante el azul. Vuelva a activar el mismo canal.
3. Seguidamente, desactive el canal **Azul** y, tras comprobar que el color predominante ahora es el amarillo, [2] desactive también el canal **Rojo**.
4. La imagen ahora se muestra en blanco y negro. Para devolver todos los colores originales a la imagen, haga clic en la casilla de visibilidad del canal **RGB**.

1

2

083

5. A continuación, manipularemos los colores de la imagen duplicada, convertida a modo CMYK en el ejercicio anterior. Haga clic en la pestaña de dicha imagen.
6. En el panel **Canales**, pulse en la casilla de visibilidad del canal **Magenta** y después en la del canal **Amarillo** para ocultarlos. [3]
7. Ahora el único color existente en la imagen es el azul, puesto que es el único que permanece activo, además del negro. Haga clic en la casilla de visibilidad del canal **Negro** y, tras comprobar que la imagen pierde totalmente el color, haga clic en el canal **Magenta** para volver a mostrarlo.
8. Ahora, la imagen se muestra nuevamente en dos colores: el cian y el magenta. Haga clic en la casilla de visibilidad del canal **Amarillo** para recuperar dicho color [4] y, tras comprobar que la falta del negro provoca que algunas zonas no estén totalmente definidas, active el canal **Negro** para volver a mostrar todos los colores.
9. Por último, convertiremos la imagen CMYK en una imagen multicanal. Despliegue el menú **Imagen**, haga clic en el comando **Modo** y, del submenú, seleccione la opción **Multicanal**.
10. En el panel **Canales** disponemos ahora de cuatro tintas: cian, magenta, amarillo y negro. Para ocultar el canal **Cian**, pulse en su casilla de visibilidad y después oculte el canal **Amarillo**. [5]
11. Recupere el color amarillo haciendo clic sobre la casilla de visibilidad de dicho canal y termine aquí este ejercicio.

IMPORTANTE

El modo **Multicanal** utiliza 256 niveles de gris en cada canal y suele utilizarse para la impresión de imágenes especiales.

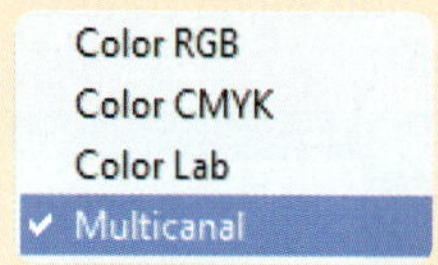

5

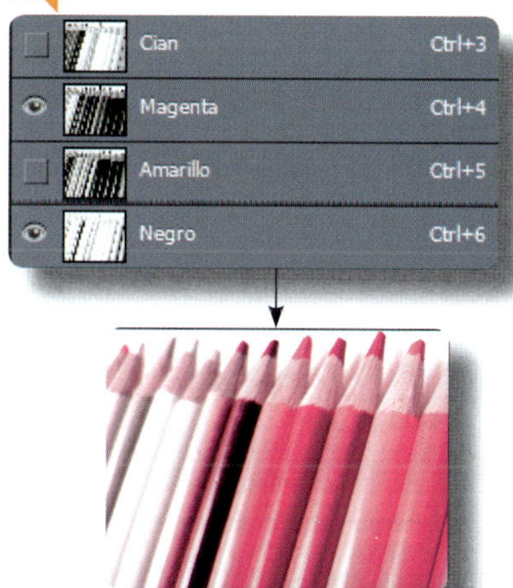

3

4

Crear nuevos canales

TODOS LOS CANALES DE COLOR, tanto de imágenes RGB y CMYK como Multicanal, pueden ser duplicados o manipulados. Por norma general, los canales suelen ser duplicados para posteriormente modificarlos. Para duplicar los canales de una imagen, ésta deberá ser RGB, CMYK o Multicanal, en ningún caso, Mapa de bits.

1. Con su documento duplicado en primer plano (puede seguir trabajando con los archivos **082** y **082 copia**), pulse sobre el canal **Amarillo** en el panel **Canales** para seleccionarlo.
2. Haga clic en el botón de opciones del panel y elija la opción **Duplicar canal.** 1
3. El cuadro **Duplicar canal** muestra el nombre asignado por Photoshop para el nuevo elemento y el documento donde desea incluirlo. Pulse **OK** para continuar. 2
4. Aparece un nuevo canal en el panel **Canales** con el nombre **Amarillo copia** y con las mismas características que el canal Amarillo. 3 Para modificar sus propiedades, haga doble clic sobre él.
5. El cuadro **Opciones de canal de tinta plana** contiene las características del canal seleccionado. En primer lugar, renombraremos el canal. En el campo **Nombre**, escriba **Verde.** 4

IMPORTANTE

Para **eliminar un canal,** puede arrastrarlo hasta la papelera del panel Canales o usar la opción **Eliminar canal** del menú del panel o del menú contextual del canal.

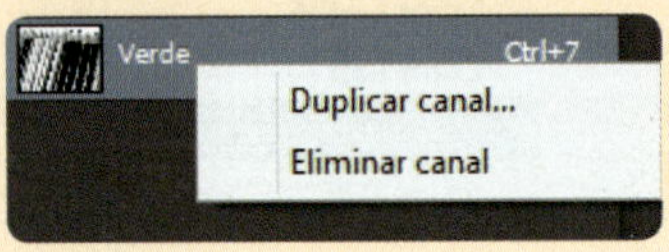

1

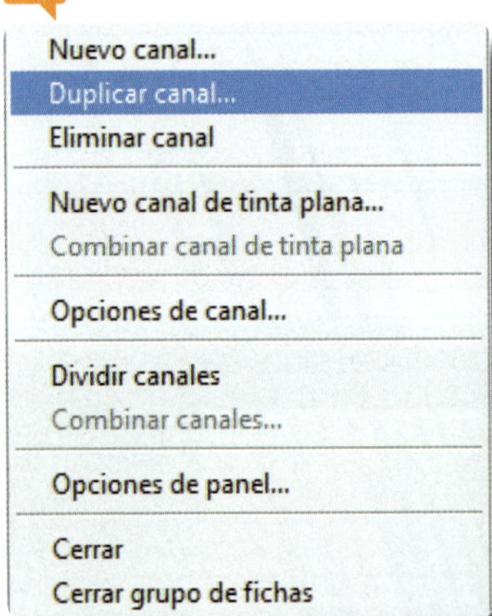

2

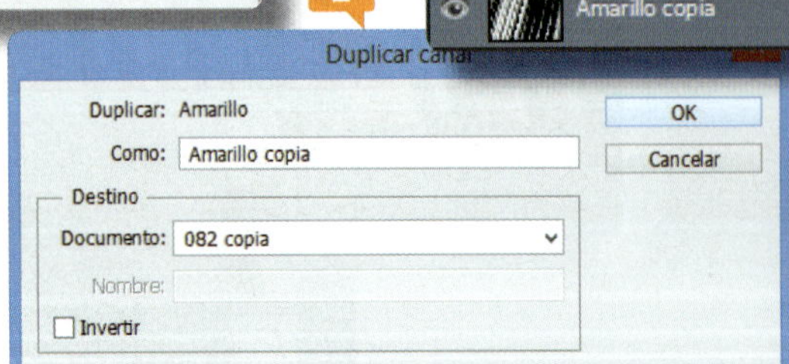

3

4

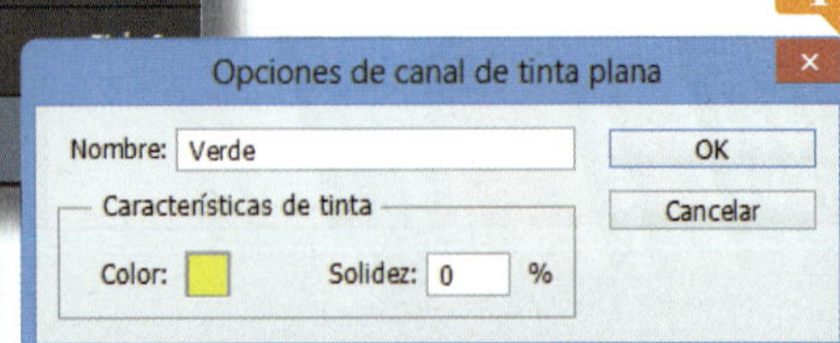

En lugar de hacer doble clic sobre el canal que se desea editar, también puede acceder al menú de opciones del panel y elegir la opción **Opciones de canal**.

6. A continuación, seleccionaremos el color que acabamos de especificar para que dicho canal muestre en la imagen también el color verde. Haga clic en el cuadro **Color**.
7. En el cuadro **Selector de color**, seleccione una tonalidad verde y pulse el botón **OK**. [5]
8. Ahora debemos establecer el grado de visibilidad de dicho color. En el campo **Solidez**, escriba el valor **50** y pulse **OK** para aplicar los nuevos valores al canal de color. [6]
9. Haga clic en las casillas de visibilidad de los canales **Magenta** y **Amarillo** para ocultarlos y luego pulse sobre la casilla de visibilidad del canal **Verde**. [7]
10. Tenga en cuenta que siempre deberá encontrarse activo alguno de los canales. Haga clic en la casilla de visibilidad del canal **Negro** para ocultarlo.
11. Ahora únicamente está visible el nuevo canal, por lo que la imagen aparece en blanco y negro. Vaya visualizando el resto de colores.
12. Observe que, aun mostrando todos los colores de los canales, el color verde del nuevo canal sigue siendo el predominante. [8] Esto es porque todos los canales disponen de un porcentaje de solidez del 0%, mientras que el nuevo canal que hemos creado tiene una solidez del 50%. Vamos a reducir este porcentaje. Haga doble clic en el canal **Verde**.
13. En el cuadro **Opciones de canal de tinta plana**, inserte el valor **1** en el campo **Solidez** para reducir la visibilidad del nuevo canal y pulse **OK** para aplicar los cambios.

8

5

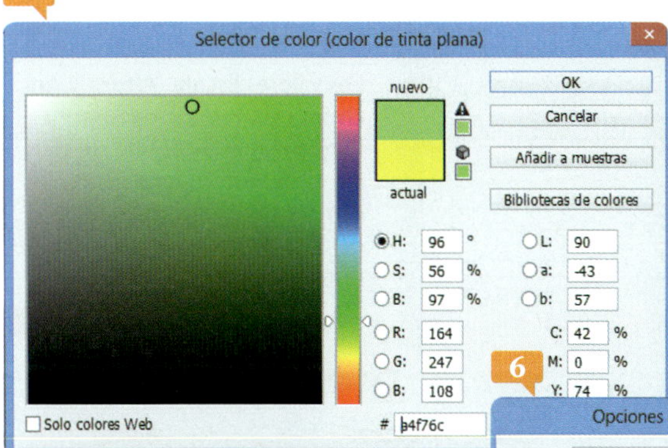

6

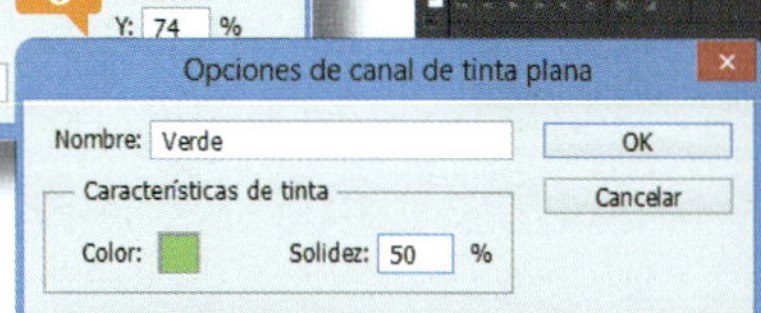

7

Imprimir con previsualización

EL COMANDO IMPRIMIR DEL MENÚ ARCHIVO permite establecer el tamaño de la imagen respecto a la página donde será impresa, y ofrece la posibilidad de añadirle un borde o especificar un color de fondo para la página. El cuadro Ajustes de impresión de Photoshop dispone de una vista previa de la página donde se imprimirá la imagen para ir controlando los cambios.

1. Abra el menú **Archivo** y seleccione la opción **Imprimir.** [1]
2. Aparece el cuadro **Ajustes de impresión de Photoshop**, el cuadro de ajustes de impresión, ampliamente renovado en la versión CS6 del programa. [2] La primera acción que llevaremos a cabo en este cuadro será aumentar el tamaño de la imagen. Sitúese en el apartado **Posición y tamaño** y, en el campo **Escala**, inserte el valor **120.** [3]
3. Además de modificando la escala, también es posible cambiar el tamaño de la imagen especificando su altura y su anchura. Haga doble clic en el campo **Altura** e inserte el valor **15**.
4. Ahora muestre el contenido del apartado **Funciones.** [4]
5. Aparecen todos los comandos necesarios para modificar el formato de la imagen. En este caso, pulse el botón **Fondo**.

IMPORTANTE

Si lo desea, también puede aumentar o reducir el tamaño de la imagen arrastrando los **tiradores** del rectángulo que aparece en la vista previa. Dicho rectángulo puede activarse y desactivarse según su uso.

1

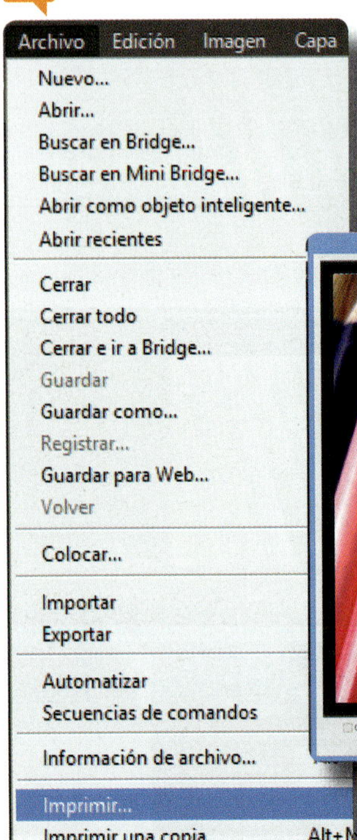

2

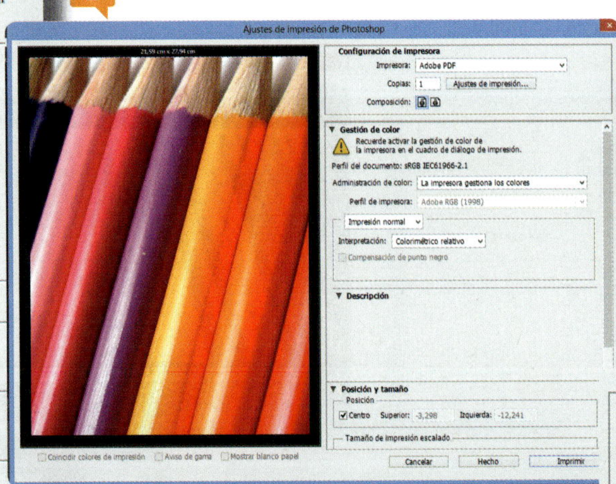

Los valores **Escala, Altura** y **Anchura** están relacionados, por lo que al modificar uno de ellos, los otros, automáticamente, cambian proporcionalmente para evitar que la imagen quede distorsionada.

3

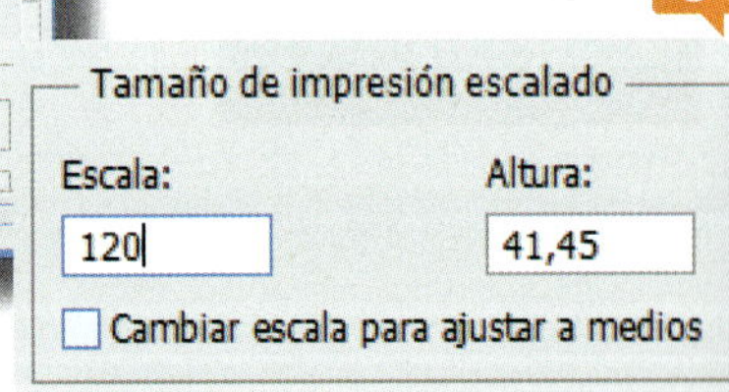

085

6. En el cuadro **Selector de color (color de fondo de impresión)**, elija el color que desee y pulse **OK** para aplicarlo como fondo. [5]
7. Para destacar la imagen un poco más sobre este fondo, aplicaremos un pequeño borde alrededor. Pulse el botón **Borde**.
8. En el campo **Anchura** del cuadro de diálogo **Borde**, inserte el valor **1** y pulse **OK** para confirmarlo. [6]
9. En el cuadro de vista previa puede ir controlando los cambios realizados. Para continuar con esta práctica, aplicaremos algunas marcas de edición. Para ello, muestre el contenido del apartado **Marcas de impresión** y haga clic en la casilla de verificación de la opción **Marcas de registro**. [7]
10. Las marcas de registro incluyen una serie de marcas fuera de los límites de la imagen que suelen utilizarse para alinear separaciones de color. Desactive esa opción y active la opción **Marcas de esquina**.
11. Las marcas de esquina sirven de guía de corte a las guillotinas que recortan las páginas. Desactive esta opción y active la denominada **Marcas centradas**.
12. Las marcas centradas, al igual que las de esquina, son una guía para el corte de la página final. [8] Una vez establecidas las opciones de formato, pulse el botón **Imprimir** para imprimir el documento.

4

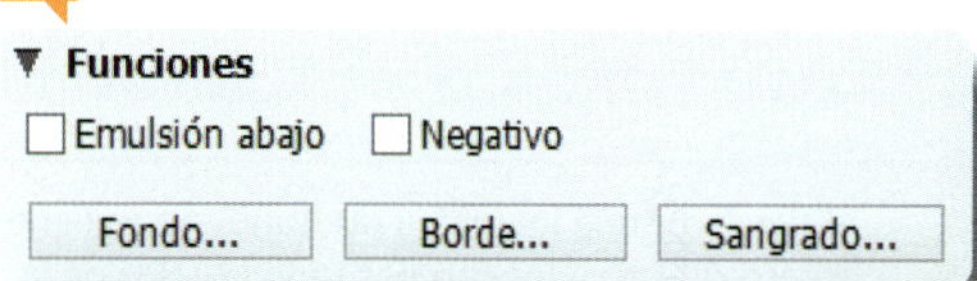

7

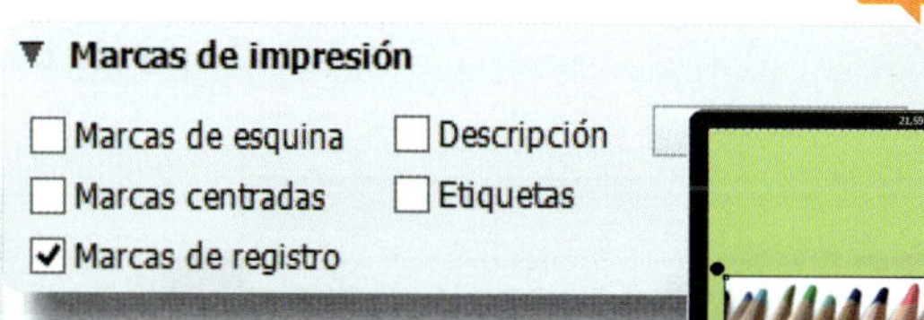

8

5

6

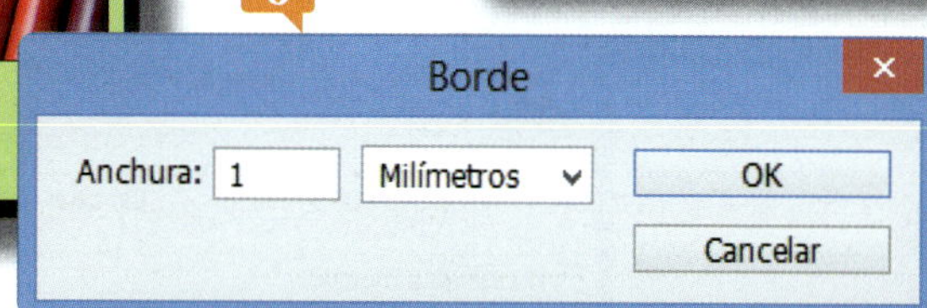

Crear e imprimir duotonos

IMPORTANTE

También puede convertir una imagen a **monotono** para mostrar un único color, a **tritono** para mostrar tres, o a **cuadritono** para mostrar hasta cuatro colores distintos.

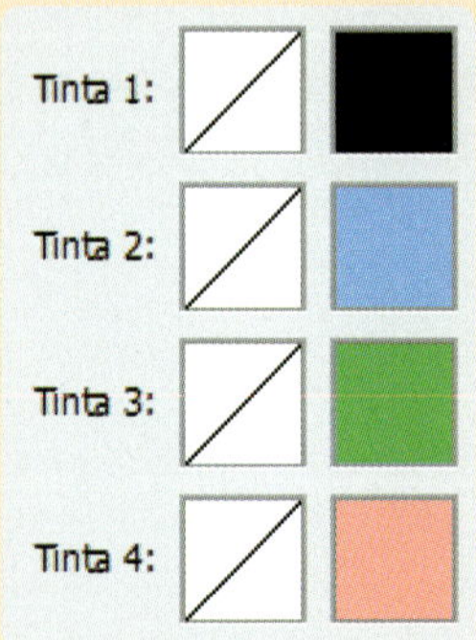

PHOTOSHOP PERMITE CONVERTIR imágenes en duotonos, a partir de una imagen en modo Escala de grises, para aumentar su riqueza tonal. Los duotonos son tratados por Photoshop como imágenes en escala de grises de un solo canal de 8 bits.

1. Para realizar este ejercicio puede usar la imagen de ejemplo **086.jpg**, que puede encontrar como siempre en nuestra página web. El primer paso que debemos seguir para crear un duotono es convertir la imagen a escala de grises. Abra el menú **Imagen**, pulse sobre el comando **Modo** y elija la opción **Escala de grises**. 1
2. Aparece un cuadro de advertencia que nos informa de que se eliminará la información de color. Pulse el botón **OK**. 2
3. Una vez disponemos de la imagen en modo escala de grises, debemos convertirla al modo Duotono. Abra de nuevo el menú **Imagen**, pulse sobre el comando **Modo** y elija la opción **Duotono**.
4. El cuadro de diálogo **Opciones de duotono** muestra el tipo **Monotono** activado por defecto. Para cambiarlo, haga clic en el botón de punta de flecha del campo **Tipo** y elija **Duotono**. 3

1

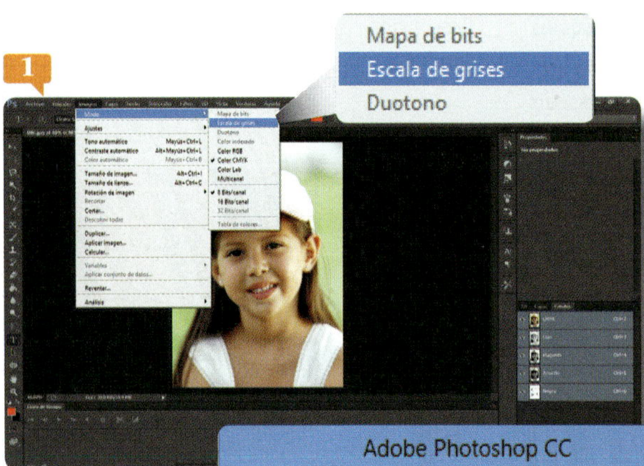

2

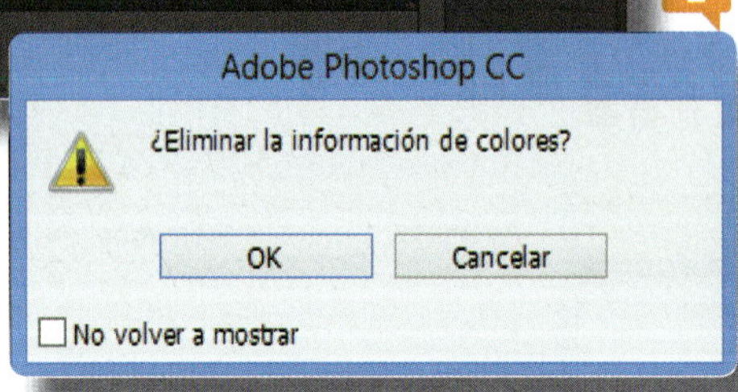

Al convertir una imagen a duotono, no se tiene acceso directo a los **canales individuales** de la imagen y éstos deben manipularse mediante las curvas en el cuadro Opciones de duotono.

3

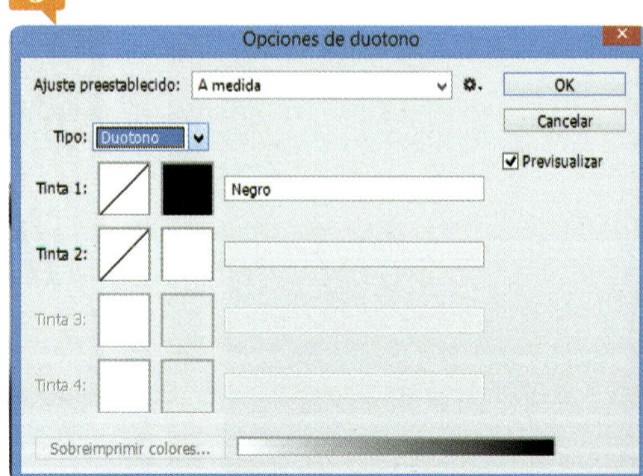

086

5. Photoshop muestra por defecto los colores blanco y negro. Vamos a modificarlos. Haga clic en el cuadro de color blanco del apartado **Tinta 2.**
6. Aparece el cuadro de diálogo **Selector de color (color 2 de tinta)**. Para seleccionar cualquier color, Photoshop dispone de un completo catálogo de pantones con una amplia variedad de tonos. En la **Barra de color**, haga clic aproximadamente en la confluencia de los tonos azules, elija una de las muestras que aparecen en el gráfico de la izquierda y pulse **OK** para aplicarla.
7. Observe que la imagen ahora combina los dos colores activos en el cuadro de diálogo **Opciones de duotono**. Escriba en el campo de edición un nombre para la segunda tinta y pulse **OK** para aplicar los cambios.
8. Una vez convertida la imagen, veremos cómo imprimirla. Abra el menú **Archivo** y pulse sobre el comando **Imprimir**.
9. En el cuadro de diálogo **Ajustes de impresión de Photoshop**, despliegue el campo **Administración de color** del apartado **Gestión de color** y, para una mejor impresión, seleccione la opción **Separaciones**.
10. Como último ajuste de impresión, marque la opción **Cambiar escala para ajustar a medios** del apartado **Posición y tamaño** para que la imagen quepa en la hoja y pulse el botón **Imprimir**.
11. Para acabar el ejercicio, guarde una copia de la imagen modificada en modo duotono.

7

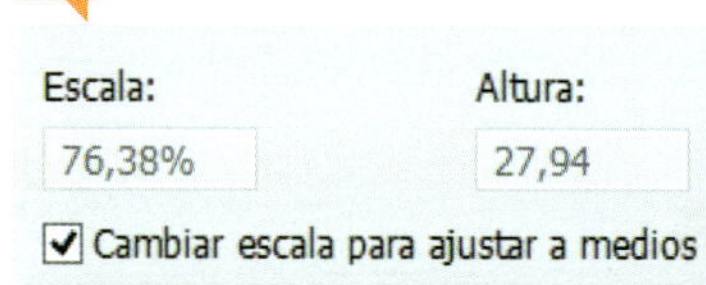

4

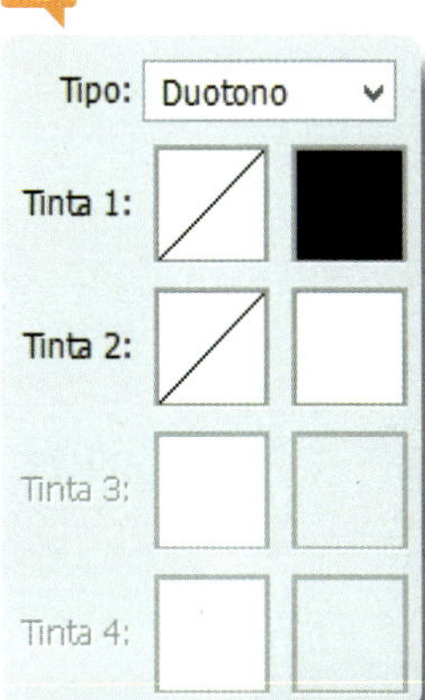

Si desea obtener colores completamente **saturados**, elija tintas en orden descendente, es decir, las más oscuras arriba y las más claras abajo.

5

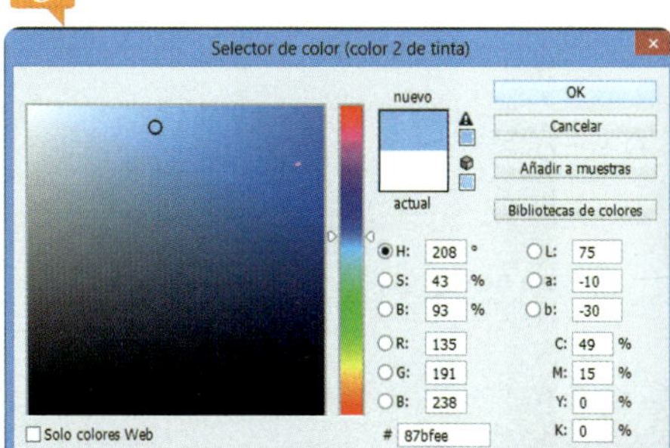

6

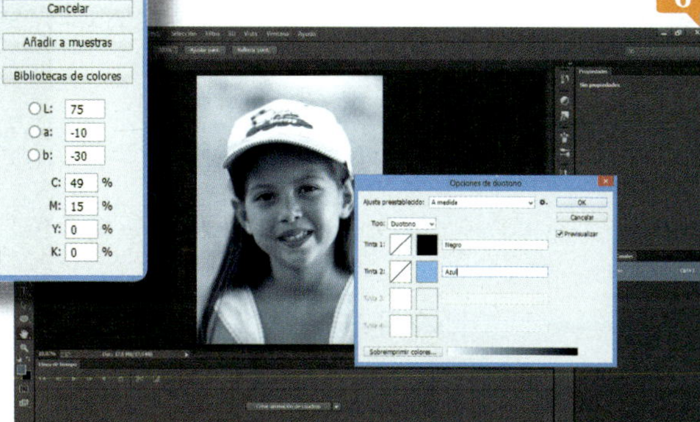

Debe tener en cuenta que tanto el **orden** de impresión de las tintas como los **ángulos** de trama influyen en el efecto final.

Importar objetos 3D

IMPORTANTE

Tenga en cuenta que para poder utilizar las herramientas 3D de Photoshop CC, su tarjeta gráfica deberá permitir el dibujo **OpenGL** (puede comprobar esta característica en la sección 3D del cuadro de preferencias de Photoshop). De no ser así, todos los comandos relativos a las acciones tridimensionales aparecerán desactivadas.

CON PHOTOSHOP ES POSIBLE IMPORTAR archivos tridimensionales. Gracias a la compatibilidad de archivos 3D de Photoshop, se puede trabajar con los formatos de archivo 3D más comunes (.u3d, .3ds, .obj, .kmz y Collada) de programas de diseño tridimensional como Adobe Acrobat 3D, 3D Studio Max, Alias, Maya y Google Earth. Al importar objetos 3D a Photoshop, el programa los coloca en una capa tridimensional independiente y permite utilizar las herramientas 3D para realizar modificaciones en su escala, en su iluminación, en los nodos de interpretación, etc., o para desplazar los modelos.

1. Para este ejercicio, necesitará una imagen tridimensional de alguno de los formatos indicados en la introducción almacenada en su equipo. Puede usar si lo desea el archivo **087.3ds**. Con el archivo de ejemplo **087.jpg** abierto en Photoshop, despliegue el menú **3D** y pulse sobre la opción **Nueva capa 3D a partir de archivo**. [1]
2. Localice y seleccione el archivo que va a utilizar y pulse el botón **Abrir**.
3. Automáticamente se añade una capa al documento con el que estaba trabajando. [2] El icono en forma de cubo que aparece

1

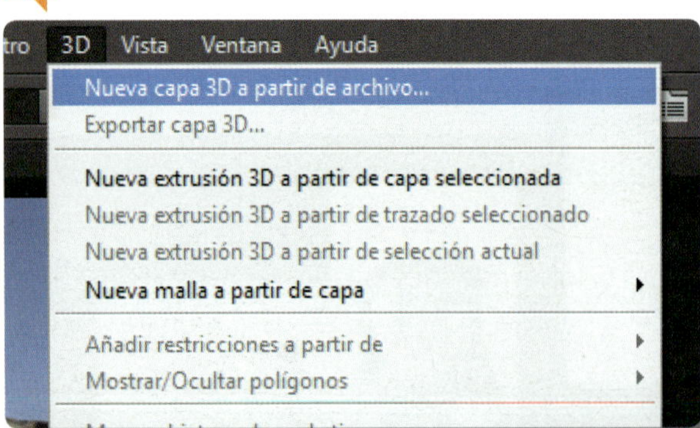

En Photoshop CS6, la funcionalidad 3D formaba parte de Photoshop Extended. Photoshop CC, en cambio, incluye ahora todas las funciones de Photoshop Extended.

2

en su miniatura en el panel **Capas** indica que se trata de una capa 3D. Gracias al mejorado panel **3D**, puede editar y manipular las imágenes en 3D sin cuadros de diálogo. También es posible editar el contenido de la capa 3D desde el entorno tridimensional que se activa al seleccionar la herramienta **Mover**. A modo de ejemplo, vamos a modificar la iluminación de la imagen. Active el panel **3D** y haga clic en el elemento **Infinite Light 1**. [3]

4. Compruebe que el área de trabajo adapta su interfaz para mostrar directamente sobre la imagen los reguladores para cambiar la posición, la orientación y la intensidad de la luz. [4] Para cambiar la intensidad de la luz, sitúe el puntero sobre el regulador del ajuste central y, mediante el arrastre, aumente o disminuya la intensidad. [5]
5. Igual que cambia la intensidad, puede modificar también la posición de las luces, los materiales de la escena, etc., con los iconos de este panel. Veremos cómo utilizar algunas de las herramientas 3D en los siguientes ejercicios. Pulse sobre la capa **Fondo** en el panel **Capas** para salir del modo de edición 3D.
6. Ahora guardaremos este archivo con capa tridimensional en formato de Photoshop. Abra el menú **Archivo**, pulse sobre la opción **Guardar** y, tras comprobar que en el campo **Tipo** está seleccionada la opción **Photoshop PSD PDD**, pulse el botón **Guardar**.

087

IMPORTANTE

El tamaño de los modelos tridimensionales se puede modificar sin perder calidad ni detalles. Además, si el archivo 3D contiene texturas, éstas se mostrarán en capas independientes y se podrán editar con las habituales herramientas de pintura y ajuste de Photoshop para volver después a aplicarlas sobre el objeto.

3

4

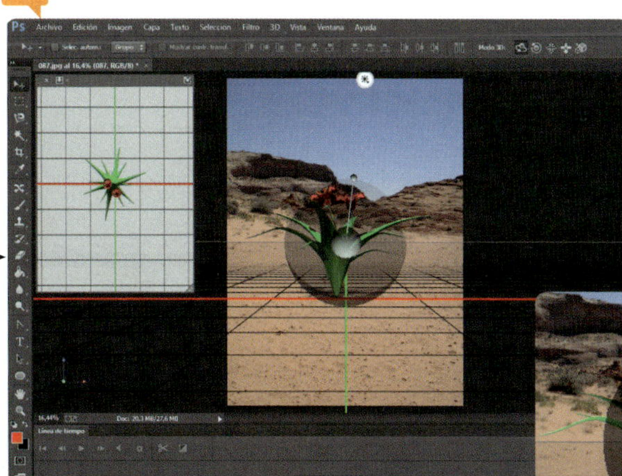

5

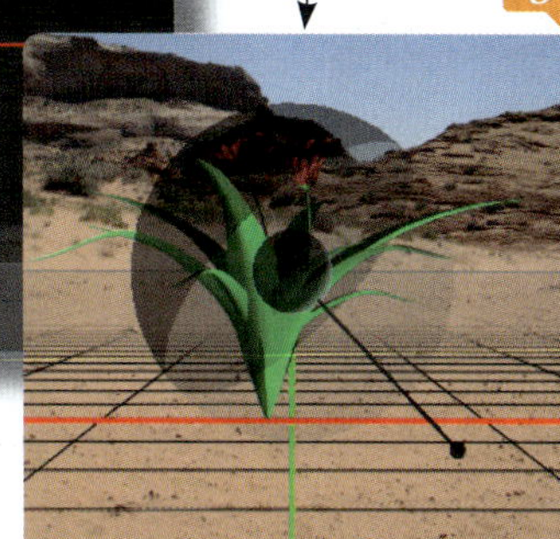

El mejorado **panel 3D** incluye las herramientas necesarias para modificar las mallas, los materiales y las luces de una imagen 3D. El panel se ha rediseñado y está estructurado como un árbol/gráfico de escena con objetos raíz y objetos secundarios.

Convertir imágenes 2D en 3D

PHOTOSHOP PERMITE CONVERTIR OBJETOS 2D en objetos tridimensionales. Puede aplicar envolturas de imágenes bidimensionales a formas geométricas normales en 3D, como pirámides, roscos, esferas, panoramas esféricos, etc., con ajustes predefinidos muy sencillos de aplicar. Es posible, incluso, convertir mapas de degradados en objetos 3D.

1. Empezamos este ejercicio con un documento transparente de 400 por 400 píxeles. Sobre este documento crearemos un mapa de degradado que posteriormente convertiremos en un objeto tridimensional. Haga clic en la punta de flecha de la herramienta **Bote de pintura** y seleccione la herramienta **Degradado**. 1
2. Haga clic en el botón de punta de flecha de la muestra de degradado de la **Barra de opciones** y elija con un doble clic una de las muestras de degradado disponibles.
3. Para aplicar el degradado lineal al fondo del documento, haga clic en un punto y arrastre hasta otro. 2
4. Una vez creado el mapa de degradado, en el panel **3D**, marque la opción **Malla a partir de ajuste preestablecido**, despliegue el campo siguiente y seleccione, por ejemplo, la forma **Soda**. 3
5. Pulse el botón **Crear** y compruebe en el panel **Capas** que la capa de fondo se ha convertido en una capa tridimensional y

IMPORTANTE

Para exportar una capa 3D a uno de los formatos disponibles, abra el menú 3D y pulse en la opción **Exportar capa 3D**. En el campo Formato seleccione el propio de Google Earth, por ejemplo, y pulse el botón Guardar.

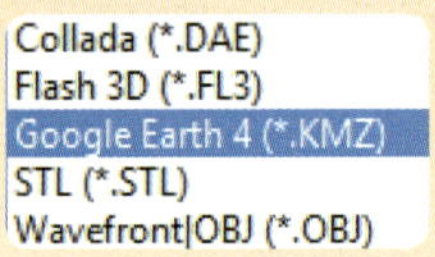

1

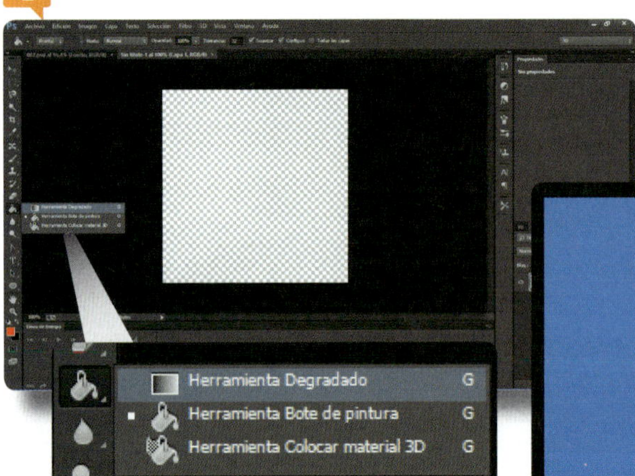

En lugar de crear un degradado, puede utilizar, si lo prefiere, motivos o un color sólido.

2

3

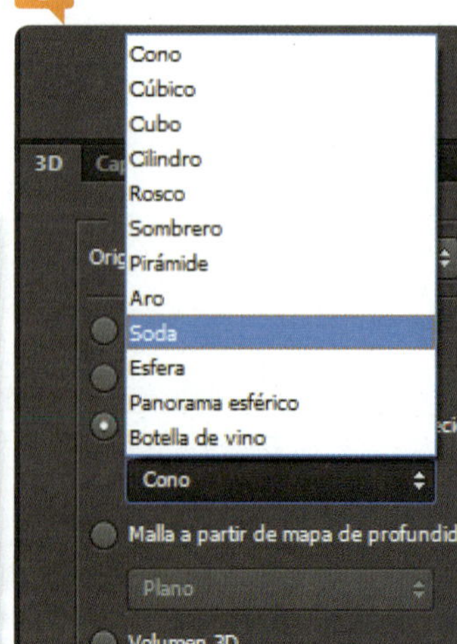

que las opciones de edición del objeto 3D aparecen ya en el panel **3D**. [4]

6. Active la herramienta **Mover** para cargar en la **Barra de opciones** las herramientas de transformación tridimensional; active la primera de ellas, **Rotar el objeto 3D**, y arrastre el puntero por la imagen para comprobar que el mapa de degradado se ha repartido como etiqueta de la forma elegida. [5]
7. En Photoshop CC es posible interactuar con los objetos 3D desde el panel 3D eliminándolos, reordenándolos, invirtiendo su orden, insertando nuevos objetos, duplicándolos, creando instancias de ellos y agrupándolos. Seleccione el objeto **Soda** en el panel **3D**, pulse con el botón derecho del ratón y elija la opción **Objetos de instancias** en el menú contextual. [6]
8. Se ha creado así una copia del objeto, que Photoshop ha denominado Soda 1. Desplácela en el espacio tridimensional usando el gizmo de movimiento que aparece sobre ella. [7]
9. Salga de la interfaz tridimensional pulsando en la herramienta de selección y guarde la imagen.
10. Ahora abra una imagen JPG de un paisaje que tenga guardada en su equipo, despliegue el menú **3D**, pulse sobre el comando **Nueva malla a partir de capa**, elija la opción **Ajuste preestablecido de malla** y seleccione, por ejemplo, la forma **Esfera**.
11. Utilice las herramientas de rotación y desplazamiento 3D para comprobar el efecto conseguido [8] y acabe el ejercicio guardando el documento.

088

IMPORTANTE

Puede crear sofisticadas **animaciones en 3D** desde el panel Línea de tiempo controlando el movimiento de un objeto, la ubicación de la cámara, los efectos de iluminación, la aplicación de texturas, etc., con las mejoradas herramientas de edición de objetos 3D.

8

6

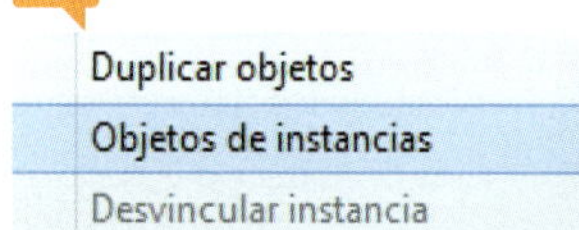

4

5

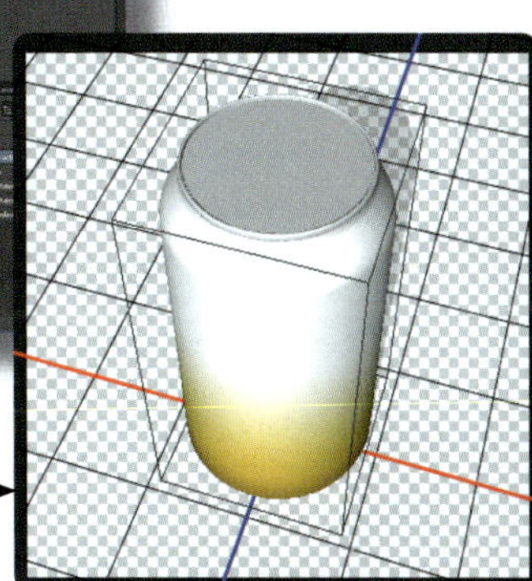

7

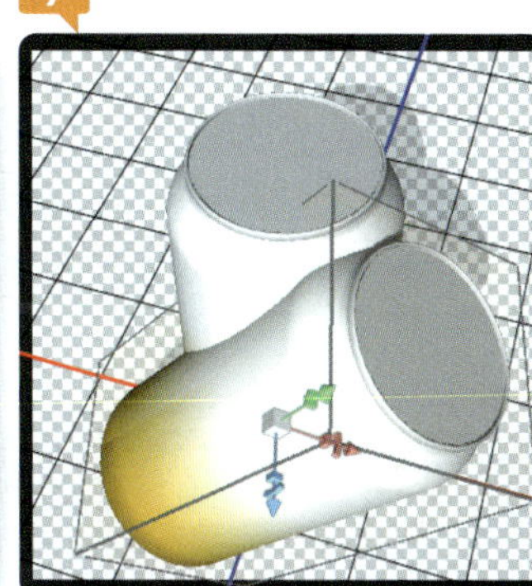

Trabajar con las herramientas 3D

SI EN LOS EJERCICIOS ANTERIORES YA HEMOS PODIDO comprobar el cambio en la interfaz al activar el trabajo en 3D, en esta actividad comprobaremos el funcionamiento de dos nuevas herramientas, Colocar material 3D y Cuentagotas de material 3D, la primera incluida en el grupo encabezado por el cubo de pintura y la segunda, dentro del cuentagotas.

1. Para llevar a cabo este ejercicio utilizaremos los documentos 3D de ejemplo **089_1.psd** y **089_2.psd**, que encontrará, como siempre, en nuestra página web. Empezaremos conociendo el funcionamiento de la herramienta **Colocar material 3D**. Sitúese en la primera imagen, la de la lata, despliegue la herramienta **Degradado** y elija la denominada **Colocar material 3D**. [1]
2. En la **Barra de opciones** puede comprobar que actualmente no se encuentra cargado ningún material 3D. [2] Despliegue el cuadro de muestras y, tras visualizar los materiales disponibles, haga doble clic sobre el primero de ellos. [3]
3. El material seleccionado se carga en el programa, listo para ser aplicado; compruebe que su nombre se refleja ahora en la **Barra de opciones**. Para asignar el nuevo material a la parte superior de nuestra lata de refresco, haga clic sobre esta parte de la imagen y observe el resultado. [4]

1

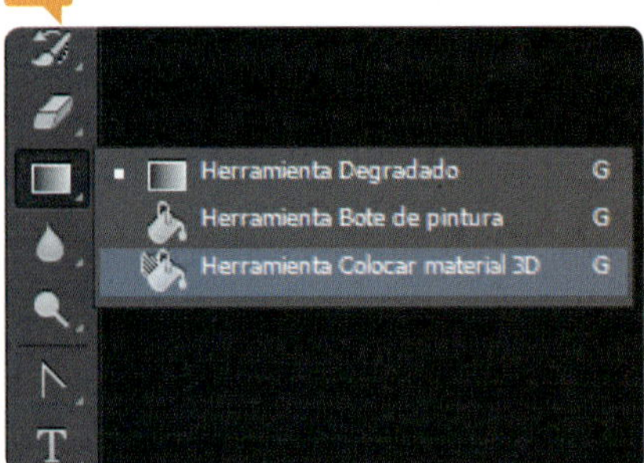

2

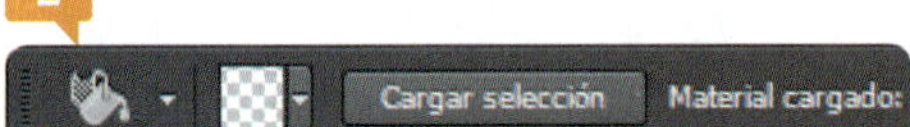

3

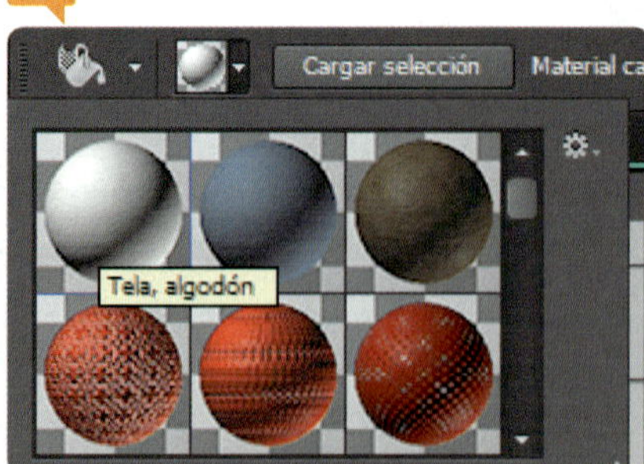

Al elegir un material 3D, la interfaz del área de trabajo se adapta para la manipulación tridimensional del contenido.

4

089

4. Efectivamente, el material elegido se aplica sobre la parte designada, respetando la parte de la etiqueta. Vamos a seleccionar ahora precisamente el material de la etiqueta y lo aplicaremos a la esfera del segundo documento. Para ello, en el panel **3D**, seleccione el material **Label_Material** y, en la **Barra de opciones**, pulse el botón **Cargar selección.**
5. Observe el cambio en el campo de muestras de esta barra, así como en el texto que designa el material cargado actualmente. Ponga en primer plano la segunda imagen, la de la esfera, y, comprobando que se mantiene cargado el material de la etiqueta, haga clic sobre el objeto.
6. En efecto, ahora la esfera muestra el material degradado. De forma similar funciona la segunda herramienta que queremos describir en este ejercicio, la denominada **Cuentagotas de material 3D**; despliegue la herramienta **Cuentagotas** en el panel de herramientas, que ocupa la sexta posición, y elija la mencionada herramienta.
7. Esta herramienta funciona igual que el cuentagotas convencional, es decir, combinado con la herramienta de relleno o bote de pintura. Vuelva al primer documento, tome una muestra con un clic del material de la parte superior de la lata, regrese al documento de la esfera y, tras elegir de nuevo la herramienta **Colocar material 3D**, rellene la esfera con el material muestreado.
8. Guarde los cambios realizados en los dos documentos para acabar este ejercicio.

7

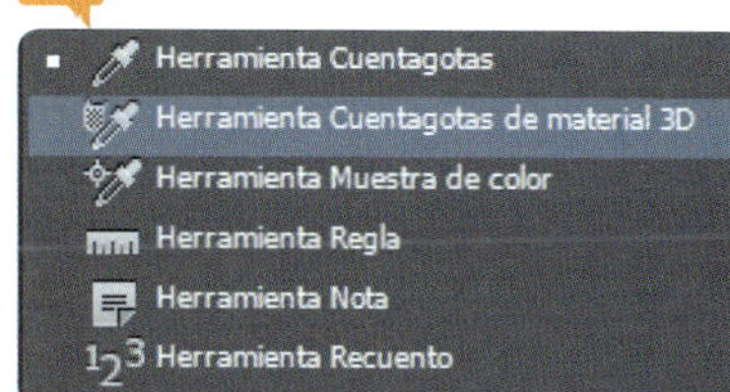

5

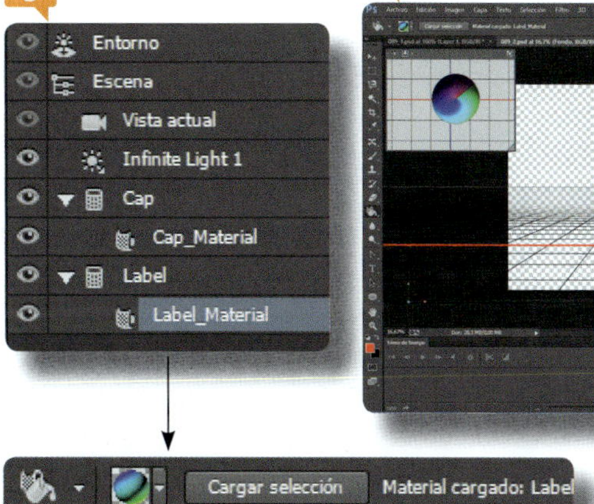

6

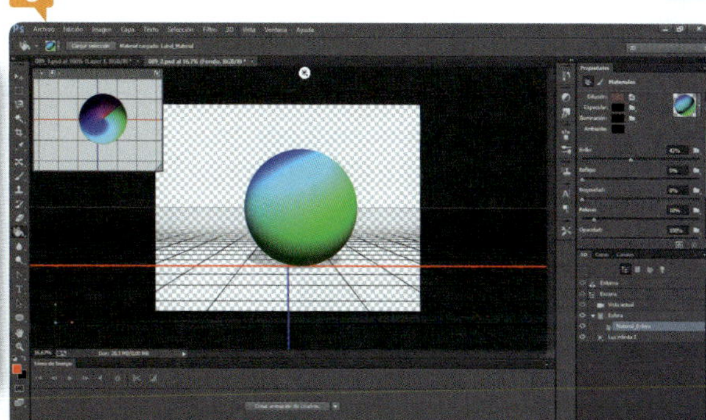

8

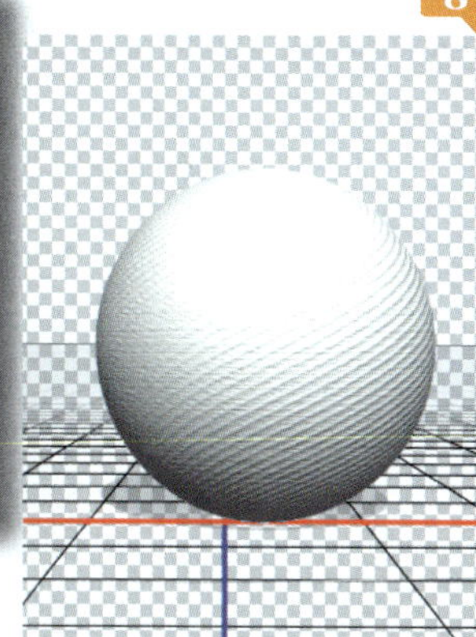

Obtener más objetos y materiales 3D

PHOTOSHOP DISPONE DE UN CATÁLOGO DE MATERIALES reducido, que usted puede ampliar descargando elementos extra desde la web. Para ello, en el menú 3D dispone de un vínculo que le conducirá aun sitio web desde el cual podrá llevar a cabo las descargas oportunas. Debe tener en cuenta, sin embargo, que la descarga de objetos tridimensionales implica en ocasiones la compra de los mismos.

1. Antes de empezar queremos advertirle que el contenido de esta práctica, concretamente, del sitio web desde el cual se realizan las descargas, puede estar sujeto a cambios con el paso del tiempo, debido a su constante actualización. Para empezar, despliegue el menú **3D** y haga clic sobre el comando **Obtener más contenido.** 1
2. Se abre el navegador web predeterminado en su equipo, desde el cual puede localizar fácilmente el punto desde el cual puede descargar tanto modelos tridimensionales como materiales. 2 Como hemos indicado en la introducción, es posible que alguno en el caso de los proveedores de modelos 3D requiera la adquisición de los modelos ofrecidos. Investigue por su cuenta y, cuando detecte algún modelo que pueda interesarle, siga los pasos para descargarlo.

1

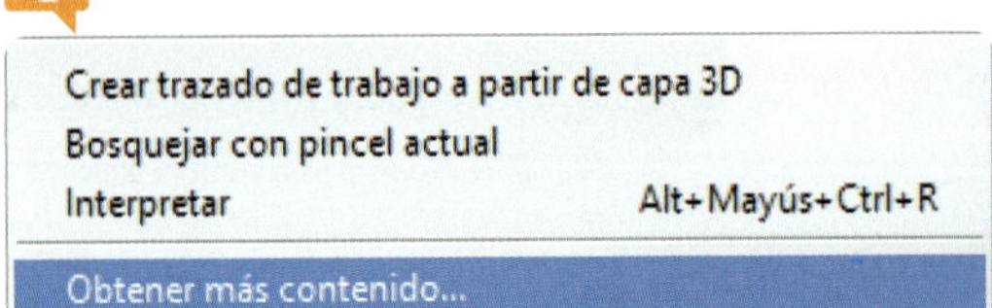

2

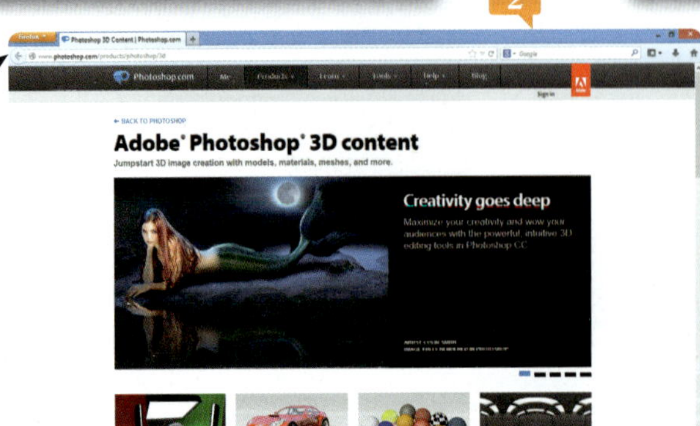

3

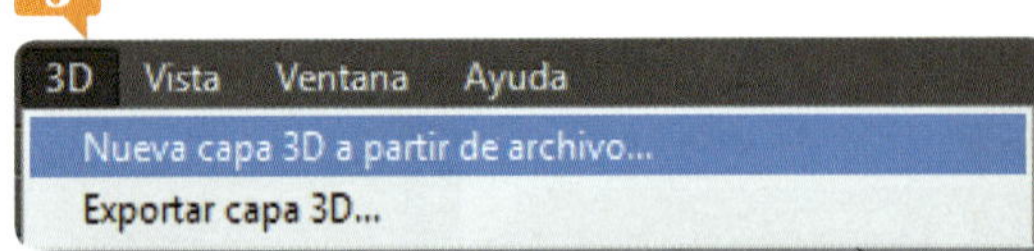

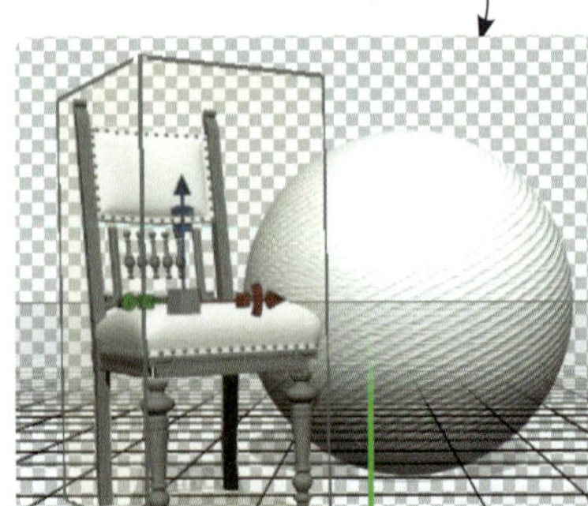

090

3. Una vez descargado y guardado en su equipo, podrá utilizarlo importándolo de forma habitual al área de trabajo de Photoshop (**3D / Nueva capa 3D a partir de archivo**).
4. Veamos ahora cómo obtener más materiales del mismo modo. Descargue y guarde la carpeta de materiales en su equipo siguiendo los pasos habituales para hacerlo.
5. Photoshop dispone de un comando que permite cargar nuevos materiales en la paleta de los ya disponibles. En este caso, active la herramienta **Colocar material 3D** en el panel de herramientas y, en la **Barra de opciones**, pulse sobre el campo de muestras de materiales.
6. En el panel que contiene los materiales disponibles, haga clic sobre el icono redondo situado en la parte derecha del mismo y pulse sobre el comando **Cargar materiales**.
7. Se abre un cuadro de diálogo en el cual se brinda la posibilidad de acceder al sitio web desde el cual ya hemos descargado los nuevos materiales, pulsando el botón **Ir**, o bien de acceder a la carpeta en la cual ha guardado los elementos en cuestión. En este caso, haga clic sobre el botón **OK**.
8. En el cuadro de diálogo **Cargar**, localice la carpeta de materiales descargada, elija una de las categorías de materiales y pulse el botón **Cargar**.
9. Por último, compruebe que los nuevos materiales aparecen en el panel de muestras a continuación de los predeterminados. Para aplicar uno de ellos al objeto 3D de nuestro documento, selecciónelo con un doble clic y pulse sobre el objeto.

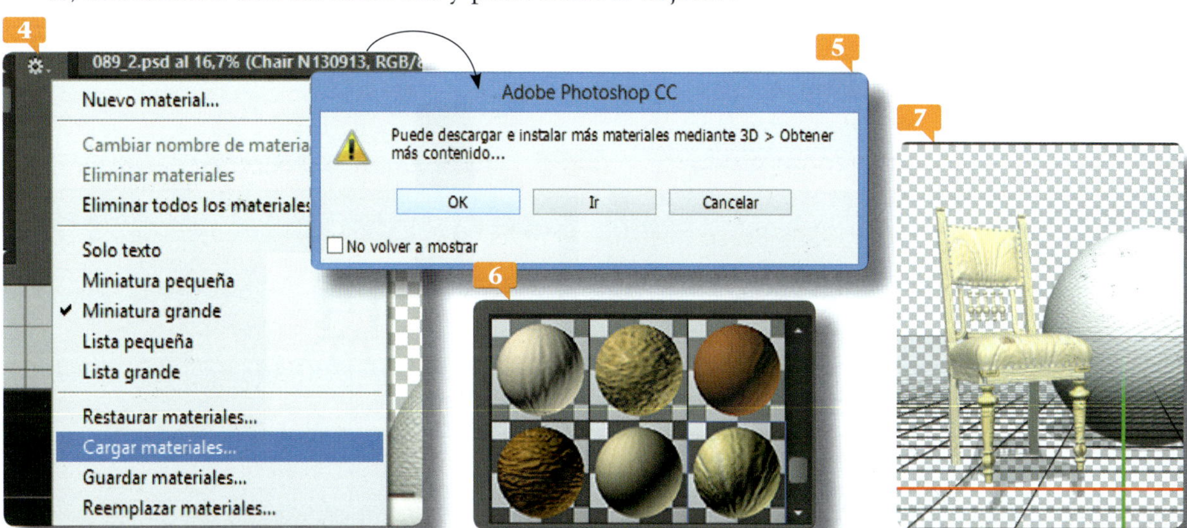

Pintar objetos 3D

> **IMPORTANTE**
>
> Además del modo **Pintura 3D en vivo**, Photoshop CC presenta otras mejoras en la función de pintura 3D:
>
> - Es posible ver el destino de pintura tanto en el modelo 3D como en la vista de textura de destino cuando se seleccionan diferentes tipos de textura para pintar.
> - Es posible pintar objetos 3D en el modo no iluminado, que ignora cualquier iluminación de la escena y ajusta los datos de textura sin procesar del tipo correspondiente alrededor de los objetos 3D. Este modo de pintura permite pintar sin sombreado y con mayor precisión de color.

PHOTOSHOP CC PRESENTA ALGUNAS NOVEDADES en lo que a pintura de objetos 3D se refiere. Ahora los modelos 3D se pueden pintar con mayor control y precisión. El nuevo modo de pintura 3D predeterminado en Photoshop CC es Pintura 3D en vivo, que permite ver la actualización de los trazos de pincel en tiempo real tanto en el modelo tridimensional como en la vista de textura. Este modo de pintura en vivo incluye notables mejoras de rendimiento y minimiza la distorsión.

1. En este ejercicio practicaremos con el nuevo modo de pintura 3D predeterminado en Photoshop CC, el denominado **Pintura 3D en vivo**. Para empezar, abriremos el modelo 3D que vamos a pintar, el archivo **091.3DS** que puede encontrar en la zona de descargas de nuestra página web. Con un nuevo documento en blanco abierto en el programa, despliegue el menú **3D** y pulse en la opción **Nueva capa 3D a partir de archivo.** 1
2. En el cuadro **Abrir**, localice y seleccione el archivo **091.3DS** y pulse el botón **Abrir**.
3. Active la herramienta **Mover** para activar el entorno de trabajo 3D. 2
4. El siguiente paso consiste en abrir el documento de textura que queremos pintar. Para ello, haga doble clic en el nombre

1

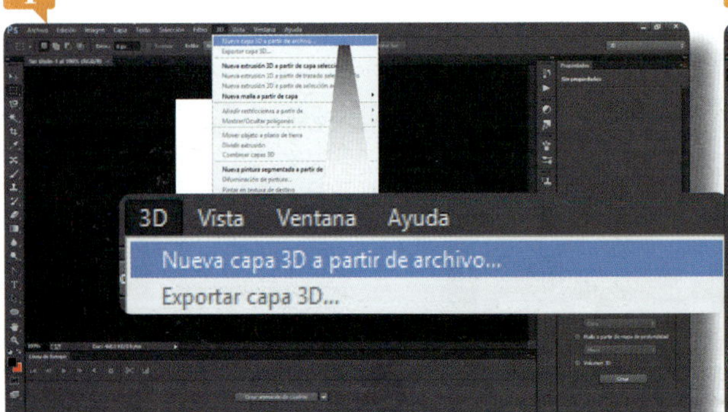

2

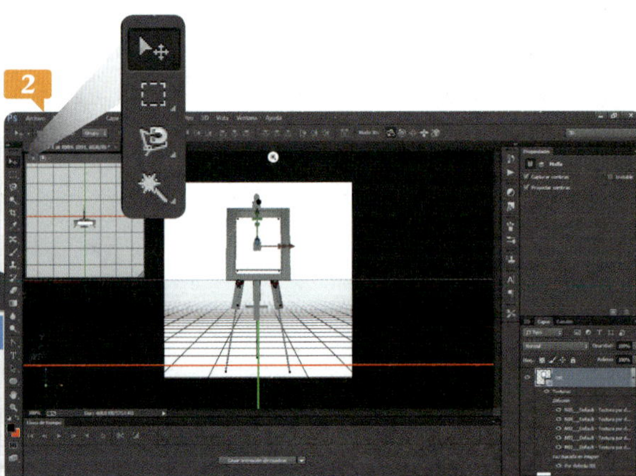

de la textura **N05_Default-Textura** por defecto en el panel **Capas**.

5. El documento correspondiente a la textura seleccionada se abre en Photoshop. Para mostrar los dos documentos en paralelo y poder comprobar que el modo de pintura 3D en vivo refleja los cambios en ambos, abra el menú **Ventana**, pulse sobre la opción **Organizar** y elija **Segmentar todo en vertical**.
6. Active la herramienta **Pincel** en el panel **Herramientas**.
7. La **Barra de opciones** muestra el último estilo de pincel que hemos utilizado. Despliegue el selector de pinceles, añada, si no los tiene ya en el panel, los pinceles de efectos especiales y elija con un doble clic el número 84.
8. Acceda al panel **Pincel** y active en él la opción **Dinámica de color**. Después, minimice el panel.
9. Una vez definidas las propiedades del pincel, ya podemos empezar a pintar. En el documento de la textura, haga clic varias veces o pulse y arrastre para que se dibujen varias hojas de distintos colores con el pincel especial que hemos escogido.
10. Puede comprobar que con el modo de pintura en vivo, los trazos del pincel se reflejan automáticamente en las dos vistas. Para cambiar el sistema de pintura 3D, active el documento principal, el del modelo 3D, abra el menú **3D**, pulse en la opción **Sistema de pintura** y compruebe que incluye las opciones **Textura** (activada en este caso) y **Proyección**. Acabe el ejercicio guardando los dos documentos abiertos.

091

IMPORTANTE

La opción **Pintar en textura de destino** del menú **3D** incluye nueve tipos de textura en los que se puede pintar. En los modelos 3D con varias texturas, sólo se pinta la que se abre y sobre la que se empieza a pintar.

5

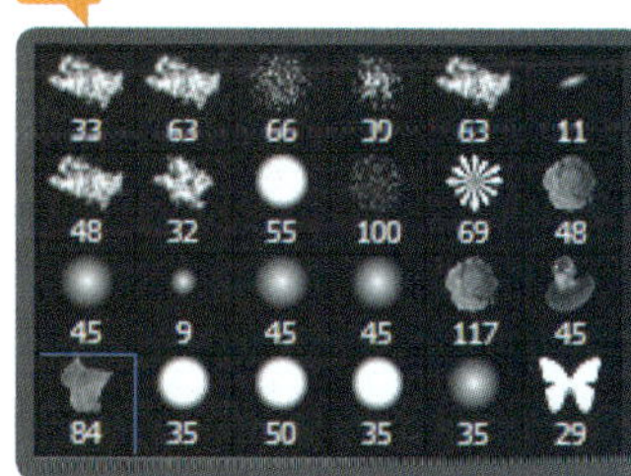

Para pintar un modelo 3D puede usar tanto la herramienta Pincel como las herramientas Bote de pintura, Dedo, Sobreexponer, Subexponer o Desenfocar.

Sepa que si intenta pintar en un tipo de mapa de textura que el material aplicado al objeto 3D no contiene, Photoshop le solicitará que lo cree.

3

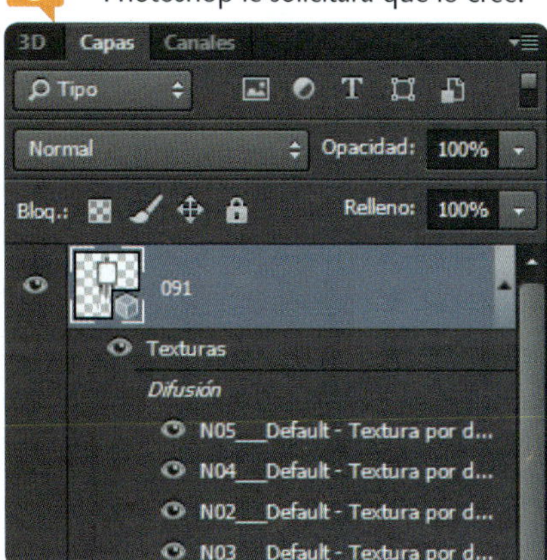

4

6

Copiar atributos CSS

> **IMPORTANTE**
>
> La copia de atributos CSS en Photoshop CC presentan las siguientes características: las unidades son siempre píxeles (px), la transparencia funciona ahora con degradados, se ha mejorado la situación del texto transformado y la anchura ya no se genera para los textos sin párrafos.

PHOTOSHOP CC PERMITE AHORA EXPORTAR CÓDIGO de hojas de estilo en cascada (CSS) directamente desde capas de forma o texto para pegarlo después en una hoja de estilos. Al copiar código de capas de forma, quedan almacenados el tamaño, la posición, el color del trazo, el color de relleno y la sombra paralela. Al copiar código de capas de texto, se guardan la familia de fuentes, el tamaño y el grosor de fuente, el alto de línea, el subrayado, el tachado, el superíndice, el subíndice y la alineación del texto.

1. En este ejercicio veremos cómo exportar los atributos de un estilo de carácter aplicado a un texto en una hoja de estilos CSS. Usaremos para ello el archivo de ejemplo **092.psd**, que puede descargar desde nuestra página web. Empezaremos comprobando que el texto insertado en el documento tiene un estilo aplicado. Seleccione la capa **carpe diem**, abra el menú **Ventana** y pulse en la opción **Estilos de carácter**. [1]
2. Puede comprobar que, efectivamente, en el panel **Estilos de carácter** aparece uno denominado **Estilo de carácter 1**, que es el que se ha aplicado al texto de ejemplo. Para ver las características de este estilo, haga doble clic sobre él. [2]
3. Se abre así el cuadro **Opciones de estilo de carácter**, donde podemos ver las características de formato básico y avanzado

1

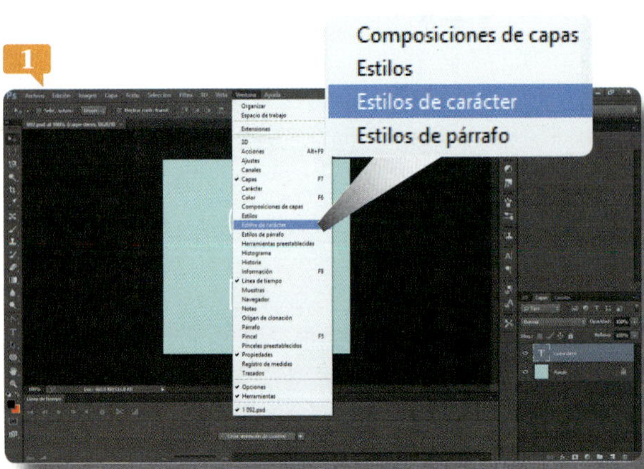

2

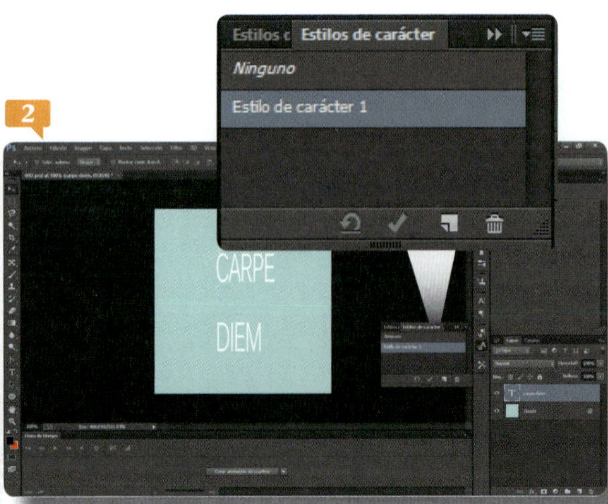

de nuestro estilo. Compruebe cuáles son la familia de fuentes, el tamaño, la escala y otras características básicas y avanzadas del formato y salga del cuadro pulsando el botón **OK**. 3

4. Para copiar en el Portapapeles las características del estilo aplicado al texto, podemos acceder al menú contextual de la capa o al menú **Capa**. Abra ese menú y pulse en la opción **Copiar CSS**. 4
5. Tan sencillo como esto. Ahora las características de nuestro estilo están en el Portapapeles de Windows, listas para ser pegadas en una hoja de estilos, que crearemos a continuación a partir de un documento de texto enriquecido. Para mostrar el Escritorio, pulse en el extremo derecho de la **Barra de tareas**.
6. Para crear un nuevo documento de texto enriquecido, pulse con el botón derecho del ratón en el **Escritorio**, haga clic en la opción **Nuevo** y elija **Documento de texto enriquecido**. 5
7. Se crea así un nuevo documento, que muestra el nombre en modo de edición. Escriba, por ejemplo, el término **Estilo CSS** y pulse dos veces la tecla **Retorno**, una para confirmar el nuevo nombre y otra para abrir el documento.
8. El documento se abre por defecto con la aplicación WordPad. Pulse el botón **Pegar** de la ficha **Inicio** 6 y compruebe que, efectivamente, se pegan todas las características del estilo de nuestro texto de ejemplo. 7
9. Guarde y cierre el documento de texto y acabe el ejercicio cerrando también el documento de Photoshop con el que hemos practicado.

6

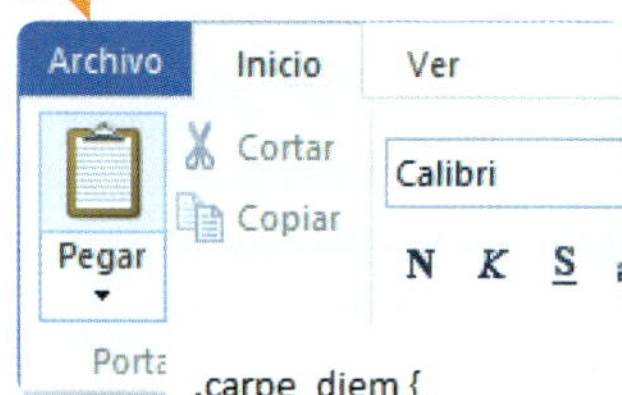

7

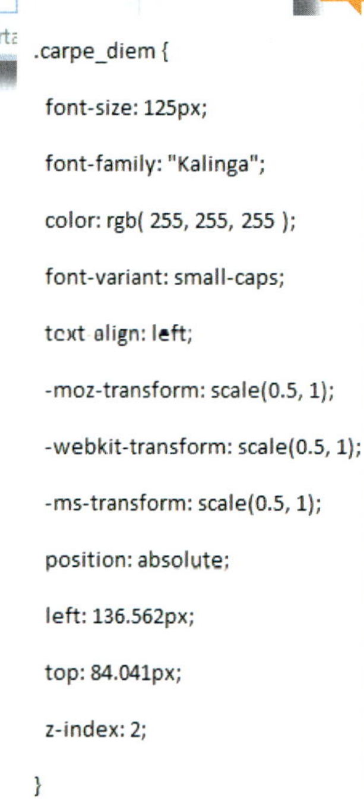

3

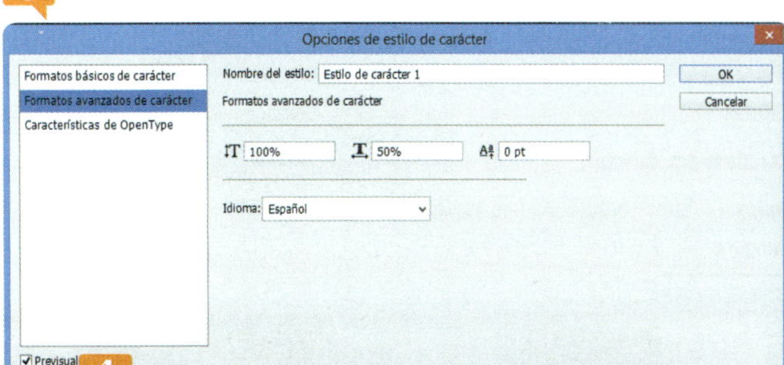

4

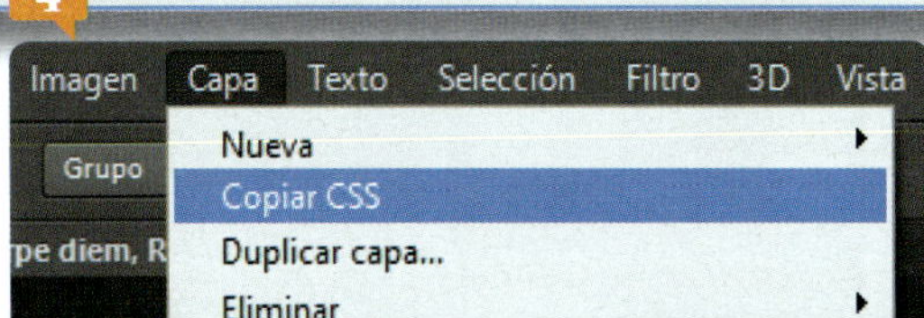

5

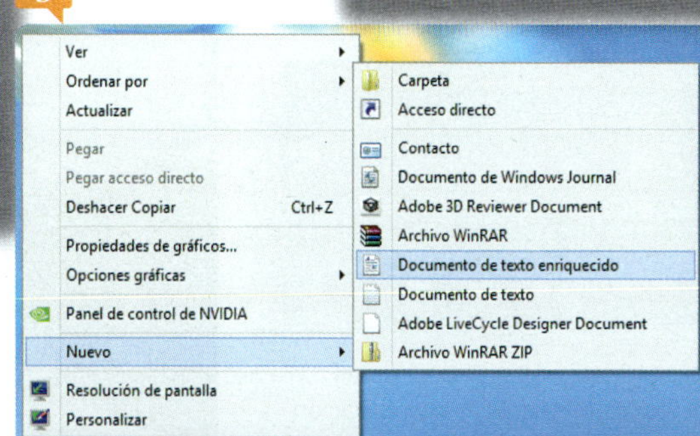

Crear acciones

IMPORTANTE

Puede insertar una parada en el proceso de grabación de una acción para que una tarea en concreto no se pueda grabar. Para ello, utilice la opción **Insertar parada** del menú de opciones del panel Acciones. Para reanudar la grabación, pulse el botón Reproducir.

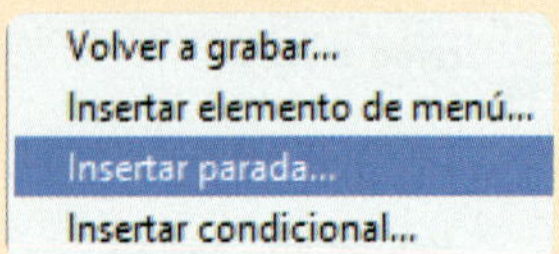

PHOTOSHOP PERMITE AUTOMATIZAR las acciones para modificar, crear o eliminar imágenes de forma rápida y sencilla. Una acción es un conjunto de comandos que se ejecutan sobre un archivo o un lote de archivos. Photoshop pone a disposición de los usuarios un buen número de acciones preestablecidas en el panel Acciones.

1. En este ejercicio crearemos una nueva acción compuesta de varios pasos. Para empezar, despliegue el menú **Ventana**, pulse sobre el comando **Acciones** y en el panel del mismo nombre, haga clic en el quinto icono, **Crear acción nueva**. [1]
2. En el campo **Nombre** del cuadro **Acción nueva**, escriba la palabra **Duotono**.
3. Seguidamente asignaremos una tecla de función a la nueva acción. Abra el menú del campo **Tecla de función** y elija **F2**. [2]
4. Pulse **Grabar** para empezar a almacenar las acciones.
5. Observe que en el panel **Acciones** se muestra el nombre de la nueva acción junto a la tecla de función asignada. [3] Para empezar los pasos que compondrán esta acción, abra el menú **Imagen**, pulse en el comando **Modo** y elija la opción **Escala de grises**.

Tenga en cuenta que si asigna a una acción un método abreviado de teclado que se utiliza para un comando, ese método se aplicará a la acción y no al comando.

1

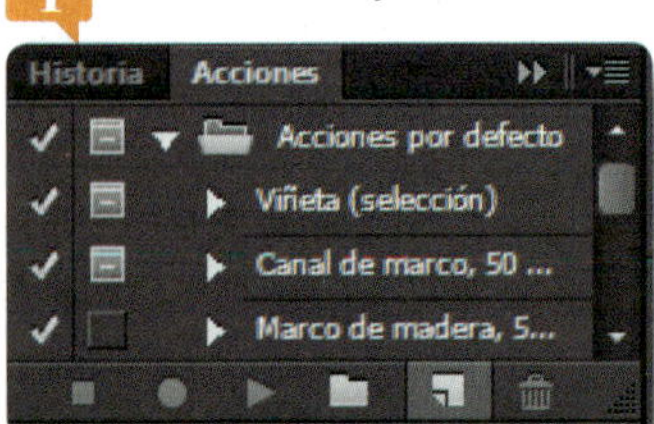

También puede activar el panel Acciones mediante la combinación de teclas **Alt** + **F9**.

2

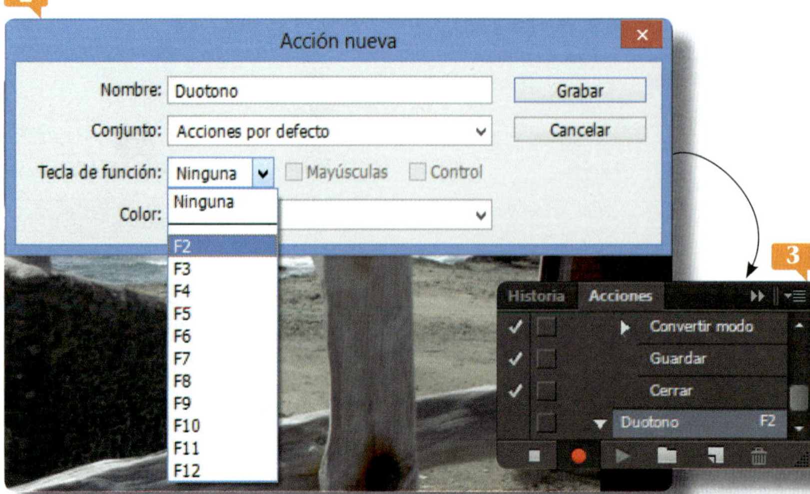

6. Photoshop le advierte de que perderá los colores actuales. Pulse **Descartar** para continuar con el proceso.
7. A continuación, despliegue nuevamente el menú **Imagen**, elija el comando **Modo** y seleccione la opción **Duotono**.
8. Aparece el cuadro de diálogo **Opciones de duotono** con el cual ya trabajamos en un ejercicio anterior. Elija los colores de duotono que desee y pulse el botón **OK**. 4
9. Pulse el comando **Detener reproducción/grabación**, primer icono del panel **Acciones**. 5
10. Una vez creada la acción, la probaremos en una nueva imagen utilizando la tecla de función asignada. Abra cualquier imagen que tenga almacenada en su equipo y que pueda ser retocada.
11. Haga clic en la acción con el nombre **Duotono** del panel **Acciones** y pulse la tecla **F2**.
12. La imagen ha adoptado el aspecto establecido para la acción que hemos creado. 6 Las acciones grabadas pueden modificarse e, incluso eliminarse. Seleccione la última acción grabada, con el nombre **Convertir modo**, y pulse el icono de papelera del panel **Acciones**.
13. En el cuadro de diálogo de confirmación, haga clic en **OK**. 7
14. Ahora la acción **Duotono** sólo comprende el primer paso que, en este caso, es convertir la imagen a modo de escala de grises. Pulse de nuevo la tecla **F2** para ejecutar la acción y compruebe el resultado.

093

IMPORTANTE

La nueva función de acciones condicionales de Photoshop CC permite automatizar tareas de procesamiento rutinarias. Estos comandos utilizan instrucciones IF y THEN para elegir automáticamente entre acciones distintas en función de las reglas que se configuren. Encontrará la opción Insertar condicional en el menú de opciones del panel Acciones.

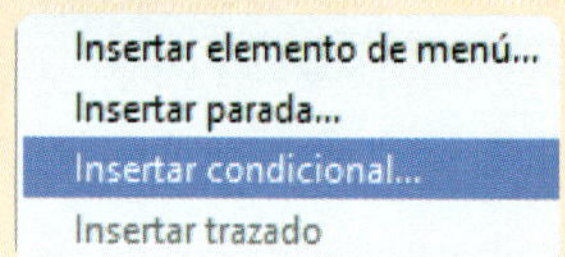

4

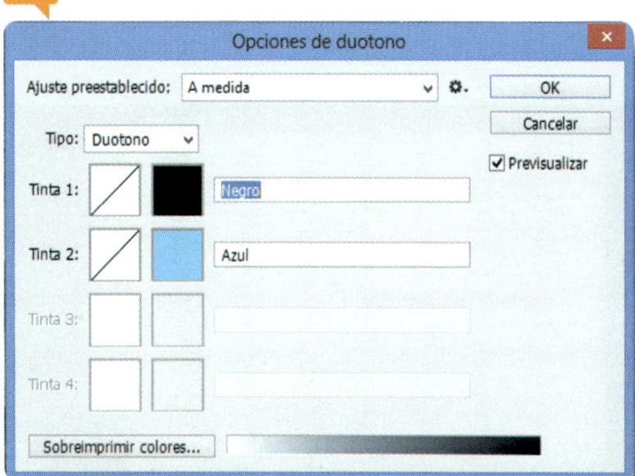

5

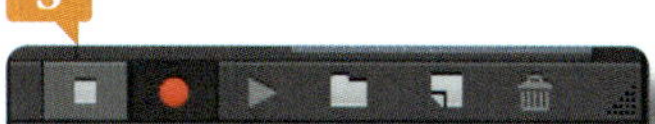

6

7

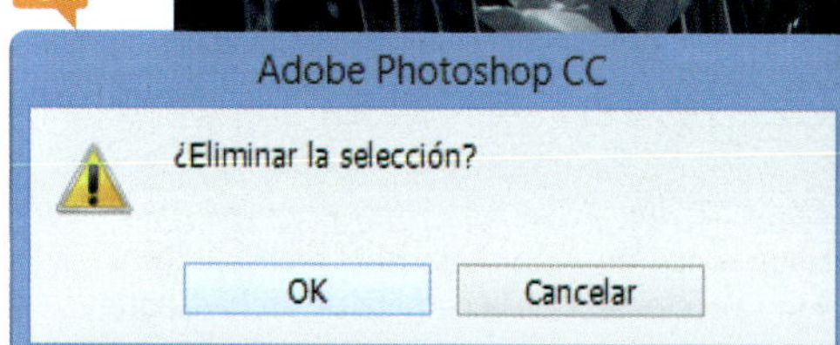

Trabajar con lotes

IMPORTANTE

Puede especificar en el apartado **Destino** el lugar donde desea que queden almacenados los archivos procesados. Si mantiene seleccionada la opción Ninguno, los archivos permanecerán abiertos en Photoshop hasta que usted los almacene.

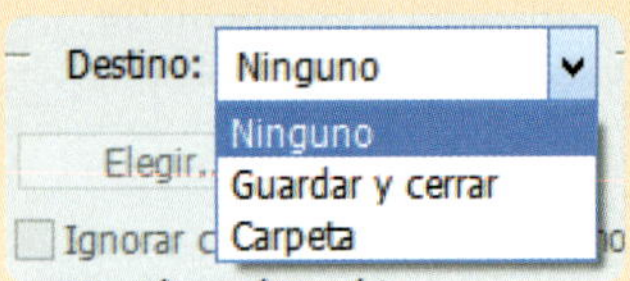

TODAS LAS ACCIONES DESCRITAS en lecciones anteriores pueden ser aplicadas de forma conjunta a un grupo de imágenes o a una carpeta de archivos o subcarpetas utilizando la opción Lote. En el cuadro de diálogo Lote, deberá especificar el grupo al que pertenece la imagen, la acción y la carpeta o unidad donde se encuentran las imágenes o los archivos que desea modificar. Incluso puede acceder a una unidad externa, como una cámara de fotos digital o un escáner, y aplicar una acción determinada.

1. En este ejercicio aprenderá a aplicar a la vez la acción creada en el ejercicio anterior a un grupo de imágenes. Para ello, cree una carpeta con varias imágenes. Para empezar, despliegue el menú **Archivo**, pulse sobre el comando **Automatizar** y seleccione la opción **Lote**. 1
2. En el cuadro **Lote** deberá seleccionar el grupo que contiene la acción que desea aplicar. En concreto, deseamos convertir a duotono el modo de color de las imágenes, acción que, como recordará, hemos creado dentro del grupo **Acciones por defecto**. En el campo **Conjunto** seleccione ese conjunto y en el campo **Acción**, seleccione la acción **Duotono**. 2
3. Recuerde que esta acción fue modificada en el ejercicio anterior, de modo que sólo realiza el primer paso, es decir, conver-

1

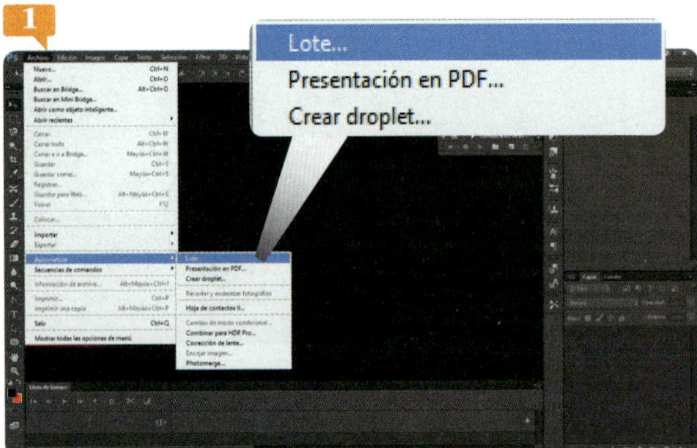

El comando **Lote** de la opción Automatizar del menú Archivo ejecuta una acción seleccionada en la carpeta de archivos que se especifique en el cuadro Lote.

2

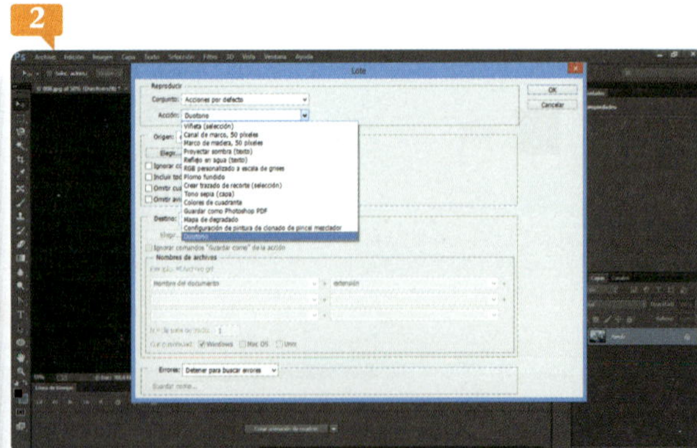

Los menús del cuadro **Lote** muestran los **conjuntos** y las **acciones** incluidas en el panel Acciones. Seleccione los que va a aplicar al lote.

094

tir la imagen a blanco y negro. A continuación, elegiremos el origen de las imágenes. En el caso de que decida utilizar una serie de imágenes tomadas con una cámara digital o capturadas en un escáner, deberá elegir en este campo la opción **Importar** y seguir los pasos indicados por el programa. En este caso, mantenga la opción **Carpeta** en el campo **Origen** y pulse el botón **Elegir**. [3]

4. En el cuadro **Buscar carpeta**, localice y seleccione su carpeta y pulse el botón **Aceptar**. [4]
5. Una vez hemos determinado la acción que deseamos aplicar y el lugar donde se encuentran las imágenes que deseamos convertir, haga clic en **OK** para confirmar el proceso.
6. Al confirmar el proceso, automáticamente se abren una a una todas las imágenes de la carpeta seleccionada y se va aplicando sobre cada una la acción indicada. [5] Para acabar, cerraremos las imágenes manualmente guardando los cambios realizados en ellas. Sepa que también puede especificar en el cuadro **Lote** si desea almacenar las imágenes resultantes de la conversión y el lugar donde quiere guardarlas para que la acción se lleve a cabo automáticamente. Abra el menú **Archivo** y elija la opción **Cerrar todo**.
7. Confirme que desea almacenar los cambios pulsando el botón **Sí** del cuadro que aparece en pantalla y manteniendo las opciones tal y como aparecen por defecto en el cuadro **Opciones de JPEG** y repita la operación con el resto de imágenes.

Importar y guardar imágenes en PDF

IMPORTANTE

Pulse el botón **Guardar ajuste preestablecido** para guardar en la carpeta Settings de Photoshop las condiciones de guardado que ha establecido, con la extensión .joboptions.

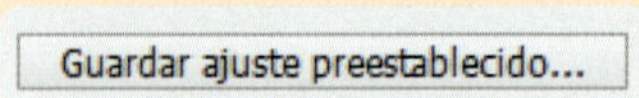

EL FORMATO PDF PERMITE ALMACENAR y combinar en un mismo archivo datos de vectores e imágenes con formatos diversos (BMP, JPEG, GIF...), además de incorporar funciones de navegación y búsqueda. Cuando desde Photoshop deseamos disponer de una página o una imagen del documento PDF, debemos abrir o importar los archivos con esa extensión, dependiendo de la función o las imágenes que deseamos cargar. Puede utilizar la opción Guardar como del menú Archivo y seleccionar el tipo PDF para almacenar imágenes RGB, indexadas, CMYK, escala de grises, Bitmaps, Lab, y duotonos en formato de documento portátil PDF.

1. Para realizar esta práctica, use el archivo **095.pdf** que encontrará en la zona de descargas de nuestra página web. Una vez lo haya copiado en su carpeta de documentos, abra el menú **Archivo**, elija la opción **Abrir**, localícelo y selecciónelo y pulse el botón **Abrir** para iniciar el proceso de importación. [1]
2. Con la opción **Páginas** activa en el cuadro **Importar PDF** y la primera página seleccionada, pulse **OK**. [2]
3. La página seleccionada se abre en una única capa con el fondo transparente. [3] Abra el menú **Archivo** y elija la opción **Abrir**.
4. En el cuadro de diálogo **Abrir**, seleccione el archivo PDF y pulse el botón **Abrir**.
5. Active la opción **Imágenes** del apartado **Seleccionar**. [4]

1

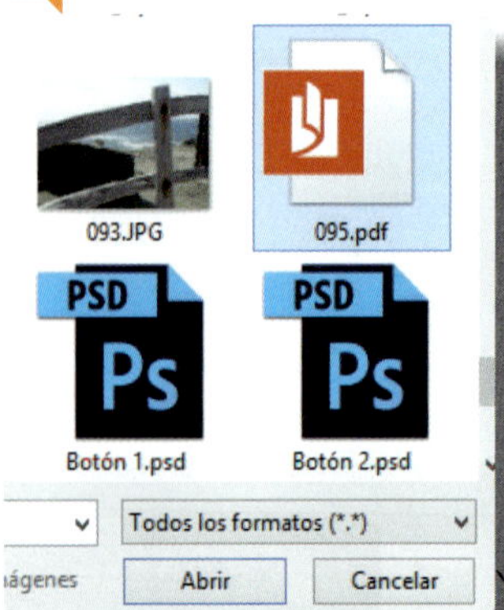

2

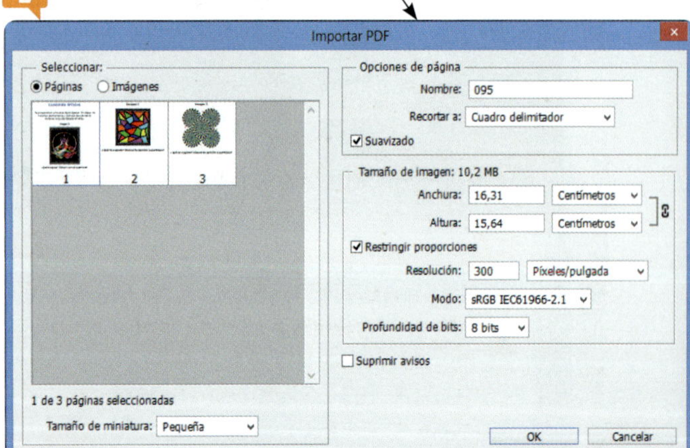

3

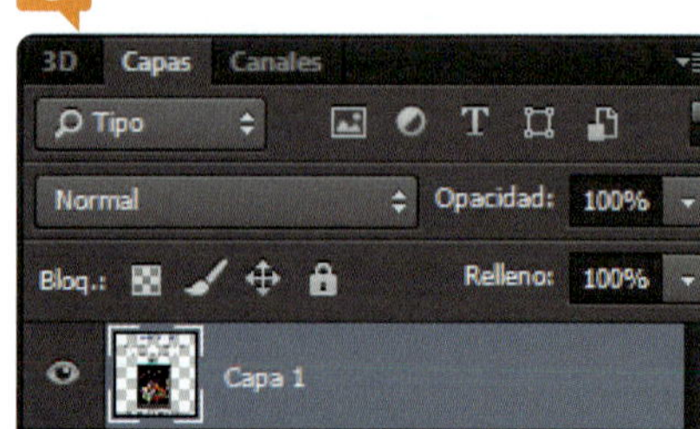

Las **imágenes importadas** de un documento PDF son documentos individuales de Photoshop y, como tales, pueden ser guardados del modo habitual.

6. Observe el cambio que se ha producido en el cuadro. Por un lado, las miniaturas muestran ahora sólo las imágenes contenidas en cada una de las páginas. Por otro lado, las opciones del apartado **Opciones de página** aparecen ahora desactivadas. Seleccione una de las imágenes y pulse el botón **OK**.
7. En el nuevo documento, con el nombre del documento original, seguido del número de imagen, abra el menú **Archivo** y pulse sobre la opción **Guardar como**.
8. En el cuadro **Guardar como**, despliegue el campo **Tipo**, seleccione la opción **Photoshop PDF** y pulse **Guardar**.
9. Pulse el botón **OK** en el cuadro informativo que aparece.
10. En el cuadro **Guardar Adobe PDF** debe establecer las condiciones de guardado del documento. Puede usar alguno de los ajustes preestablecidos o bien ajustar las preferencias a sus necesidades. Pulse el botón de punta de flecha de la opción **Compatibilidad** y seleccione **Acrobat 9/10 (PDF 1.7+)**.
11. En el apartado **Resumen**, puede ver el estado general de los ajustes. Active la opción **Ver PDF después de guardar** y pulse el botón **Guardar PDF**.
12. Un cuadro nos informa de que la opción **Conservar capacidades de edición de Photoshop** no es compatible con versiones anteriores del programa. Pulse el botón **Sí** para continuar.
13. Se abre automáticamente la imagen convertida al formato PDF, que podrá compartir con otros usuarios que no dispongan de Photoshop. Cierre el documento para acabar el ejercicio.

095

IMPORTANTE

Photoshop permite controlar el tamaño de las páginas en PDF, añadirles controles de seguridad y datos adicionales como avisos de copyright, y obtener una visualización de imágenes exacta en documentos y presentaciones en PDF. Además, incluye una acción automática en el conjunto Acciones por defecto del panel Acciones que lleva a cabo el proceso de almacenamiento en PDF de manera automática.

4

Al seleccionar la opción **Imágenes** aparecen numeradas todas las imágenes que contiene el documento PDF con el que está practicando.

6

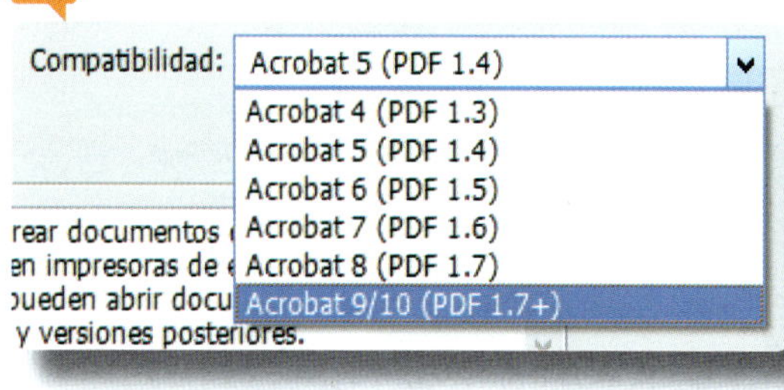

5

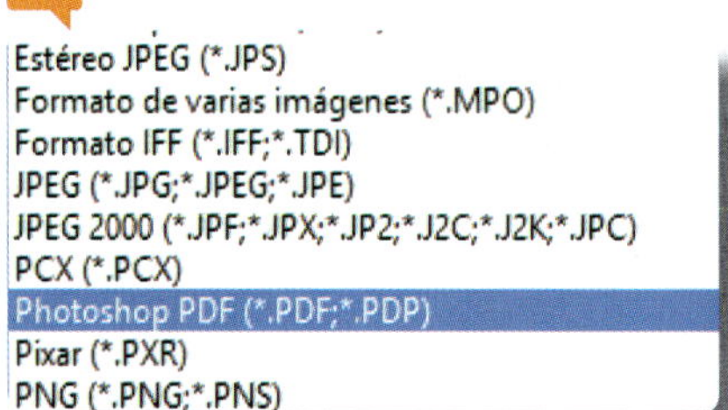

7

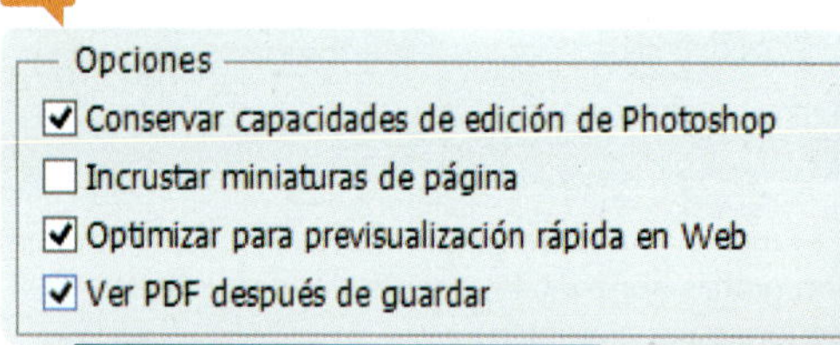

Crear panorámicas con Photomerge

IMPORTANTE

La tecnología Photomerge ofrece distintos tipos de composición: automática, en perspectiva, cilíndrica, esférica y en collage. Con la opción **Esférica** puede conseguir espectaculares panoramas de 360 grados.

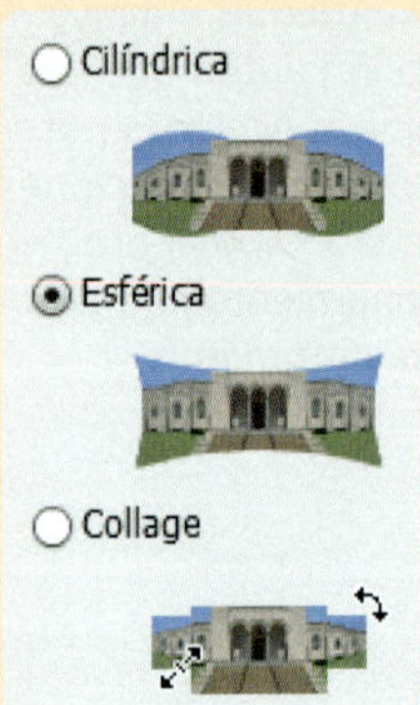

EL COMANDO AUTOMATIZAR CONTIENE la opción Photomerge, que permite crear una única imagen panorámica a partir de distintas originales. Tras elegir las imágenes que formarán la panorámica, el programa intenta crear la composición automáticamente, tomando como referencia los colores y valores de los documentos. La composición puede ser de diferentes tipos y, una vez creada, puede guardarse con el formato de Photoshop.

1. Para este ejercicio necesita dos imágenes que reflejen en dos partes un paisaje continuo. Puede usar si lo desea los archivos de ejemplo **096_1.jpg** y **096_2.jpg**, que encontrará en la zona de descargas de nuestra página web. El proceso que vamos a llevar a cabo puede empezar de dos formas: abriendo primero las imágenes que queremos acoplar o accediendo al cuadro **Photomerge**, desde el cual se seleccionarán dichos archivos. Abra el menú **Archivo**, pulse sobre el comando **Automatizar** y elija la opción **Photomerge**. 1
2. Si hubiéramos abierto previamente las imágenes originales en el área de trabajo de Photoshop, siempre en el orden que adoptarán en la composición, el nombre de dichos archivos aparecería ya en el cuadro **Photomerge.** Pulse el botón **Explorar**. 2

1

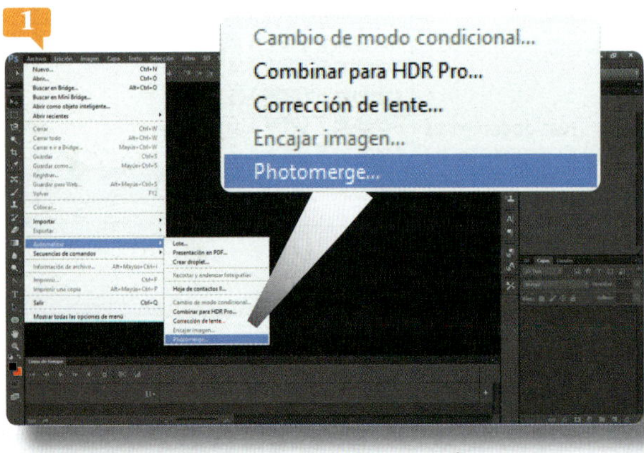

La función **Photomerge** permite unir automáticamente fotografías horizontales o verticales para obtener panorámicas continuas.

2

096

3. En el cuadro de diálogo **Abrir**, localice y seleccione la primera imagen de su composición y pulse el botón **Aceptar**.
4. De nuevo en el cuadro de diálogo **Photomerge**, vuelva a pulsar el botón **Explorar** y repita los pasos anteriores para abrir también la segunda imagen. 3
5. Observe que la herramienta Photomerge ofrece diferentes modos de composición. Si mantiene marcada la opción **Fusionar imágenes**, el programa buscará los bordes óptimos de unión entre las imágenes y hará coincidir perfectamente sus colores. Mantenga el modo de composición **Automática** y pulse **OK** para seguir adelante.
6. El programa analiza el contenido de las dos imágenes que se deben unir y las fusiona de manera automática y prácticamente perfecta en una imagen continua. 4 Las dos imágenes que forman la panorámica ocupan dos capas distintas a las que Photoshop ha añadido automáticamente las máscaras de capa necesarias para la perfecta unión. 5 De este modo si en algún momento es preciso retocarlas, lo podemos hacer por separado. Para guardar esta composición con el formato propio de Photoshop, abra el menú **Archivo**, pulse sobre la opción **Guardar** seleccione el formato de Photoshop en el campo **Formato** y pulse el botón **Guardar**.

5

3

Puede abrir los archivos que va a unir de uno en uno, usando el botón **Explorar** cada vez, o puede seleccionarlos a la vez en el cuadro Abrir con ayuda de la tecla **Mayúsculas**.

4

Al iniciar la unión, Photoshop **analiza** el contenido de las imágenes para alinear las capas correctamente para crear el panorama.

Crear composiciones panorámicas

ADEMÁS DE LA OPCIÓN AUTOMÁTICA DE PHOTOMERGE, esta función permite crear composiciones en perspectiva, mediante la designación de una de las imágenes de origen como imagen de referencia; cilíndricas, mostrando cada una de las imágenes como si fuera un cilindro abierto; esféricas, alineando y transformando las imágenes como si se fueran a asignar al interior de una esfera; en collage, alineando las capas y haciendo que coincida el contenido superpuesto, y, por último, alineando las capas para conseguir que el contenido superpuesto coincida sin que se transforme (ni se estire ni se sesgue) ninguna de las capas originales.

1. En este ejercicio le mostraremos algunos de los resultados que puede obtener gracias a los distintos modos de composición para panorámicas que Photomerge pone a disposición del usuario. Utilice si lo desea las imágenes **097_1.png**, **097_2.png** y **097_3.png**, que encontrará en nuestra página web. Una vez abiertas en el área de trabajo de Photoshop, acceda al cuadro **Photomerge** como ha hecho en el ejercicio anterior y, una vez en él, haga clic sobre el botón **Añadir archivos abiertos.** 1

2. Empezaremos por el tipo de composición denominado **Perspectiva**, con el cual conseguiremos una composición consistente mediante la designación de una de las imágenes de origen (por defecto, la imagen central) como imagen de refe-

IMPORTANTE

En el caso del modo de composición **Collage**, el programa genera una máscara de capa para cada una de las capas que ocupan las imágenes. Esto significa que será posible retocar el efecto sobre cada una de ellas por separado.

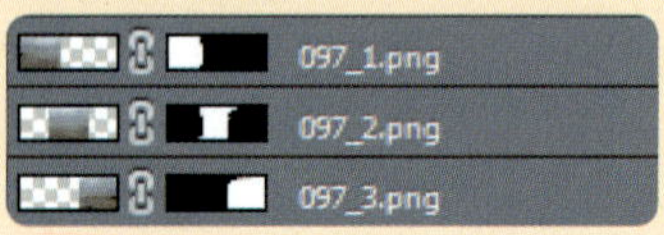

1

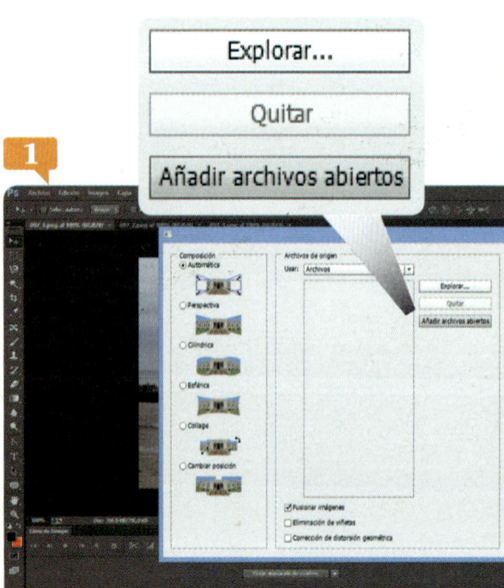

2

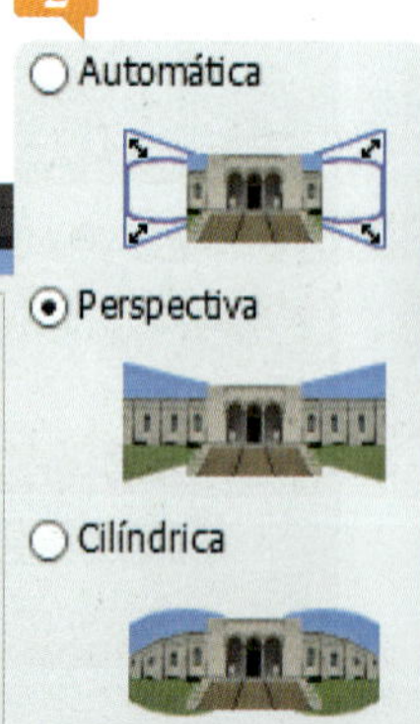

3

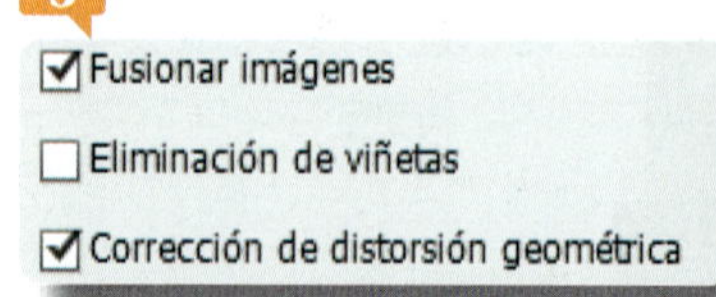

4

rencia. En el apartado **Composición**, marque la opción **Perspectiva**, [2] haga clic sobre la opción **Corrección de distorsión geométrica** para que sea el programa quien depure los posibles errores de distorsión [3] y pulse en **OK** para comprobar el efecto conseguido.

3. A partir de la imagen central designada como referencia, las otras dos imágenes se transforman (cambian de posición, se estiran o se sesgan como sea preciso) de manera que coincida el contenido superpuesto de todas las capas. [4] El efecto es el deseado, aunque no el más original. Veamos otra de las composiciones disponibles en Photomerge. Con la imagen **096_1.png** en primer plano y desde el cuadro **Photomerge**, marque la opción **Cilíndrica** y pulse el botón **OK**. [5]

4. El tipo de composición cilíndrica reduce la distorsión en forma de pajarita que puede generarse con la composición en perspectiva, puesto que muestra cada una de las imágenes como si fuera un cilindro abierto. [6] En las composiciones cilíndricas, la imagen de referencia se sitúa en el centro. Este modo de composición constituye la opción idónea para crear panoramas amplios. Veamos a continuación un tercer modo de composición de imágenes, el denominado **Collage**, mediante el cual el programa alinea las capas haciendo coincidir el contenido superpuesto, al mismo tiempo que transforma (rota o escala) cualquiera de las capa originales. Con la imagen **096_1.png** en primer plano, acceda como hemos hecho anteriormente al cuadro **Photomerge** y añada los archivos abiertos en el área de trabajo; seleccione la opción **Collage** y pulse el botón **OK** para comprobar el resultado. [7]

5

6

7

Tenga en cuenta que cualquier panorámica generada con Photomerge puede ser recortada para conseguir un resultado óptimo.

Crear panorámicas de 360º

IMPORTANTE

Tenga en cuenta que puede haber píxeles transparentes en los bordes de la imagen panorámica que pueden provocar que el panorama de 360 grados final no se envuelva de manera adecuada. En estos casos, puede optar por recortar los píxeles o utilizar el filtro de desplazamiento para localizar y eliminar dichos píxeles.

LA COMBINACIÓN DE PHOTOMERGE CON LAS FUNCIONES de creación de formas 3D de Photoshop permite generar espectaculares panorámicas de 360º, situándolas sobre una esfera. Es imprescindible fotografiar un círculo completo de imágenes con suficiente superposición, para lo cual el uso de un cabezal panorámico sobre un trípode contribuye a obtener mejores resultados.

1. Para llevar a cabo esta práctica, utilizaremos los nueve archivos de ejemplo incluidos en la carpeta **098**, que puede descargar como es habitual desde nuestra página web y guardar en la carpeta de imágenes de su equipo. Cuando disponga de ellas, acceda al cuadro **Photomerge**, despliegue el campo **Usar**, haga clic sobre la opción **Carpeta** y utilice el botón **Explorar** para iniciar la localización y selección de la carpeta que necesitamos.
2. Las imágenes se cargan de forma ordenada en el cuadro **Photomerge**. Ahora debemos elegir el modo de composición adecuado para nuestro fin. En este caso, haga clic sobre el modo denominado **Esférica**, marque la opción **Corrección de distorsión geométrica** y pulse el botón **OK** para crear el nuevo panorama. 1
3. Tras un rápido proceso de alineación de capas, la nueva panorámica aparece en el área de trabajo. 2 En la segunda parte

1

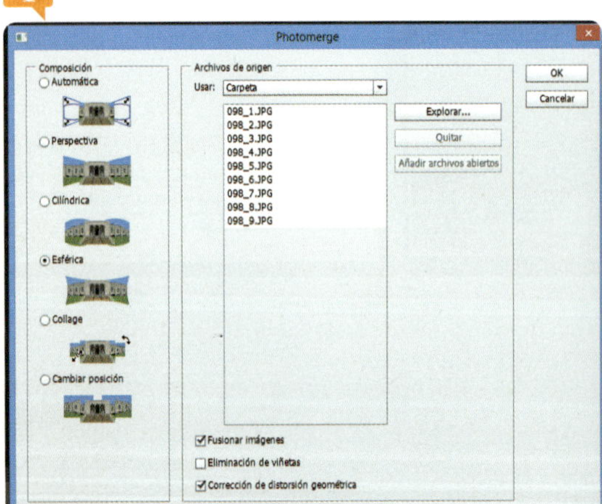

2

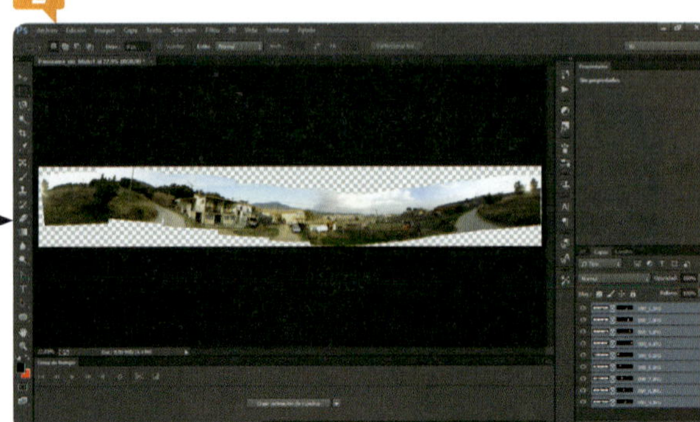

de este ejercicio utilizaremos el panorama esférico para situar la nueva imagen sobre una esfera 3D. Para ello, despliegue el menú **3D**, haga clic sobre el comando **Nueva malla a partir de capa**, pulse sobre la opción **Ajuste preestablecido de malla** y elija de la lista de formas 3D disponibles la denominada **Panorama esférico.** 3

4. Aunque no lo parezca, nuestro objetivo ha sido conseguido. Para comprobarlo, cambiaremos la visualización del documento. En la ventana situada en la parte superior izquierda del escenario tridimensional, pulse sobre el icono que muestra una flecha y elija la opción **Frente** para cambiar el punto de vista. 4
5. Ahora, pulse sobre el icono situado en la parte superior derecha de esta misma ventana para cambiar a la vista secundaria tridimensional y poder comprobar el resultado conseguido.
6. Ahora sí, en el área de trabajo se muestra el dibujo de una esfera envuelta con la imagen panorámica que hemos creado con Photomerge. Para comprobar mejor el resultado, haga doble clic sobre el campo de zoom de la **Barra de estado**, escriba el valor 100 y pulse la tecla **Retorno.** 5
7. Las áreas que quedan de color blanco corresponden a los píxeles transparentes generados en la panorámica y pueden ocultarse situando manualmente las imágenes superior e inferior pertinentes, tomadas en su momento; sin embargo, si no dispone de estas imágenes, puede optar por pintar los píxeles transparentes restantes en la capa de panorama esférico 3D. Termine este ejercicio guardando la imagen actual.

098

IMPORTANTE

Con el modo de composición esférico, el programa genera una imagen con varias capas desde las imágenes de origen, añadiendo máscaras de capa según se necesite para crear una fusión óptima donde se superpongan las imágenes.

4

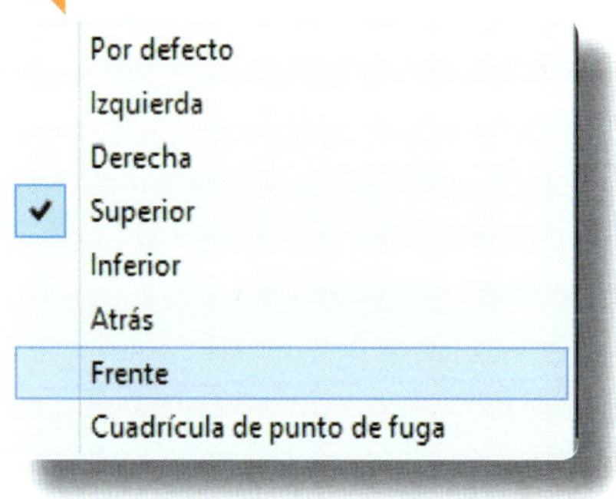

3

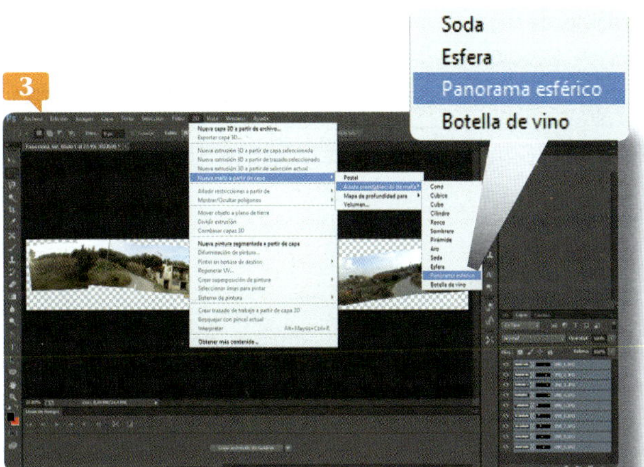

5

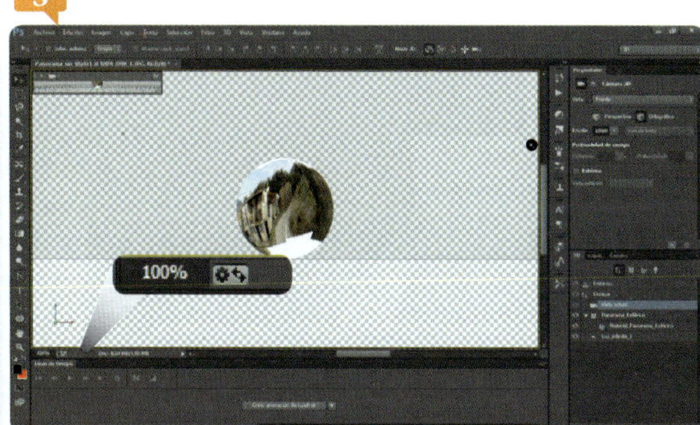

Crear miniaturas de imágenes

IMPORTANTE

Cada miniatura aparece con el correspondiente nombre de archivo en la parte inferior. En el caso de que el número de imágenes supere el número de miniaturas establecidas por columnas y filas, automáticamente, se crea una nueva hoja de contactos con las imágenes restantes.

LA HOJA DE CONTACTOS CREA UNA SERIE de previsualizaciones en miniatura en una página que es posible imprimir. Las miniaturas pueden adoptar tanto el tamaño que nosotros especifiquemos como el de la hoja de contactos. Además, a través del cuadro de diálogo Hoja de contactos II, es posible distribuir las miniaturas en el número de columnas y filas que crea necesario.

1. Utilice una carpeta que incluya varias de las imágenes con las que haya trabajado en estos ejercicios. Para empezar, abra el menú **Archivo**, haga clic sobre el comando **Automatizar** y elija la opción **Hoja de contactos II**. [1]
2. En el cuadro de diálogo **Hoja de contactos II** deberá especificar las imágenes que desea que formen la hoja de contactos. Pulse el botón **Elegir** del apartado **Imágenes de origen**. [2]
3. En el cuadro **Elija una carpeta**, localice y seleccione su carpeta y pulse **OK**.
4. Pulse en la casilla de verificación de la opción **Incluir subcarpetas** para desactivarla.
5. A continuación, especificaremos el número de columnas y de filas en el que se repartirán las miniaturas. En el apartado **Miniaturas**, escriba el valor 3 en el campo **Columnas**. [3]

1

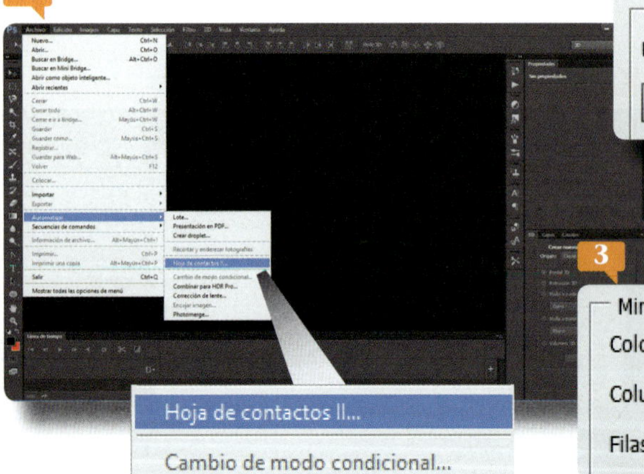

2

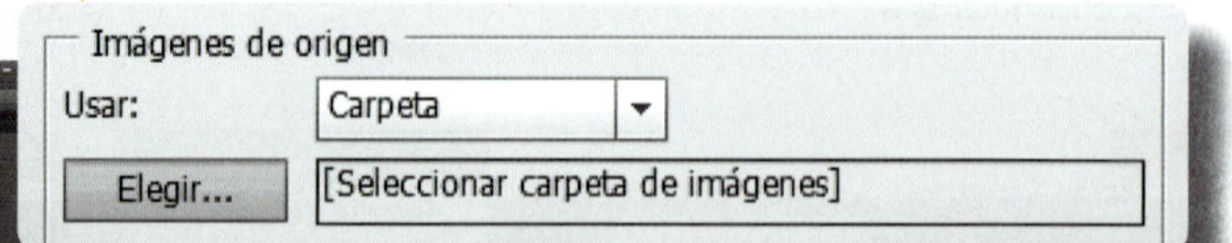

3

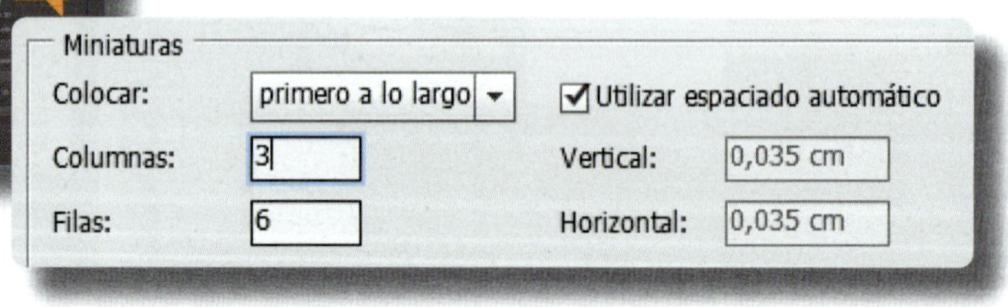

099

6. Mantendremos el número de filas que aparece por defecto. En el apartado **Usar nombre de archivo como pie de ilustración**, vea que se encuentra marcada la opción que permite situar debajo de cada imagen el nombre de archivo que le corresponde. Si lo desea, puede asignar un tipo de letra y un tamaño distintos a los predeterminados e, incluso, desactivar esta opción. Para terminar la configuración, pulse **OK**.
7. Tras una importación más o menos larga según el contenido de su carpeta, Photoshop ha generado de forma automática los documentos con las miniaturas incluidas en su carpeta. Bajo cada una aparece el nombre del archivo al que representa. Si se ha creado más de una hoja, pulse en la pestaña de la primera.
8. Seguidamente, encajaremos en pantalla la hoja de contactos. Haga clic en la herramienta **Zoom** del panel **Herramientas** y pulse en el botón **Rellenar pantalla** de la **Barra de opciones**.
9. Para acabar, guardaremos y cerraremos la o las hojas de contactos. Pulse en el botón de aspa de la pestaña de la primera hoja de contactos y en el cuadro que aparece, pulse el botón **Sí**.
10. Mantenga el nombre y la ubicación que se muestran por defecto en el cuadro **Guardar como** y pulse el botón **Guardar**. Repita la operación con el resto de hojas de contactos, si es necesario.

IMPORTANTE

En versiones anteriores a Photoshop CC, la opción Hoja de contactos II era un plugin que debía añadirse tras descargarlo desde la página Web de Adobe.

4

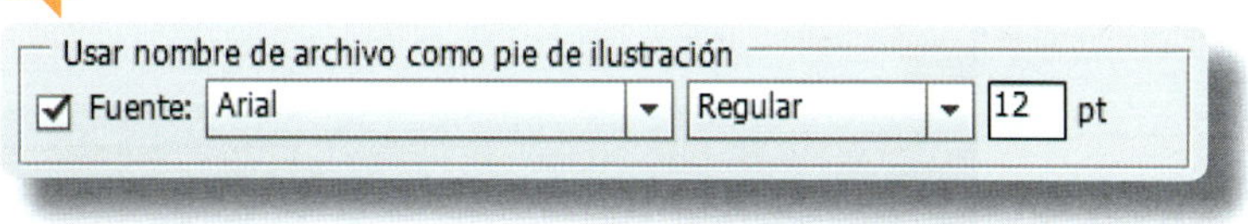

Puede cambiar la fuente y el tamaño de fuente del pie de las ilustraciones.

6

5

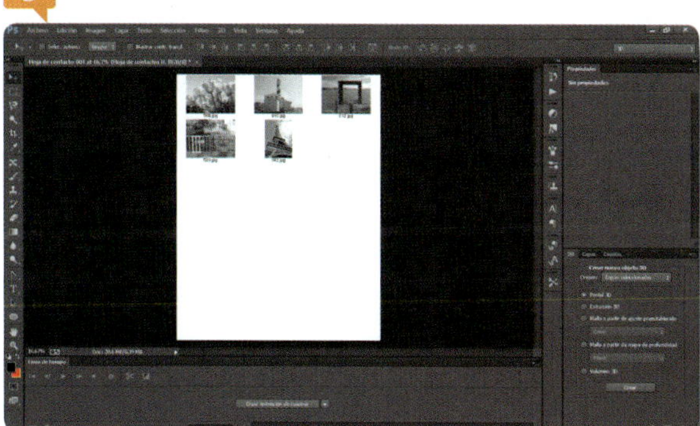

7

Usar Zoomify para exportar a la Web

PHOTOSHOP PERMITE EXPORTAR IMÁGENES con resolución completa en formato Zoomify para poder publicarlas en Internet o enviarlas por correo electrónico sin tener que reducir su resolución. Esta funcionalidad permite a los usuarios desplazar y ampliar las imágenes. El tiempo de descarga de una imagen de tamaño básico es simular al del de un archivo JPEG del mismo tamaño. La exportación a Zoomify requiere de la definición de una serie de parámetros como el color de fondo de la página, la ubicación, el nombre del archivo resultante y la calidad de imagen, entre otras.

1. Para realizar este ejercicio utilice cualquiera de las imágenes que tenga guardadas en su equipo. Ábrala, despliegue el menú **Archivo**, haga clic en la opción **Exportar** y elija el comando **Zoomify**. 1
2. Se abre de este modo el cuadro **Exportación Zoomify**, en el que debemos establecer las opciones para la exportación. El campo **Plantilla** lista varias opciones de fondo y navegación de la imagen que se va a visualizar en el navegador. Despliegue este campo y elija, por ejemplo, la opción **Zoomify Viewer con navegador (Fondo negro)**. 2

1

2

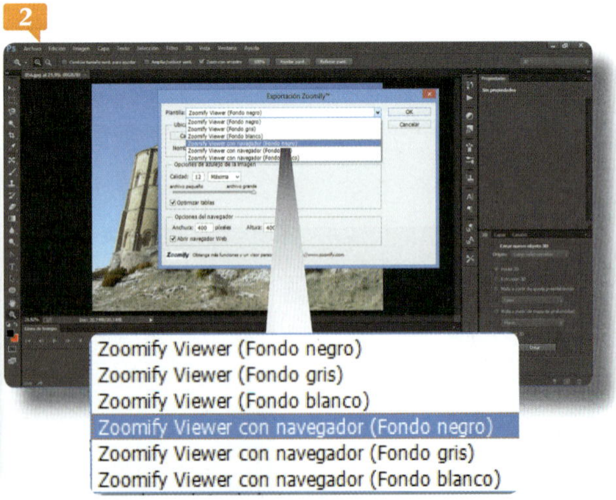

Puede elegir entre **seis plantillas de visualización** para Zoomify (con o sin navegador y con fondo gris, blanco o negro.)

100

3. En el apartado **Ubicación de salida** debemos especificar la ubicación y el nombre del archivo resultante de la exportación. Pulse el botón **Carpeta** de ese apartado.
4. En el cuadro **Buscar carpeta**, localice y seleccione la carpeta de imágenes en la que quiere almacenar el archivo resultante de la exportación y pulse el botón **Aceptar**.
5. El nombre base de la imagen es, como puede ver, el mismo que el de la imagen original. En el apartado **Opciones de azulejo de imagen** debemos establecer la calidad que tendrá la imagen. Despliegue el campo **Calidad** y seleccione la opción **Alta**.
6. Compruebe que ha cambiado el valor correspondiente a la compresión de la imagen. En el apartado **Opciones del navegador** podemos definir la anchura y la altura en píxeles de la imagen base del navegador de los usuarios. Mantenga las dimensiones que se muestran de manera predeterminada y pulse el botón **OK** para exportar la imagen.
7. Si tiene varios navegadores instalados y está trabajando con Windows 8, como en nuestro ejemplo, aparecerá un cuadro que le permitirá elegir el que desea utilizar para abrir el archivo resultante de la exportación. Hágalo.
8. La imagen se abre en el navegador elegido, mostrando un fondo negro, una ventana de navegación y los controles necesarios para acercarla o alejarla. Compruebe su correcto funcionamiento y acabe el ejercicio cerrando el navegador y Photoshop.

3

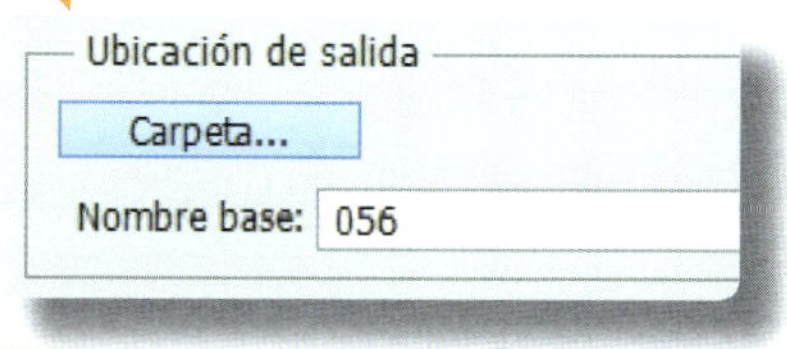

5

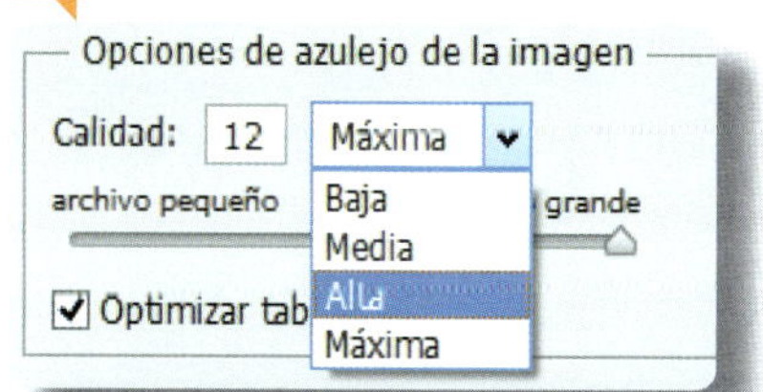

Recuerde que cuanto mayor sea la **calidad**, mayor será el tamaño del archivo.

4

6

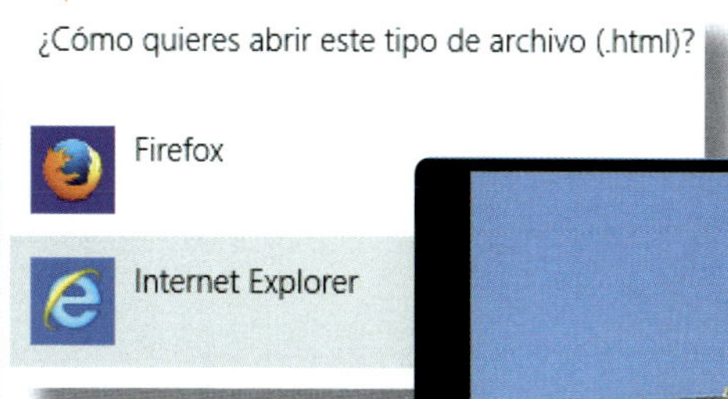

7

Use los controles de navegador para acercar y alejar la imagen, para desplazarla hacia la derecha, hacia la izquierda, hacia arriba y hacia abajo y para restablecerla.

Para continuar aprendiendo...

SI ESTE LIBRO HA COLMADO SUS EXPECTATIVAS

Este libro forma parte de una colección en la que se cubren los programas informáticos de más uso y difusión en todos los sectores profesionales.

Todos los libros de la colección tienen el mismo planteamiento que éste que acaba de terminar. Así que, si con éste hemos conseguido que aprenda a utilizar Photoshop CC o ha aprendido algunas nuevas técnicas que le han ayudado a profundizar en su conocimiento de este programa, no se detenga aquí, en la página siguiente encontrará otros títulos de la colección que pueden ser de su interés.

EDICIÓN PROFESIONAL DE VÍDEO

"Aprender Adobe Premiere Pro CS5.5 con 100 ejercicios prácticos" le permitirá conocer el funcionamiento de la aplicación profesional creada por Adobe para la edición de vídeo.

Adobe Premiere Pro CS5.5 es la aplicación de vanguardia en lo que a edición y montaje de vídeo profesional se refiere por la versatilidad de sus herramientas y su compatibilidad con toda clase de formatos.

Con este libro:

- Conocerá la gran precisión y flexibilidad de sus variadas herramientas de edición.
- Trabajará con diferentes efectos especiales y aprenderá su utilidad para la creación de sencillas animaciones.
- Aprenderá a realizar la exportación directa a una gran diversidad de soportes, como pueden ser los dispositivos móviles, la web o la televisión.
- Comprobará la excelente integración con aplicaciones como Encoder, que le permite exportar a diversos formatos en un solo paso, o Photoshop.

MAQUETACIÓN

Por otro lado si su interés está más cerca de la maquetación de libros, revistas, folletos, etc., entonces su libro ideal es "Aprender InDesign CS5 con 100 ejercicios prácticos".

InDesign es el programa líder en el sector del diseño gráfico para diseñar y maquetar composiciones de todo tipo, desde libros hasta revistas, folletos publicitarios, etc. Con este manual aprenderá a utilizar este impresionante software, mejorado y ampliado, con sus propias creaciones. En esta versión de InDesign, Adobe ha incluido distintas novedades, tanto en su interfaz como en sus herramientas.

Con este libro:

- Diseñe fácilmente atractivas composiciones para la edición digital e impresa
- Genere rápidamente documentos PDF interactivos
- Obtenga elegantes composiciones de página
- Cree documentos complejos con tablas, numeraciones...
- Corrija errores durante la maquetación gracias a la Comprobación preliminar interactiva

COLECCIÓN APRENDER...CON 100 EJERCICIOS PRÁCTICOS

DISEÑO Y CREATIVIDAD ASISTIDOS

- 3ds Max 2010 (TAMBIÉN EN CATALÁN)
- 3ds Max 2010 Avanzado (TAMBIÉN EN CATALÁN)
- 3ds Max 2012
- 3ds Max 2012 Avanzado
- AutoCAD 2009
- AutoCAD 2010 (TAMBIÉN EN CATALÁN)
- AutoCAD 2012 Básico
- AutoCAD 2012 Avanzado
- Flash CS5 (TAMBIÉN EN CATALÁN)
- Flash CS6
- Illustrator CS5 (TAMBIÉN EN CATALÁN)
- Illustrator CS6
- Indesign CS5
- Indesign CS6
- Dreamweaver CS5
- Dreamweaver CS6
- Photoshop CS5 (TAMBIÉN EN CATALÁN)
- Photoshop CS6
- Retoque fotográfico con Photoshop CS5.5
- Retoque fotográfico con Photoshop CS6

EDICIÓN DE VIDEO

- Final Cut Pro 7
- Premiere Pro CS5.5
- After Effects CS5.5

INTERNET

- Internet Explorer 8
- Windows Live

OFIMÁTICA

- Access 2010 (también en catalán)
- Access 2013
- Excel 2010 (también en catalán)
- Excel 2013
- Office 2013
- Word 2013
- PowerPoint 2013

SISTEMAS OPERATIVOS

- Las novedades de Windows 7
- Windows 7 Avanzado
- Windows 8